NEW RETAILING MANAGEMENT

数字化物流平台案例与分析

编 著◎李 清

复旦大学出版社

新零售系列教材编委会

主　编　焦　玥
编　委　（按姓氏笔画排序，排名不分先后）
　　　　　　吕　洁　冯　睿　刘　欣　张广存　李　清
　　　　　　吴培培　殷延海　高　振　曹　静

Preface 序

新零售时代已经到来,这是以人为中心的"线上线下一体化"的全渠道新零售。随着消费升级的变化,消费者的购物方式和消费理念在发生改变。面对消费者的多元化需求、信息技术的发展,以及经营环境的变化,零售企业要对经营理念和运营方式进行调整,对提供的产品和服务进行升级,利用大数据对用户行为进行分析,创新精准营销和体验营销,搭建智慧物流体系,这对零售企业提出了更多新挑战。

上海商学院建设有全国最早的连锁经营管理本科专业,于 2017 年新设了教育部首个零售业管理专业,工商管理专业 2019 年成为国家级一流本科专业建设点,在零售方向的专业教学始终处于领先地位。工商管理基于一流本科专业和一流学科建设,结合新商科、新需求、新模式、新技术发展,致力于培养具有互联网思维、创新创业能力、国际化视野的现代商业与商务管理人才,以满足上海"五个中心"和"四大品牌"建设及我国商业的新发展对高素质应用型商科人才的需求。

为实现以上人才培养的目标,专业定期更新课程体系,将行业前沿适时融入课程内容。经过长期的积累,形成了新零售系列教材,涵盖了零售基本理论、新零售管理理论、数字营销、智慧物流、商业数据分析、市场调查、商业伦理、组织行为等方面。新零售系列教材特色鲜明,内容覆盖新零售的方方面面,体现了教学内容的理论性、行业发展的前沿性和管理实践的应用性。

新零售系列教材,适用于零售管理、企业管理、工商管理等经济管理类专业的本科生,也适用于对新零售感兴趣的企业和研究人员。

Foreword 前言

目前大量行业在数字化转型背景下开启了平台化、网络化和智能化进程,物流行业的转型也伴随着新技术新模式的诞生和使用。物流平台是数字经济时代涌现的平台型企业,其诞生和发展的过程如同一个黑匣子。本书通过展示数字化物流平台基本理论、案例分析方法和行业案例,从而帮助读者熟悉物流平台的发展历程和隐藏逻辑,尤其是平台经济和数字经济双重背景下成功或失败的物流平台案例实践,并在整车运输、城市配送、航运货代等领域涌现了一批大量整合零散资源、活跃用户数领先的物流平台企业。

物流平台行业的发展经历了三个阶段。在第一阶段,物流平台主要以门户网站为主体,其主要功能是为物流供应链企业上下游货源和车源等相关信息完成在线交易环节,线下可进行车源和货源的交易;第二阶段是扩张期,物流平台如雨后春笋般大量涌现,车货匹配类、技术类、信息类等物流平台体现了物流业态创新,业界积极探索物流平台运营模式,寻找物流平台盈利和创新模式;在第三阶段,物流平台发展迎合了国家层面无车承运人试点和网络货运平台政策的需求,网络货运平台成为物流平台新型探索方向,其意义在于逐步实现运输价格透明化、交易在线化、流程可视化。目前,物流平台企业不仅仅承担着中介和链接作用,同时深入产业链生态的构建,通过物流金融、保险、车后服务、司机管理等重塑物流产业链生态价值。物流平台企业也承担着平台领导者制定规则、实施多方管理等职责。

物流平台企业的快速发展,使得物流管理专业领域人才的培养成为一项十分紧迫的任务,加强高等院校物流管理专业的建设迫在眉睫。本教材在借鉴和吸收国内外物流平台的基本理论和最新研究成果的基础上,密切结合物流行业的发展和高等教育的目的,从数字化物流的行业背景和理论基础入手,系统介绍了数字化物流平台的理念、案例分析方法和典型物流平台案例。在此基础上探讨了物流平台前沿课题——物流平台生态系统构建和数字技术赋能相关主题。本书不仅能为从事平台行业的人员提供现代物流平台前沿理论知识,也能够为从事政府主管部门、货主企业、第三方和第四方物流企业的人员提供物流平台实践方面的知识。

本教材以"物流前沿,理论扎实,案例多元,实践导向"为原则进行编撰,其内容和结构非常适合高等院校物流管理及相关专业的教学要求。本教材的主要特点如下:

(1) 教材的内容有清晰的逻辑脉络:"数字化物流平台基础理论—案例方法和工具—典型数字化物流平台案例—数字化物流平台前沿",自成体系,理论和实践交相呼应,方便专业课程学习和课外阅读。

（2）教材各章节附有学习目的或教学要点,并附有本章小结,方便读者提纲挈领地掌握各个章节的内容。每个章节都附有大量深入浅出的案例和图表,帮助读者掌握每个知识点以及背后的内容。

（3）从行业实践出发,以理论基础为辅、案例为工具切入物流平台行业,注重What（是什么）、Why（为什么）、How（如何做）的问题,突出了实用性和操作性,帮助读者更好地理解物流方面的相关技能和目标要求。

（4）提供崭新和前沿的物流平台和数字平台相关的概念、问题和方向,满足读者对物流平台行业发展时效性教学内容要求,提供全面的案例内容和案例分析。每章均设有思考题和导入案例,有利于培养学生问题解决能力,便于巩固所学知识。

（5）提供配套多媒体电子教案,方便教师备课和教学。

本教材系上海市哲学社会科学规划一般课题"数字物流平台生态系统赋能上海中小微企业价值共创机理研究"（编号：2021BGL016）的成果。

本教材在编著过程中,参考和引用了大量国内外学者研究成果和资料,在此对这些专家和学者们表示衷心的感谢。限于作者的水平,教材中难免有不足之处,可来信提出您的宝贵意见,邮箱地址是qingli_sbs@126.com。

李　清

2022年11月

Contents 目录

第一篇　数字化物流平台基础理论

第一章　导论

- 3　学习目标
- 3　开篇案例：以平台为重心做强数字经济产业体系
- 5　第一节　平台概述
- 18　第二节　数字经济与数字平台概述
- 36　第三节　物流企业概述
- 46　本章小结　思考题

第二章　数字化物流平台概述

- 48　学习目标
- 48　开篇案例：当"618"遇上疫情，物流企业数字化转型何以破局？
- 50　第一节　物流平台概述
- 64　第二节　数字化物流平台概述
- 77　本章小结　思考题

第三章　网络货运平台

- 78　学习目标
- 78　开篇案例：中储智运的普惠数字物流金融产品——运费贷
- 79　第一节　网络货运平台相关政策
- 81　第二节　网络货运平台概念
- 83　第三节　网络货运平台类型
- 85　第四节　网络货运平台问题分析与相应对策
- 89　第五节　网络货运平台案例——中储智运
- 93　本章小结　思考题

— 1 —

第二篇　案例方法

第四章　案例分析方法

- 97　学习目标
- 97　开篇案例：如何写一篇案例分析
- 99　第一节　案例
- 101　第二节　案例分析法
- 106　第三节　案例分析工具
- 114　第四节　案例研究法
- 118　本章小结　思考题

第五章　案例教学方法

- 119　学习目标
- 119　开篇案例：案例教学法——应对不可知的未来
- 121　第一节　案例教学概述
- 123　第二节　案例教学的设计
- 129　第三节　案例教学的实施
- 134　本章小结　思考题

第三篇　典型数字化物流平台案例

第六章　公路货运平台

- 137　学习目标
- 137　开篇案例：物流平台助力疫情防控
- 138　第一节　公路货运市场发展现状
- 141　第二节　数字货运平台案例——满帮集团
- 145　第三节　公路港平台案例——传化智联
- 149　第四节　城际物流平台案例——福佑卡车
- 153　第五节　中小微物流服务平台案例——物流汇
- 156　本章小结　思考题

第七章　同城配送平台

- 157　学习目标
- 157　开篇案例：同城配送的七大模式

163	第一节	同城配送发展现状
166	第二节	同城配送平台案例——云鸟配送
170	第三节	大件物流平台案例——日日顺物流
175	本章小结　思考题	

第八章　跨境电子商务平台物流

176	学习目标	
176	开篇案例：跨境数字化集装箱物流平台鸭嘴兽完成3.3亿元C轮融资	
178	第一节	跨境电子商务物流发展现状
187	第二节	跨境电子商务平台案例——洋码头
190	第三节	国际物流平台案例——运去哪
192	第四节	跨境电子商务海外仓平台案例——万邑通
196	本章小结　思考题	

第九章　生鲜冷链物流平台

197	学习目标	
197	开篇案例：冷链马甲——中国第一个冷链物流平台	
199	第一节	冷链物流概述
204	第二节	生鲜供应链服务平台案例——九曳供应链
209	第三节	生鲜电商型物流平台案例——盒马鲜生
212	第四节	即时物流和生鲜平台案例——达达集团
217	本章小结　思考题	

第十章　共享物流平台

219	学习目标	
219	开篇案例：物流机器人企业商业模式的探索	
221	第一节	共享物流概述
227	第二节	仓配一体化平台案例——发网
232	第三节	标准托盘循环共用平台案例——招商路凯
237	第四节	物流包装循环共用平台案例——箱箱共用
242	本章小结　思考题	

第四篇　数字化物流平台前沿

第十一章　物流平台相关理论

- 245　学习目标
- 245　开篇案例：我们为何在颠覆性创新的时代强调生态的重要性？
- 247　第一节　物流平台生态系统概述
- 253　第二节　价值共创理论
- 256　第三节　资源整合理论
- 259　第四节　赋能理论
- 263　本章小结　思考题

第十二章　数字技术赋能物流企业

- 265　学习目标
- 265　开篇案例：G7和E6的合并，剑指何方？
- 267　第一节　大数据
- 272　第二节　区块链
- 279　第三节　云计算
- 284　第四节　人工智能
- 293　本章小结　思考题

主要参考文献

第一篇
数字化物流平台基础理论

第一章 导论

学习目标

- ◆ 了解平台经济和数字经济的产生背景和发展现状
- ◆ 掌握平台和数字平台相关概念
- ◆ 熟悉数字平台存在的问题
- ◆ 掌握物流企业的发展逻辑

 开篇案例

以平台为重心做强数字经济产业体系

以平台为重心做强数字经济产业体系，是数字经济组织方式的主要特征，也是我国建设数字化、智能化、国际化的产业链供应链创新链的重要抓手。平台企业通过数据、算力、算法有效组合要素资源，促进供需精准对接，能够有力推动形成需求牵引供给、供给创造需求的更高水平动态平衡。同时，平台企业能够更好发展，通过构建数字化的产业链、供应链和创新链形成数字产业生态，对于提高国内大循环质量和畅通国内国际双循环发挥着重要作用。

从某种意义上看，全球数字经济的竞争也是平台的竞争，超大规模平台已经成为各国在数字经济领域竞争与合作的关键因素。因此，支持平台企业做大做强，以平台为重心做强数字经济产业体系，将是未来一个时期的重要工作。

平台企业是构建产业生态圈的重要载体。一方面，平台是产业生态圈的组织者。平台能够有效整合制造商、供应商、服务商等离散要素资源，形成以数据为核心要素、网络协同、共创分享的产业分工模式，有效提升产业的资源配置能力、协同发展能力和服务支撑能力，形成携手上下游行业伙伴共创价值的产业生态。平台为生态圈内的企业提供了发展空间，突破了单个企业仅依托自身资源而发展能力受限的束缚，降低了中小企业的采购和管理成本，在推动传统企业数字化转型、制造业与服务业融合、数字经济和实体经济深度融合的进程中发挥着重要的带动作用。另一方面，平台能有效解决供需适配性问题。平台不仅集合了商流、物流、资金流、数据流等要素，而且通过大数据实现供给侧和需求侧的精准对接匹配，提升了供需两侧的信息对称性及产品和服务的适配性。制造业企业可依据平台数据精准判断市场、合理安排产能，准确挖掘新的消费需求，并研发设计出具有市场前景的新产品和服务，准确掌握用户信用情况，从而构建高效运行的供应链体系，促进上下游产业融合发展。同时，平台还能创造推动消费增长的"长尾市场"，使众多中小微企业和销路不畅的产品在细分市场中找到空间。

平台企业是构建创新生态的重要引领者。平台具有孕育新的通用技术的能力，是构建产业创新链的核心组织。一般来说，开放平台能聚合大量研发者和服务提供者，并不断释放出技术开发、运营维护等市场需求，从而推动形成技术创新生态圈，为新技术的规模化成长提供了土壤。同时，平台企业还能有效实现制造商与研发设计机构协同创新，平台大数据也能为制造业企业发掘新的市场需求、提升新产品开发能力提供重要依托。

平台企业是创造普惠贸易的重要支撑。比如，跨境电子商务平台的快速发展就降低了国际贸易门槛，使高频次、小金额的跨境贸易迅速增长，推动国际贸易由大企业主导、大宗货物贸易模式向中小企业广泛参与、海量品种以及碎片化交易的新模式转变，成为拉动外贸增长的重要引擎。尤其是新一代跨境电子商务形成了货物贸易与服务贸易相融合的全链条发展模式，不仅提供跨境商品贸易，而且提供相关的物流、金融、信息、征信等一揽子外贸综合服务，形成了一站式跨境供应链服务，有效解决了中小外贸企业发展的痛点，打通了内外贸一体化的堵点。

平台企业是就业机会和公共产品服务的重要提供者。一些平台企业具有开放、共享和个性化等特点，就业门槛较低、层次丰富，吸纳就业的能力强，能为不同文化程度、技能禀赋的劳动者提供大量就业机会，在促进就业方面发挥着重要作用。此外，一些超大规模平台企业已经具有了数字基础设施的公共产品属性，能为社会提供较为丰富的公共服务。

但是，平台企业在发展过程中还面临一些问题和困难。主要表现为：关键基础领域的创新能力较为薄弱，创新型人才较为匮乏；产业互联网发展相对滞后，我国服务业、工业和农业的数字经济渗透率低于发达国家水平；平台数据开放共享不足，难以有效开发利用；平台监管较为滞后，尚不能完全适应平台经济快速发展的需要。对此，需要从构筑国家竞争新优势的战略高度出发，坚持发展和规范并重，把握平台经济发展规律,建立健全平台经济治理体系,以平台为重心做强数字经济产业体系。

一是切实增强平台企业的自主创新能力。更好激发平台企业的积极性,提高平台企业在数字技术领域的国家重大战略规划、科技重大专项等方面的参与度,推动大科学装置等国家基础科学研究资源向平台企业开放,鼓励平台企业加大研发投入。

二是大力加强数字人才队伍建设。增加高等院校、职业学院的相关学科设置,发挥社会培训机构和平台企业的力量,大力开展职业培训,加快解决专业技术人才短缺的问题,同时增强对全球优秀人才的引进力度。

三是不断丰富产业互联网的应用场景。我国超大规模消费市场和完备的产业体系为培育具有世界竞争力的平台企业提供了坚实基础,下一阶段,需要继续提高平台企业与消费、产业以及公共服务部门融合渗透的能力,鼓励平台企业与传统产业深度融合,发挥其在推动产业数字化中的支撑作用和高效整合创新资源的优势,带动传统产业转型升级,进一步推动产业互联网发展。

四是构建推动平台数据开放共享的有效机制。平台企业沉淀的海量数据是十分重要的战略资源,需要加快建立健全数据确权、交易、管理、使用、安全评级、个人隐私保护等相关制度,促进各行业依法共享平台数据资源,构建平台企业主导的数据产业链。

五是加快完善监管体系。要以推动平台企业规范经营、健康发展为着力点,不断完善反垄断、反不正当竞争等方面的法律法规实施细则,明晰平台企业经营行为的合规边界,建议对侵害消费者权益和实体经济利益、影响市场公平竞争的做法加大处罚力度。同时,要加强平台企业自律,引导平台企业依托大数据等技术手段不断提高治理水平,积极营造和谐共生、创新包容的健康产业生态。

(资料来源:https://qiye.chinadaily.com.cn/a/202201/13/WS61df90aba3107be497a01fdf.html)

第一节 平台概述

一、平台经济

(一)平台经济的发展

据中国信息通信研究院监测统计,截至 2021 年底,全球超过百亿美元市值或估值的平台企业共 85 家,其中中国和美国最多,均为 31 家,是全球平台经济发展最活跃的两大经济体。从领域分布看,我国平台经济在电子商务、数字媒体、智慧物流、本地生活、金融科技、社交网络、医疗健康、搜索引擎、交通出行、在线招聘、在线旅游、企业服务等领域成长起许多大型平台企业,与美国发展情况接近。在电子商务、本地生活、移动支付、数字娱乐等不少领域,我国平台经济发展程度甚至超过美国。比如,我国电子商务渗透率一直高于美国,是全球最大的电子商务经济体,出现了众多新型电子商务平台,在社交电商、直播电商、农村电商、C2M(用户直连制造)定制、社区电商等领域创造了很多新模式,成为全球商业创新学习和参照的对象。

平台经济学是研究平台之间的竞争与垄断情况,强调市场结构的作用,通过交易成本和合约理论,分析不同类型平台的发展模式与竞争机制,并提出相应政策建议的新经济学科。平台经济学在全球仍是一门新兴学科,是产业经济学的一个重要分支。

平台经济的发展按其不同类型出现顺序的先后,可分为三个阶段。

(1) 以实体商品集散地为主要表现形式的平台经济。集散地平台经济指的是作为实体商品的集散地、批发地和交易地而产生的平台经济发展阶段,其主要特点为:以城市为中心,以贩运贸易为主要商业形式。例如上海从新中国成立前到现在一直是我国实体商品的重要集散地,1949年前上海有批发企业8 300多家,占全国总量的1/3,大批发企业还在各产地设采办货庄,同时全国各地批发商在上海设立的申庄多达2 000余家,上海还有30多个行业间互通有无的茶楼市场和20多个商品交易市场,其批发业十分发达。1949年后直到20世纪80年代初期,上海日用工业品占全国供应量的60%左右,随着国内其他地区的发展,上海日用工业品供应量在全国的比例逐渐下降,到1989年只占40%,但在全国的影响仍然是最大的。因此,直到今天,表现为实体商品集散的平台经济在上海仍然扮演着重要角色。

(2) 以提供服务业的实体平台为表现形式的平台经济。服务平台经济是主要通过平台提供服务而产生效益的平台经济,其主要特点是:服务可以脱离有形的产品,但不能脱离企业;服务的价值取决于企业满足消费者需求的程度。这种满足程度体现在服务套餐上,并趋向于需求的等价,而不是质量和数量的等价;服务的价值是不可积累的。服务平台经济是20世纪90年代开始产生的,比如上海的金融平台经济(如上海证券交易所、上海期货交易平台、上海产权交易平台以及中小企业融资平台等)、会展平台经济(如会展经济、车展基地、服务外贸基地等)。随着服务平台经济的不断集聚和深耕,上海逐渐成为我国的金融、贸易、会展中心。

(3) 以提供信息的虚拟平台为最新表现形式的平台经济。狭义的平台经济指的就是网络信息平台经济。网络信息平台经济主要指利用互联网构建虚拟空间,提供网络平台服务而产生经济效益的平台经济,其主要特点表现为网络经济学的边际效益递增,成长快,其核心是用户体验。例如,大众点评网、淘宝、当当网、东方钢铁、边角料交易平台、一号店等电子商务交易平台都取得了不错的业绩。

(二) 平台经济的概念

英国供应链管理专家马丁·克里斯托弗在1992年曾指出:21世纪的竞争不再是企业和企业之间的竞争,而是供应链和供应链之间的竞争。平台经济研究首先发生于20世纪70年代,但近年来,由于数字科技和现实经济社会的深入融合、网络经济的兴起及其交易平台、社会化平台等的兴起,使得"平台"由一个商业模式逐渐发展成一个社会经济形态。与传统市场经济相比,在疫情期间平台经济更呈现出了极其强大的发展潜力。

2019年我国政府工作报告再提"平台经济",强调促进平台经济发展的目标,并以国务院印发的《关于促进平台经济规范健康发展的指导意见》规范平台的建设和发展,体现了我国政府对平台经济发展相当重视。随着平台经济发挥越来越重要的作用,大型平台企业对人们生活的各个方面,如经济活动、政治选举,日常生活的消费、社交等方面发挥巨大作用。同时,平台所掌握的海量数据以及智能算法,可以对特定的个人、企业以及事件产生异常强大的控制力和影响力。2022年1月,国家发改委发布的《关于推动平台经济规范健康持续发展的若干意见》对于平台经济的界定:"以互联网平台为主要载体,以数据为关键生产要素,以新一代信息技术为核心驱动力,以网络信息基础设施为重要支撑的新型经济形态"[①]。

Roehet和Tirole(2003)、Armstrong(2006)等首先提出了"平台经济"的概念。平台经济理论形成的主要标志是2004年由法国产业经济研究所(IDEI)和政策研究中心(CEPR)联合主办的,在法国图卢兹召开的"双边市场经济学"会议。平台经济理论涉及网络外部性理论和市场机制下的多产品定价理论。如果提高向一边的收费,降低向另一边的收费,平台可以改变交易量,则称这一市场是双边市场。在经济实践中,平台经济一般指互联网平台经济,是以互联网等信息技术为基础,基于平台向多边主体提供差异化服务,从而整合多主体资源和关系,进而创造价值的一种新型经济。

国内学者徐晋、张祥建(2006)在原有双边市场理论的基础上,分析、综合国外大量文献,在中国首次提出"平台经济学"(Platform Economics)的概念,认为平台经济学是产业经济学的一个分支,研究平台之间竞争与垄断的问题,强调市场结构作用,采用交易成本和合约理论,分析不同类型平台的发展模式与竞争机制,并提出相应政策建议的新经济学科。国内最早研究平台经济的学者徐晋提出,平台是一种现实或虚拟空间,该空间可以促成双方(或多方)客户之间的交易。朱晓明认为,平台型企业就是拥有网络优势的企业互联网,特别是当今移动互联网时代,信息化和服务化将催生平台型企业以及平台经济,平台经济学与区域经济学、产业经济学、数字信息经济学等息息相关。

(三)平台经济的特征

平台经济作为数字经济时代的新经济模式,深刻改变了传统经济的市场结构、商业模式,实现了规模经济与范围经济的结合[②]。平台经济为代表的数字经济对整个经济的发展具有明显的推动作用。从经济学的角度来看,平台经济最重要的特征是双边市场。一方面平台企业创造了市场,让客户在平台上进行交易,另一方面平台一般以互联网企业的形式出现,通过大数据分析为交易双方提供信息与服务,以促成交易来获取收益。相对之前传统的商业模式,平台经济将实有资产数字化,使交易更方便,增大了交易量,但数字平台增大了需求而供应量却没有在短时间内相应提高,由此增加了资源的稀缺性[③]。

平台经济因其规模经济的特征,往往相对传统市场竞争更为激烈。在平台企业竞争中,

---

① http://www.gov.cn/zhengce/zhengceku/2022-01/20/content_5669431.htm.
② 任保平.数字经济引领高质量发展的逻辑、机制与路径[J].西安财经大学学报,2020,33(2):5-9.
③ 谢佩洪,陈昌东,周帆.平台型企业生态圈战略研究前沿探析[J].上海对外经贸大学学报,2017,24(5):54-65.

较先进入市场竞争的企业往往具有更为明显的竞争优势,同时规模较大的平台企业有利于降低交易双方的交易成本,使得强者更强,弱者被淘汰,更容易形成市场上只有寡头竞争的局面[①]。当竞争进行到一定阶段后,往往会由增量竞争演变为存量竞争,即使在寡头竞争的市场中,大型平台企业也会为了留住客户而不断创新提高服务质量。

平台经济具有四个方面的特征:

(1) 典型的双边市场。平台企业一侧面对消费者,一侧面对商家,这个平台上的众多参与者有着明确的分工,平台运营商负责聚集社会资源和合作伙伴,通过聚集交易,扩大用户规模,使参与各方受益,达到平台价值、客户价值和服务价值最大化。但是,平台企业也可能利用在双边市场中的优势地位,产生垄断定价、捆绑销售等行为。

(2) 数据成为新要素。数据要素的重要性较为显著。随着平台经济不断发展,全社会数据量激增,并在大数据、人工智能等新一代信息技术的作用下,数据要素直接参与社会生产过程中,成为继土地、劳动、资本、技术之后的第五种生产要素。平台经济根植于互联网,是在新一代信息技术高速发展的基础上、以数据作为生产要素或有价值的资产进行资源配置的一种新的经济模式,其运行天然就会产生大量数据。与此同时,平台企业之间的竞争越来越多表现为数据资源与算力算法的竞争。因此,各平台企业极为注重数据要素的积累与关联,以提升平台价值、赢得竞争优势。近年来,《关于平台经济领域的反垄断指南》《中华人民共和国数据安全法》等法律法规相继出台,对营造公平的市场竞争环境,保障数据安全起到积极的推动作用。

(3) 存在较强的规模经济性。如果某一平台企业率先进入一个领域,或者由于技术、营销优势占据这一领域较大市场份额时,由于交叉网络外部效应和锚定效应的存在,这家企业就会越来越大,出现强者愈强的局面。同时,市场集中度高有利于降低商家和消费者交易成本,平台企业往往具有较强的规模经济性。一方面,由于网络效应和马太效应十分显著,根据梅德卡夫定律,平台企业可以在短时间内、低成本积累海量数据,进而快速占领市场,形成竞争壁垒;另一方面,平台企业由于资源集聚,发展速度较为迅猛,成为"富可敌国"的存在。

(4) 具备一定的公共属性。当前平台经济涉及领域多为事关人们衣食住行的民生领域,公共服务提供者的属性特征突出。平台还具有非排他性和非竞争性的特征,呈现出一定的公共基础设施属性。因此,平台企业虽然大多由私人资本建设运营,但具有较为显著的公共属性。一方面,互联网平台可以成为经济社会资源泛在连接、弹性供给、高效配置的新型载体和枢纽;另一方面,互联网平台也可以服务于城市规划、社会治安等方面,便具有了公共属性,成为经济社会的"新型基础设施"。

根据国民经济行业分类,平台经济按服务对象、作用机制等不同,可以分为生产服务平台、生活服务平台、科技创新平台、公共服务平台等四种类型,深刻作用于经济社会各领域,如表1-1所示。

---

① 尹振涛,陈媛先,徐建军.平台经济的典型特征、垄断分析与反垄断监管[J/OL].南开管理评论:1-24[2022-06-29]. http://kns.cnki.net/kcms/detail/12.1288.F.20211123.1930.002.html.

表 1-1 平 台 类 型 [①]

平 台 类 型	定 义	细 分 种 类
互联网生产服务平台	专门为生产服务提供第三方服务平台的互联网活动	覆盖研发设计、生产制造、经营管理、销售服务等领域 如：互联网智能制造服务平台、互联网协同制造平台、互联网生产监测感知平台、互联网大数据服务平台、互联网大宗商品交易平台等
互联网生活服务平台	专门为居民生活服务提供第三方服务平台的互联网活动	覆盖"衣、食、住、行、玩"等领域 如：互联网零售平台、互联网订餐平台、互联网酒店住宿平台、互联网出行购票平台、互联网旅游平台、互联网娱乐应用服务平台、互联网音视频服务平台等
互联网科技创新平台	专门为科技创新、创业等提供第三方服务平台的互联网活动	覆盖研创意、技术、产权、孵化等领域 如：互联网创新创意平台、互联网技术交易平台、互联网科技成果平台、互联网知识产权平台、互联网众创平台、互联网众包平台、互联网众扶平台等
互联网公共服务平台	专门为公共服务提供第三方服务平台的互联网活动	覆盖政务治理、环保节能、数据共享等领域 如：互联网政务平台、互联网公共安全服务平台、互联网交通服务平台、互联网市政服务平台、互联网节能平台、互联网环境保护平台、物联网数据开放平台等

二、平台企业

（一）互联网平台

平台起源于经济学和管理学领域，前者认为平台是为多边市场用户提供交易撮合服务并从中收取费用的第三方经济主体，后者则强调平台是高度不稳定环境下的一种形式化的结构或场景。在管理学文献中，平台的出现不论是隐喻还是架构的方式都相当频繁。早期，平台是通过帮助两种或多种不同类型的接入者实现直接交易来创造价值的商业形态。其价值来自多方互动，体现在一边集聚资源、产品或服务，另一边展示线上互联网和线下实体场地，并且服务供需双方或多方主体。平台也是一个联结双方或多方使用群体之间直接互动的中介机构，平台的核心在于赢得与网络效应相关的竞争优势。平台通过促进外部互动的生产者和消费者获得价值，如图 1-1 所示。

狭义的平台可定义为"通过汇集买家与卖家，

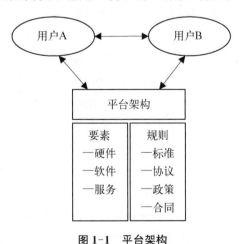

图 1-1 平台架构

---

① 国家统计局.2017 国民经济行业分类注释[M].北京：中国统计出版社,2018.

从而促成交易的一类中介"。例如,股票交易所的上市公司和投资者,淘宝、京东等电子商务交易平台的买家和卖家,苹果的应用商店里的开发者和消费者,谷歌的搜索平台是网站和广告商。广义的平台可定义为"通过汇聚不同用户以促进经济方面的交易或者人际的交往"。例如,支付工具有支付宝、微信支付、Visa等,社交平台有微信、微博、推特等,各类媒体有报纸、网站、电视台等。总的来说,平台存在的条件就是多边市场。平台企业是双边市场研究的核心。对于双边市场定义分为两类:一类研究"跨边网络外部性",即平台上至少存在两组群体,他们的需求各不相同。平台也是一种中介,相对于双边市场而言的交易中介。同时双边市场中存在网络效应,即平台某边用户利益与同边用户数量正相关,反之亦然。平台上的多群体对平台存在互补需求,一方的存在可以为另一方带来价值。

2022年5月发布的《国务院关于印发扎实稳住经济一揽子政策措施的通知》明确提出要"鼓励平台企业加快人工智能、云计算、区块链、操作系统、处理器等领域技术研发突破"。互联网平台成为新载体。企业边界从清晰到模糊降低交易成本,企业可配置资源的边界在不断拓展,助力社会范围内的资源全局性最优配置。平台市场是将多方资源整合利用,同时又用于各方的一种虚拟市场。目前全球前100家企业中,已有60家企业的主要收入和一半以上的利润源自平台商业模式。如今世界上最大的公司据大多数都与平台相关,淘宝、腾讯等平台巨头横跨了社交、第三方支付、搜索引擎、金融、电子商务等诸多领域。企业本质是一种资源配置的机制。互联网平台的出现,支撑企业不断突破地域、领域、技术的界限,有效降低交易成本,不断拓展企业可配置资源的边界,助力社会范围内的资源全局性最优配置。

2021年2月,《国务院反垄断委员会关于平台经济领域的反垄断指南》将互联网平台企业界定为:"通过网络信息技术,使相互依赖的双边或者多边主体在特定载体提供的规则下交互,以此共同创造价值的商业组织形态。"互联网与大数据的不断发展与应用,使得用户间的交易方式与地点发生了改变,企业的商业运营模式与经营方式较以往有了很大的不同,企业从线下交易转移到了线上交易,实体的经营模式变成了线上经营的方式,基于此,平台企业得以出现。平台企业是由用户以及组织组成以促进双方交易与互动的中介机构、第三方系统,平台企业正常运作的实现需要具备相应的支撑性硬件、软件与服务,此外还需要相关的规则对交易双方予以规范,平台企业可为用户提供技术、互补性产品、或服务,通过双方或多方交易的达成,平台企业可从交易中获取收益(Eisenmann T.,et al. 2011)。Thomas等(2014)根据平台对平台所有者以外各方参与者的开放程度,将生产性互联网企业平台分为三类:一是企业内部平台,平台中没有第三方参与,指企业存储资源与能力的平台;二是多对一平台,平台的供应方对第三方参与者开放,指支持产品变种的有效开发以满足不同市场利基的产品系列(创新)平台;三是多对多平台,平台的供需双方都向第三方参与者开放,指平台生态系统(即一组共享的核心技术和技术标准)。在实践领域,平台型企业作为互联网情境下的一种新组织形态,已完成从内部平台向多对一平台的演化,少数优秀企业开始尝试向多对多平台(平台生态系统)转变。

(二)多边平台

经济学家用"多边平台"描述居于多边市场中心的商业模式,而后用平台这个概念来代指多边平台商业模式。哈佛大学的 Carliss 等（2008）将平台分为产品平台、技术平台和多边（双边）市场平台等三种类型，并分别探讨了这三类平台的概念、结构、功能及其演化。各类平台在结构上具有根本的一致性，即由低度多样性的核心元素、高度多样性的补足品以及将两者连接起来并管理其互动的界面、接口与规则构成。"多边平台模式"概念的提出者是哈佛商学院的 Andrei Hagiu 和 Julian Wright，这篇 2015 年发表的论文《Multi-Sided Platforms》提出多边平台的概念来源于多边市场理论。多边市场也称为双边市场，双边市场理论发现市场的两边时常表现出不一样的价格敏感性，而且在有效市场中，一边时常会对另一边补偿。诺贝尔经济学奖得主 Jean Tirole 在 2005 年的论文《Two-Sided Market：A Progress Report》中举例商家给银行支付手续费而形成对信用卡持有者的补偿。多边平台的一个核心特征是将多类别的用户群体聚集在同一平台之上进行交易。因此，理解多边平台的关键就在于理解这些不同类别群体之间的关系（如何定价、相互影响、从属关系）。双边市场（或多边市场）是这样一种市场，其终端用户之间的交易量不仅取决于平台征收的总价格水平，更取决于其价格结构的市场。价格结构是指平台收取的总价格在买方和卖方之间的分担。例如，索尼、任天堂等游戏平台一边向游戏开发商收取版权许可费和开发工具固定费获取收益，另一边也对游戏机购买者收费。两者收费之和为价格水平，而每一边收费占价格水平之比则为价格结构。

（三）产业互联网平台

随着研究的推进，平台的定义不断丰富和完善，学界形成相互独立的若干流派，并分化出产业互联网平台和消费互联网平台两大形态。Gawer 和 Cusumano（2014）最早提出产业互联网平台的关联概念"产业平台"，并强调产业平台是"一家或多家企业提供的基础性产品、服务或技术，参与公司可以在此之上开发互补创新产品并产生网络效应"。Menon 等（2020）将产业互联网平台定义为"当平台涉及消费者、供应商或分包商等其他主体时，能为用户企业生成价值的一组技术"。忻榕等（2019）指出产业互联网实施平台化管理涉及全媒体营销、全渠道销售、全链路服务等方面，旨在使平台利用数字化技术为生产和消费赋能。《平台革命》一书中认为，产业平台是能使外部供应商和用户之间创造价值互动的业务，平台为这些互动提供了一个开放的、参与型的架构，并为此确定了治理规范。传统的产业组织是管道型供应链，价值是按阶段线性创造的，没有网络效应。

产业平台是指供两（多）种需求各有不同但又相互依赖的不同客户群体间进行互动的，由硬件、软件、管理服务体系、政策规则体系以及交互界面等构成的基础架构。如淘宝，是一个海量电商和海量买家互动的平台；百度，是一个信息搜寻者和发布者互动的平台；上海证券交易所，是一个融资方和投资者在券商等中介机构支持下进行互动的平台等。

美国通用电气公司（GE）发布的《工业互联网：突破智慧与机器的边界》报告指出，工业互联网（Industrial Internet）包括三个核心要素：智能设备、先进分析和连接人（Evans & Annunziata, 2012）。它是互联网应用的延伸，将工作中的人、先进的分析技术和智能设备连接起来，这种连接并不局限于工业领域的生产制造环节，将会推动整个产业生态体系的变革和发展（余菲菲和高霞，2018）。GE 报告中的"Industrial Internet"主要面向工业领域，在我国被广泛用于工业领域之外的产业时,通常称为"产业互联网"。

产业互联网是数字时代各垂直产业的新型基础设施,由产业中的领军企业牵头,从整个产业链的角度进行资源整合和价值链优化,从而对产业链内经济体进行连接和赋能①。产业互联网不仅仅是一种新型基础设施,更可以把它看作价值创造的一种新型组织形态,重塑了现有各产业链的价值创造过程,围绕着产业核心价值,将相关设施、技术、活动、人才等要素进行智慧整合,从而创造和收获生态(共享、共生、系统)红利(席酉民和刘鹏,2019)。

近年来,国内许多学者开始探讨产业互联网相关的研究议题,然而,现有的产业互联网研究,大多局限于产业互联网的定义和内涵界定,或是仅将产业互联网视为一种研究背景,未能深刻地揭示产业互联网的本质特征及其作用逻辑。作为产业互联网发展的关键,产业互联网平台通过赋能产业主体,能够带动产业整体升级①。

(四)工业互联网平台

工业互联网是以网络为基础、平台为中枢、数据为要素、安全为保障、产业为支撑、应用为牵引的生态体系。工业互联网平台是工业全要素、全产业链、全价值链全面连接、汇集和配置的枢纽,对加快产业转型升级、促进实体经济高质量发展具有重要作用。

随着中小企业数字化转型从初试到深入实践,工业互联网会发挥越来越大的作用。越来越多中小企业在降本方面,通过按需付费等形式,中小企业减少了软硬件投入的资金成本,降低了部署、业务协同和组建转型团队的时间成本。在增效方面,工业互联网打通产业链、供应链、价值链上下游,使供应链上相关企业实现信息高水平共享,助力企业对物流、资金流和信息流统一管理,实现对供应链的高效利用。在提质方面,工业互联网利用信息技术对企业生产经营进行数字化建模,以精准的数据分析替代笼统的经验判断,有效降低研发、设计、材料、人力等运营成本,最终助力企业实现质量效益型发展。

中小企业通过应用工业互联网,实现要素资源更大范围、更高效率、更加精准地优化配置,有效助力实现"双碳"目标。通过工业互联网与安全生产管理的深度融合,实现对关键生产设备全生命周期、生产工艺全流程进行数字化管理,把一线人员从危险作业现场解放出来,提升安全生产管理的可预测、可管控水平。工业大数据可以成为助力金融机构服务中小企业的实用工具。通过关键工业数据的标准化动态采集分析,真实掌握企业生产经营状况,为工业企业特别是缺乏有效抵押物的中小企业提供增信手段,逐步完善中小企业信用评级制度,打通企业运营状况等工业数据无形资产的价值与企业有形资产之间的价值链条,从而丰富中小企业的融资方式。

我国工业互联网平台发展态势良好,一方面,实体经济数字化转型需求旺盛。我国实体经济门类众多、应用场景复杂,数字化转型需求多样、差异性强,具备工业互联网平台发展的广阔市场空间。另一方面,平台融合应用水平有待提升。截至目前,我国仍存在大量

---

① 林楠,席酉民,刘鹏.产业互联网平台的动态赋能机制研究——以欧冶云商为例[J].外国经济与管理,2022,44(9):135-152.

处于工业2.0至3.0阶段的传统企业,工业云平台应用率为51.5%,基于平台的技术标准、深度应用、模式创新等方面尚处于探索阶段。工业互联网平台赋能千行百业的过程具有长期性。

1. 工业互联网平台发展趋势

加强平台体系建设。尽管我国工业互联网平台蓬勃发展,但与高度差异化、个性化的企业数字化转型需求相比,平台供给能力仍远远不足。要加快"综合型+特色型+专业型"平台体系建设,坚持分类分业协同推进,特别是大力发展面向垂直行业和细分领域的特色型、专业型工业互联网平台,鼓励平台企业走差异化发展道路。

(1)完善平台评价标准。标准是经济活动和社会发展的技术支撑,也是工业互联网平台高质量发展的重要技术基础。推动工业互联网平台建设推广,迫切需要进一步加强标准化工作。要强化标准完善和引领,引导平台企业研发重心"上移"、服务对象"下沉",加大对工业机理优化、高价值工业APP和系统解决方案开发等的投入,把服务中小企业数字化转型摆在更加突出的位置。

(2)加快平台应用推广。我国工业互联网平台发展持续走深向实,推动平台在行业规模化应用,对加快制造业数字化转型具有重要意义。鼓励地方因地制宜开展工业互联网平台推广,推动平台进基地、进园区、进集群,搭建供需对接交流合作平台。鼓励平台在产业集聚区落地,助力产业链上下游企业提升数字化、网络化、智能化水平。

(3)优化平台发展生态。数字经济时代,产业生态日益成为国家和企业竞争的焦点,对工业互联网平台可持续发展至关重要。要健全工业互联网人才培养体系,加强工业互联网人才实训基地建设和"新工科"建设,培育多层次复合型人才。发挥工业互联网平台创新合作中心、公共服务平台等载体作用,深化产教融合、产融合作,推动关键核心技术突破和产业化发展。

2. 工业互联网政策层面

中央财经委员会第九次会议提出,"加速用工业互联网平台改造提升传统产业、发展先进制造业"。国家"十四五"规划提出,要"积极稳妥发展工业互联网和车联网""在重点行业和区域建设若干国际水准的工业互联网平台和数字化转型促进中心"。《政府工作报告》连续五年对工业互联网作出部署,强调"发展工业互联网平台""打造工业互联网平台,拓展'智能+'"。工业和信息化部先后出台《工业互联网平台建设及推广指南》《工业互联网平台评价方法》《工业互联网创新发展行动计划(2021—2023年)》《"十四五"信息化和工业化深度融合发展规划》等多项政策,聚焦平台建设推广部署了重点行动和重点工程,加快工业互联网平台体系化升级。

全国已有超1000个工业互联网平台,具有一定行业和区域影响力的工业互联网平台超过150个,重点平台的连接设备超过7 900万台(套),工业APP数量突破59万个。华为、阿里巴巴、腾讯等平台持续发挥基础设施优势,着力构建数字化转型的数字底座。如腾讯依托WeMake工业互联网平台,为三一重工、工业富联、美的等企业提供云技术,助力其打造工业互联网平台。

3. 平台赋能模式

(1) 平台赋能模式业态创新活跃。工业互联网平台将数字技术与行业特有的知识、经验、需求相结合,加速工业机理模型的汇聚沉淀,催生出平台化设计、智能化制造、网络化协同、个性化定制、服务化延伸、数字化管理六大新模式。截至目前,开展网络化协同和服务型制造的企业比例分别达到39.5%和30.1%,有效促进实体经济降本、提质、增效。如红领集团打造的酷特云蓝平台,数据库成衣版型达3 000多亿条,用户结合量体数据生成"一人一款,一人一版"订单,从进入生产流程到成衣完成,仅需7个工作日,减少90%以上设计成本,工厂效率提升30%以上。

(2) 平台赋能行业领域加速转型。近年来,工业互联网平台加速向重点行业、重点领域拓展延伸,有效支撑产业转型升级和高质量发展。在重点行业,工业互联网平台为企业提供基于行业的数字化转型解决方案,促进工业互联网行业应用推广普及。如树根互联在装备制造业打造厂内数字化应用到厂外现场服务的解决方案,面向钢铁行业提供能源管控、铁运管理、安全管理等解决方案。在重点领域,平台对"双碳"、安全生产、产业链供应链的支撑服务能力不断增强。如海澜智云的工业互联网平台基于生产数据和智能分析,构建化工工艺、能源消耗等优化算法模型,使华昌化工厂区年节电3 000万千瓦时,减少二氧化碳排放2.66万吨。

(3) 平台赋能区域协同加快推进。"平台+园区""平台+基地""平台+集群"等创新发展模式加速落地,平台赋能区域经济数字化转型路径日益清晰。产业集中度较高的地区,通过行业龙头企业引领,系统带动产业链上下游企业数字化转型,实现产业链上下游、大中小企业协同发展。如广东揭东日用塑料品产业集群,依托工业互联网平台打造"中央工厂"制造模式,推动中小微企业协同创新,实现生产成本降低25%、质量提升15%。产业集中度较低的地区,通过公共服务企业牵头,整合产业生态资源,着力提高中小企业数字化水平,探索区域协同创新模式。如江苏常州天正牵头建设长三角区域一体化工业互联网特色服务平台,为区域中小企业提供数据管理、平台建设、人员培训和政策推广等全过程公共服务,帮助近1 000家企业上云上平台,研发工业机理模型80多项。

2020年,美国高估值公司Snowflake作为一家云原生的数据库公司,其年销售额3.5亿美元,市值最高超过1 000亿美元,是基于云重新构建技术体系、商业模式和解决方案的典型代表。中国正在崛起的工业互联网平台包括蘑菇物联、寄云科技、黑湖科技、数益工联、奥哲科技、致景科技等。

蘑菇物联是将平台化解决方案植入机器轰鸣的车间,取得良好的技术闭环和商业闭环公司。空压站是许多工厂的通用设备,包含多台空压机、干燥机、储气罐、净化设备、冷却塔、余热回收装置,用气供需不匹配、能耗高是行业顽疾。蘑菇物联基于生产设备端数字化改造实现运行状态感知,将用气需求状态数据汇聚到边缘服务器,基于机理模型和人工智能模型对用气需求进行分析,并反向输出和优化空压设备工艺参数,实现用气供需精准匹配。并实现核心算法云端优化与边缘部署。蘑菇物联基于IoT、云边端的技术架构,实现了算法是对用气供给端、需求端的精准匹配,降低了能耗、节省了人力、实现了预测性维护。更重要的是,基于开始的单一项目经验积累(项目公司),快速进化到数据采集、软件的产品化阶段(产品公司),迈向以云边端部署和运营的平台化阶段(平台公司)。其最大的价值在于,其技术产品和解决方案基于云边端的部署和运营,实现技术和商业上的闭环,可以低成本、大规模、高效率地快速复制,代表了工业互联网在车间端技术和商业模式变革的方向。

寄云科技。寄云 NeuSeer 工业互联网平台以数据智能为核心,秉持"连接＋洞察＋优化"的理念,面向装备、半导体、油气、能源、轨道交通等复杂产品装备及产线优化,将项目经验和算法沉淀到边缘智能一体机、智能控制器等产品中,基于 IT 与 OT 数据全面融合,通过生产设备和业务数据的汇聚、清洗、分析、决策,实现数据流动闭环、技术应用闭环和商业价值闭环,提升了企业业务效率、安全性、可靠性和连续性。寄云科技依托十年制造业数字化服务经验,以基于公有云的 NeuSeer 工业互联网平台,为开发者打造了从智能控制、数据采集、设备接入、数据分析建模和可视化开发在内的开放平台,支持实现包括数字孪生、智能控制、预测性维护、生产管控等数据智能应用,帮助工业企业从装备智能化到生产智能化,加速实现数智化转型升级。

犀牛智造。以阿里犀牛智造为代表的云端制造模式,建立一个云原生的数字化解决方案,通过推动单机设备、智能产线、工艺优化、车间管理、经营管理、产品开发等全面云化,实现需求分析、研发设计、工艺优化、排产计划、制造执行、物流管理的云端决策,下发到边缘和工厂执行,实现端到端的供需精准匹配,以及小批量和高频换线。犀牛智造实现了需求、设计、研发、供应链的全局优化,以高质量、透明化的长尾特征来满足海量、多元化的市场需求,实现了全生产要素、全产业链、全生命周期的实时、精准、高效。

(五)平台模式与跨界创新

常见的八种平台模式如表 1-2 所示。对于任一平台模式,可从五个关键要素分析其模式:(1)平台参与者是谁?(2)平台为参与者提供什么价值?参与者为平台提供什么价值?(3)平台的关键用户是谁?每个角色会带来哪些接入方,哪类角色带来的接入方最多?最多的即是关键用户。(4)明确谁是为平台贡献主要收入的付费者。(5)谁是平台的协作者(即帮助平台吸引关键用户的角色)?

表 1-2 常见平台模式

平台模式类型	举 例
交易服务的平台	Uber、Airbnb
交易产品的平台	淘宝、亚马逊
支付平台	支付宝、微信支付
投资平台	陆金所、Lending Club
社交网络平台	Facebook、LinkedIn、微博

续 表

平台模式类型	举 例
通信平台	Whatsapp、微信
开发平台	闭源开发平台：Salesforce 受控开发平台：iOS 开源开发平台：Linux
内容平台	Kindle、YouTube

如何结合我们自己的业务场景，搭建自己的平台呢？搭建平台模式的"三板斧"包括如下三个步骤：第一步，定位平台用户，也就是找到可能使用你平台的多边群体，然后分析针对各个群体的平台价值。第二步，找到关键用户，激发网络效应。这一步的要点是能够吸引关键用户，为了达成这个目标，适当采用战略性手段比如补贴，免费等方法也是必要的。第三步，灵活平衡平台上的付费者和支持者。如果某个玩家更有可能多地栖息，那么就应该考虑采用适合对应群体的手段来增加使用平台意愿，并通过游戏化的激励手段把意愿培养成习惯。

平台企业的跨界创新主要表现为以下三个方面。

第一，平台使得企业边界不再受缚于自身的资源约束。平台和互联技术的有机融合，使得价值创造方式发生翻天覆地的变化。互联网技术与数字化生存背景下，企业战略已经从拥有资源向调动外部资源转变。也正是因为平台的发展不受资源所有权约束，在资源稀缺的现实商业环境下，平台以迅雷不及掩耳之势激增，成为驱动创新变革的一股强大的结构性力量，平台的出现使得快速集聚资源、用户和行业领先地位成为可能。

第二，平台使得跨越边界的创新模式不断涌现。随着全球经济的飞速发展，创新成为国家经济发展的重要引擎，创新平台也越来越被大众所关注。纵观2001—2016年，世界上市值最高的公司排名变迁，让我们感受到了平台的力量。以2016年8月为转折点，石油企业、工业企业、金融企业、零售企业悄然退出世界前五的行列，取而代之的是苹果、微软、亚马逊、谷歌等互联网平台企业。代表中国企业的腾讯和阿里巴巴两家基础性的平台型公司，以突破4 000亿美元的市值进入世界前十，因而在世界范围内掀起了一场平台革命，具体根源是平台构建的"网状价值链"，替代传统模式的"线性价值链"。

第三，平台为企业边界融合提供了空间。"当世界的联系越来越紧密时，能更好地利用平台力量的公司将获胜。"以市值来呈现，北美的平台型企业是最多的，诞生于中国的腾讯、京东、阿里巴巴，因为其市场的统一性，增长极为迅速。欧洲的市场具有细分的特点，而拉丁美洲和非洲相对落后较多。由此可见经济发达的国家或是区域，其平台的优势一览无余。平台是互联网经济和实体经济进行融合的发展新引擎。平台的建构不仅使得原有的产业边界重塑，而且击败了任何一种产品，使得创新方式和耦合途径发生了翻天覆地的变化，进而迎来从技术创新到协同管理创新的新时代。从协同创新平台整体视角看，在整个创新链条进行多主体价值的协同管理,是保证整个平台上任何两个价值主体间形成"1+1>2"的协同创新优势的关键所在。

三、网络效应

互联网经济时代,平台企业通过吸引更多参与者获得更高的"流量"而富有竞争力,这是因为网络效应带来更多的供应和需求数据有利于完成匹配。高流量带来每笔交易价值平均值更高。其带来的效率提升包括通过社交网络媒体、通过需求积聚、通过APP升级和其他网络扩张的手段。程贵孙(2006)等学者研究了Linux操作系统,从软件平台的角度实证分析了平台的交叉网络效应,提出交叉网络外部性是平台中的一个重要特征,即平台一方的用户对另一方用户的效益溢出特性。

网络效应指的是某一产品或服务的用户(消费者、卖家、配送员等)数量的增加,会对该产品或服务的已有用户的收益带来影响。例如传统经济中的交通网络、数字经济中的通信网络等。

网络效应包括两个方面:

(1) 同边(直接)网络效应。平台一边的客户数量增加导致该平台对于同边客户价值提高,进而促进同边客户数量增加(同边效应为正);或者平台一边的客户数量增加导致该平台对于同边客户价值降低,进而导致同边客户数量减少(同边效应为负)。例如,微信是直接网络效应的代表性企业,用户越多,同边用户数量也随之增加。

(2) 跨边(间接)网络效应。平台一边的客户数量增加导致该平台对另一边客户的价值提高(跨边效应为正)或降低(跨边效应为负)。例如,淘宝是电商交易平台中间接网络效应比较成功的企业。

平台间的竞争可能会导致"赢者通吃"的现象。由于网络效应的存在,在互联网时代还会衍生出一种聚合效应,超越时间和空间的大范围的信息、资源、客户、供应商等向特定平台的集聚或者聚合。当跨边效应为正,而且强度很高。同边效应为正,而且强度很高。客户多平台接入或者转换平台的成本很高,需求的同质化程度很高。规模收益递增。如果这几个条件同时具备,这个市场就很可能为一家企业所垄断,产生赢者通吃的情况。存在哪些因素会促使出现唯一的支配性平台的出现,或者导致其他平台企业进入该市场非常难呢? 从经济学的角度可总结为:① 较强的(正)网络效应。② 较高的转换成本或多属成本。③ 规模经济。

"梅特卡夫定律"指的是网络的价值以网络节点数平方的速度增长,也就是网络的价值等于网络节点数的平方。企业的规模越大,其生产效率也越高。传统经济中的规模效应的产生是生产端固定成本的分摊,而平台经济中的规模效应是需求端用户聚集所产生的网络效应。

根据梅特卡夫定律,物流平台网络的价值与用户数量平方成正比,菜鸟骨干技术网络平台成长的速度正是取决于这一定律,而菜鸟在阿里巴巴的系统里也是其商业版图里物流的重要板块。阿里巴巴也不断地往物流版块增资,以物流作为杠杆,撬动了商流、信息流和数

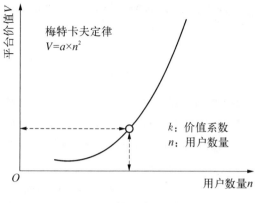

图 1-2 梅特卡夫定律

字化技术的应用,如图 1-2 所示。

如微软的 PC(个人电脑)操作系统 Windows 是供应用程序开发商与消费者互动的一个平台。使用 Windows 操作系统的消费者越多,就会有越多的应用程序开发商愿意基于 Windows 平台开发各种应用,如杀毒软件、游戏等。基于 Windows 的应用越多越强,就会有越多的消费者使用。之前使用 Windows 的人越多,之后使用 Windows 的人就会越多,因为使用其他操作系统接收来自 Windows 系统的文件需要经过转换,而转换不仅费时,还可能出现乱码、丢失等。而且一旦习惯使用 Windows 及基于 Windows 的应用(如 Office 等),再转换其他平台(如苹果的操作系统)的使用成本会很高。所以,微软的 Windows 曾占据 PC 操作系统 95% 左右的市场份额。同样,由于网络效应及其衍生的聚合效应的存在,平台与平台的竞争,就不再单纯是两个平台组织之间的竞争,而是每个平台及其参与人构成的生态系统与另一个生态系统之间的竞争和抗衡。

网络效应在数字经济中最直接的应用就是双边市场模型。双边市场的现实例子包括信用卡、网络零售平台等。双边市场模型的基本思想是:市场"两边"的用户分别为消费者与卖家;平台针对不同类型的用户分别制定价格,即"价格结构",平台所指定的价格结构取决于该群体的价格弹性以及对其他用户群体的间接网络效应。双边市场中,消费者的效用取决于卖家的数量,而卖家的效用取决于消费者的数量,即上文所提到的间接网络效应。

第二节 数字经济与数字平台概述

一、数字经济

(一)数字经济的概念

1996 年,唐·泰普史考特首次提出了"数字经济"的概念,在他的《数据时代的经济学》一书中,用数字经济来泛指互联网技术出现之后所出现的各种新型经济关系,并成功预言了互联网将给人们的经济生活带来哪些改变。1998 年美国商务部发布《The Emerging Digital Economy》报告,正式提出"数字经济",将数字经济定义为电子商务(通过互联网或其他非独占的、以网络为基础的系统进行业务往来的交易方式)以及信息技术产业(IT 产业)。

2016 年,以数字经济为核心的"新经济"一词写入了我国政府工作报告。同年,联合国在《二十国集团数字经济发展与合作倡议》中将数字经济界定为:以使用数字化的知识和信息作为关键生产要素、以现代信息网络作为重要载体、以信息通信技术的有效使用作为效率提升和经济结构优化的重要推动力的一系列经济活动。

中国信息通信研究院《中国数字经济发展白皮书(2017)》定义数字经济为以数字化的知识和信息为关键生产要素,以数字技术创新为核心驱动力,以现代信息网络为重要载体,通过数字技术与实体经济深度融合,不断提高传统产业数字化、智能化水平,加速重构经济发展与政府治理模式的新型经济形态。2018年习近平总书记在全国网络安全和信息化工作会议上指出,"要推动产业数字化"。2021年10月18日,习近平总书记在中共中央政治局第三十四次集体学习时强调,把握数字经济发展趋势和规律,推动我国数字经济健康发展。他指出未来数字经济的三个发展方向——促进数字技术和实体经济深度融合、赋能传统产业转型升级和催生新的产业、新的业态协同模式。

2021年5月,国家统计局《数字经济及其核心产业统计分类(2021)》定义"数字经济为以数据资源作为关键生产要素、以现代信息网络作为重要载体、以信息通信技术的有效使用作为效率提升和经济结构优化的重要推动力的一系列经济活动"。

(二)数字经济的重要性和相关政策

近年来,数字经济发展势头迅猛,已成为拉动经济增长、缓解经济下行压力、带动经济复苏的关键抓手。2020年,在新冠肺炎疫情冲击和全球经济下行的叠加影响下,中国数字经济依然保持9.7%的高位增长。

发展数字经济,需要推进数字产业化和产业数字化(数字化转型)。通常而言,数字经济的实现和发展有两个重要的趋势,即数字产业化和产业数字化。产业数字化就是用数字经济去赋能传统产业生产,数字产业化则是发展数字经济相关数字产业,运用互联网、AI、物联网、大数据、区块链、云计算等数字技术,推动数字经济产业化,建设形成万亿级自成体系的数字化平台,从而挖掘数据要素价值,提高产业整体效率和价值。

世界各国纷纷出台数字经济战略,2016年美国发布《国家人工智能研究与发展战略计划》,德国发布"数字化战略2025"计划。近20来,我国数字经济规模逐年增加,从2002年的1.22万亿元增长到2019年的35.8万亿元;数字经济总量占GDP的比重从2002年的10.04%提升到2019年的36.2%,2019年数字经济对经济增长的贡献为67.7%,2019年我国数字产业化增加值规模达到7.1万亿元,向高质量发展迈进;产业数字化增加值约为28.8万亿元,占数字经济和GDP的比重分别为80.2%和29.9%[①]。

随着产业数字化深入推进,进一步带动传统产业产出增长、效率提升,为数字经济注入源源不断的动力,成为国民经济发展的重要支撑力量。2020年,党的十九届五中全会明确提出了"加快数字化发展"的新要求。

一是打造产业互联网平台体系。推动产业互联网平台的功能迭代、服务创新,培育跨行业跨领域的产业互联网平台,打造系统化、多层次的产业互联网平台体系,创新产业互联网平台服务能力。例如,在钢铁、石油化工产业领域,企业通过数字化的集散控制系统DCS来完成整个生产和工艺过程,生产效率和生产能力大幅提升。在汽车制造领域,数字化设计、

---

① 数据来源:中国信息通信研究院.中国数字经济发展白皮书(2020年).http://www.caict.ac.cn.

数字化实验、数字化制造已经如火如荼。在医疗领域,越来越多的医生在借助数字化影像进行远程诊断。数字化在产业领域的应用,正在改变不同产业的运营规律,数字化和不同产业具体特征的深度融合是产业领域数字化的根本特征。

二是提升基于互联网平台的产业知识创新能力。分行业、分领域推动产业互联网知识的软件化、模块化、标准化,构建基于产业互联网平台的知识图谱,推动产业价值创造,重构产业创新体系。

三是推动基于互联网平台的产业创新。培育基于产业互联网平台的创新模式,发展平台经济、共享经济等新业态,支持建设产业互联网创新中心,建立产业互联网示范基地,推动产业创新发展。

数字经济相关产业有着庞大的市场前景和空间。以数字经济的重要物质基础——半导体行业为例,根据中国半导体行业协会的数据,2019年各个环节销售额均超过2 000亿元,芯片设计业增速最快。随着《国家集成电路产业发展推进纲要》等重要文件的落地实施,半导体行业的市场前景难以估量。此外,数字产业链具有极强的串联性,能够通过产业链作用带动上下游实体产业全面发展。以5G基建相关的一个细分产业——小基站建设为例,从上游的芯片制造、设计、封装、模组、射频器件、射频电缆、滤波器等上游产品,到中游的设备网络,包括主设备商、基站、芯片终端配套,再到下游的一系列场景应用和通信设备终端制造,这个完整的产业链包含了钢铁、芯片等多个细分领域。仅仅其中一个基站天线系统中非常微小的器件——天线振子,就预计有数百亿元的市场规模。数字产业链如一根丝线,将相关产业有机地串联在了一起。

(三)数字产业链与实体产业融合发展

1. 数字技术与生产相结合发挥其价值赋能

科技创新的目的,是为了造福社会生产。习近平总书记指出,创新是引领发展的第一动力。这个动力的体现正是在科技创新赋能社会生产中体现,各国之间表面看来是社会生产力的竞争,而其核心正是科技创新能力之争。科技创新水平决定了当前社会生产力的水平,更预示着未来社会生产力的演进方向和增长趋势。

没有与实体经济的融合,数字技术就像脱离实体经济的金融市场一样,只有资源的空转,而没有价值的增值。只有社会生产才能带来价值的增值,而数字技术只有与生产相结合,才能发挥其价值赋能的作用,让其背后投入的资源真正焕发作用。任何技术的终点,都是商业价值,而数字技术与实体经济的融合,正是数字技术研发前期投入的变现要求所推动的。从前期的人才培养、校企体系建立,到固定资产投入等,再到最终的技术输出,整个过程都有庞大的资金投入,而这些资金的变现都需要与实体经济衔接。根据数字技术开发出来的一系列工业数字化工具,只有与工业生产融合,才能拓宽销路,实现资金变现。

数字经济脱胎于高端的实体制造,而实体经济又是数字经济发挥作用的必要载体。推动数字经济与实体经济深度融合,并不是单纯用数字经济去赋能实体经济,而应当是两者相互成就、协同共进的过程。从数字平台企业的长远发展来看,对其依法规制与支持其更好发展并不矛盾,而是相辅相成的。优化事前合规、事中审查、事后执法的全链条数字经济平台反垄断规制,可以厘清数字经济市场竞争与垄断的边界,促进技术创新和竞争。在鼓励创新的同时进行有效监管,方能以良法善治更好规范和引导数字经济平台持续健康创新发展。

2. 数字技术手段深化了生产专业化的分工程度

我们已经经历农业经济、工业经济,正在迈向数字经济时代。数字经济能够降低实体经济成本、提升效率、促进供需精准匹配,使现存经济活动费用更低,并激发新业态新模式,使传统经济条件下不可能发生的经济活动变为可能。从行业演进的过程来看,往往先是由小部分企业完成技术革新,超越同行获得更多价值,之后技术逐渐普及,多出来的价值消失,行业的价值增加,整体生产力得到升级,而数字经济正是其中技术革新的重要来源之一。

真正的产业转型升级不是细分行业的单打独斗,而是在特定产业带动下全产业链的转型升级,数字经济可以将纵向产业链各个环节通过供应链金融等一系列方式啮合在一起。数字经济通过一系列数字技术手段,深化了生产专业化的分工程度,实现模块分工、生产分工、产业分工,在这个过程中,产业链上的其他企业各司其职,通过供应链的联系实现协同生产,内部供需环节匹配程度显著提升,交易成本被内化,从而实现整体产业的转型升级。

3. 数字经济让实体经济实现数字化转型

如图1-3所示,数字经济给实体经济实现带来的是机制性、核心性的改变,重新排列和整合了自身价值创造的过程,这对于传统实体产业来说,是一次"创造性破坏"。创造性破坏理论是经济学家熊彼特的观点,这种结构的创造和破坏主要不是通过价格竞争而是依靠创新的竞争实现的。每一次大规模的创新都会淘汰旧的技术和生产体系,并建立起新的生产体系。数字经济消除了时间和空间的信息不对称,让剩余产品和有效需求变得透明,它还改

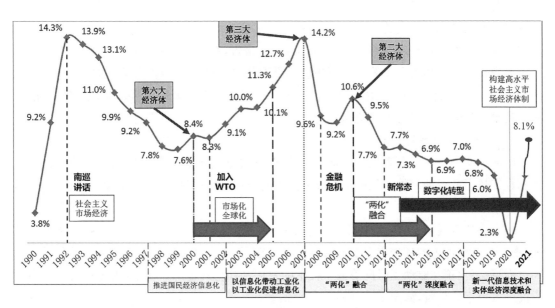

图1-3 中国情境下工业化、市场化与全球化下的数字化转型

变了社会生产和消费者之间的信息关系,这种信息关系的改变叠加数据给资源禀赋带来的变化,让实体生产的价值生成过程得到了重塑。

价值重塑只是数字经济对实体经济的短期作用。长期来看,真正的价值创造才是数字经济最大的魅力。数字经济对于实体经济的价值创造,主要体现在因数字经济带来的信息创造中产生的价值创造。一个巨大的数据收集和整理平台,海量数据的充分运用可以深入分析市场需求、生产关系等环节,从而提升制造工序和环节的效率,形成产业变革的内生动力。

如果说商品市场是社会生产的价值体现,那么要素市场就是这个价值的核心来源。数字经济对于要素市场的资源配置等核心过程同样带来了巨大的改变。比如劳动力市场,在疫情期间,就业市场受到客观因素的限制出现了延缓,而一些互联网公司建立的线上就业平台借助大数据让企业用工需求和人们的就业需求实现云端匹配,缓解了劳动力市场的供需错位。

二、数字化转型

根据中国信通院发布的《全球数字经济白皮书》,2020年全球数字经济规模达32.6万亿美元,同比名义增长3.0%,占GDP比重43.7%。同年发布的《中国数字经济发展白皮书》显示,2020年中国数字经济同比增长9.6%,位居全球第一,国内一半以上的企业已经将数字化转型视为下一步发展重点。国际知名咨询公司埃森哲发布研究报告显示,2021年中国企业数字转型指数由2018年的37分上升至54分,各行业企业整体数字化水平稳步提升。国家"十四五"规划纲要将"加快数字化发展,建设数字中国"单独成篇,在顶层设计中明确数字化转型的战略定位。数字化转型已成为拉动内外双循环、构建"双碳"新未来的先行军。从数字化转型实例来看,三一重工依托工业互联网平台,支撑从产品端到研发、制造、服务、产业链金融的全面数字化转型;美的将转型经验封装为新的解决方案,开辟新的市场和盈利模式。根据IDC(International Data Corporation)报告,在全球的1 000强企业当中,有67%的企业视数字化转型为企业的一个战略核心要素,而在我国的1 000强企业之中,这一比例约为50%。在企业数字化转型浪潮下,在我国国民经济发展中具有重要战略地位的物流业,其实现数字化转型显得尤为迫切和重要。

(一)数字化转型的概念

牛津英文词典认为数字化指的是一个公司、行业或者国家不断增加使用或采纳信息技术和数字技术的行动。数字化不仅指数字技术的应用,也可以指数字化企业的过程,通常被等同于数字化转型。

从数字技术视角看,数字化是数字技术应用的行动、过程和发展阶段。数字化是指把人、物、组织、事件等的各种信息变成数字信号或编码,并通过各种计算程序进行处理的行动和过程;数字化正在驱动互联网等数字技术的发展和社会及组织的变革,人类社会从信息化阶段进入数字化阶段,如图1-4所示。

从应用视角看,数字技术是现代信息技术、计算技术、通信技术和连接技术的组合,触发

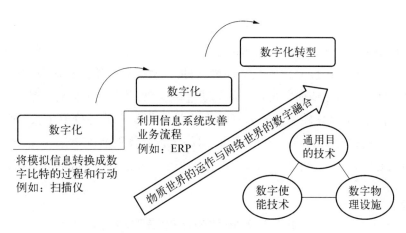

图 1-4　数字化-数字化-数字化转型过程①

了社会、经济和组织的变革。数字技术是数字网络技术(移动互联和社交网络技术、物联网)、认知技术(含机器学习算法、自然语言处理、预测分析)和 IT 基础设施(含 IT 基础架构、大数据分析、信息安全、云计算、量子计算)等一系列技术的全集。数字技术是指 SMACIT 技术,即社交媒体(Social)、移动互联网(Mobile)、数据分析(Analytics)、云计算(Cloud)和物联网技术(IoT)技术,作为一整套功能强大的易用的数字技术,也可以包括 AI、区块链、虚拟现实和元宇宙等技术。

　　然而数字化不等同于数字化转型②。大型跨国公司飞利浦在疫情来临之前就决定从一家以制造业为中心的多行业企业集团转型为专注于健康技术服务和解决方案的公司。公司慢慢脱离其基础业务(照明),从大规模生产和分销产品发展到汇集硬件、软件、数据、临床专业知识和人工智能,以支持提供更优质、低成本的医疗保健服务。当新冠肺炎疫情来临时,飞利浦不仅快速设计并批量生产了一种新的呼吸机,还配备了生物传感器,将患者信息输入远程监控平台,使高度传染性的新冠患者能够得到安全护理。飞利浦还部署了一个在线门户网站,帮助荷兰医院的医生共享相关患者的数据。尽管飞利浦的业务受到疫情大量需求崩溃的挑战,但其新的业务模式支持了快速转向解决方案,这些解决方案有助于公司在这一期间也有稳定的收入增长。

　　建筑业被称为传统的资产密集型和"非技术"行业,但小松公司立志于从出售建筑设备的公司发展成为数字化智能施工解决方案的领导者。小松公司最初推出的工程机械,利用 GPS、数字制图、传感器和物联网连接,使其客户能够更有效地使用小松设备。此后,该公司更进一步,开放了他们的企业平台和数据,使建筑生态系统中的客户、竞争对手和其他公司能够更好地协调他们的活动,提高整个建筑项目的总生产效率。此后,这些疫情前的业务模式创新使小松公司得以通过托管服务和自动化平台扩大新的收入来源,甚至在疫情暴发后

---

① Savi D. From Digitization, through Digitalization, to Digital Transformation[J]. Online Searcher, 2019, 43(1): 36-39.
② Paul Leinwand, Mahadeva Matt Mani. Digitizing isn't the Same as Digital Transformation[J]. Harvard Business Review, 2021, March.

建筑活动低迷时,公司也加快了新产品的推出。

数字化转型是指企业运用数字技术的创新过程,通过重塑企业愿景、战略、组织结构、流程、能力和文化,以适应高度变化的数字环境。目前,数字化转型过程研究广受关注。数字化转型最好的结果来自适应而非再造。他们通过访谈60多家公司和数百名企业高管指出,对大多数公司而言,数字化转型意味着通过渐进性步骤传递核心价值主张,而非根本性破坏。数字化转型的关键在于,关注用户需求、组织柔性及尊重渐进变化等,以不断抓住数字技术带来的机遇(Furr & Shipilov, 2019)。业界和学术界都对数字化转型进行了定义(见表1-3 和表1-4)。

表1-3 产业机构对数字化转型定义

序号	定　　义	来　源
1	企业的数字化转型是指利用新一代信息技术,构建数据的采集、传输、存储、处理和反馈的闭环,打通不同层级与不同行业间的数据壁垒,提高行业整体的运行效率,构建全新的数字经济体系	国务院研究中心 & 戴尔
2	企业数字化转型是以数据技术手段进行运营优化(例如数字化供应链、销售预测、生产工艺优化),实现企业从流程驱动到数据驱动,从而实现增长	阿里云研究中心
3	利用数字化技术(例如云计算、大数据、移动、社交、人工智能、物联网、机器人、区块链等)和能力来驱动组织商业模式创新和商业生态系统重构的途径和方法	IDC
4	通过新一代数字技术的深入运用,构建一个全感知、全连接、全场景、全智能的数字世界,进而优化再造物理世界的业务,对传统管理模式、业务模式、商业模式进行创新和重塑,实现业务成功	华为
5	企业借助数字化解决方案,将物联网、云计算、大数据、移动化、智能化应用于企业,通过规划及实施商业模式转型、管理运营转型,为客户、企业和员工带来全新价值提升,不断提升企业数字经济环境下的新型核心竞争能力。包括三种基本类型:数字化运营转型、数字化产品转型和数字化服务转型	金蝶

表1-4 学术界对数字化转型的定义

序号	定　　义
1	数字技术对企业的变革性或颠覆性影响(新商业模式、新的产品/服务),这意味着现有企业可能需要彻底改变自己,才能在新兴的数字化时代获得成功(Nambisan, 2019)
2	企业为实现目标领域的改善,而整合应用新一代数字技术对该领域的特性进行显著改变的过程(Vital, 2019)
3	将数字技术整合到企业的所有部门,从根本上改变企业表现并为客户带来价值(Chernet Gebayew, 2018)

续 表

序号	定 义
4	数字化转型带来了三个重要的变化：(1) 数字化支持和交叉链接的过程；(2) 数字化支持的沟通；(3) 基于数字化创新或获得的数据的价值产生的新方式(J. Piet Hausberg,2019)
5	数字化转型来自数字创新的综合效应,这些创新带来了新的行动者、结构、实践、价值观和信念,并在组织、生态系统、行业或者组织内改变、威胁、取代或补充现有的游戏规则和领域(Bob Hiningsa,2018)
6	将数字化技术创新应用于解决传统问题,其数字化解决方案能为企业连续带来创新创造的内在能力,而不是简单数量上的增加和对传统模式的支持(维基百科)
7	通过信息、技术、通信和连接性技术的组合触发实体属性的重大变化,从而改进实体的过程(Vital,2019)

（二）数字化转型的内容和特征

数字化转型是一个复杂的多维现象,要求站在企业整体角度全盘考虑,全面推进产品、服务、流程、模式和组织数字化转型[①]。

1. 产品数字化转型

产品数字化转型主要体现在形态、特性、功能、逻辑等方面。在形态方面,产品数字化转型主要包括数字技术赋能物理实体的数字化产品和纯数字产品两大类。在特性方面,产品边界变得模糊,并具有持续不断进化的自生长性[②]。在功能方面,产品的数字化能够将功能从形式和内容的介质中分离(Yoo et al.,2017),使产品具备监测、控制、优化和自动化等功能。在逻辑方面,产品数字化转型遵循适应逻辑,依托平台利用用户海量数据适时调整产品功能或形态。例如,中国航发推出基于大数据的产品全生命周期性能管理平台,整合产品相关数据,实现统一性管理,可使设计人员、工艺人员、制造车间人员以及相关技术人员在权限范围内迅速精准查找到相关数据信息,大幅度提升了航空发动机产品设计的设计效率和准确率,极大缩短研发周期,加快了产品设计迭代过程。

2. 服务数字化转型

服务正在从产品的附属品成长为新的利润增长点。服务数字化转型的特征主要体现在形态、特性、功能、逻辑等方面。在形态方面,数字化转型服务包括支持用户产品的数字化服务和支持用户行为的数字化服务两类[③]。在功能方面不断扩展,包括辅助产品销售、增加产品附加值等简单功能,以及为用户提供个性化和全周期解决方案等复杂功能。例如,中国航信推出民航移动出行智能服务平台——航旅纵横,为民航旅客用户提供从出行准备到抵达目的地全流程的完整信息服务,凭借创新性的功能设计、友好的用户体验和丰富的功能获得

---

① 朱秀梅,林晓玥.企业数字化转型：研究脉络梳理与整合框架构建[J].研究与发展管理,2022,34(04)：141-155.
② 刘洋,董久钰,魏江.数字创新管理：理论框架与未来研究[J].管理世界,2020,36(7)：198-217.
③ 胡查平,汪涛,朱丽娅.制造业服务化绩效的生成逻辑——基于企业能力理论视角[J].科研管理,2018,39(5)：129-137.

用户和行业的一致认可,已成为目前国内最权威、功能最强大的民航信息服务软件。

3. 流程数字化转型

流程的数字化有助于打破不同创新阶段之间的界限,创意产生、试制研发、生产制造、销售物流的传统线性开发流程被颠覆。流程数字化转型涉及操作流程、支持流程和管理流程,展现出设备自动化、网络协同性、用户参与性等新特征。依赖数字技术的应用,企业可以在后端运营实现自动化和智能化的内部运作,进行网络化协同运营,大幅度降低成本,提高运作效率和管理质量,前端业务与用户在购买前、购买后进行持续交互,创造新的客户体验,同时使用户成为重要参与主体参与全流程价值创造活动。例如,中国石油推出基于数字孪生的设备智能化管理,利用自动感知实时采集油气产业链运行数据,推进实体业务与数字化世界的双向连接运行,实现内外部连接、共享、协同全流程管理,有效提高全员劳动生产率和资产创效能力。

4. 模式数字化转型

有效应用数字技术使新的价值创造和获取方式、新的交换机制和交易架构以及新的跨界组织成为可能。数字技术创新商业模式的数字化增强(增强现有商业模式)、数字化扩展(改进现有商业模式)、数字化转型(开发新商业模式)3条路径[①]。Vital(2019)则指出商业模式数字化转型主要体现在创造新的价值主张、使企业能够重新定义其价值网络、改变企业与用户和供应商等多主体互动的方式、提高企业的灵活性和敏捷性等方面。

借鉴Zott和Amit(2010)的研究,将模式数字化转型分为渐进式的效率型数字商业模式转型和突破式的新颖型数字商业模式转型,前者强调与用户等多主体之间围绕流程和资源提升交流互动的效率,迅速和主动地改进当前的商业模式,具有敏捷性、交互性等特征,后者则注重引入新技术、新主体、新活动、新市场、新结构和新治理机制,预测、评估和利用尚未开发的创造额外价值的机会,进而创造新颖的商业模式,具有创造性、开放性等特征。例如,三一集团是中国最大的工程机械制造商和全球最大的混凝土机械制造商,在数字化转型过程中,依托自研的工业互联网平台,创新商业模式,体外孵化树根互联这一工业互联网平台企业。树根互联将三一集团经验丰富的后市场服务作为核心业务,并基于自身PaaS层与细分行业中龙头企业合作建立垂直行业平台,同时面向行业中小企业建设应用生态,推动各行业、领域的工业互联网建设,现已赋能81个细分行业。

5. 组织数字化转型

组织数字化转型涉及组织结构、组织文化、领导力、员工角色和技能等方面的转型,具有结构灵活性、文化认同性、领导授权性和员工自主性等特征。在组织结构方面,强调跨职能协作的重要性,包括建立独立的单位和创建跨职能团队两种方式,以用户为中心紧密合作实现快速分离重组。在领导力方面,要求领导者具备新的、动态的、持续学习的领导力,即数字化的领导力,强调领导者的创造性、持续思考、保持好奇、渊博的知识、全球愿景与合作五项

---

① Li F. The Digital Transformation of Business Models in The Creative Industries: A Holistic Framework and Emerging Trends [J/OL]. Technovation, 2020 [2022-1-20]. https://doi.org/10.1016/j.technovation.2017.12.004.

关键能力。领导者特别是作为新角色的首席数字官需要形成数字思维模式,采用更加民主的领导风格,扮演企业家、数字传道者和协调员三种主要角色,发挥协调、支持、赋能作用,利用数字技术将商业模式转化为一系列具体行动,传递数字化转型战略并鼓励员工跨越层级和部门进行转变,促进跨职能合作。例如,一汽丰田通过转变经销商的组织职能模式,导入社交型的 SCRM,实现"一客一群"的多对一运营模式,构建数字化服务生态,可以在 3 分钟之内实现客户需求的实时响应。

从数字化转型路径看,柏隽(2018)通过案例分析提出中小制造企业数字化转型遵循的五个步骤:(1)认真评估企业数字化现状;(2)生产精益化和工艺优化;(3)自动化优化和集成规划;(4)信息化优化与集成规划;(5)设计数字化转型路线图[1]。Vial(2019)认为企业通过组合应用信息、计算、沟通和连接等技术引致组织属性的重大变化,从而实现整体提升的过程[2]。其目的是实现企业业务的转型、创新和变革。朱农飞和罗元(2014)通过对 184 家上市公司调查分析,总结出企业实现数字化转型的三种不同路径:(1)以前台的转变来带动后台的运营数字化,企业通过实现前端销售数字化转型推动企业变革,进而实现从前台到后台的转型;(2)依靠后台整合推动前台数字化操作,由后台变革带动前台变革,也就是通过优化服务推动前端营销转型;(3)企业通过制定数字化转型战略,优先调整组织结构,以推动企业实现数字化[3]。施德俊(2019)结合两家企业的案例分析,提出了企业在数字和信息技术背景下数字化转型战略五阶段:数码化、数量化、数字化、数模化和数用化,并认为企业实现数字化转型应遵循的六个工作步骤:数字接口设计、数据变量设计、分析指标设计、商业创新设计、用户体验设计、营销沟通设计[4]。

(三)数字技术助力中小企业数字化转型

2021 年以来,习近平总书记对促进中小企业发展作出系列重要指示,部署加大对市场主体特别是中小微企业的支持力度,从中央到地方出台了一系列政策措施支持中小微企业发展,如《关于进一步加大对中小企业纾困帮扶力度的通知》《为"专精特新"中小企业办实事清单》《提升中小企业竞争力若干措施》等。截至 2021 年底,全国登记在册的市场主体为 1.54 亿个,其中企业为 4 842.3 万家,99% 以上的企业是中小企业。在数字化转型过程中,大企业具有自身的优势,比如在数据方面有很好的积累,在人、财、物方面各具优势,但对很多中小企业来说,面临着"资金不足、人才匮乏、技术欠缺"等转型困境,甚至无从咨询转型成功经验。从数字化转型经验来看,工业互联网平台的建设,对中小企业是有价值的。有实力的大企业可以选择自建平台,中小企业可以依托大企业的平台或者政府、园区提供的公共服务平台,比如租赁 ERP、CAD 等云化工具,以低成本进行数字化转型。

1. 中小企业数字化转型的制约因素

数字化和数字经济的发展使得中国经济在应对疫情冲击时更加从容,保障了中小企

---

[1] 柏隽.制造业中小企业数字化转型"五步走"[J].中国工业评论,2018(4):43-49.
[2] Vial G. Understanding Digital Transformation: A Review and A Research Agenda [J]. The Journal of Strategic Information Systems, 2019, 28(2): 118-144.
[3] 朱农飞,罗元.数字化转型[J].首席财务官,2014(1):74-75.
[4] 施德俊.式与能:数字化转型升级的战略五阶段[J].清华管理评论,2019(Z1):104-115.

等市场主体的存续和发展。诺贝尔经济学奖得主迈克·斯宾塞在近期撰写的一篇文章中指出，中国具有很高的互联网渗透率和最先进的移动支付系统，基于此产生的数据以及人工智能的应用，提升了数字生态系统效率，正是由于数字经济的发展使得中国经济更具韧性。相关研究表明，数字化技术能够提升企业约60%的作业效率和50%的管理效率，减少20%的人力成本。我国数字化转型进入快速发展新阶段。消费互联网的不断发展引领一批服务业企业率先数字化转型。互联网企业和一批行业巨头企业通过数字平台的建设实现自身转型的同时，也不断赋能广大中小企业，形成以数字平台生态系统为基础的数字协同网络。

中国中小商业企业联合会和阿里云研究联合发布的《后疫情时代中小企业全链路数智化转型洞察》显示，企业的数字化程度同疫情的影响成反比，在数字化得分能力"高"的企业中，45%的企业不受疫情影响或受到正面影响，而这一比例在数字化得分能力"低"的企业中仅为22%。疫情的出现无疑催生了数字经济的发展与企业数字化转型进程，但整体来看，我国企业进行数字化转型的比例仍然较低，大约仅有25%的中小企业开启了数字化转型之路，远低于美国的54%和欧洲46%的比例。中小企业数字化转型，常常容易陷入"不转型等死，转型找死"的两难困境[1]。

（1）困境一：没钱转——转型资金欠缺。资金欠缺和成本过高是制约中小企业数字化转型难以推进的重要原因，特别是对制造业中的中小企业来说，普遍税后利润仅有3%～5%，对于数字化转型这样的系统工程，从硬件装备的改造升级和新兴数字技术的应用，从数字人才的引进到员工的数字化培训，都是企业难以承担的转型开支，而漫长的转型周期和不确定的转型收益，使得企业转型不得不更加慎重。

（2）困境二：没人转——数字化人才短缺。人才是企业发展的第一资源，中小企业的数字化转型离不开数字化人才的供给。目前，数字化人才缺口巨大，凯杰咨询发布的《数字化人才缺口——企业的投入是否充足》报告显示，接受调查的企业均表示数字化人才缺口呈增长趋势，高达54%的企业认为数字化人才短缺是企业难以实现数字化转型的重要因素，50%的企业表示始终在关注数字化人才缺口问题并将通过努力弥补人才不足所产生的竞争力问题。从某种意义上，数字化转型是对数字化人才的争夺与整合，中小企业资金的短缺使其在同大企业争夺数字化人才时处于明显劣势。同时，外部引入的数字化人才能否作为"合适的人"同企业转型相匹配，仍有待观察。

（3）困境三：基础弱——原有数字化水平较低。中小企业的数字化基础和转型的条件较为薄弱。当前，中小企业数字化装备应用率、信息系统覆盖率和设备联网率分别为45%、40%和35%，远低于大型企业80%、65%和60%的比例。此外，仅有10%的中小企业采取ERP和CRM方案，很多企业对数字化的运用仅停留在办公自动化、人事管理等初级层面，仅有5%的企业能够应用大数据分析技术，对企业生产经营环节提供数字决策支持。

（4）困境四：不愿转——企业对于数字化认知与契合程度存在不确定性。企业内部能否同数字化转型相契合也是重要影响因素，包括高层支持与否、企业组织开放还是封闭、企

---

[1] 刘然. 后疫情时代中小企业数字化转型之路[J]. 学术前沿, 2020(7)：104-107.

业是否具备协同开放文化等方面。有研究表明，企业高层推进数字化更容易使转型成功。数字化的构建也将引领企业决策方式的转变，"数字说话""数据决策"将为企业决策提供必要的服务和支撑。企业文化是开放、协作、包容、封闭、孤立、隔绝，同样是转型能否成功的重要因素，数字化作为外生性驱动力，是无法在封闭系统和孤立文化中得以发展的，企业员工在数字化冲击下采取抵触的态度也会使转型难以落实。说到底，企业内在的柔性条件同数字化转型的契合度问题决定着转型的难易度。

埃森哲发布的《2021埃森哲中国企业数字转型指数研究报告》显示，中国企业数字转型成熟度稳步提升，转型成效显著的领军企业运营收入增速达到其他企业的4倍，中国企业已进入数字化转型分水岭的关键时期，存在三个方面难点。

（1）难点一是战略缺位，转型缺乏方向。部分企业没找到未来竞争的着眼点与商业模式，难以从数字化投入中看到价值。部分企业的数字化战略与业务发展是"两条线，两层皮"，一些企业数字化转型难以跨业务领域拓展。

（2）难点二是能力难建，转型难以深入。企业原有的系统老旧，管理制度传统，流程复杂，数字化转型底座不牢，在原有基础上修补往往出现无法兼容的问题，推倒重建又容易对企业经营造成"伤筋动骨"的损失。不少中国企业还缺少数字化人才。此外，企业的数字化部署大多停留在试点阶段，由于诸多阻碍因素，试点项目与经验难以快速复制与推广，不能形成全企业全场景的数字化规模效应。

（3）难点三是价值难现，投入无法持续。数字化转型是涉及企业全业务、跨职能的系统性改革工程。企业只有全面部署、系统深入才能最大化解锁和释放数字价值。数字化投资见效慢、周期长，而一些企业又往往急于见到成效，用传统的绩效指标衡量转型效果，没有根据企业实际情况与部署计划配套针对性的评估体系，短期内企业会觉得数字化部署"失灵"，数字化价值常常受到管理层的质疑，数字化投资持续性弱，形成恶性循环。

2. 中小企业数据管理方面的问题

中小企业在数据融合应用、数据质量、平台工具和数据治理体系四个层面面临巨大挑战。

（1）数据融合应用问题。用户无法提出准确的需求、数据不敢用等情况存在。业务部门没有清晰的大数据需求，导致决策层犹豫不决，错失良机；数据在IT人员或部门内，无法及时掌握动态的业务变化，错过数据应用的黄金期；数据应用领域相对较窄，数据与场景融合不够，分析结果"不敢用"。

（2）数据质量问题。数据"孤岛"意味着找数据难，拿数据更难；业务条线繁杂、种类多样，数据采集标准不一、统计口径各异，数据一致性难以保障；数据在采集、存储、处理等环节可能不科学、不规范，导致数据错误、异常、缺失等。

（3）平台工具问题。数据资产工具不够成熟，企业科研投入不足，工具还不能支撑数据资产管理；各机构数据接口不统一，数据难以互联互通，数据资产相互割裂；如何保护数据安全与隐私也是关键问题，区块链尚未解决这一问题。在进行数字化转型过程中，从推动实现企业和行业可持续发展的角度,把监管因素考虑进去。此外,新的监管举措也会带来一些市场机遇,例如强化数据隐私保护,将进一步推动数据清洗、加密、匿名化等方面的业务实现新发展,会有相应的数字化产品应运而生。

(4) 数据治理体系问题。数据治理体系不完善,数据管理的责任权责不清,企业员工对数据资产管理基础知识认知不够,没有建立起数据文化。

3. 中小企业数字化转型的建议

(1) 构建起数字经济生态系统,更好地帮助中小企业实现数字化。为中小企业数字化赋能要构建包含中小企业在内的,以数字化为基础、以深化供给侧结构性改革为主线、以新发展理念为指引的新型数字经济生态系统,这是一种涉及政府、行业、企业、社会等多方主体、全方位的变革。首先,对数字经济生态系统中的各要素进行数字化赋能,即全面提升政府、行业、社会、企业的数字化水平。互联网平台发挥自身优势,助力实体产业渡过难关;企业数字化观念更为深入,新经济业态、新模式发展迅速;数字化渗透到社会各方面,变革着人们的生活方式,网络购物、直播带货、在线教育、远程医疗等线上服务更加深入人心。系统中每个要素的数字化能力的强化为系统发展提供了有力保障。其次,政府、行业、社会和企业要基于共享、开放、可持续发展理念组成系统结构,加强要素之间的相互协作,以更为优化的结构促进系统功能。

(2) 数字普惠金融机构和组织帮扶中小企业。疫情期间以互联网银行为主的数字普惠金融机构为中小企业资金流转提供了有力保障,也为通过数字化技术破解长期困扰中小企业的融资难问题带来新的可能性。中小企业融资困境主要表现为供需端的信息不对称,处于资金供给端的传统商业银行无法有效判断中小企业的真实运营状况,资金需求端的中小企业运行过程中也缺少数据的留存以供金融机构予以识别。

此外,传统银行业主要依托于线下办理,尽职调查成本高,贷款审核周期长,同时基于不良贷款率考核压力,传统商业银行对中小企业贷款更加谨慎,贷款触及率低。数字普惠金融的发展将有效解决供需两端信息不对称问题,通过对企业、行业、经济发展中大量数据的搜集、处理和研判,评估中小企业的运营状况和风险承受能力,给予合理的信贷支持与金融服务。

除却互联网银行外,第三方支付在数字经济条件下由单纯的通道服务商转变为数字化综合服务提供机构,链接中小企业运营、融资和投资过程的各个环节,为中小企业在风险防控、信用提升、资金流转等方面提供支持。这些数字普惠金融支持有助于中小企业破解融资难困境,以及获取必要的数字化转型资金。

(3) 提倡"数字包容"避免中小企业"数字鸿沟"。数字经济和数字化转型符合通用目的技术特征,是一种应用场景广泛,有效提升生产效率、降低应用成本,促进技术创新的底层技术。作为通用目的技术的数字经济具有普惠性特征,主要包含两方面含义:一方面,企业对数字化的获取门槛要低,技术红利能够下沉惠及广大中小企业,数字化服务的定价要低于企业能够负担的日常成本以及企业数字化转型的开支;另一方面,数字化技术要提供便利化服务,易于操作,使得新兴技术能够"飞入寻常百姓家"。概言之,数字化发展的过程中要体现数字包容和数字普惠的理念,杜绝中小企业由于资金、规模、技术等方面的弱势而无法享受数字红利,避免在数字经济时代产生"数字鸿沟"。

(4)政府树立企业数字化转型标杆,引领大中小企业融通发展。中小企业在数量上占市场主体的绝大多数,在风险防控和市场竞争中处于弱势地位。已有研究表明,企业规模同数字化转型优势成正比,这意味着处于市场主体中长尾部分的大量中小企业的数字化转型之路较之于大企业和中小企业中的龙头企业来说,转型之路更加艰难。政府在经济治理和数字经济升级的过程中要更好地发挥作用,组织数字化转型示范工程,引领企业转型,树立企业数字化转型标杆。同时,企业在市场中简单复制商业模式并不会让企业取得成功,简单地照搬照抄标杆企业的数字化转型成功案例,也无法使中小企业真正享受数字化带来的便捷与红利。

(5)加快数字化人才培养,解决数字人才缺口。数字化人才的培养需要明确素质标准、拓宽培养渠道。数字化人才可以分为数字化技术应用人才、数字化管理人才和数字化创新人才,要精准施策、分类培养,积极推进数字化人才同传统行业的融合发展。充分发挥行业协会、教育和科研机构等在数字化人才培养和应用中的协调作用,发挥行业协会的信息优势和中介作用,有效链接"政企校"三方,推进校企合作,完善和创新人才培养机制,为数字化转型和数字经济发展提供人才支撑。

三、数字平台

美国通用电气公司(GE)预测,到2030年数字平台及相关产业将为中国经济带来累计3万亿美元的国内生产总值(GDP)。数字平台作为物理世界与数字孪生世界的桥梁,将加速数字技术在产业领域的融合应用。

(一)数字平台的概念

数字平台是以数字技术为基础,整合数据、算法、算力,居中撮合、链接多个群体,提供生产、分配、交换、消费、服务等相关信息的收集、处理、传输以及交流展示等数字交易服务和技术创新服务(见图1-5)。

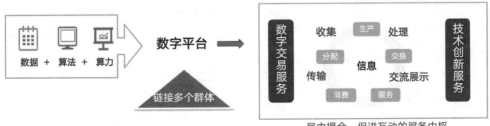

图1-5 数字平台的概念模型

随着B2B电子商务平台规模逐步增加,交易结算、物流配送类平台规模最大(比如以淘宝为基础的菜鸟网络和以京东商城为基础的京东物流),而信息撮合类平台起步最早,颠覆了传统消费互联网,接着融资服务类平台纷纷出现,伴随着技术赋能平台对产业互联网的明显支撑作用(见图 1-6)。

图 1-6　数字平台的类型示例

数字平台是数字时代最重要的商业模式创新。数字平台颠覆了传统行业的游戏规则,创造了一个又一个新型社群市场,原本相互竞争的企业、需求完全不同的消费者在一夜之间都成了为平台贡献价值的平台参与者。例如,GE 通过 Predix 软件平台、西门子通过 MidSphere 云平台进行企业业务的软件化和数字(分析)化转型。数字服务平台作为以数字技术为支撑的新经济模式,在拉动我国数字经济增长的同时,越来越多地承担起社会及行业管理责任。

我国在 5G、云计算、中小企业专线等数字基础设施方面领先全球,但基于数字化技术和模式的中小企业服务平台和服务产品较美国 SBA 综合性数字服务平台、欧洲 Business Link 等中小企业数字平台的供需匹配度和服务效率却存在明显差距。

数字经济时代,数字平台的商业模式重构了与用户之间的关系。用户可以成为营销者,营销者也可以成为用户。"非用户—普通用户—超级用户—裂变用户"的用户进化过程是一个完整的闭环。不同数字平台的竞争优势建立已不局限于特定的产品或服务层面,而是依靠高频度的创新来争夺稀缺的用户时间资源,并将这些资源快速变现。数字经济让传统实体生产目标从单纯的产品供给,转型到使用价值的供给。传统生产与消费者的关系仅存在于交易的一刹那,是单纯的产品供给,而在数字经济时代,商品的销售更具有了服务的性质,从寻找消费者喜好,匹配电子客服,再到售后跟踪服务,使用价值的输出拉近了生产者与消费者的距离。数字经济改变了实体产业与消费者的关系,让消费者从社会生产的被动接受者变成了深度参与者。消费者可以通过数字平台提出自己的差异化需求,而厂家可以根据这个需求调整产品生产计划,实现定制化的产品服务,这样既提升了自身产品的差异化竞争优势,也更好地满足了消费者的需求。

数字平台商业模式建设是传统企业与其他数字平台竞争的重要途径。传统企业重视企业内部资源、效率、能力的培养和壁垒建设,同业竞争者、有议价能力的供应商和渠道可能被视为企业的外部负资产。平台商业模式关注的是平台参与者和参与度的规模效应。不论同行业竞争者还是有议价能力的供应商,只要在平台上从事商业活动的参与者都是平台的资产,参与者的平台活动数据也是平台的资产,都在为平台贡献价值。换句话说,传统的产品运营与数字平台运营的竞争是个体与生态系统的竞争,只有传统企业也采取平台商业模式,才能够在对等的维度上与其他数字平台展开竞争。

(二) 数字平台的特征

数字技术正在重塑商业世界，新的商业模式和颠覆式创新不断涌现，产业边界日益模糊，外部环境的数字化决定了数字化转型是传统企业的必经之路。数字平台间的市场竞争相对更激烈，更具动态性、跨界性和共生性。

1. 动态性

新一代数字技术 5G、AI 和云计算和新基建等基础设施的叠加，在不同应用场景下激发了商业模式频繁迭代，平台企业的兴起或失败都更加迅速。一方面，数字平台企业的生命周期不断缩短。传统 PC 互联网企业从初创到市值超百亿平均用了 8~15 年，而进入移动互联网时代，一批超级"独角兽"的崛起普遍不超过 5 年。另一方面，数字平台在不同领域中获得的市场支配地位往往是脆弱、短暂的。有研究指出，在传统经济领域，较成功的大企业平均寿命超过 50 年（甚至近百年）；而在互联网领域，该数值仅为 10 年左右（最成功的也不过 20 年）。可见，熊彼特所说的"创造性破坏"在数字时代表现得尤为突出：数字经济的各个细分领域高频率、短周期的创新持续推动着新进入者或跨界者挑战、颠覆已有的在位者。即使再成功的平台也大多时刻保持谨慎，竞争压力甚至是生存威胁始终存在。

2. 跨界性

数字技术的广泛渗透使得不同行业间的边界越来越模糊，新业态、新模式的持续涌现使得平台发展生态化、跨界化。平台为了强化用户黏性、提升竞争优势，也会在某个市场取得一定优势后，尝试将这种优势"跨界"到另一个市场参与竞争，以赢得更多的用户注意力。随着平台经营者对用户需求预测并及时响应的能力不断提升，延伸至很多新领域开展业务所需成本也不高。

3. 共生性

平台型组织是一种高度以客户为导向的生态型网络化组织。在数字经济时代，数据为生产赋能，更为消费赋能。企业与用户关系的理念经历了从流量思维到产销者思维，再到超级用户思维的转变，超级用户思维成为实现组织与用户之间高价值连接和生态化构建的基本逻辑，企业处理用户关系的侧重点也从外部获取新用户和留存已有用户，转向对已有用户关系的深度经营与人均用户价值创造。

(三) 数字平台的功能

数字平台拉动数字经济规模增长。一是数字服务平台在促进消费方面发挥了巨大作用。二是数字服务平台改变了传统的贸易模式、合作分工方式、价值创造与分配形式。三是数字服务平台提升各行业数字化水平。在疫情期间，教育、医疗和企业等通过数字服务平台开展了在线教育、线上问诊、远程办公、生鲜电商等，以外卖送餐为代表的本地生活服务平台更是促进了生活服务业的数字化。

数字平台实现产品服务供给与消费需求的高效对接。凭借大数据与人工智能等技术，数字平台可以实现供需双方的精准对接、各类资源的高效配置，进一步达成供需平衡。

数字平台承担部分市场监管职责。数字平台的规范运营是保证盈利与发展的前提，对此平台企业会主动治理违规企业及用户行为。此外，平台的监管方式更趋于多元化，管理手段更丰富。其中,平台企业拥有价格结构、声誉机制、支付担保等多元监管手段,能更高效、直接、灵活地对市场中存在的问题进行监管。

数字平台积极发挥公共服务职能。通过对平台数据的掌握与分析,平台可以协助解决不确定情形下公共治理的决策难题,让政府部门做出更为行之有效的决策。在应对新冠肺炎疫情过程中,多个数字平台积极采取措施为商户解难纾困,对数字服务平台生态体系的参与成员提供帮助,各类支持性政策能更快速、更精准地作用于平台商户,惠及整个数字平台生态体系。此外,数字服务平台在精准扶贫方面也发挥了巨大作用。

(四)数字平台存在的问题

数字平台是新型平台,其以网络信息技术等为主要手段,基于虚拟或真实的交易空间促成双方或多方之间的交易。随着互联网普及、网民数量的增加和数字化社会的深刻变革,数字平台已经从商业模式、技术工具上升为信息社会的重要组织形式之一,其网络效应随着网络用户的增加而呈指数级增长,这些都在推动数字平台不断强化。随着数字经济平台快速发展,一些数字平台企业也衍生出一系列问题。

1. 数字平台垄断制度化和常规化问题

数据已经成为数字经济平台企业中最有价值的资源,一些平台企业难以抑制利用数据维持竞争优势的冲动,会通过限制竞争对手访问、设置进入壁垒等维持自身在这一领域的支配地位,形成"强者恒强,弱者恒弱""赢家通吃"等垄断局面。这些行为不仅会使消费者为商品或者服务支付更高的价格,还可能造成抑制创新、产品和服务质量难以提升以及客户隐私泄露等方面的问题。2021年,国家市场监督管理总局依法对阿里巴巴集团实施"二选一"垄断行为作出行政处罚,罚款182.28亿元。这是我国数字平台领域第一起重大典型的垄断案件,标志着该领域反垄断执法进入了新阶段。

我国数字经济平台企业出现的违规行为,主要是实施"大数据杀熟"和"二选一",以及对客户隐私保护不力等。"大数据杀熟"是指同样的商品或服务,老客户看到的价格反而比新客户要高,这是榨取更多消费者剩余的价格歧视行为;"二选一"本应是消费者的权利,但平台企业却要求在网络平台上开设店铺的商家作出选择,这种利用平台优势限制商家的行为,实际上是侵害了消费者的利益;对客户隐私保护不力带来的则是电信诈骗、骚扰电话屡禁不止等诸多问题。因此,如何适应数字经济发展的特点和需要,更好规范和促进数字经济平台企业发展,已经成为世界各国都在研究和探索的重要课题。阿里巴巴集团因垄断行为受到行政处罚,就释放出一个清晰的信号:国家鼓励和促进平台经济发展,同时也注重强化反垄断监管,有效预防和制止平台企业滥用数据、技术和资本等优势损害竞争、创新和消费者利益等行为。中国市场监管总局在2020年10月为了预防和制止排除、限制竞争的垄断行为,出台了《关于平台经济领域的反垄断指南(征求意见稿)》[①]。

2. 数字平台业数据合规和数据安全问题

2021年1月,为了加强平台经济、共享经济等新业态领域反垄断和反不正当竞争规制,

---

① http://www.gov.cn/hudong/2020-11/11/content_5560405.htm.

中共中央办公厅、国务院办公厅印发了《建设高标准市场体系行动方案》①；随后在2021年6月，为了进一步规范数据处理活动、保障数据安全，中华人民共和国第十三届全国人民代表大会常务委员会第二十九次会议出台了《中华人民共和国数据安全法》②。2022年1月，九部门出台了《关于推动平台经济规范健康持续发展的若干意见》（以下简称《意见》）。我国对以平台经济为代表的"四新经济"秉持包容审慎的监管态度。近几年，针对平台经济在数据安全、算法安全、滥用市场支配地位、侵害用户个人隐私等方面存在的乱象，我国坚持规范和发展并重，建立健全平台经济治理体系，推动了平台经济健康可持续发展。

2013年，微软因为未能达成浏览器反垄断协议的承诺而被欧盟反垄断机构处以5.62亿欧元的巨额罚单；2018年，谷歌因滥用其智能手机操作系统以确保其搜索引擎霸主地位，被欧盟处以创纪录的43.4亿欧元罚款。2020年12月，欧盟委员会公布了《数字服务法案》和《数字市场法案》两部草案，旨在对平台巨头进行更为严格的监管并规制其垄断行为。数字经济领域的先行国家针对数字平台巨头的反垄断规制越来越明确。需要注意的是，这些国家对微软、苹果、谷歌、亚马逊等平台巨头的反垄断规制，并没有让这些企业失去核心竞争力，反而促使其积极做强核心业务，实现可持续的健康发展。公平竞争是市场经济的核心。只有在公平的竞争环境中，资源才能实现有效配置，企业才能实现优胜劣汰，而垄断则会阻碍公平竞争、扭曲资源配置、损害市场主体和消费者的利益乃至抑制技术进步。

3. 数字平台治理体系的构建不够完善

导致平台市场运行无效率的原因可分为三种。（1）基于大数据的区别定价（大数据杀熟）：利用大数据技术的动态定价也可以实现更有效率的资源分配（网约车）。（2）扼杀式并购：平台企业收购初创科技企业很可能是因为看重员工的人力资本而进行的人才并购，这对于企业家进行连续创业是有益的（Coyle & Polsky, 2013）。（3）自我优待：对平台企业自我优待过于严苛的监管措施（例如，限制平台企业的自营模式）反而可能损害消费者福利（Hagiu et al., 2020）。

数字平台市场的监管将监管部门与平台企业处于对立关系。现在对于数字平台监管的政策取向似乎是将监管部门和平台企业对立起来。这种取向在很多情况下并不合适。监管部门和数字平台企业可以相互合作，两者之间的关系可以是互补的。根本原因是平台企业的"双重二元属性"的特征，可为经营层面和能力层面。前者是追求自身利润最大化的主体，同时也在经营一个在线市场撮合买卖双方的交易；后者指的是平台企业在数据要素和数字技术层面的二元核心能力拥有天然的优势。"双重二元属性"意味着平台企业既拥有对自身进行治理的动机，也拥有实现更好治理效果的能力。监管者所面临的自身局限性也需要被考虑。数字平台的组织结构相对复杂且尚处在快速变化期。因此，监管者自身有限的监管能力、监管工具的复杂性、问题的复杂性和动态性都对监管者提出了很高的要求和很大的挑战。为了更好地解决这一问题，需要明确监管对象行为，弄清楚哪些问题可以通过市场竞争

---

① http://www.gov.cn/zhengce/2021-01/31/content_5583936.htm.
② http://metc.jsjzi.edu.cn/2022/0302/c311a107328/page.htm.

予以解决,哪些问题确实需要政府介入才能解决,并且政府也具备所需的监管手段;对于确实需要政府介入的情况,监管者需要简化监管目标,选择合适的监管工具来实施具体的监管政策,这样才可能实现预期的监管效果。

如图1-7和图1-8所示,我国的数字平台治理体系在逐步构建中。

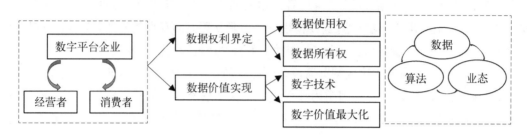

图1-7 数字平台经营层面

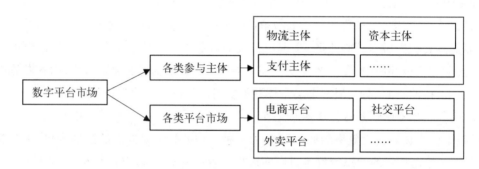

图1-8 数字平台市场治理

第三节 物流企业概述

一、传统物流业数字化趋势

(一)物流和数字物流的概念

《中华人民共和国国家标准物流术语》(GB/T 18354—2006)对物流的定义为:物品从供应地向接收地的实体流动过程。根据实际需要,将运输、储存、装卸、搬运、包装、流通加工、配送、回收、信息处理等基本功能实施有机结合。物流作为供应链的一部分,本质是为了满足客户需要,对商品服务以及相关信息,从产地到消费地的高效、低成本流动和储存进行的规划、实施与控制的过程。其中,涉及三个最重要的因素:运输、仓储和包装。

需求的多维度变化刺激仓储类型向高密度云仓、前置仓、平行仓、冷链仓的仓储类型分化。末端网络也更快地响应即时需求。海外仓和国内仓也呈现着激烈的竞争态势。以国内为例,平台型电商利用庞大的仓储资源和配送网络对货品进行仓与仓之间的调配,进而利用城市间分拣中心、前置仓和门店加速分销,辐射范围半径更小的用户群,实现落地配服务即时送达。而快递公司型云仓的主要优势集中于快递公司的单票低成本价格上,主要的电商件和个人散件配送体量大,多由"四通一达"和顺丰、百世为代表的快递公司进行配送。

国际物流和国内物流在运输端是链条长短不同、角色话语权不同、运输方式差异大、整合空间各有大小的两个维度。国际物流以货代市场需求为切入点进行平台建设,港口及运输数据得以实时利用;国内则开启了快递、快运、零担、整车各自为王的竞争格局。

相关部门先后出台相关政策,引导和支持各类企业加大对快递绿色包装产品研发、设计和生产投入,加强新技术新产品推广应用后,智能包装及绿色箱体成了在关键节点优化成本模型、降低商品损耗率的关键因素之一。

数字物流是采用数字化技术,面向物流全要素、全过程对物流系统进行优化,以实现物流管理过程、管理手段、管理技术的数字化,提高供应链物流服务和效率水平,降低供应链、价值链、产业链的全要素物流成本[①]。数字物流的核心是用数字化技术改造传统物流,发展经历了从1.0到4.0四个发展阶段。数字物流发展不仅需要采用先进的数字化技术,也需要有先进的物流管理技术,超库存、数字孪生、鲁棒优化法等有利于提升数字物流效率。数字物流已被应用于应急物流、冷链物流、城市垃圾清运、跨境贸易等多种领域和场景。例如,谢如鹤教授认为数字冷链物流是希望建立一个完整的冷链物流数据体系,利用该体系对冷链物流进行全程监控,使其各环节的信息能够高效共享,从而及时调节关键指标,保证货物安全和物流效率,特别是对于疫情防控常态化背景下冷链过程中人、物、环境的实时动态监控与溯源,将起到更为突出的作用。

2005年,中国工程院徐寿波院士提出"大物流论",认为物流是由物流六要素或物流"六力"组成的综合体。物流六要素即物流从业人员、物流劳动对象、物流劳动资料、物流劳动环境、物流劳动空间、物流劳动时间;"六力"是指人力、财力、物力、运力、自然力、时力。物流提供的最终产品是服务。其主要运用领域是生产企业及流通企业。

2006年,以何明珂教授为代表的学者提出"物流系统论",即物流会经历"以个别概念为基础形成概念体系,以概念体系为基础形成理论体系,以理论体系为基础形成学科"的过程,物流不是一个小的专业和学科,是一个包含多个专业和小学科的大专业或大学科,物流学科的形成过程就是与物流相关学科互相整合的过程,物流学科整合不会导致相关学科的消失,只会明确和强化相关学科和专业的分工,加强相关学科和专业之间的联系。其主要运用领域是连锁企业及配送企业。2021年,何明珂教授解析数字物流的背景、概念及相应技术。他认为数字物流的背景来源于新技术革命、产业变革和市场对物流的新需求。最后,数字物流的应用技术涉及数字技术本身、物流管理技术以及两者结合应用。对于数字技术而言,第一类是数字化、信息化、网络化技术,比如互联网、物联网、移动互联网、5G等;第二类是利用收集的数字进行精细加工和提升。通过大数据、云计算、区块链、边缘计算等技术应用实现物流过程可视化、智能化、集成化。值得注意的是,物流管理本身是有技术的,所以数字物流

---

① 王术峰,何鹏飞,吴春尚.数字物流理论、技术方法与应用[J].中国流通经济,2021(6):3-16.

本身就是需要用数字技术对物流管理技术进行提升,如流程优化、网络优化、运营调度、运输管理等一些管理方面的技术本身怎样数字化的问题。对于两种技术结合,就是要用数字化的手段来武装物流管理技术,建构数字物流的平台。

(二)物流业转型升级

物流业是支撑国民经济发展的先导性、基础性、战略性产业,当前,包括建设现代化物流强国、现代供应链协同管理、物流服务体验升级等因素在内的诸多需求对物流业发展提出更高要求①。随着5G、大数据中心、人工智能、工业互联网等"新基建"的推进以及各行各业有序复工复产,物流产业作为受疫情影响较大的行业之一。进一步加速物流产业数字化升级、提升物流产业效率、降低经济运行成本,能有效实现传统物流业转型升级,推动高质量的物流业发展。

1. 政策层面

首先,从物流业发展的政策导向上来看,国务院在2017年10月13日首次发布了关于供应链创新发展的指导性意见——《关于积极推进供应链创新与应用的指导意见》,意见中明确表示要"以供应链与互联网及物联网的深度融合为根本路径,以信息化、标准化、信用体系建设和人才培养为支撑……打造大数据支撑、网络化共享、智能化协作的智慧供应链体系"。以此为背景,传统物流企业拥抱大数据、云计算、人工智能等新技术成为必然选择。其次,社会物流的总额的不断增长,代表了国民经济发展对物流需求的基本情况,通常用单位GDP的物流需求系数来衡量,即每单位GDP产出所需求的物流总额。"互联网+"思维渗透着各行各业,商品流通速度在持续加快,粗放型、单一化的物流管理水平已经无法满足目前遍地开花的电商企业小批量、多品种、短时效的物流配送需求。于是在国家层面的政策文件和落地实践上也给予了现代物流发展很大力度的支持。

传统的零售、批发业加速向智慧流通变革,引致商流、物流、资金流、信息流的融合。人类社会已经进入到全新的数字经济时代,物质社会的运转方式和特性已然发生巨大改变,数字经济将对经济增长和产业变革等产生深远影响。与此同时,社会消费水平不断提高,消费者在消费品质方面的需求不断升级,追求绿色化消费和个性化定制的现象层出不穷。

近年来的"新零售"热潮,不仅带动了新的商品供应模式,更是加速推动线上与线下无缝对接。对于一些传统的物流企业而言,新零售的出现进一步加剧市场竞争,使得传统物流企业生存空间进一步缩小。一方面,京东、菜鸟等物流资本构建的物流生态圈,通过掌控供应链上下游企业,整合物流、商流、信息流,将"新零售、新物流"结合起来,大大提高了物流行业门槛。另一方面,新零售将"物流前置"作为核心发展点,强调"单未下,货先行",同时新零售业态要求实现人、货物数据化。推动物流行业复工复产,加速物流数字化基础设施建设,实现全面发展,将对传统供应链智能化水平提升、经济平稳运行有重要意义。此外,依托于"新基建"而兴起的无人物流、网络货运、自动驾驶等也将再次带来物流行业的升级与变革。

---

① 王先庆. 新物流:新零售时代的供应链变革与机遇[M]. 北京:中国经济出版社,2019:1-5.

2. 企业实践层面

从改革开放开始,我国物流业发展逐渐步入快车道,取得了一系列的显著成就,为经济社会的持续健康发展奠定了坚实的物流基础;伴随着我国经济的快速增长,人民的生活水平不断提高,与此同时,物流需求规模也在不断扩大,物流需求不确定性也越来越明显。传统的物流运营方式已经越发难以满足消费者日益个性化和多元化的需求,物流服务供给能力亟须提升。

行业巨头联邦快递早在 2013 年就开发出 Sense Aware 物联网传感器设备,该设备可以实现对包裹里的温度的实时监控,随后在 2015 年联邦快递又完成了其混合云和大数据分析的部署。京东物流打造的数字化运营体系,通过智慧化平台实现运营数字化与作业智能化。美的集团在 2011 年就开始着手实施数字化转型战略,通过重构 IT 系统,推进智能制造进而实现数字化供应链转型。此外,JDA 的端到端供应链协同一体化、One Network 推出的 Control Tower 4.0、顺丰的数据灯塔等众多企业的数字化实践探索,无不是将数字化技术与物流融合的尝试。实践再一次证明,数据信息已成为数字经济时代的关键生产要素,业务数据化能力和数据业务化能力正成为企业核心竞争优势所在。因此,实现企业数字化转型成为传统物流企业的当务之急。

技术驱动物流产业全链条数字化。位置信息服务、车队安全管理服务、智能挂车与数字货舱、数字化结算服务等物流行业的数字化升级渗入全链条的每个要素中。随着产业物联网的发展,物流行业的产品与服务创新,大多是 IoT、AI 等技术驱动行业进步的缩影。无论是大型物流企业,还是中小型车队或个体司机,数字化物流产品及服务需要满足每一个物流组织和个人近乎全部工作场景的需求,这就是当下整个公路物流全链条的生产要素数字化的基础设施。物流产业全链条数字化核心是为物流企业降本增效,解决成本、时效、安全三个痛点。这些数字化产品与服务本质上将大幅地优化企业的资产负债,同时还可以满足物流车队一系列的日常高频需求。赋能运输过程、实现上下游智能链接,并将保险公司、能源企业、金融公司等间接服务物流的产业组织起来,从而形成良性循环,推动传统行业数字化变革。

例如,位于深圳的逗号科技有限公司就针对一家综合性医药健康产业集团的药品仓、器械仓多仓提货、联合配送,"T+0.5"配送与"T+1"配送并存,同时还有随时插单的情况,开发了城配智能调度系统,通过算法设计出路线,并在算法的基础上为客户提供地址清洗,规范客户档案,纠正地址库中的错误地址、相似地址、重复地址等异常情况,协助企业对客户及地址档案进行精准化管理,将人工调度切换为智能调度,不但提高了调度配载的效率,还解决了可视化程度低、人工失误率高、排线时间长等问题,最大限度地利用了现有的运力资源。

3. 物流业态层面

从产业关联的层面看,物流业是典型的生产型服务业,物流业和制造业的联动发展促使制造业转型升级。我国制造业在世界市场的比重虽大,但整个制造业产业链的附加值不高,反而导致了大而不强的现状,究其根本是物流环节的缺失。不管是制造业的物流外包,还是合同物流的迅猛发展,都是供应链管理环境下企业物流资源配置的一种新形式,信息的传递与共享是物流外包效率的实现与否的关键。20世纪80年代,哈佛大学波特教授提出著名的三大竞争战略:总成本领先战略、差异化战略、专一化战略。企业开始注重规模生产来降低成本,并对利基市场或特殊顾客群体实行差别化服务。然而随着资源和技术全球化流动,企业的外部环境发生了巨大变化,规模经济带来的"纵向一体化"使得企业同质化现象严重,企业内部资源过度整合,使得外部资源不受重视。而日益多样化的客户需求促使企业更加注重自身核心能力的培育,而将非核心业务开始外包。

在传统商业贸易中,物流业主要分为第一方物流和第二方物流。其中第一方物流也是物流业的最初起源,主要是指制造业企业为自身商品采购和分销所建构的物流仓储管理业务。随着制造业企业的市场需求的快速扩张,非主营业务的物流团队越来越无法满足企业采购与销售,于是以专注于商品分销渠道的分销商开始出现,也称之为第二方物流,此举动在根本上解决了生产方在产品分销上重资产运营问题。但随着二方物流团队的大量出现,产品价格由于接入分销商则分销成本被有所拔高,也直接造成了社会物流资源的浪费,比如说社会仓库的重复性建设和物流车队的大量闲置等,正是由于以上种种的弊端,物流跨界互联网生成的第三方物流企业便应运而生,并且已成为衡量我国现阶段物流业主要运营指标的参考对象。

传统物流以第一方、第二方和第三方物流企业为主。"第三方物流供应商"一词产生于20世纪70年代和80年代。这一时间与美国几个运输部门的立法放松管制的时间不谋而合,如卡车运输(低于卡车和卡车)、铁路和航空。解除管制的商业环境扩大了物流服务提供商以市场和客户为中心的机会,并为当地服务提供商创造了更多的激励机制,以更好地满足其客户的物流和供应链需求。第三方物流的出现是基于弥补一方物流和二方物流的短板所出现的物流模式,是社会分工和多样化需求的必然结果,更是传统物流企业重新将业务定位从利益驱动转向服务驱动的大势所向。

伴随着消费互联网和数字经济的成熟,第三方物流企业以客户为中心,具有"体验感、定制化、便捷化"特征。买方通过B2B电商平台采购货物后,第三方物流作为运力供应商(三方或者四方)进行配送,通过对客户配送要求、货物种类、数量、配送路线、时间要求等特点进行分析后,具体实施配送。收货企业收到物流送到的货物后,接受货物并给发货企业提供收货凭据。通过以上的配送方式,物流企业为企业提供了个性化、多样化的供应链解决方案,让更多的企业将精力放在了主营业务。第三方物流组织代表了更传统的基于资产的物流服务提供商的物流服务的发展和扩展。托运人组织、批发商和分销商、IT组织和各种国际企业的前物流部门不断表现出物流服务提供商的特征。

例如,宝供物流作为我国领先的第三方物流企业,近年来凭借其新的商业模式,即运用供应链管理思想,以汕头宝奥国际玩具城众多小商户为目标客户,以帮助商户解决单小、货杂、品种多、无增值税发票的贸易难题为价值创造突破口,提供海关、税务、外汇管理、工商注册、市场监督管理等一条龙服务,使供货商、采购商不用深度参与实质性的外贸环节,让不具备国际贸易能力的中小商户也能简单地参与外贸,极大地降低了社会交易成本和物流成本。

1996年,埃森哲发明并注册了术语"第四方物流"(4PL)供应商,以描述"一个供应链集成商,将自身组织的资源、能力和技术与互补服务供应商的资源、能力和技术进行组合和管理,以提供全面的供应链解决方案"。其中许多 4PL 是更传统的 LSP 组织的扩展,而其他的则是从咨询组织、专门从事数据管理和分析的公司以及托运人组织的前物流部门演变而来。

与 3PL 相比,有趣的是,对 4PL 组织的互联网搜索并没有在该部门主要参与者的有组织或全面列表方面出现太多。一个合乎逻辑的解释是,这是由于 4PL 通常提供的服务类型具有显著的广度和多样性,例如领先的物流供应商(LLP)、咨询/咨询服务、高级 IT 服务、风险管理、"控制塔"服务等。LLP 要求 4PL 使用其高水平的可见性、实时信息、沟通能力和广泛的知识来协调 3PL、客户和服务提供商。4PL 不仅可以利用自己收集的数据,还可以利用从其他供应链合作伙伴那里收集的数据。根据该数据创建的可见性在允许客户和 4PL 提供无缝供应链服务、管理异常以及消除供应链中的成本和低效率方面发挥着至关重要的作用。

4. 疫情影响层面

疫后复工复产催化物流数字化。疫情凸显出交通物流行业的重要性。疫情发生初期,区域间物流畅通和产业链的有效组织受到的影响,再次说明畅达的交通运输和高效、智能化的物流产业对经济发展有重要意义。人工智能、大数据等技术可以帮助物流企业深度挖掘和处理海量信息,并通过建立信息库使运输设备快速识别接收信息,自主规划最优路线,甚至针对不同配送需求提供定制化的物流解决方案,做到运输流程可追踪、过程可控制和结果可预测。

另外,随着自动驾驶技术的发展,物流企业在运输配送环节的续航能力、承载能力、路况处理能力等得到改革、升级,保证货品安全送到每一位接收者手中,解决物流配送"最后一公里"难题。同时,自动驾驶技术应用在商用卡车上,将减轻工作强度,降低事故发生率。数字化过程中,新技术的应用并不是目的,根本目的是提升产品和服务的竞争力,让企业获得更大的竞争优势。数字化本质上是新一代信息技术驱动下的一场业务、管理和商业模式的深度变革重构,技术是支点,业务是内核。业务升级才是数字化的最终目的,技术只是辅助实现。企业要选择怎样的技术路线,采用怎样的技术架构,都是由企业的业务特点和业务战略决定的,采用什么样的技术,就看这个技术是否有利于企业抓住更多的业务机会,是否更利于企业业务效率的提升。企业的数字化转型不是技术的简单替换,而是企业组织架构,企业文化自上而下的全方位转型。

数字化升级带来的不仅是物流装备从传统的机器人、机床、专业设备等传统工具向智能机器人、3D 打印、数控机床、自动吊装设备、AGV、自动分拣系统等智能工具的升级换代;也不仅是企业内部 ERP、CRM、SCM、WMS、TMS、OMS 等数字管理软件系统的简单升级。本质上是企业在不断挖掘、汇聚、分析产品和服务在研发、生产、供应链等数据的基础上,构建起一套以"数据+算法"为核心的新决策机制,替代传统的经验决策,实现更加高效、科学、精准、及时的决策,以适应需求的快速变化。

二、物流企业平台化趋势

物流企业平台化是"互联网+"背景下物流行业转型升级的必然趋势。伴随"互联网+"

高效物流的快速发展,物流平台也经历了从爆发式增长到良性发展,由最初的十几家,最多高达200多家,目前剩下100家左右。平台思维同样适用于物流服务、物流配送和过程规划、物流活动的信息支持等领域。物流平台企业在新经济时代和物流行业转型升级背景下显示出越来越重要的地位和作用。市场上出现了大量面向物流行业的管理软件、信息系统、车货匹配平台、园区信息化平台、同城配送平台、物流信息平台等,还包括众多相关的手机APP软件。然而物流平台存在其概念和类别构成的认知差异。平台经济借助我国数字经济蓬勃发展的东风迅猛成长。仅以物流平台的代表——网络货运来看,其规模从两年前的229家无车承运人试点迅速膨胀到1 299家,前三季度的1 755家;市场集中度也在不断提高,排名前十的网络货运平台完成货运量占全部网络货运平台总规模的60%以上。

物流平台是实现物流业供给侧改革的重要抓手,是实现物流业降本增效的重要载体。物流平台将物流要素、物流服务场景与平台商业模式有机结合起来,将供给侧和需求侧有机地连接起来。庞大而复合的物流产业体系,为物流平台创新和专业化发展提供了丰富的土壤。例如,传化物流平台将长途干线的物流O2O平台陆鲸、城市物流服务平台易货嘀、中小微物流企业一站式服务平台运保和物流金融平台传化钱包整合到网络中互为支撑,能够更好地联系平台客户和实现价值共创。

物流平台的诞生打破了以往网络型物流企业(以快递快运企业为代表)和传统仓储配送企业(以第三方物流为代表)的两分格局。网络型物流企业致力于通过物流网络布局提供标准化产品或服务,而传统仓储配送企业侧重流程和资源,为客户提供定制化服务。以即时配送物流平台为例,美团、饿了吗外卖餐饮平台制订灵活的规则,不仅高效匹配需求方和运力提供方,并在提供服务的过程中不断地改进算法,链接各种物流资源和消费者和企业客户,提高订单履行率和完成零售场景营销。

物流企业平台化的发展重构传统物流。物流平台很大程度上是对传统物流运作方式的颠覆。某种意义上,物流平台阻隔了物流企业与物流需求方(如商家、货主等)过去那种面对面的双向选择。物流企业传统的运作模式、服务方式面临很大的竞争压力。基于传统互联网和移动互联网,以及大数据、云计算、人工智能和区块链等信息技术不仅重构传统物流行业的仓储和运输两大功能领域,也诞生了许多崭新的物流独角兽企业。传统物流行业主要采用人工作业,是劳动密集型行业,物流硬件设施及设备的投入较少,主要是制造业驱动的第三方物流(3PL)行业群体。随着多业态物流客户(如家具物流、服装物流、危化品物流)个性化需求的驱动,快递、零担、整车、同城、即时类物流部分取代传统3PL或者新建了4PL和5PL,并在B和C端建立了端到端的供应链联结。"互联网+"现代物流深度融合,加强与世界的连通性,形成一种新的双边多边物流市场。强化平台组织优化配置物流资源要素和集成作用,重构物流价值链和产业链条,形成供应链上下游信息共享、流程可视化和可控性,从而分解了采购、运输、仓储、配送等物流环节的各个模块全过程,实现了人、货、场的实时调度和运、储、配等中间物流环节的资源配置,不仅能增强客户满意度,还能提升物流企业服务效率。以公路货运为例,常见的是货主委托承运车辆运货、车主承接运输需求后完成货物运输。货主和车主本是"一拍即合"的关系,但当前国内物流行业尤其是货运方面却存在货主找不到承运车辆、车主接不到货运订单、运输费用高等不利于行业可持续发展的现象。维运天下、好多车等类似"滴滴出行"货运版的模式都属于信息交换型线上物流平台。这种轻资产型的物流平台，其本身没有车辆和物流地产，类似于物流行业的互联网企业，其特点是利用网络和手机客户端提供物流服务，用平台先进的信息技术在网上建立在线车库，其功能是可以实时查询车辆所在的位置，在线设计货物运输方案，公开竞价，还可以建立自己的人脉关系网，方便业务上的联系，提升平台整合资源的能力。

"互联网＋"物流行业的服务化特性呈现多元化发展路径。物流行业和其他行业的交叉譬如零售业和制造业主要从两个方向演化变迁：一是以工业4.0为特征的智能生产体系和智能化物流服务体系，物流企业具备智能化、系统化、网络化、一体化的特征；二是创建定制化的个性物流服务体系满足懒人经济群体需求，物流企业具备个性化、众包化、碎片化、及时化及网络化的特征。这两个方向将最终构成以金融、商业、物流、大数据为四个支撑的泛物流综合服务生态。同时可产生如下的创新应用：(1) 基于历史交易和消费信息，采集并存储特定行业领域的物流运输需求大数据；(2) 利用数据挖掘和机器学习方法，分析物流运输需求在时间、空间和人群上的分布规律和性质特点；(3) 动态调配可供给运力资源在人员数量、工具类型、投放能力等指标上的配比，以适应需求变化；(4) 主动采用动态定价、划分服务范围、人群画像和推送消息等技术手段，引导运输需求发生变化，使之趋于均匀有效分布等；(5) 车联网系统，让数据驱动车辆管理变得更容易。通过使用车联网系统，运营车辆的能耗数据、路线跟踪、驾驶行为等数据一目了然，有助于规划车辆保养、用车成本统计、改善司机驾驶习惯等。未来数字化＋物流平台的深度融合包括线上线下一体化(主要是零售电商物流)、人机交互(主要是仓储配送运输类的物流)和物流技术和设备平台的开源化以实现共享。

以公路货运市场为例，整车市场按照客户需求可分为计划性与临时性两种。计划性整车较为稳定，对承运型的运力需求比较大，运输时间、线路相对固定。当货量高峰期企业自身物流难以满足时，便需要临时性调车来增补运力。整车市场按照运力可分为平台型和承运型，平台型做的是信息撮合，本身不参与物流环节，可降低货主和司机的交易成本。如提供货源信息、不参与其中物流环节的满帮；承运型是运输车队或个体，通过管理降低运输成本，如具有组织化车队的则一供应链和具有部分运力的赤湾东方等。

大票零担市场，随着制造业的销售渠道下沉，订单也越趋于碎片化，零担市场逐渐接收了来自部分整车市场的业务，据调研，市场规模将逐渐从1.5万亿元扩张到4万亿元。大票零担运输分为全网型、区域网和专线①三种类型，其平台化趋势较为明显。行业整体存在高利润货源少、成本较高、资金压力大、账期长等问题，平台化可组建联盟平台的形式赋能专线货源引入、资金支持、运营提升、资本对接等。

在干线、专线、园区三足鼎立的背景下，大票零担的竞争格局较为复杂，以聚盟、德坤、三志最具代表性。大票零担网络运营服务商"聚盟"成立于2017年12月，是一家大票零担网络运营服务商。2018年4月，包括上海萧邦、河南黑豹、江苏达利园等15家总营收超过40

---

① 专线是相对于网络型快运而言，是一家企业只有单条或者少数几条运输线路作为主要营业范围的企业。

亿元规模的专线联合发布成立聚盟专线整合平台；4月28日专线系统上线；6月28日门店系统上线；7月8日，发布"精准直达"（时效产品）和"直达无忧"（经济产品）两款产品；8月19日获IDG资本超过1亿元人民币战略投资。

聚盟平台从园区、专线和三个主体出发，以专线作为核心，形成园区资源、线路资源、三方资源聚合的前端控货平台。这些部分在全国各个城市节点的物流园区通过加盟的方式，使得平台能够覆盖全国各省市的三十多条干线及二十多条支线。能有效提升运营效率和降低成本，对城市进行网格化划分，在每个网格由3PL负责揽件派送，通过线上的SaaS（软件运营）系统协同业务。聚盟平台提出专线运输成本通过资源整合可降低30%。

聚盟平台提供运输服务和增值服务。其中运输服务通过总平台—二级平台—自建枢纽—专线的方式整合多个线路，其组织计划性较强；增值服务则是包含基于账期和金融需求的佣金服务、重卡维修和销售在内的车后市场以及油品服务。具有四个方面的优势：（1）先发优势。早期加盟的15家专线公司属于当地城市的龙头物流企业，其物流服务口碑佳，而后逐步选拔优质的加盟专线公司。（2）物流网络覆盖面广。聚盟平台整合的专线资源直达覆盖四五线城市，可实现比快递、快运全网型公司更快的响应速度。（3）运营系统整合效率高。其企业平台系统包含伯乐系统和蜂羽系统，在系统架构上采用主流微服务框架技术，业务系统具备高可用、易扩展、可伸缩的能力。可实现同线整合、线路下沉、系统之间自如切换。（4）较强的网络效应。平台服务上游货主，建立稳定的上游揽货端和中小型车队供给，盘活城市间的货量存量，形成双边市场，网络效应强。

三、打造供应链服务企业

目前我国供应链服务体系仍存在缺乏协同、韧性较弱的问题，在外界环境出现动荡时容易出现断链的问题。2018年，供应链服务正式被纳入《国民经济行业分类》（GB/T 4754—2017）中，明确指出供应链服务是基于现代信息技术对供应链中的物流、商流、信息流和资金流进行设计、规划、控制和优化，将单一分散的订单管理、采购执行、报关退税、物流管理、资金融通、数据管理、贸易商务、结算等进行一体化整合的服务。

按提供不同解决方案的标准来划分，供应链服务企业包括以下五种类型。

（一）提供物流解决方案的供应链服务企业

这一类供应链服务企业提供的服务，包括重资产的提供运输、仓储、配送、"最后一公里"、库存服务的第三方物流企业，以及轻资产的通过整合第三物流企业的资源提供整体物流解决方案的第四方物流企业。

（二）提供采购和物流解决方案的供应链服务企业

这一类供应链服务企业提供的服务主要包括面向大型制造企业原材料采购的采购执行服务、面向知名品牌分销商产品采购的采购执行服务。一般来说，供应链服务企业在对订单进行集聚后，以规模采购优势与供应商进行谈判，以达到低价采购的目的。同时，供应链服务企业也会提供物流服务。例如，供应链服务企业可以按客户指令，为客户提供物流配送服务，客户亦可上门提货。

(三)提供采购、生产和物流解决方案的供应链服务企业

这一类的供应链服务企业,主要为客户提供集采购、生产、流通加工与物流等服务为一体的供应链服务。例如,香港利丰集团提供的服务就属于这一类型。2008年,利丰收到来自美国零售商的订单,订购30万条男士斜纹布工装短裤,订单周期为一个月。利丰没有工厂也没有布匹、拉链,更没有雇佣缝纫工。收到订单后,利丰将订单生产所需要的配件进行分解,在世界各地进行分加工处理,并通过海运将成衣送达客户。

(四)提供资金流解决方案的供应链服务企业

这一类的供应链服务企业,主要为供应链上的中小企业提供金融服务,并称之为"供应链金融"。在由供应商、制造商、分销商和零售商组成的供应链中,规模大、竞争力强的核心企业往往在交货、价格、账期等贸易条件方面对上下游企业要求苛刻,而上下游配套企业恰恰大多是中小企业,难以从银行融资,结果最后造成资金链十分紧张,整个供应链出现失衡。"供应链金融"最大的特点就是在供应链中寻找出一个大的核心企业,以核心企业为出发点,为供应链提供金融支持。一方面,它凭借自身信用缓解了合作企业的融资难和供应链失衡的问题;另一方面,将银行信用融入上下游企业的购销行为,增强其商业信用,促进供应链上下游企业之间建立长期战略协同关系,提升供应链的竞争能力。

(五)提供供应链网络资源整合、优化与重组的供应链服务企业

这一类的供应链服务企业,主要提供供应链网络整合与优化服务。供应链结构可以分为两种,一种是链式结构,另一种是网状结构。大多数的供应链结构属于网状结构,是由不同的链式供应链交织在一起形成的供应链网络。供应链网络的节点企业之间的连接是无序的,需要整合、优化与重组才能提升供应链的效率。例如,在一个完整的供应链网络中,有很多的品牌商,这些品牌商为经销商供货,经销商为批发商供货,批发商为零售商供货。一方面,渠道过于冗长,容易产生牛鞭效应;另一方面,货物在多个渠道中间的周转,以及小批量的订单,会导致物流成本高等问题。如果能够对供应链网络的节点企业进行重组和重新连接,将经销商、批发商进行资源整合形成一个平台去连接品牌商和零售商,那么供应链网络的运作效率将会得到整体优化。

受疫情影响,线下消费受到抑制为线上消费带来了全球性的机遇。与此同时,国家政策的支持促进了跨境电子商务快速发展。2020年中国跨境电子商务市场规模达12.5万亿元,较2019年的10.5万亿元同比增长19.04%。跨境供应链服务是指为零售商提供各供应链环节解决方案的相关服务,包括商品采购、物流仓储、报关清关、融资信贷、平台提供、支付服务、运营协助等。电商平台的激烈竞争就对传统物流的商业模式和核心能力提出了新要求。如传统物流很粗放的管理逻辑就不再可行,转而需要运用电商物流模式较为精细化的管理,用电商平台的要求去优化和革新线下物流体系。此外,物流的路径也发生了变化。过去要运3~4次商品才能到消费者手中;未来可能就变成在全国统一布仓,从仓库到消费者手中,只需1~2次运输即可。如此,经销商的物流体系就由过去以配为核心的体系,转变为以仓库为核心的物流体系。如图1-9所示,跨境供应链服务包括从品牌商到最终用户的采购服务、物流服务、海关等标准化和个性化服务。

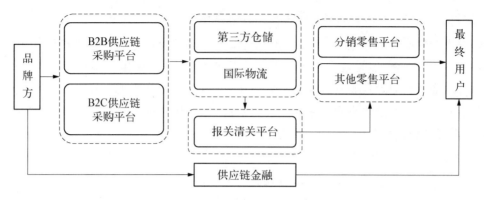

图1-9 跨境供应链服务

卓志物流集团从外贸综合服务商转型为跨境产业服务商,专注于跨境供应链服务,为多个国家品牌提供全链路数字化供应链服务,提出品牌"全球一盘货"运营方针。其业务主要有四大项,分别是品牌服务、技术服务、数据服务及物流服务:(1)以品牌服务为核心的全链路的品牌跨境解决方案,包括品牌入华和优品出海。围绕数字营销进行店站运营、线上跨境营销以及直播电商为载体的数字化平台营销服务。(2)技术服务包括数字化的全链路的技术模块,与整个跨境电商相关的板块均实现了数字化打通,形成数字化模块产品。(3)在技术上实现了数字化打通之后,就会形成数据的累积与沉淀,即数据中台有了一定基础,在跨境+渠道赋能、全渠道数字分销、智能数据匹配、人群画像智能分析等维度进行应用。(4)物流服务包括两个方面:一是商流方面,通过数字物流、智慧物流,实现全球一盘货,即无论是品牌方还是自营的电商平台,都可以用一盘库存去解决不同渠道、不同业务类型、不同贸易方式全球履约的分配问题;二是基于数字外贸的全链路及多种贸易协同的跨境物流集成方案,相对于国内物流而言,该链条更长,也更具有跨境的复杂性。

卓志物流将数字跨境供应链信息系统集成为跨境电商八大平台,其中四个是商流与供应链平台,即跨境分销云平台、货源共享云平台、渠道赋能云平台、数字营销云平台,另外四个是物流平台,即跨境物流云平台、数字通关云平台、全球云仓云平台、跨境出口云平台。在跨境电商中最复杂的除了要解决信息赋能、产业链打通和数字提效等基础问题之外,还需要解决所有国与国之间监管部门的合规问题,涉及海关、数字政府、银行、税务等监管部门。而整个外贸的合规咨询和整个监管部分的信息化打通是最难的。

本章小结

本章首先概述了平台经济的发展、概念及特征,由此对互联网平台、多边平台、产业互联网平台和工业互联网平台的概念和模式及网络效应进行了进一步阐述;接着阐述了数字经济、数字化转型和数字平台三个部分的内容,详细说明了数字经济发展趋势、数字经济政策和数字产业链与实体产业共融发展;基于数字化转型概述的基础上介绍了数字平台的概念、特征、功能和问题分析及对策。最后介绍了物流业和物流企业的概念和发展趋势。

 **思考题**

1. 什么是"赢者通吃"现象?
2. 数字产业是如何带动实体产业发展的?
3. 数字平台存在的典型问题是什么?可举例说明。
4. 数字化物流平台存在哪些问题?如何解决这些问题?

第二章 数字化物流平台概述

学习目标

- 了解物流平台的诞生背景、发展趋势和内涵
- 熟悉物流信息平台及其功能定位和结构设计
- 熟悉物流平台商业模式
- 掌握数字化物流发展现状和概念体系
- 了解数字化物流平台类型及存在的问题

开篇案例

当"618"遇上疫情,物流企业数字化转型何以破局?

据国家邮政局最新数据显示,2022年端午节期间,全国邮政快递业揽收快递包裹约9.4亿件,与2021年端午节同期相比增长17%;投递快递包裹约9.7亿件,与去年端午节同期相比增长13.1%。"这一数据,体现了快递'揽派双增'的势头,我们的内需潜力正在加速释放。"物流行业专家杨达卿向央广网记者分析,这也体现了国务院联防联控机制2022年4月11日推出的《关于切实做好货运物流保通保畅工作的通知》得到了落实,物流疏堵成效可见。

通过"618"消费拉动,各种消费品库存将被及时清理,将为企业提供更多源头活水,提供更多现金流动,就业、消费、投资等,都将进入正反馈循环当中。

自邮政快递业全面启动保通保畅工作以来,国家邮政局相关负责人透露,随着全国疫情防控总体形势逐步好转,特别是上海、北京等地疫情防控取得积极成效,全国解封的分拨中心和基层服务网点大幅增加,快递干线运输通道有效打通,邮政快递网络

通畅度回升明显,近期行业呈现出逐步恢复向好的发展态势。

"从物流运行看,我国物流组织已经基本适应了疫情防控常态化的环境,物流运行效率已经逐步恢复。"国家发展和改革委员会宏观院综合运输研究所运输服务与物流研究室副主任陆成云接受央广网专访时表示,这对于"618"消费旺季,起到了直接的推动作用。由于近年来预售模式逐步普及,包裹运到消费者手中的时间在不断缩短。此外,当"618"遇上疫情防控,数字化技术也正逐步改变物流企业的流通环节,为快递运输提质增效赋能。多位受访的物流行业专家认为,实现物流业降本提效的目标,快递物流企业亟须进行数字化和智能化转型。

如何控制物流成本、保证配送时效,对商家和物流企业都是一大挑战。目前,电商平台和物流企业在聚力迎战"618"之时,频频上新帮扶举措,智慧物流降本增效成为亮点。

阿里巴巴、京东采用结合大数据引导预售物流,就近消费地提前备货,另外强化云仓协调库存,跨区域推进仓配一体化保障。"这些举措都借助了数字化手段,把'618'期间的物流洪流提前释放,较大程度对冲了疫情带来的不确定性。"杨达卿认为,这是2022年"618"电商大促面临的考验,在疫情等多种因素叠加影响下,物流业更需要科技赋能。

而从长远来看,陆成云称,受劳动力资源结构性短缺等影响,我国快递物流的要素投入成本持续提升将成为发展趋势。而为保持行业竞争力,必然要求进一步提高要素投入效率,其中数字化、智能化转型将是重要的路径之一。

建立智慧物流、无人仓库等,我国物流业的数字化转型一直在推进中,中国自2016年首次超越美国成为全球最大物流市场以来,一直保持总体体量的持续扩容以及发展质量的逐步提升。随着数字技术和物流的融合,很多快递企业的物流成本下降,这使得快递企业在竞争中具有更强竞争力,"价格战"其实是快递企业内部挖潜行为的外在表现,物流业本身就是劳动密集型产业,只有掌握了降本增效技术密码的快递物流企业,才能成为未来竞争的赢家。

"数字化转型已成为中国物流业迈向高质量发展的关键抓手",杨达卿告诉记者,受新冠肺炎疫情反复的影响,叠加人口红利的退潮,为应对一线用工的紧缺,实现物流业降本提效的目标,物流企业进行数字化和智能化转型显得更加迫切。

数字化赋能可为物流产业链上的企业解决很多现实问题,有业内人士建议,中小物流企业进行数字化转型,要关注核心业务,选择合理的物流运营模式,提高数据分析和运用能力,使物流业务数字化、规范化运营。

(资料来源:https://baijiahao.baidu.com/s?id=17350808491190224628&wfr=spider&for=pc)

第一节　物流平台概述

一、物流平台的诞生

物流平台的蓬勃发展是政府政策的引导和技术发展水平的必然结果。根据中国物流与采购联合会报告,在中国物流运力资源中,有约1300万辆卡车、2000万卡车司机,社会运力占比80%以上,成本、管理及装载率问题同样成一大难题。在物流运输链条中,有货主、物流公司、车队、专线、司机、收货人等环节,数据量大且分散,而这么大的市场却几乎没有一个专业的平台做支撑。而行业迫切需要从传统的管理模式向联网化、智能化转变,可视化的供应链运营越来越成为行业的主流趋势。

在物流信息化发展的初步阶段,物流企业面临物流信息资源较为分散、物流资源难以共享和整合等导致物流效率低下、物流交易成本高的问题,因此物流企业联合软件企业,地方政府牵头建立了以区域性物流信息平台和物流公共信息平台。随着"互联网+"思维的盛行和移动互联网技术的逐步成熟,行业进入了共享经济和平台经济时代,社会化物流平台及其开放协同成为物流平台企业的主要目标。

2017年10月,国务院出台《关于积极推进供应链创新与应用的指导意见》,提出建立供应链服务平台,发展综合供应链服务——质量管理、金融服务、追溯服务、研发设计等,从而逐步提供一体化供应链服务。2018年1月11日,国家发改委、交通运输部、中央网信办联合发布了首批骨干物流信息平台试点名单,共有28家平台入选。28家试点单位从不同的角度将公路运输、铁路运输、海运、多式联运、物流装备、物流技术、公共服务等场景纳入平台模式之中,由于要素、场景和商业模式的不同,构成了千姿百态的平台业态。从28家平台注册地来看,主要聚集在长三角、珠三角和环渤海地区,占比达到67%,其中北京、上海各有4家。从平台分布可以看出,平台选址优先考虑的要素有:区域物流与供应链的产业基础、人力资源成本、营商环境、金融与税收政策、区位特征等情况。另外,从平台研发到商业推广形成了多地跨区域的协同局面,比如货车帮在北京设有产品中心,在成都设有技术研发中心,在上海设有金融中心,建立了中国第一张覆盖全国的货源信息网,成为中国最大的公路物流互联网信息平台。

2019年8月1日,国务院办公厅印发的《关于促进平台经济规范健康发展的指导意见》明确指出,互联网平台经济是生产力新的组织方式。2022年4月10日,国务院发布了《关于加快建设全国统一大市场的意见》,并提出:大力发展第三方物流,支持数字化第三方物流交付平台建设,推动第三方物流产业科技和商业模式创新,培育一批有全球影响力的数字化平台企业和供应链。国家政策正在逐步推动着物流企业的创新发展。

二、物流平台的"互联网+"逻辑

平台是一个链接实体经济和虚拟经济的基础设施,平台积聚业务量驱动的实体经济主体和信息技术、数据驱动的虚拟经济主体。从理论层面来说,作为新兴平台经济下物流企业平台化趋势需要面对的全新组织结构与成长情境,对物流企业成长和竞争优势的获取至关重要。从政策和实践层面来说,京东、无车承运人等物流平台的出现表明了我国物流平台企业作为一种物流业的崭新组织形态在"互联网＋"时代正是平台型商业生态系统关注的对象。因此,对物流平台的发展逻辑进行梳理,对于我国企业实践和理论研究的推进具有重要理论和实践意义。

"互联网＋"物流平台的发展能有效推动电子商务的发展。无论是线上的网点还是线下的实体门店,最终都需要物流来完成货物的运输。电子商务交易体系正在不断完善,企业关心的问题是如何将物流和电子商务操作系统对接起来。而物流平台的产生就克服这个难题。在全球经济化和大数据的环境下,公路货运物流平台的设立实现了在线交易功能和电子商务系统的数据接口相连。企业在使用数字认证技术后,也陆续推出在线沟通、在线交易、在线支付等功能。平台的发展在推动电子商务系统发展的同时,提高了物流信息化建设的水平。从需求端看,物流产业链的上游客户所处的行业所产生的零售电商平台(如京东和天猫)、工业互联网平台(如海尔的 Cosmoplat 平台)的需求等均引发用户端、技术端、资源端等多条需求链条。客户需求链的变迁促使多业态物流平台的诞生。以往合同物流(B2B)的业务模式往往被 B2C、B2B2C、C2B 等创新模式取代。

"互联网＋"物流平台驱动物流产业链变迁。首先,物流产业链的驱动力来自消费互联网的根基——零售电商。零售电商引导快递变革,B2B 平台如雨后春笋般涌现开始,产业互联网化后云平台逐渐兴起,懒人经济的兴起促使外卖电商平台重构社区生活服务业。因此物流的需求产业链进行深度调整,即从服务模式、管理方式、技术应用、系统保障、运营体系、流程支撑六个方面进行变革,倒逼物流企业的互联网转型,构建供应链产业物流服务,构建物流＋互联网＋产业生态圈。以菜鸟物流铺设的天网、地网和人网为例,天网是由数据驱动的云供应链协同平台,强调电子商务及物流数据的交互和分享;地网是借由庞大的地面网络不断聚集货物、人气,让天网的数据能力落地;人网是主打"最后一公里"物流服务和基于消费者真实生活中各种场景下的便民服务。

"互联网＋"物流平台的发展逻辑表现在各方组织聚集资源在平台这一载体上创造价值,从而达到互赢的目的。首先,物流平台作为载体整合物流资源,能提高物流效率,驱动物流网络融合,促进物流模式创新,从而提升物流企业响应速度。其次,物流行业的平台竞争进入白热化阶段。从 2013 年开始,中国刮起车货匹配平台潮。运满满、货车帮、卡行天下、罗计物流等著名物流平台企业相继出现,到 2015 年底,全国物流货运 APP 已达 300 余个。2016 年车货匹配平台的市场规模超过万亿元。最后,物流生态圈的构建顺应物流企业需求与行业发展趋势,而是围绕物流核心能力,打通上下游,覆盖相关产业的物流服务生态系,是战略格局上的重塑。这种生态系统涵盖物流(如仓、车、线路的实体资源)、信息流(如运单管理、市场交易、过程监控、回单管理、财务管理)、资金流(如现金、应收应付、风险控制)和商流(如销售、采购、客户关系管理、平台电商等)四部分的融合和交互作用,作为一个有机结合的整体服务物流客户,这种布局单纯一个维度的整合不足以完成整个商业闭环,以物流平台为载体,覆盖技术生态、服务生态以及管理生态的大融合。

三、物流平台行业发展趋势

物流平台模式作为未来企业竞争发展的制高点,受社会各界广泛关注。平台经济日益兴起,在整车运输、城市配送、航运货代等领域涌现了一批大量整合零散资源、活跃用户数领先的平台型企业。交通运输部229家无车承运试点企业整合货运车辆211万辆,以政府监管平台、平台整合车辆为特点,市场集约化、规模化明显增强。

中国物流与采购联合会编写的《2020中国物流平台发展报告》提出物流平台行业发展存在以下四个方面趋势。

第一,物流平台"产业链化"和"供应链化"成为国家战略。2022年4月,国家发布《中共中央国务院关于加快建设全国统一大市场的意见》是为了实现经济循环,而且要以国内循环带动促进国际循环。因此物流平台作为链接经济活动主体和供应链与产业链上各种商品和要素,对于被服务的各个行业再生产各环节实现正常循环具有重要作用。如果链接或循环过程中出现堵点、断点,微观层面表现为企业的停产、限产甚至破产等,宏观层面会出现增速下降、失业增加、风险积累、国际收支失衡等问题。因此,物流平台面对当前复杂的国际国内形势,其产业链和供应链能有效保证他们的安全性、稳定性和有效性,增强供给体系的韧性。

物流平台行业在时代发展要求下进行改革,从产业链开始,扩及供应链,再到价值链,都开始向智慧化方向进行升级。物流功能更加复杂,形态也更加高级,并逐渐提高平台供应链稳定性、协同性和顺畅性。数字化经济快速发展,必然吸引大量的资本涌入到物流平台行业当中,推动物流行业开放步伐,要求参与企业协同发展,在可持续发展系统中共同合作,突破原有企业合作壁垒,深化企业之间的联系。

第二,平台型企业在垂直领域向专业化和精细化发展。以大宗商品为例,根据中国物流与采购联合会物流信息服务平台分会2020年的调查,85.33%的平台型企业设计矿产、建材、煤炭等大宗商品运输。行业调查显示,中国公路货运6.2万亿元的市场规模,其中在煤炭行业物流费用已经占到了煤炭价格的1/3以上,个别地区甚至达到50%。企业端的高物流成本是物流平台在垂直领域细分化以提升服务水平。中物联的调查显示,49.5%的CEO反映所在企业2020年利润水平出现下滑,接近一半水平;有18.81%的企业利润持平;仅有31.68%企业利润增长。特别是整车运输、零担专线、合同物流(货运代理)等细分市场,利润下滑的企业占比接近六成。50%以上的平台收入来源于网络货运业务,说明我国物流平台的发展向"交易服务"转型,有助于实现运输全流程的透明和精准管控。

随着物流平台行业迅速发展,平台行业受政策层面影响较大。2019年网络货运平台管理办法是政府对"降本增效"的持续改进,这一政策层面的创新体现了政府对物流平台普适标准的建立和平台企业健康发展的迫切愿望。物流平台企业在平台治理领域加大改革力度,符合政府监管需求,逐步实现由证照监管转型为数据监管,建立数字化时代税收征管由票据控税向数据控税转型,保护平台参与者(如司机和货主)的合法权益,为政策层面逐步推动平台创新。

第三，网络货运平台将成为物流平台行业发展的主体。网络货运业态的发展对物流行业数字化、智能化高质量发展起到重要引领作用：(1) 消除行业灰色地带，创新监管方式。网络货运业态将对运单流、物流、资金流"三流"管控，使得运输业实现数据控税。(2) 提高企业的风控能力，相比传统物流企业管理水平和抗风险能力更高。(3) 提高物流行业数字化水平。从合同签订和运费支付均数字化，推动业务数据资产化，更好开展供应链金融业务。

第四，物流平台行业绿色低碳化趋势主要表现在公路运输业。碳减排的压力对物流环节影响巨大。公路运输是多数企业物流的主流运输方式，但公路运输的碳排放，在全国交通运输碳排放总量中占比达85%以上，其中重型货车的排放量又占了公路运输碳排放总量的54%。物流行业的高成本、低效率，究其原因，根源仍在相对落后低效的运营方式上，突出体现在货物周转效率低、车辆空驶率高、中间环节多以及人工作业比重大等方面。实现物流的绿色低碳，也需要一套碳感知、碳预测的技术提供底层支撑。

物流平台是不确定的经济组织，是发展矛盾的集中点，是实体经济和虚拟经济的桥梁，是商业服务和公共服务的结合体。实现平台的健康发展，需要政府、平台和参与企业的通力协作，凝聚共识，形成合力，需要每个个体分享，又靠所有个体共建，只有这样才能为深入推进物流降本增效、促进实体经济发展创造更好条件。

因此，未来可从三个方面展望物流平台行业。

第一，建立物流信息平台高质量发展的指标体系。建立指标体系，推广试点经验。单纯技术层面不应该是国家试点物流平台的目的，应该体现在业务模式创新和规模化路径达成为根本。建立健全推动物流信息平台高质量发展的指标体系，包括政策体系、标准体系、统计体系、绩效评价等。绩效评价指标可以考虑包括市场渗透率、物流需求即时响应率、供需物流匹配率、货物周转单位能耗、配送效率、物流降本增效的贡献率，形成拥有自主知识产权的智慧物流平台的技术标准等。

第二，培育物流平台核心竞争力，完善物流产业体系。物流平台的竞争是决定对产业链的话语权，对上下游的控制力，这要靠系统创新力、需求捕捉力、品牌营销力、流量集疏力、资源整合力，此五力是平台发展的核心竞争力。平台以此为基础，提供高质量的服务产品，提升产业组织方式网络化、智能化，打造完整的物流产业体系，催生新项目，开创新生态。

平台单纯的信息匹配功能，只是降低了信息搜寻的隐性成本，并不创造价值。平台发展的硬功夫应下在基于物流业务的业务模式创新和规模化路径的实现上，"平台＋枢纽＋通道＋网络"是主要的战略方向。

平台商业模式是核心，网络枢纽整合建设是平台的基础。平台站在未来生态角度去重新识别与再定义新经济模式下的目标客户，把分散、碎片化的订单、资源在线上整合到具备网络规模的临界点，对接线下业务，再把货物向线下枢纽集结，最后来对接网络化的干线通道运输能力，实现物流运作的组织化、规模化，增加客户黏性，提高运输组织规模化水平，系统创造价值，打造新生态。平台应注重外部环境和自身的互动，强调集成能力和情景智慧的提升，注重行业、环境、科技等隐性因素，寻找能够实现多边共赢与可持续发展的商业模式。

第三，构建物流平台生态圈，推动物流产业平台建设。物流平台必将打造出生态圈的基础设施，赋能整个行业，孵化出丰富的生态，基于统一的开放接口，实现服务的即插即用。物流平台产业发展包括支持物流信息平台建设、挖掘物流平台上新的产业要素，创新物流服务过程，最终融合形成平台、人、货、供应链、双创、生态的发展模式，产生新的产业集群和生态。坚持以市场需求为导向，以物流与供应链、互联网、物联网深度融合为路径，推动平台之间数据对接、信息互联，实现物流活动全程透明化，提升产业集成和协同水平。

探索制定物流数据商业化服务规则，积极展开平台间的合作，消除"信息烟囱"，建立大的产业联盟，形成更广、更深的产业聚合，以合作共赢取代无序竞争，加速全国骨干物流网的建立，推动行业健康发展。以物流平台为底层结构，逐步以物流平台为核心来建立承载服务的开放平台，一揽子承接供应链上下游的增值服务，对接新零售，向供应链综合服务平台转型。没有商流，物流网络就是无源之水，平台或者自身造血，或者对接，最终实现四流的无缝衔接。推动物流平台试点与无车承运人和多式联运试点融合发展，推动交通与物流一体化、集装化、网络化、社会化、智能化发展。

四、物流平台的概念和特征

王之泰教授早在2005年《物流平台的地位和作用》一文中就提出物流平台是起支撑和承载物流运作那种基础作用的系统工程。物流平台不仅仅是对物流的运行起到承载和支持的作用，同时，它也是支持人的流动平台的一部分，或者是物流和人的流动共用的平台。并提出物流平台决定物流量、物流速度、物流成本、物流方式和物流现代化水平。而后王之泰(2010)认为物流平台是"对物流运作起承载和支持作用的以工程和管理为主的环境、条件系统"。物流平台企业被定义为通过信息技术构建虚拟的物流网络，通过平台整合物流资源，实现物流信息的高效转移与共享(冯耕中等，2014)。

韩京伟(2017)等人认为"物流平台是由物流科学技术、物流教育、物流管理、物流基础设施共同构筑的环境条件，它支持和制约物流运行，对物流各种活动起到承载和支撑作用的工程、管理和标准系统，使物流活动能够高效率地、顺畅地进行，使不同的物流活动能够有效地衔接，能够给物流开发提供标准化的环境"。

Gajsek和Rosi(2015)提出物流平台利益相关者概念范畴包括地理位置、商业环境、交通基础设施、物流基础设施、物流结构、物流技术、物流信息技术支持、物流专家、物流组织、物流行业监管、联合的互动门户和有组织的利益相关者团体。

Leal和Perez Salas(2009)提出物流平台的产生源于多式联运对于基础设施和服务的需求，物流平台作为使用基础设施产品附加值而存在。Vancza等(2010)认为物流平台这一概念背后的主导思想是提供将合作伙伴之间的信息流整合到相关的系统设计架构的方法论。

邢大宁等(2016)基于云计算、商业生态系统理论和双边市场理论构建物流信息平台连接多个物流服务提供方、多个物流需求方和其他相关企业或机构，实现物流服务的线上集成。一方面,平台企业联合物流服务提供方组建物流联盟,为物流服务需求方提供"一站式"综合物流服务(如协同物流信息化运作与管理等);另一方面,平台企业运用云计算和大数据为物流服务提供方提供信息匹配、按需租用信息化软件等服务。

物流平台通过为物流产业链的相关方建立起沟通的渠道,形成信息的集群,把分散在各个企业的资产和物流服务能力迅速聚集在一个新平台上,并为每个链接到平台上的企业设有开发的接口,建立互动机制,构建不过分约束的商业伙伴关系,满足相关利益群体的诉求。物流平台企业中较为成功的模式有卡行天下的专线平台模式、传化的公路港模式、天地汇的物流"淘宝"模式、易流科技的易流云平台物流信息透明化模式和福佑卡车伸线上线下增值服务模式。这些模式的共同点在于:(1)通过信息技术构建虚拟的物流网络,通过平台整合物流资源,实现物流信息的高效转移与共享(冯耕中等,2014);(2)在互联网+的环境下,信息越来越透明,企业转移成本越来越低,物流平台竞争模式是跨行业、跨企业、跨地域的生态系统和平台之间的竞争(李雷等,2015);(3)物流平台在网络环境中共享资源和信息,通过汇聚和整合分散的、专业化的服务资源,实现价值共创,为用户提供系统化、集约的高水平服务(Fu et al.,2017)。

物流平台具有以下六个方面的特征:

(1)整合物流资源。物流平台聚集了大量的企业、个人、机构等资源,其核心价值在于整合资源。物流平台最核心的业务是整合物流资源。其内容主要是:对企业内部信息系统及相关资源、供应链各节点的企业及部门、以社会上现存的,零散的供需资源进行整合。物流平台是由多个参与者组成,例如物流服务需求方、物流服务提供方、海关和工商局等。在平台上,这些参与者可以进行信息的共享、传递以及信息查询等活动,一来可以提高物流效率,二来降低物流成本。

(2)网络性。物流平台的网络性主要表现在地理位置的网络铺设和情感的网络性。前者指的是由于运输链的连续性以及物流的地域性特征,使物流平台具有网络性特征,物流平台的各个环节之间具有密切的内在相关性,并且物流平台能够与财务、仓储、信息认证、GPS等系统相互融合,秉承着开放分享的态度与跨界整合的思维。信息和通信技术(ICT)被广泛应用于物流平台中,高级生产计划排程、供应商关系管理、企业资源计划或客户关系管理系统和本地化技术和识别技术(如无线视频识别和条形码)已经普遍应用。后者指的是物流平台企业的社会网络促进了平台生态圈内个人或组织通过社会互动机制增进感情和获得更多的专业知识。以货运O2O社区为例,司机群体不仅需要线下的地面服务网点服务支持,也不能忽视线上业务服务支持和情感沟通。

(3)外部性。外部性是平台的属性。外部性是指一个经济主体在自己的活动中对其他主体的福利产生有利或不利影响所带利益或损失,外部性指的是这种来自经济主体外的附带影响,而且是"非市场性"的一种调节力量。徐晋(2013)提出网络外部性也是平台的属性,指的是平台一边的用户的外部性是由同一边的用户和另一边的用户数量所决定的。平台企业正面的外部性可以通过优化配置资源和协调优化流程,从而对用户产生积极影响所实现。例如天猫商城邀请知名人士入驻平台可带来明星效应,吸引更多的用户企业加入平台,也会吸引大量的买方加入，由此形成网络效应。

（4）利他性。目前的物流平台都是一种利他的商业模式，事实上，物流平台并不承担具体的运营活动，但通过对整个供应链产生影响而增加价值。物流平台自身不具备太多资产，而是通过提供一个双向的交互平台，依赖技术手段和规则制定，获取中间价值。比如拼车配货网站、公共集散平台、配送联盟等。此外，物流平台还具有不受地域限制、形成期限短、运营效率高、运营成本低、平台内成员合作灵活、创新能力与抗风险能力强等特征。

（5）可访问性。物流平台企业的可访问性使得供需双方了解到现有或潜在合作伙伴的各方面信息，包括它们的竞争能力、可信任程度、合作意向等。物流平台企业的及时性指的是供需双方能够迅速地了解到网络内企业的信息，及时准确地进行企业间沟通。物流平台企业的推荐作用是指将各种市场机会或其他潜在合作者传递给需求方，从而起到担保和推荐人的作用。

（6）价值共创性。在平台经济时代，云计算、ICT技术、移动互联网促使信息传递更加地碎片化，信息传播更加海量化，推动用户在使用物流平台过程中将信息资源升华为价值共创活动。

五、物流信息平台

（一）物流信息平台的概念

许多学者在早期对物流信息平台的概念、特征和结构进行了分析。物流信息平台主要表现为国家和地方的公共管理和公共服务相结合的平台结构。其显著特性是其开放性，尽管不直接参与具体的物流业务，但是当物流平台上的用户在平台上交易时会彼此协同，因此平台的本质是构建协作体系，为平台用户提供服务，因此和国家提出的新基建关系紧密。物流基础设施的建设基础是物联网，万物互联产生的数据形成云数据，再经过云计算，可以对物流的各个流程（运输、仓储、搬运装卸、包装、流通加工、配送、信息处理等）精准监控，进而提高物流效率，降低企业的物流成本。

物流信息平台具有广泛的社会需求，是指运用先进的信息技术和现代通信技术所构建的具有虚拟开放性的运输网络平台。物流信息平台能够整合供应链各环节的物流信息、物流监管、物流技术和设备，使得制造、物流运输和商业企业以及交通、港口、海关、银行等各行各业协同工作；物流信息平台能够实现物流资源聚集与物流服务功能的提升，从而推动供应链信息化、一体化的发展；物流信息平台能够提高物流效率，降低车辆空载率，节约物流成本。

2009年国务院发布《物流业调整与振兴规划》中明确指出了物流公共信息平台工程为九大重点工程之一，并明确指出"加快构建有利于共享信息资源的行业和区域物流公共信息平台的项目，重点以电子口岸、综合运输信息平台、物流资源交易平台和大宗商品交易平台的建设为主"。物流行业中，也存在不少小微企业，这些企业的规模较小，资金不充足，没有力量花费大量的钱购置用来建立网络平台的硬件和软件，物流信息平台的门槛相对较低，这样这些小微企业就可以分享大数据平台的成果。企业可以通过平台实现信息发布、查询，缩短物流信息流转环节,降低运营费用;平台还可以实现与信息化程度高的大企业内部系统的集成,对不具备全面开展信息化的中小企业,通过会员方式加入平台,能以较低成本共享运输信息资源,实现信息共享,避免重复劳动,节约社会资源。建立物流公共信息平台,实现信息资源的充分共享和交换。

2021年2月,交通运输部印发《关于做好新冠病毒疫苗货物运输车辆免费不停车便捷通行服务工作的通知》。为落实通知精神,解决药企和司机的难题,国家物流信息平台推出"货运行程宝"小程序,实现调运单的线上调取和实时核验,为提升新冠疫苗货物运输通行效率提供了坚实的服务保障。国家物流信息平台上线"货运行程宝"小程序,关联手机号就能直接调取《新冠病毒疫苗货物道路运输调运单》电子版,帮助司机快速地向相关工作人员出示疫苗运输凭证,协助保障疫苗运输车辆顺畅优先通行并免除通行费。

(二)物流信息平台的分类

邢大宁等(2016)将我国物流信息平台服务模式可以主要归结为五种:物流信息中介平台模式、物流服务交易平台模式、物流运作管理平台模式、第三方物流服务平台模式、第四方物流服务平台模式。

很多城市和地区都已进行或正在进行公用物流信息平台的规划和建设,此类型的信息平台结构如图2-1所示。

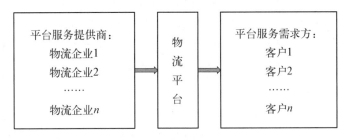

图2-1 物流公用信息平台

物流信息平台分为专用信息平台、共用信息平台和公用信息平台。

专用信息平台是指企业构建的仅供企业内部使用的信息系统平台。其基本特点是通过结合计算机网络与通信技术,与各节点企业原有信息系统实现衔接,安全、快捷地对物流活动的各个环节进行信息集中处理;利用平台化操作加强各物流节点企业之间的合作,优化社会物流资源的利用效率;具有数据分析反馈功能,能够为企业制定经营策略以及政府实施宏观调控提供相关数据和资料。

共用信息平台是部分企业为了实现相互之间的服务、在有效范围内对信息需求共享而投资建设的信息平台,共用信息系统对内部是开放的,对外部是封闭的。其目的是有效地整合系统内各种运输信息资源,实现系统内信息的采集、处理、组织、存储、发布和共享,为系统内的用户提供全系统范围的信息服务和辅助决策,实现信息的集成和系统内各企业的协作与整合。共用信息平台只对有利益关系的某些企业内部的共享资源进行整合,外部企业很难实现资源利用。

公用信息平台是通过对公用物流数据（如交通流背景数据、物流枢纽货物跟踪信息、政府部门公用信息等）的采集、分析及处理，为物流服务供需双方的企业信息系统提供基础支撑信息，能够以低廉的成本和更高的效率，进行企业内外信息沟通和管理。公用信息平台的本质是以信息共享为目的的信息集成平台，它是政府和企业为了实现信息、资源完全共享而构建的平台，公用信息系统是开放系统。它的功能主要包括综合信息服务、数据交换支持、物流业务交易支持、货物跟踪、行业应用服务托管等。公用信息平台可以对全社会的资源进行整合，企业可以实现信息网络的互联互通，通过信息资源的社会共享，充分利用经济和社会发展各个领域的资源，降低企业的运营成本，提高经济与社会效益。

公用信息平台如同 B2B 电子商务平台，众多物流企业在这个共同的信息平台上发布自己的服务信息（包括资源的状况和使用的价格），如果某些物流企业为了招揽到业务从而提供一些虚假信息，将增大客户的机会成本；对于服务需求方，客户在这个信息平台上进行资源的搜索并和与服务提供方进行议价等谈判，增大了客户获得物流服务的成本。公用信息平台模式最大的弊端是没有能力对平台上的物流资源进行有效整合，无法对客户提供标准化服务。

根据服务区域和网站运营主体可以将物流信息平台进行分类。从服务区域角度可以将物流信息平台分为地方性的物流信息平台和全国性的物流信息平台。如湖南交通物流信息共享平台属于地方性的物流信息平台，服务湖南省经济全面发展，全力支撑湖南省物流大通道建设工作；而国家交通运输物流公共信息平台是由交通运输主管部门推进建设，以提高社会物流效率为宗旨，以实现物流信息高效交换和共享为核心，面向全社会的公共物流信息服务网络。

从网站运营方主体角度，可以分为主体自营的物流信息平台和第三方物流信息平台，其中第三方物流信息平台则一般不涉及物流服务的具体运作，而是专业为物流供需方提供信息服务。比如由好运宝物流信息有限公司开发的连接货主和司机的手机 APP，依靠整合国内货车司机资源，包括货车的运量、所处位置和运输路线、运输目的地等的信息，为需求方设计多种可选择的运输路径，这样可以应对服务需求方多变的需求，让需求方能准时、便利、低成本地实现货物的运输，同时减少货车的空载率，提高企业收益。

（三）物流信息平台的功能定位

根据关于区域物流信息平台功能定位的研究，将中小物流企业信息共享平台的功能定位于以下六个方面：

（1）公共信息服务功能。信息共享平台需要具备面向社会所有团体的信息发布与信息查询功能，便于中小物流企业获取各类社会信息，也为社会各主体了解中小物流企业的相关信息提供便捷渠道。

（2）物流作业管理功能。搭建信息共享平台的主要目的是降低物流企业成本、提高物流服务效率，从而促进福建省物流产业的良性发展。如中小物流企业可借助信息共享平台即时沟通各自的车辆使用、仓储等信息，实现资源的合理调度，降低车辆、仓库等资源的闲置成本。

（3）电子商务功能。中小物流企业借助信息共享平台能够较为便捷地将传统交易模式转化为电子商务交易模式，在线上实现与供需客户、金融机构、保险公司等主体对接，完成物流综合信用认证、安全认证、网上招标、电子订单、电子支付与结算、网上借贷、网上保险等相关业务，降低交易成本，并提高物流服务的辐射范围。

（4）电子政务功能。信息共享平台对接福建省中小物流企业、政府相关部门等社会主体的信息系统，能够便捷地进行数据信息交换。中小物流企业和政府相关部门借助信息共享平台的信息集成，可实现报税缴税、工商、检验检疫、商务、海关等事务的远程协作处理，提高对接办公效率。

（5）多式联运服务功能。将公路、铁路、水路以及航空等货运企业的信息系统在信息共享平台上实现对接，通过将相关交通和货运信息的即时传递，实现不同运输方式换装、转载的高效衔接。同时，信息共享平台将福建省域内的各个物流园区、港口、产业园区、空港等物资集散地的物流需求信息进行集成，及时公示和分享，可实现业务承接效率的提升，并提高物资的流通效率、降低仓储成本。

（6）系统管理功能。信息共享平台的正常运行不仅需要相关信息技术的支持，而且要具备相应的系统管理功能。相关技术主要包括中小物流企业对外的 EDI 接口、与银行的电子结算、与保险公司的电子保单等对接技术，以及中小物流企业内部的 ERP/SCM 系统、GPS 卫星定位、GIS 地理信息等信息技术。

（四）物流信息平台结构设计

信息共享平台要实现区域内与物流企业相关的各社会主体的信息集成，打造各社会主体与中小物流企业之间便捷沟通的信息渠道，其具体的信息共享平台结构设计如图 2-2 所示。信息共享平台以物流服务功能为导向并按三层级结构进行设计，三层级分别是公共服务层、作业服务层和基础支持层，其具体结构如图 2-3 所示。

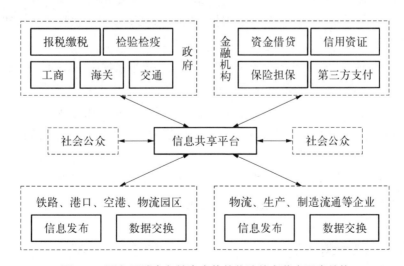

图 2-2　面向区域内各社会主体的物流信息共享平台结构

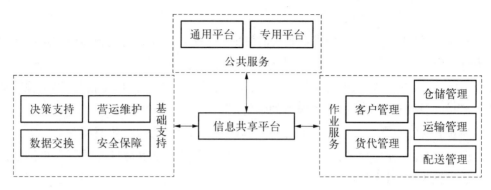

图 2-3　面向物流行业的信息共享结构

六、物流平台商业模式

（一）物流平台运营模式

物流平台以硬件智能化、软件的智慧化、规则的公允化,重构人、货、场商业元素和场景的组合,建立开放共享、高效便捷、绿色安全的智慧物流体系。其运营模式包括基于互联网和大数据的线上智慧管理体系、基于物联网的线下智能服务体系、技术装备体系、资本孵化体系和创新人才体系五个部分。

（1）线上智慧管理体系通过互联网化的软硬件平台搭建物流业务运作的资源池及信息管道,形成信息共享群体,实现供需匹配对接和物流组织模式与管理机制的创新,助力平台提升决策能力,最后形成自主知识产权的商标和专利。

（2）线下智能服务体系是提供实体物流的基本依托,实现移动互联环境下物流供需能力的动态辨识,形成人、货、场的物理性聚合的线下网络,助力平台提升运行能力。

（3）技术装备体系满足货物的动态辨识、快速识别、实时跟踪,助力平台提升感知能力。例如深圳易流公司运用物联网、移动互联网、地理信息系统等先进信息技术,开发了车联网魔方、追货宝等产品,实现海量物流车辆、司机和货主信息的移动互联和智慧感知,打造基于物流车辆的智慧管控 SaaS 平台。

（4）资本孵化体系聚焦物流平台类企业的投融资。集中在物流模式创新和物流机器人和大型物流装备领域,集中解决的是自动化的问题,解决的是替代人效的问题。在数据采集、存储、应用领域还比较少见,虽然已经有跨界寡头企业入手大数据云服务领域,但只是存在于数据存储和挖掘领域,物流数据的采集端和数据感知领域依然存在很大想象空间和可能性。

（5）创新人才体系与大众创业万众创新紧密结合,促进要素自由流动,实现企业优胜劣汰,为创新型企业及个人提供孵化机会,催生新技术、新模式、新业态,增强物流业竞争力,助力平台提升全要素生产率。比如中航信航空物流信息服务平台孵化出航旅纵横,深受旅客欢迎。

（二）物流平台功能与服务

物流平台从功能上可分为三大类。一类是提供物流管理服务的平台,多数是由物流公司原有的实体业务拓展出来的。如传化智能物流信息平台；一类是以物流交易为主的在线交易平台，例如货车帮和运满满。另一类就是兼有二者功能的综合类平台，既提供物流管理服务也具备在线交易服务，如煤炭交易中心公路物流服务平台。最后一类是物流产业生态圈。大多数平台都将自身定位为供应链综合服务平台，基于大数据、云计算、物联网着力创建物流产业生态圈。物流行业的属性决定了互联网背景下物流平台生态圈的运营由运输、仓储、营销、研发、信息、大数据、金融、物联网等若干相互独立而彼此关联的子系统组成。

以公路货运平台为例，消费者、司机是公路货运平台的主体，除此之外，各类企业、组织也需要公路货运服务，同样也是公路货运平台的主体。宋娟娟和刘伟（2015）认为将涉及客户、企业主等相关组织间的物流信息进行聚合并匹配是物流平台设计的关键，以大数据为基础的物流平台是一个涉及企业主、客户以及平台的运行系统。为了实现物流行业的智能化、动态化以及简捷化的发展，物流平台将大数据、互联网、物联网等技术融入物流行业，以实现物流信息共享、资源整合、交易过程的跟踪反馈以及决策智能化。

物流平台在运营过程中，首先，收集来自企业主、客户的货物运输信息以及来自具有承运意愿车主的车源信息；然后，将所收集到的货源与车源信息按照一定的匹配原则进行匹配，匹配完成后，将车货匹配信息发送给企业主或客户，将来自企业主或客户的订单下达给车主；最后，车主只需按照平台所发的消息为企业主或客户提供货运服务，而企业主或客户在收到车主提供的货物时对订单予以确认即可，在此过程中，物流平台、企业主或客户、车主三者间均存在着信息传递与沟通（见图2-4）。

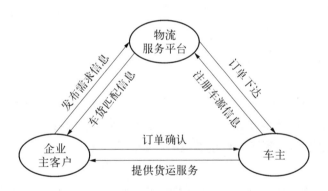

图 2-4　物流平台运营模式

从物流价值链视角来分析，物流平台的服务功能可归结为四类，即信息服务、一体化物流服务、金融服务和增值服务。信息服务贯通全产业链，通过信息发布和匹配生成订单，降低物流活动的交易成本；一体化物流服务包括物流方案制定、订单执行、位置追踪、效果评价的全过程管理，记录承载了物流服务的全过程；金融服务为各服务主体提供资金流管道，通过支付、融资租赁、商业保理、保险经纪等模块提供有效的资金管理，实现货币、货物的相互转换，解决中小企业融资难问题，提高流通效率，塑造互联互通供应链；平台围绕商业和物流后市场的增值服务，大大地丰富了产业生态圈。

张建军和赵启兰（2018）结合平台商业模式与服务供应链理论提出"互联网＋"的供应链

平台生态圈商业模式,这个平台定位为能有效整合物流、信息流、资金流、商流和服务流五流一体的"一站式"供应链整合共享平台,提供从设计、生产、流通、消费、服务等全程一体化供应链服务。这是基于平台能整合供应链服务、实现平台服务创新的思路。

物流平台除了可以提供标准化基础服务、多样化增值服务,还可以衍生出个性化定制服务和基于时间、空间和其他要素组合的创新性服务,物流平台流量的产生和增长来源于跨界服务。

(三)物流平台的盈利模式

过去物流平台企业的盈利模式由以收取广告费、会员费、使用费(或称为佣金、分成)等盈利,现在逐渐转向以增值服务费成为主的盈利模式。作为物流服务整合运营商,综合的平台服务不仅包括传统的货物交易辅助性服务,如仓储加工、专线运输、中转配送、设备租赁、车辆监管与回程配货、货物保价运输业务等传统服务,此外还提供增值服务,如统一投保、统一结算、保价运输、物流金融、包装服务、物流广告、货代业务、大数据应用等增值服务。

为了吸引用户增加流量,针对用户对价格敏感的特点,许多类型的物流平台采取对用户——基础服务免费、增值服务收费和对入驻商家收费的模式。下面介绍会员费、商家服务抽佣、广告服务、物流大数据分析和金融服务五种盈利手段。

1. 会员费

目前很多平台推出免费注册会员和 VIP 会员制。免费注册可以享受基础服务,而 VIP 会员制则是各种不同增值服务费的打包。平台一般在前期采用免费的方式积聚用户,而后逐步开始收取 VIP 会员费。一方面,用户是对价格敏感的群体,收费本质上也是增加用户黏度提高平台转换成本、留住用户的策略;另一方面,平台通过不断吸纳会员增加了更多的入驻商家提供服务,形成网络效应。

2. 商家服务抽佣

商家服务抽佣的盈利模式目前也有很多物流平台采用,如天地汇的物流园区平台,利用"园区通"产品真正地将物流园区互联互通,改变园区收入结构,提升园区增值收入,平台和物流园区分享增值收入,实现了平台生态圈的共赢。

3. 广告服务

广告费是一种传统的盈利模式。物流平台因拥有大量目标客户群体成为优质的营销渠道,广告商在物流平台投放企业广告并支付广告费。

4. 物流大数据分析服务

随着移动互联网等技术的应用普及,物流企业在平台使用过程中产生海量数据,线下实体平台和线上网络平台记录了客户数据、车辆数据、司机数据、交易数据、路线数据、诚信评估数据等,形成了一个庞大的数据仓库。未来基于大数据分析和云计算的决策服务将会成为重要的增值服务盈利点(张子健,2015)。

物流大数据服务通过融合了互联网、物联网与云计算等技术,可促使参与主体及时配货,降低空车运输率,实现将货运实际操作的每一个环节和网络信息的同步化;平台可以根据客户的需求深度挖掘数据背后的可行性思路,为物流企业提供供应商选择方案、客户需求分析、仓储功能与规模定位、运输路线优化、最优库存管理等一系列解决方案。比如 UPS 的大数据分析系统不仅记录每个客户的基本信息,而且还对每位客户邮寄包裹的信息进行分析,可预测出客户包裹的类型、重量等,甚至还可以分析出客户的财务运转状况。为了满足客户的专业化、个性化需求,物流平台也可根据每位客户的具体要求量身定制一体化解决方案。

5. 物流金融服务

为了缓解中小企业融资困境,物流企业与商业银行联合创新了物流金融模式,物流金融为物流业与银行或其他金融机构的业务结合,双方在原有服务下开展业务合作,在供应链的流程中,为中小型企业提供融资等服务,核心为金融业务穿插于物流服务中。

从狭义上看,物流金融指的是在物流业务的过程中,物流企业使用贷款以及承兑汇票等信用工具为供应链中的生产商以及上下游企业提供结算、融资、信息查询以及资金汇划等金融服务与产品,这类服务通常需要有银行的参与,最终能够保证生产商、供应商、银行以及销售商均受益,使得资金流能够在供应链当中快速运转。从广义上看,指的是面向物流整个过程,使用金融产品,实现物流、信息流以及资金流之间的有效融合,组织以及调节供应链运作过程当中货币资金的运动,有效提升资金运行效率的运营活动。

中小微物流企业由于规模较小,资金相对缺乏,对物流供应链业务与金融认识不多,导致许多企业不懂如何利用物流业务实现信息流以及资金流流动,物流企业业务范围过于狭窄的问题。物流供应链金融业务为企业增加利润增值空间,即拓宽业务模式,提供贷款、担保等金融业务。譬如物流平台企业与银行合作开展代收货款、垫付货款、质押贷款、业内信用贷款、融通仓融资、应收账款融资等金融服务,是对商流、物流、资金流、信息流四流的集成,能有效解决处于制造企业、商贸流通企业、中小微物流企业由于资金紧张、融资困难等带来的"短板效应"。

物流金融最基本的模式是仓单质押模式,在此基础上衍生出其他不同的创新型物流金融模式,具体包含信用证担保、替代采购模式、仓单质押、垫资代收货款、买方信贷、垫付货款和授信融资等模式。该业务是一种全新的中小企业的融资形式,银行将价格波动较小、畅销以及满足质押品条件的产品作为质押品,并根据质押品的质量来确定具体的贷款额度,借助物流公司强大的客户信息系统,把物流、资金流、商业流、信息流有效整合,为供应链上下游企业提供垫付、融资等多种服务。现在物流银行业务整体运作模式包含了担保模式以及质押模式。

由于风险主体之间风险与收益不对等、流动资产评估体系不完善、物流金融信贷业务经验不足、风险管理方法欠缺等原因使得在开展物流金融时存在一定的风险。由于客观信用风险多由外部客观原因造成,因此相应的防范措施一般采用对于宏观市场和法律政策开展实时监控、事后预警的方式。而对于主观信用风险,通过扎实推进数据、模型、系统,及数据应用等领域的建设,以降低中小企业违约风险,并提高商业银行自身的盈利能力和服务水平。

首先,平台的数据基础要很扎实。平台存储并积累整个运输流程的数据,包括但不限于上游货主历史订单和支付信息，物流企业历史运单信息，运输车辆历史运单信息等，这些动态、实时的交易数据，相比于银行静态的客户数据和财务数据，可以洞察企业经营整个过程，更是企业经营的直观反映，有助于银行揭示其客户隐性的潜在风险，是银行信贷审批、风险预警一个很好的补充。

其次，平台也要不断修改和完善算法模型。在历史数据积累不够充分的情况下，需要从专家经验提升至规则加模型。基于专家经验的算法和规则设置，可以从业务稳定性、还款能力、还款意愿、信用历史、第三方数据等方面全面评估中小企业信用风险，并将算法结果应用于授信审批过程，以降低业务审批的边际成本。

最后，平台也要注重模型独立验证团队的建设。算法模型上线使用后，验证团队应对算法模型的表现进行持续监控和验证，评估风险模型实际运行效果，持续对风险模型进行更新优化及再开发，修正算法模型存在的缺陷，以确保算法模型的有效性和满足监管合规要求。

第二节　数字化物流平台概述

一、数字化物流

（一）数字化物流发展现状

在平台经济和共享经济背景下，物流实现方式、物流服务业态和物流模式创新层出不穷，数字化物流行业面临产业升级方面机遇和挑战。

（1）传统物流行业"作业产生利润"的可能性越来越低。仓储作业和运输作业所产生的利润逐步下降，对人工的数量要求减少，因此物流的价值转向平台，物流平台的诞生基于大数据、人工智能等技术改变了对物流资源和流程的组织，实现大规模物流标准化、专业物流个性化，从低附加值转向高附加值转移。

（2）数字化物流发展趋势促使物流要素和流程在线化。促使物流行业交易和信用结构建立数字信用关系，促使物流平台通过数据资产进行产品决策和客户关系管理，促使平台生态圈中保险、保理、金融服务进行风险控制和服务质量管理。目前平台企业主要面临数据链条不完整、标准化条例欠缺、监管难度大等问题，特别是数据的安全性管理和敏感信息的合规使用是未来平台企业是否能维护用户权益的关键。

（3）数字化物流具备明显的行业特征。物流行业作为我国的支柱性服务行业，其行业内的细分程度趋于精细化和专业化。每一个细分行业都有自己的独特属性和发展特点，所以，对应的数字化必然也具备很明显的行业特征。例如，冷链物流领域的数字化和危化品运输领域的数字化必然存在很大的不同，医药物流领域的数字化和大宗商品物流的数字化关注点自然存在差异。同时零担物流、整车物流之间，城市配送和快递运输之间，在数字化上也必然不同。过去货运平台未诞生时，配货站充当了匹配司机和货物的功能。物流货运行业也是重视关系的行业，货主将价值不菲的货物交给配送站信息部，信息部根据司机的个人情况(比如资质、诚信程度等)来分配任务。时间长,成本高。现在随着互联网信息平台的不断发展,货主在平台上发布订单信息形成电子发货单,接单司机根据发货单报价,发货人根据报价查看接单人的资质评价以及是否有保证金,将运费支付给平台,到货点确认后,司机收到运费。不仅解决了信息匹配的问题,还针对货运市场运费高、信息虚假、野蛮分拣、破损丢失理赔难、诚信评价体系不健全、拖欠运费等问题给出解决方案。

(二)数字化物流基础

物流透明管理研究院提出数字化物流是通过信息技术(电子技术、计算机技术、自动控制技术、通信技术、互联网)等多种技术手段,将物流过程的实际运作过程转变为数字和数据,再对这些数字和数据进行计算机处理应用的过程。

企业实现数字化的基础是要有充分的能够帮助企业实现数字化的数据。物流各要素的物联网化(Internet of Things,IoT)和物流业务的数字化是基础。

1. 物流要素的数字化

物流活动中人、车、货、仓、店、箱、场等关键要素的物联网化和在线化是基础。在此基础上,结合物联网技术和移动通信技术实现各要素之间的数据共享和互联互通。目前,IoT 化程度还远远不够,其中用于采集各种数据的物联网设备和传感器在种类、性价比和稳定性方面的不足是最大制约因素。

2. 物流业务的数字化

物流企业常见的业务信息系统有 TMS、WMS、ERP、CRM 等,其日常运行过程中产生和积累大量业务数据。这些业务数据是物流企业实现供应链数字化的基础。在物流数字化实践中,最大的障碍是各个企业都把自己的业务信息看作是商业机密,不愿意开放业务信息数据。

德坤集团运力本部兼满货云负责人范基元在 2021 年 12 月 17 日第四届中国物流科技创新企业年会上做了《数字运力赋能数字战略》的主题报告。2020 年 9 月,德坤上线了大票零担网络货运平台——满货云,满货云平台基于德坤数字化运力科技,以德坤网络、智能运力池等为支撑,以精准的时效管理、便捷的提送服务等优势,快速响应客户,解决大票零担"一键发货"需求,真正实现大票零担的"门到门服务"。其数字战略主要包括可洞察、可测量、可预见和可交互四个方面。

(1)可洞察:基于运营场景搭建数字化协同平台,实现人+货+车+场的闭环协同;

(2)可测量:从简单的过程节点数据记录和事后分析转变成通过挖掘数据价值,植入 KPI 目标,实现全过程动态 KPI 检测和管理,管理杠杆在线,管理过程在线和管理结果在线;

(3)可预见:KPI 监测匹配后台动态算法,从静态 KPI 结果考核式管理向通过过程数据和大数据预测相结合,实现结果预警和管理预警;

(4)可交互:开放性的平台,开放性的体系,打破组织管理、资源和效率的边界,通过平台系统链接全场景运营资源,构建更开放、更有效率的数字化运营生态体系。

(三)数字化物流体系建设

在物流企业数字化转型过程中,需要搭建完整的数字化物流体系,重点体现小前台、强中台、大后台的系统特征。

1. 构建完整的数字化前台、中台、后台体系

（1）小前台：重点体现以数字化体系支撑的前端用户的便利性、智能化。增强用户的便利性、提升用户体验。

（2）强中台：重点是打通所有要素之间、环节之间的数字化链接，通过数字化增强企业整体的运行效率。把以往没有链接、缺乏关联的数字关系，通过中台体系，形成系统关联，特别是把企业的用户信息、产品信息、订单信息、交付信息、营销信息等形成完整的串联。发挥出更强的数字化价值与能力。

（3）大后台：重点体现的是提升企业的系统运算能力与效率。通过云计算、机器学习、大数据算法等支撑企业的系统处理能力，使企业的整体系统更有效率、更智能化。

2. 重构企业组织

企业需要重构以数字化为主线的企业组织。这种组织的特征需要去中间化，减少组织层级，由以往的组织驱动模式，转型数字化系统驱动模式。服务化形式由数据封装成 API 泛化为广义的服务，数据分析的灵活性和数据维度的无限性决定了企业难以封装出所有的数据服务，因此服务化指的是共享使用企业提供的数据，在前端被业务人员或者机器快速方便地使用或调用，对各生产要素数字化并泛式应用，能同时满足多个场景同一数据的需求。

3. 业务平台化

平台化的思路是把有共性的资源、能力合并，从而把握面向客户的价值，行业分工明确。网络货运平台的发展是行业分工合作的重大变革，主要表现在高效整合货源需求和运力资源，推动行业转型升级。通过整合社会化运力资源形成运力池，连接生产端货主及货代企业，集中上游需求形成订单池，统一分发给下游运力池实现物流资源的整合优化，显著提高了存量资产的使用效率。

网络货运平台的商业模式正在推动着我国物流行业从分离走向连接、从无序走向集约，实现全行业的转型升级。替代三方物流中间转包的环节，减少中间成本：面对行业信息不对称，以及随之产生的层层转包的冗长交易链条和众多交易主体等现象，网络货运平台去掉了"黄牛"、信息部等中间层层转包的主体，将货主需求直接线上化透明呈现，大大减少了这个过程中的信息不对称，有效降低了中间成本，促使物流行业实现降本增效。

4. 交易环节线上化，实现透明合规

交易环节以数字化方式线上进行，方便实时记录交易数据，统一上传交通运输部指定监管平台，推动交易环节实现透明合规；同时系统自动完成缴税和开票等业务，实时记录税务数据，有效减少行业偷税漏税现象，方便政府税收统筹管理。

5. 服务产品化

物流行业服务产品化的前提是标准稳定的服务输出，企业制定从上而下的数字化供应链战略。制定清晰的数字化战略要，构建技术赋能中心、实现业务智能运营、重塑业务模式、构建转型保障体系。传统物流服务主要存在五个方面的问题，包括物流服务标准化、物流服务定价问题、物流服务评估问题或衡量问题、物流服务个性化定制问题、物流服务一致性问

题。合同物流在执行和运作的过程中,最简单的认知是提供仓库或运输的单一服务。但是要做统仓统配,做同城配,需要逐步进行点到面的整合,整合后在区域的服务体系中,能够做全网化的服务,通过数字化等技术,实现整个智能决策的响应。

6. 数据业务化

利用数字化技术所支持的供应链整合与流程创新来支持战略层面的转型与变革,建立全新的商业模式。一个常见的新商业模式是所谓的数字化"解决方案"或"赋能"——把汇集海量数据及分析数据得到有价值的结果作为新的价值主张,向上下游合作伙伴乃至更广泛的生态圈合作伙伴提供数据分析及基于数据分析的解决方案,并从中获得新的收入来源。

二、数字化物流平台发展趋势与类型

(一)数字化物流平台发展趋势

数字化物流平台可从数字化、标准化、绿色化、产业化和生态化五个方面分析其发展趋势。

1. 数字化趋势

2022年4月,国务院印发《关于加快建设全国统一大市场的意见》(以下简称"《意见》"),旨在全面推动国内市场由"大"向"强"转变。《意见》指出要建设现代流通网络,支持数字化第三方物流交付平台建设,推动第三方物流产业科技和商业模式创新,培育一批有全球影响力的数字化平台企业和供应链企业,促进全社会物流降本增效;加快培育数据要素市场,建立健全数据安全、权利保护、跨境传输管理、交易流通、开放共享、安全认证等基础制度和标准规范,深入开展数据资源调查,推动数据资源开发利用。物流行业中,物流平台,特别是网络货运平台是行业中信息化、标准化程度较高的发展领域,在业务开展的过程中沉淀了大量的数据。如何将数据转化为资产,推动物流行业数字化转型,实现数据价值是未来的发展方向。

2. 标准化趋势

高标准引领行业高质量发展,物流行业作为国民经济的基础性、战略性、先导性产业,行业内部的标准化建设是规范行业发展、提升行业效率、推动行业高质量发展的重要抓手。伴随着平台经济的蓬勃发展,物流平台等新兴业态亟须相关标准作为指引,目前仅有《物流公共信息平台服务质量要求与测评》一项国家标准与物流平台密切相关。中物联平台分会在广泛调研的基础上,以上述国家标准为依托,牵头起草并发布了《网络货运平台服务能力评估指标》《网络货运平台实际承运人信用评价体系》和《网络货运平台业务数据验证》等团体标准。除围绕网络货运平台制定相关标准外,平台分会还牵头指定团体标准《互联网道路货运平台撮合交易服务要求》,旨在明确从事撮合交易的平台经营者责权利,维护行业健康、稳定、有序发展。该标准目前已进入审查阶段。未来,平台分会还将根据企业需求和行业发展规律,逐步完善物流平台领域标准化体系,推动新业态高质量发展。

3. 绿色化趋势

多式联运构建低碳高效物流体系。2021年10月,国务院印发《2030年前碳达峰行动方案》，明确提出"交通运输绿色低碳行动"，要构建绿色高效交通运输体系，发展智能交通，推动不同运输方式合理分工、有效衔接，降低空载率和不合理客货运周转量。大力发展以铁路、水路为骨干的多式联运，推进工矿企业、港口、物流园区等铁路专用线建设，加快内河高等级航道网建设，加快大宗货物和中长距离货物运输"公转铁""公转水"。从政策的定义来看，网络货运仅限于公路运输，但网络货运作为运输甚至供应链的一部分，依托其数字化程度和数据应用能力，打通与其他运输方式的数据接口，特别是在大宗运输领域通过多式联运实现"一次委托、一单到底、一票结算"，构建数字化、专业化、绿色化的智慧物流体系，是提升供应链整体效率，降低碳排放的有效手段。

4. 产业化趋势

赋能中小企业转型升级，2022年初，国家发展和改革委员会等部门印发《关于推动平台经济规范健康持续发展的若干意见》，文件指出要增强平台创新发展能力，支持平台加强技术创新和鼓励平台企业开展模式创新。搭建网络货运平台的前期研发投入和后期升级维护的成本很高，中小型三方物流企业难以通过自建平台的方式实现转型，而单纯购买软件服务又无法满足企业个性化需求，容易出现单纯以申请网络货运运营资质和开展结算业务为目的的不良产业链，不利于行业高质量发展。目前，行业中已经出现赋能中小企业的新经营理念，通过技术支持和深度运营，既解决中小企业没有充足的研发资金搭建平台的问题，又能保证平台功能满足企业实际业务需求，除了能实现运输环节的透明化管理外，还从供应链的角度切入，实现产融结合。未来，网络货运平台可能会从单个"企业的平台"逐渐发展为"产业的平台"。

5. 生态化趋势

创造平台新价值，构建以网络货运为核心的闭环生态是实现平台价值的重要表现，平台企业应积极开展科技创新，提升核心竞争力，在依法依规前提下，充分利用技术、人才、资金、渠道、数据等方面优势，发挥创新引领的关键作用，推动"互联网＋"向更大范围、更深层次、更高效率方向发展。供应链金融、车后市场、保险等增值服务是构建平台生态，实现平台数据价值的重要途径，如何通过信用体系的建立，构建适用于网络货运场景的风控体系是未来行业探索的重要方向。

（二）数字化公路货运平台

在国内公路货运市场，快递和快运进入了寡头垄断阶段，三通一达与顺丰快速占据头部市场份额。行业按照单票重量小于 30 kg、30 kg～3 t、大于 3 t 三个区间段可以划分成快递、零担和整车三种货运类型。其中零担市场又可以按照 30～500 kg、>500 kg 划分成小票零担和大票零担。

快递、快运、大票零担、整车作为其中的四个细分行业，行业体量大、劳动力密集程度高、存量市场与增量市场差异化明显，存在各自的竞争格局。快递与快运行业相互渗透，在快递行业增速放缓的前提下，顺丰、德邦等快递型企业先后布局零担市场，在流程标准化、网络管控严格、产品服务质量积累大量经验之后，也在零担市场得到了布局成效。不同公路货运类型的行业毛利率、集中度及客户集中度如图 2-5 所示。

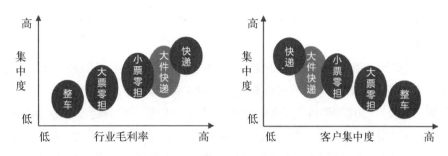

图 2-5　不同公路货运类型的行业毛利率、集中度及客户集中度

（1）快递市场：随着价格战的效应，中低端市场盈亏平衡线已经达到每日 1 300 万票，部分二、三线快递企业逐渐出局，赛道高度集中。

（2）快运市场：零担快运市场格局分散，企业集中度低。快运市场的货物运输和末端用户体验端，各企业都投入了较高的资源和成本，以实现物流品质与渠道的创新，参与者主要包含德邦物流、安能物流、壹米滴答、百世汇通等。

（3）整车市场：按照客户需求类型，整车可分为计划性与临时性两种。整车市场的参与者主要包含提供货源信息、不参与其中物流环节的满帮；具有组织化车队的则一供应链；具有部分运力的赤湾东方等。

整车业务按客户需求分为计划性与临时性，按运力协调分为平台型与承运型，大票零担市场竞争激烈（见图 2-5）。

随着制造业的销售渠道下沉，订单也越趋于碎片化，零担市场逐渐接收了来自部分整车市场的业务，大票零担运输分为全网型、区域网和专线三种类型，行业具备整合效应及平台化后效率提升的潜力。专线是相对于网络型快运的叫法，是指一家企业只有单条或者少数几条运输线路作为主要营业范围的企业。

大票零担市场面临的问题有：（1）高利润货源少、揽件难度大、部分专线被挤压；（2）运输成本、人力成本、场地成本都依赖货量的变化，成本压缩空间小；（3）资金压力大、账期长；（4）合规风险和人才问题。早期存在的专线联盟不论组织规划还是业务发展都存在弊端，现阶段的平台会通过货源引入、资金支持、运营提升、资本对接给专线赋能。在保留专线老板原有利益的情况下，能够提升专线的生存能力。不同于其他三种货运类型的垄断格局，大票零担的竞争格局显得更为复杂和直接，竞争始终伴随着资源的争夺和对用户效率的优化。

从货物运输的方式看，公路运输占据着我国货物运输行业的主导地位，运费总额约为 5.6 万亿元。其中，由中重卡承担的城际公路运输是最主要的构成，运输费用约为 4.6 万亿元，在整个公路货运中的占比约 82%。数字货运平台一边连接货主，一边连接车队、三方物流等经营者。货运市场上超过一半的货车由中小货运经营者管理，中小货运经营者数量约 8.7 万，管理车辆数占整个市场的 50%～55%，超大和大型货运经营者数量约 570 家，管理车辆数占 55%，微货运经营者多达 60 万家，管控车辆占比约为 20%，剩余 10%～15% 为零散司机车辆。货运市场集中度低，对数字化和车队管理效率提出了更高要求。2014—2016 年，大型车队和中大型的车队的比例在逐步提高，车队在集约化过程中可视化、智能化以及数字化是必然进程。根据《中国公路货运市场研究报告》显示,车队规模越大,其集约化和管理效率会越高[①]。

随着满帮、安能物流的成功上市和数字货运平台路歌、福佑卡车的计划上市,公路货运市场正在迎来资本化和数字化的历史性拐点。比如,满帮通过互联网交易平台服务零散司机。满帮集团成立于2017年11月,由中国领先的两家公路干线货运平台江苏满运软件科技有限公司(APP品牌——运满满)及贵阳货车帮科技有限公司(APP品牌——货车帮)合并而成,为一家"互联网+"物流的平台型领军企业。基于市场与业务发展需求,满帮集团在以交易为核心,以金融、能源、ETC、新车、TMS等综合性物流服务的拓展下,满足了用户多样化需求的业务场景。满帮借助互联网、大数据及人工智能技术,改变了传统物流行业"小、乱、散、差"的现状,通过效能提升,仅2020年一年,满帮即为中国减少33万吨碳排放。截至2021年,满帮集团业务覆盖全国300多个主要城市,覆盖线路10万余条。满帮平台注册司机数突破1 000万,注册货主数突破500万,汇聚了全国95%的货物信息,年撮合交易额约8 000亿元。满帮集团被誉为中国干线运力的基础设施和大动脉。

因此数字化货运平台整合中小规模货运经营者的趋势势在必行。一方面,数字化货运平台将货源资源进行整合,扩大中小型货运经营者的规模,部分中小型货运经营者转换为大货运营者,对货运经营者的数量和质量进行资源配置,以便更好地管理车辆,提升物流效率;另一方面,大中小型货运经营者对精细化管理要求逐步提高,数字化货运平台赋能中小货运经营者有利于大幅度改善货运安全和实现公路货运市场的降本增效。使用数字货运平台节约中间流程,就近发货提货,减少运输里程,节约能源;要求供应商驾驶员做低碳办法。最后,数字科技不断赋能车队管理。货运物联网带来的技术转型帮助货运企业降本增效,整个公路货运行业的管理体系性和规范性将大幅提高,这将对数据透明度有正面作用。另外,数字化拐点将催生越来越多有能力的大型车队诞生,可能会对小车队,以及微型车队造成挤出效应。

数字化货运平台发展路径有三方面:

(1) 政策引导"互联网+货运物流"新模式发展。2019年12月12日,交通运输部印发《推进综合交通运输大数据发展行动纲要(2020—2025年)》的通知。通知指出,要推动货运物流数字化发展,逐步完善国家交通运输物流公共信息平台,推动全国多式联运公共信息系统建设,促进多种运输方式间数据交换共享。研究制定货运物流单据电子化相关技术标准。完善全国快件数据监测体系,为全程可跟踪、可追溯的"一站式"快递服务提供数据支撑。鼓励网络平台道路货运、车货匹配、智能航运等"互联网+货运物流"新模式发展。建立完善道路货运行业运行监测分析体系,充分利用大数据预测发展趋势,引导货运物流行业健康发展。

(2) 新技术的演进重构传统货运生产组织方式。在智能网联化、驾驶自动化、能源绿色化和资产服务化等"新四化"的影响下,公路货运行业的产业链格局发生重大变革。首先,随

---

① https://www.sohu.com/a/193224162_123753.

着公路运输市场发展完善,公路货运对智能网联化的诉求势必进一步加强。一方面,智能化应用会渗透到更多的行业场景;另一方面,物联网产品的类型也将更加丰富。这些都将会推升智能网联化的覆盖度与成熟度;其次,在由货运经营者组成的公路货运生态中,数字化和软件化将是生态圈建立的基石;最后,对于公路货运的未来发展,L4级自动驾驶带来的产业颠覆可从资本追捧的现象得出。2021年2月和3月,智加科技分别获得了2亿美元和4.2亿美元的融资,投资方包括上汽资本、红杉中国、满帮集团、广达电脑、方源资本等主要投资基金和产业资本。4月,图森未来登陆纳斯达克成为"全球自动驾驶第一股";8月,赢彻科技宣布完成2.7亿美元B轮股权融资;11月,自动驾驶公司主线科技宣布已经完成数亿元新一轮融资,将加速新一代自动驾驶卡车研发与量产。

L4级自动驾驶在长途干线的大规模商业化应用在未来有待实现。L4级自动驾驶对市场结构的影响体现在大幅降低管理难度和增加车队平均管理规模。通过进一步集中化原有的中小货运经营者,提升至大中货运经营者级别的中小货运经营者依旧是行业中坚力量。而小微货运经营者和个体司机将被进一步淘汰。

(3)网络货运平台利用互联网信息技术改造和推动传统物流行业的发展,成为现代供应链管理的重要发展方向。网络货运行业集中度低、信息不对称、发展不合规问题亟待解决,截至2021年12月31日,全国共有1968家网络货运企业,整合社会零散运力约360万辆、驾驶员390万人,全年完成运单量6912万单,是2020年的3.9倍。作为平台经济在流通领域的重要表现形式,网络货运平台的迅猛发展正在提升物流行业的综合效益,推动中国传统物流业态向智能化、平台化、服务化方向转型升级,是集合货源、资源、运力、用户、客户并进而大面积协同的关键一环,最终实现全社会物流的降本增效、便捷服务、集约高效。

(三)数字化国际物流平台

1. 国际物流链条冗长,数字化可行性较高

国际物流的细分行业都在试图通过数字化技术来驱动业务模式的升级。市场容量大和链路长,很多技术创新都聚焦在局部的业务领域。比如集卡车货匹配、订舱平台、数字化堆场、各种海关接口,也包括很多信息发布平台的升级等。首先,在线化、打造数字生态是中长期在国际物流形成竞争优势的关键。区别于国际快递和多数跨境电商涉及的商品运输,国际物流在时效性、交易形式和运输物品有着自己的特殊属性;其次,时效的周期性直接关乎货主的库存周转和资金周转。所有的跨境物流渠道的迭代创新都是以优化时效和降低成本作为前提。国际物流总体上不如国际快递,但也不会比国际快递慢很多,尤其是国际物流专线运输的整车货物。交易与结算方式根据国际快递、国际平邮、国际空运、国际海运四类的报关途径和交易方式,也会存在巨大的信息不对等和货物资金周转率的影响;最后,对于买卖双方来说,物流渠道的稳定性直接关乎客户的物流体验和卖家信用。在物流成本和时效之间的综合对比权衡,对于不少客户来说尤为关键。而在国际物流的实际业务中,物流业务会涉及线上外贸电商平台、线下与国内海外仓、空运货仓、海运船公司、机场、码头海关、集卡车辆、国际货代等各类角色。相比于国内物流,国际业务规模更大,链路更长,专业壁垒更高。因此,在每一个短链上形成有价值的新商业模式机会更大一些。

2. 航运行业平台化趋势愈发明显

国际物流平台类企业获关注度高,85%以上国际贸易由海运市场完成,行业进入壁垒高。归属于国际物流的投融资数量在不断上升中,且投融资主要集中在对数字化国际物流平台类的早期和中期投资,如运去哪、鸭嘴兽和跨越速运等,以及较为合规、规模具备上市条件的潜在上市企业。国际物流中,船公司、港口等关键环节本身的数字化程度比较高,但出于各种原因,对外协同的开放程度不够。而如果短链条的数字化无法驱动行业数字化升级,在没有形成核心资源壁垒和数据资产的时候,一味求快,不注重底层技术研发和数据沉淀的话,很容易走远离发展方向。依托自身的平台属性进行规模化扩展,除了自身的积累外,还需搭载整体行业数字化的机会。

航运行业在传统的"工厂(货主)—国际货代—车队/运力司机—报关行—船务公司—码头"的产业路径里,市场明显存在两头挤压(工厂、船务),中间环节议价能力弱、规模化能力受限的特点。其中,重资产型企业运力弹性大、可集约化环节平台化程度低,随着贸易趋势的演变也在发生改变。在行业发展早期便抢占高收益洼地的重资产型运输企业,在发展中后阶段经历了不同的业务量变化后,开启了两条差异化的线路。以船公司为代表的话语权重高的企业,在集运复苏周期中依然享有高红利,策略是增加订单及收购上下游资源实现新的竞争壁垒。以集卡车队为代表的非标标的,具备野蛮生长的空间,随着货主企业对运输服务质量和运输成本有着高度的服务要求与信息需求,传统车队规模小、运力有限、弹性低等特点便难以满足货主的需求,平台型企业集约个体司机的能力便凸显出来。

传统航运市场,交易环节多为线下交易磋商,船公司具备仓位优势、航运周期及时间稳定、线路分布基本覆盖主要贸易航线,因此在整个产业端具备极高话语权;外贸工厂作为货主方,会采取不同的报关方式,对货物交割与结算方式存在差异,也属于话语权较高的一方;报关行的天花板相对较低,一票货对应的海运费和拖车费相对固定;货代企业大致分为两类,一类是服务船东为主的订舱代理,另一类直接对接工厂提供一揽子解决方案。前者的价值随着船东订舱业务信息化的推进而逐步降低;后者是高度非标业务,订单需求难以标准化,过度依赖于"人"的因素,互联网要实现对这一类业务的效率提升,有着不小的挑战。

而且在国内货代业务中,只有20%的订单包含订舱,其余80%由海外货代承接,但100%的订单都包含且需要拖车。以上海市场为例,车队数量接近5000家,个体司机运力的车辆约为4万辆。但目前车队的组织方式依然停留在人工电话、微信群等阶段,对运力、服务质量的控制力非常弱,在产品调度和报价上都与标准化相去甚远,其中,单个车队平均每日调度的车次不足10次,日均人效不足3车次,效率极其低下。然而,这一环节具备极高的规模化和集约化空间。背后的原因在于:(1)车队提供的服务同质化程度高,主要为运输服务+报关等附加服务;(2)技术平台能够提高运力调度等多维度的效率,具备整合产业链碎片资源的功能;(3)无车承运人平台不受自营车队规模扩张的诸多限制。

(四)数字仓单平台

近年来,随着相关法律法规、产业数字化政策的完善,以及物联网、区块链、大数据等技术的日渐成熟,依托可信数字仓单应用的大宗商品存货融资市场的信用体系正在重建。《中华人民共和国民法典》第九百一十条规定:"仓单是提取仓储物的凭证。存货人或者仓单持有人在仓单上背书并经保管人签字或者盖章的,可以转让提取仓储物的权利。"可见,仓单表明存货人或者仓单持有人对仓储物的交付请求权,故为有价证券。《民法典》第九百零九条规定,仓单须经保管人签名或者盖章,且须具备一定的法定记载事项,故为要式证券。仓单上所载仓储物的移转,必须自移转仓单始生所有权转移的效力,故仓单为物权证券。

66云链科技(宁波)有限公司(以下简称"66云链"),由中化能源、中信兴业、宁波大榭管委会等于2021年6月共同投资设立,前身为创办于2017年的中化能源科技智慧供应链业务。2021年,66云链构建起国内首家覆盖"车—船—库闭环物流"智能化供应链数字基础设施,解决三大行业痛点问题。第一,液货储罐不可视。储罐里有没有货、有多少货、是不是"罐中罐"(大储罐里套小储罐,以让液位计数据作假)等,仅通过肉眼直观,难以判断;第二,货物货权不清晰。《中华人民共和国民法典》规定,仓单是"提取仓储物的凭证",但"提货权≠货权",使得银行在做质押货物货权审查时面临很大困难。第三,货物数质量难确认。储罐里放的"是油还是水"等液货质量、数量问题,也经常困扰金融机构。

2017年推出的66快车、仓海帮、船运帮三大数字化应用,构建了能源化工供应链数字基础设施,解决了客户物流业务在线化和业务逻辑闭环问题。66云链"车船库一体化的数字化可视物流体系"是伴随危化品物流管控要求而存在的技术应用。当人、货、场等供应链要素在一个高频率采样系统被统一连续记载时,自然就形成了液体货物在仓储聚集和经车船运输分拨的数字画像模型。66云链用这些数字模型为相关的企业和政府提供"数字提单""数字运单""车辆预约排队""智能靠泊"等液化品可视物流生产和安全监管解决方案。

2020年以来,基于"车—船—库闭环物流数据"(如图2-6所示),66云链以区块链、物联网等可信技术赋能可信仓库,由可信仓库开立可信数字仓单,确保仓单可附着物权、可查、可验、可溯,使得液化品数字仓单这个"提货权凭证"具备了参与金融应用的可能性。66云链构建了为产业场景和产业服务的数字基础设施,产业场景的数字化是66云链的主营业务,

图2-6 66云链数字化闭环物流

"区块链数字仓单"应用仅仅是这个数字基础设施之上的衍生品和工具。66 云链以可信技术赋能可信仓库,由可信仓库开立可信仓单。66 云链区块链数字仓单平台试图破解大宗商品仓单质押融资风控的三大难点——落实物权、物流可溯、关注品质。

(1) 实时获取并交叉验证仓储账存数据和实存数据,做到账实相符,延伸对车、船运输全程数据的在线追溯,把物权完整地附在仓单上。在对第三方仓储企业进行数字化升级时,66 云链会部署一套账存管理系统,并对接地磅、流量计等硬件设备,实时获取仓储收、发货数据;此外,66 云链还会在仓储部署物联网+5G 通道,对罐区实施 IoT 设备数据集成,以实时获取仓储实存数据。

(2) 上线"在线商检",线上一键下单,随时获取检存数据。66 云链与国内头部的 14 家商检机构均建立了框架合作,委托人可在 66 云链一键下单,委托仓单保管人所在地的商检机构对仓单货物进行飞行检查,包括检验数量和化验质量指标。通过具备法律效力的第三方商检报告,来固化底层资产的数量、质量数据。

(3) 连接数字仓单新生态,推动数字仓单应用落地。液体能源化工品的数字仓单,其登记和应用落地涉及诸多相关方,是一项宏大的系统工程。66 云链已连接银行、仓储企业、货主企业、IT 服务商、5G 运营商、商检机构、保险公司、期货公司、大宗商品交易中心等 18 类数字仓单应用的相关方企业及服务商,初步搭建起数字仓单便捷、可信运营的大生态圈(见图 2-7)。

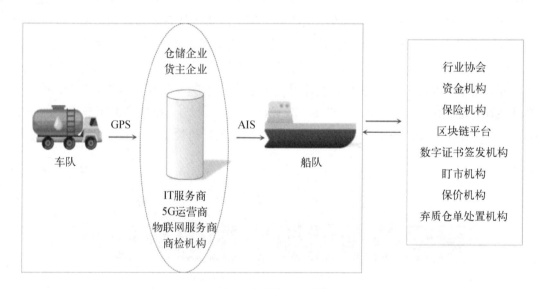

图 2-7 数字仓单生态圈

2022 年 2 月底,66 云链已和建设银行、中信银行、华夏银行、恒丰银行等 6 家银行成功落地数字仓单质押放款业务,累计放款金额超 4.2 亿元,有效化解了能化中小企业融资难、融资贵等痛点,切实助力实体经济的发展。66 云链还将在仓单新生态体系的基础上,依据国际标准规范,经由国际知名的第三方审计咨询机构定期强制公示审计结论等方法打造"可信的区块链数字仓单产业联盟",进一步促进数字仓单融资及交易市场的可持续性发展。

三、数字化物流平台问题解析

（一）平台的数据产权界定、垄断和安全问题

1. 产权界定问题

许多企业把大数据视为最核心的资源，然而在为客户提供大数据和增值服务的同时，往往会忽视数据作为一种资产，与一辆卡车、一块仓库用地或一笔资金的产权属性不同，因为数据的资产所有权相对信息没有那么重要，数据产权的界定可能会侧重在使用权，评估和度量信息的责权利并没有成熟的经验和规定。但是在数字经济的时代，数据交换的安全性和线上线下数据的整合会成为值得关注的问题。

2. 数据垄断问题

数字化物流平台积累着大量的用户数据，这些数据既是企业运营和盈利的基础，也关系到用户个人切身利益，还关系到社会和谐稳定。当前，平台数据价值链在采集、连接、传输、使用、管理等方面存在着许多薄弱环节，风险防控缺失，信息安全与隐私保护不力。诚信缺失、数据传输安全、数据管理薄弱等给行业发展带来巨大潜在风险。一些数据不规范流动的突发性重大事件，影响面大，波及面广，严重影响行业发展、行业声誉和消费者权益。国内大型物流平台不断整合产业链上下游，形成较强的用户黏性，伴随着行业影响力与供应链控制力的增强，数字化物流平台的市场势力不断扩展，数字化平台上的许多企业不得不接受平台制定的规则。特别是，大型数字化物流平台拥有大数据采集与分析优势，这种优势将完全有可能转变成数据垄断优势。一旦大型物流平台对相关市场主体形成数据垄断力量，就会产生实质上的不公平竞争和限制性行为。比如利用强势地位强迫客户"二选一"；人为造乱涨价、向司机压价，致使运价甚至不抵运输成本、服务质量难保，成为社会不稳定因素。网络货运发展不规范。比如承运业务审核不严，聘用无资质的司机、使用无资质的车；此外，有些业务不是实时的线上线下相结合，而是事后补单、虚构业务，虚开发票，影响行业健康发展。

3. 数据安全问题

我国首部数据安全领域的基础性立法——《中华人民共和国数据安全法》已于2021年9月1日正式施行。该法对数据安全和相关主体的运营做出要求，比如确立了数据分类分级管理，建立了数据安全风险评估、监测预警、应急处置，数据安全审查等基本制度，并明确了相关主体的数据安全保护义务。目前，行业公共信息平台、企业物流信息平台间的纵向、横向联通不足，部分大型企业握有捧着海量数据故步自封，逼迫中小企业高价开发替代方案。平台市场和公共属性冲突，不同市场主体从不同角度理解平台，尚未形成数据有偿使用的市场化机制，也未达成数据开放、共享、共用的共识。

（二）数字化物流平台的商业模式问题

尽管数字化物流平台近些年呈快速发展态势，但相对于中国庞大的物流市场规模以及众多的物流市场主体而言，其数量以及所占市场份额仍只是很小的一部分，其整合的资源也多局限于快递、配送、零担货运、仓库等，像铁路、航空、海运等重要领域的物流平台发展还较为滞后。国际物流服务平台以及服务于工业企业的物流平台还处于起步阶段。

1. 采用何种商业模式是数字化物流平台运营面临的首要问题

平台创建之初,首先要考虑平台的核心价值、市场定位、服务对象、服务内容、运作模式、盈利模式等重要问题。许多物流平台的商业模式不清晰,定位不准、功能单一、缺乏价值创造,缺乏长远战略,对如何运营缺乏深刻认识。

2. 定价问题

定价是关乎平台能否集聚足够双边、多边用户以及双边、多边交易量从而突破临界点以及平台盈利的关键问题。国内物流市场竞争激烈,不同物流平台之间存在着激烈的竞争。许多物流平台以低价或补贴的方式吸引供需与相关市场主体集聚,虽然取得了一定效果,但也带来了巨大的盈利压力,不可持续性增加。

3. 质量问题

要在竞争中保持优势,就要保证服务质量,让用户体验良好。质量高将会促进平台走向成功,质量低会使平台企业走向失败。实践中,平台整合的各类市场主体与物流资源质量参差不齐,如果物流平台缺乏标准、规范、激励约束机制以及管理手段、管理能力,往往会因为质量问题带来自身经营上的风险。

(三)数字化物流平台对政府监管提出挑战

大型数字化物流平台因其强大的连接力、渗透力和整合力,业务范围越来越广泛,业务边界越来越模糊。但目前物流管理体制部门各自为政,地区分割限制,管理部门涉及商务、交通、铁路、民航、邮政、农村、工信、网信、市场监督等诸多部门。传统管理体制、监管规则、监管模式已经难以适应跨界融合、新业态不断涌现、新模式不断变化的需求。

中国尚未形成大物流管理体制,政府管理体制改革的难度不小,监管规则的完善也需要较长时间。特别是海量消费者数据在平台企业沉淀,数据的流动规则与用户数据隐私保护、数字化物流平台的垄断行为如何规范等亟待出台相关文件。监管空白与监管漏洞并存,埋下不少安全隐患。

数字化平台供应链协同效率低下,缺乏统一的标准和规则。平台间互不兼容,应用产品质量参差不齐,导致了市场恶性竞争;缺少统一的数据交换规范,导致数据格式不统一、质量水平低、更新不及时等诸多问题。缺少一体化全程物流的服务体系,现有平台只是从局部解决了部分物流功能的信息化问题,政府引导网络货运平台的发展并逐步解决信用评价体系和数据验证的问题。2021年12月,全国物流标准化技术委员会发布《网络货运平台实际承运人信用评价体系》和《网络货运平台业务数据验证》两项团体标准。《网络货运平台实际承运人信用评价体系》实施后,平台企业可围绕"社会信用"和"市场信用"在共享平台上为驾驶员和承运商打分;共享平台则由物流信息服务平台分会管理,这样就使司机的分数透明化,使不良行为无处遁形。如果信用值达到一定标准,也将有利于司机进行银行贷款等金融业务。《网络货运平台业务数据验证》是针对目前平台业务数据真实性的验证,是为金融机构开展供应链金融服务,构建数字金融风控体系的参考性标准。

(四)数字化平台转型路径不明,缺乏系统化战略思维

随着互联网、物联网和大数据等技术的发展,物流平台通常起步于应用物流传统软件、物流 SaaS 系统等信息化手段，或提供车辆定位及查询服务等，为物流上下游产业链提供服务，一般平台本身不从事物流的具体实际业务。物流平台利用物流网络和信息技术整合分散的资源，发挥集约效力实现物流信息的高效转移与共享。

物流平台的数字化转型路径仍不明晰，如何数字化转型也没有系统性的结论可供参考。目前存在的大多数物流信息网站主要是以收取会员信息费、交易手续费作为主要的盈利来源，而物流平台是线下实体交易结合线上网络信息的虚实结合体，不仅追求增值服务费，在"互联网＋"的背景下加了大数据等信息技术、金融机构服务等新型商业模式。数字化物流平台作为服务提供商，是否向企业、平台用户及多边市场主体提供融资贷款、渠道开拓、软件开发交易、媒体沟通、税收法律等多种多样的创新服务有待商榷。

数字化物流平台与货主企业与平台用户如何构建数字生态系统。建立起以网络货运为中心的数字生态，对整个制造业转型升级、高质量发展都有极大助益。网络货运平台不仅专注开票，更要提升服务质量，才会获得商家信任，取得上下游协同的业务。做网络货运解决了上下游协同效率的问题，有助于降本增效，促进整条供应链透明可控。然而网络货运平台的服务质量问题和上下游供应链协同的路径问题尚未解决。

本章小结

本章首先介绍了物流平台的诞生及其背后的"互联网＋"逻辑，阐述了物流平台发展趋势、概念和特征。接着介绍了物流信息平台的概念、分类、功能定位和结构设计，并分析了常见物流平台的商业模式。在此基础上介绍了三种数字化物流平台类型：公路货运平台、国际物流平台和仓单平台。最后提出了数字化物流平台存在的问题。

思考题

1. 物流企业的发展逻辑是怎样演化的？其产生原因该如何分析？
2. 物流平台的诞生背景和基本逻辑是什么？
3. 物流平台的概念和特征是什么？
4. 请以一家物流信息平台企业为例介绍其功能定位和结构设计。

第三章 网络货运平台

学习目标

- 了解网络货运平台相关政策
- 熟悉网络货运平台三种类型
- 掌握网络货运平台的概念
- 了解网络货运平台问题和对策

开篇案例

中储智运的普惠数字物流金融产品——运费贷

近年来,国家高度关注高质量推进社会信用体系建设工作,陆续印发了《关于推进社会信用体系建设高质量发展促进形成新发展格局的意见》《加强信用信息共享应用促进中小微企业融资实施方案》等文件,要求扎实推进信用理念、信用制度、信用手段与国民经济体系各方面各环节深度融合。

中储智运早在2019年就自主研发了"核桃信用分",这是中储智运基于用户在平台的基本属性、车辆使用、交易偏好、信用历史等大数据,精准构建多种用户行为标签,建立的针对司机和货主群体的全新信用评级体系。

运费贷是全行业第一款基于信用数据的普惠数字物流金融产品,是中储智运基于真实业务数据,借助数字供应链技术优势通过挖掘数据价值,帮助中小企业解决融资难题,让信用为中小企业创造价值的成功实践。

运费贷产品的成功落地,离不开中储智运扎实的信用体系建设。运费贷突破传统物流金融业务限制,提供运费融资服务。运费贷是基于核心企业和上下游中小企业的交易数据和运营数据进行确权,让企业业务数据合法合规得到流通,实现数据价值共享,所以不需要抵押、质押物。同时又为中小企业在不额外增加成本基础上,利用日常真实可靠业务数据快速获得低息贷款,加快业务循环。

中储智运已与多家银行等金融机构就运费贷项目达成战略合作,已有数百家企业通过使用运费贷产品缓解了资金周转难题。

中储智运利用区块链、物联网、大数据等技术,基于真实业务数据,打造供应链数字信用体系。基于智运、智链平台真实业务形成的可信数据存证,利用区块链技术,将供应链业务产生的商品贸易、物流、支付结算、融资等各类真实数据作为第三方可信数据元,通过与政府、银行、保险、税务等三方机构的合作与数据共享,应用隐私计算、联合建模等方式深化金融机构合作,为供应链上下游企业、服务商、承运人会员等提供数字信用和数字供应链金融服务,实现供应链上下游各环节的高效流通与闭环管理,全面提升社会供应链运作效率与效益,让企业信用产生经济价值,以数据驱动产业发展,赋能产业生态协同发展。同时,"智信"数字信用服务平台注重信息共享中的数据治理与隐私保护,未来,将应用隐私计算、联合建模等方式深化金融机构合作,服务产品研发、信用评估与风险管理。

(资料来源:https://mp.weixin.qq.com/s/2m7i_41QABjZQLx6EPXSQg)

第一节 网络货运平台相关政策

近年来,随着互联网货运新业态发展,涌现出大量依托互联网、大数据、人工智能等整合运输资源配置的互联网货运平台,有效解决了运力空驶、长时间等货等突出问题,提升了物流效率,降低了运输成本,但同时也存在部分货运物流行业主体违法违规、超限超载、不诚信经营等问题。网络货运的及时出现,不仅大大地降低了货运司机以及物流车队的压力,同时为实现整个物流行业的降本增效做出不可磨灭的贡献。网络货运搭载网络行业技术,期望实现物流行业的规范化以及货运过程的透明化,为"互联网+"智慧物流新时代的发展加快了脚步。

据交通运输部网络货运信息交互系统统计,截至2022年6月30日,全国共有2268家网络货运企业(含分公司),整合社会零散运力约515.6万辆、驾驶员约462.3万人。2022年上半年共上传运单量约4 291万单,同比增长51.4%。可见,网络货运企业增长速度较快。据中物联平台分会调查统计,76%的传统物流企业有意愿转型或拓展物流平台业务,特别是网络货运业务。因此,网络货运的业务规模仍将不断扩大。

1.《网络平台道路货物运输经营管理暂行办法》正式实施

2016年8月,交通运输部在全国启动了无车承运人试点工作。交通运输部、国家税务总局在系统总结无车承运人试点工作的基础上,制定了《网络平台道路货物运输经营管理暂行办法》(以下简称《办法》),自2020年1月1日起正式开始实施。无车承运人正式更名为"网络平台道路货物运输经营者"(即网络货运),《办法》基于市场公平、运输安全、服务品质等方面的考虑,明确了对网络货运的经营要求。《办法》的正式实施以及无车承运到网络货运的转变,标志着智慧物流的时代已经正式启航,2020年进入网络货运元年。

2. 首批获网络货运经营许可证企业名单公布

按照交通运输部、国家税务总局《关于印发〈网络平台道路货物运输经营管理暂行办法〉的通知》的要求,交通运输部无车承运人试点工作于2019年12月31日结束,自2020年1月1日起实施《办法》。

3. 《关于开展网络平台道路货物运输企业代开增值税专用发票试点工作的通知》发布

2019年12月31日,为进一步优化纳税服务,提高货物运输业小规模纳税人使用增值税专用发票的便利性,国家税务总局发布《关于开展网络平台道路货物运输企业代开增值税专用发票试点工作的通知》,并决定在全国范围内开展网络平台道路货物运输企业代开增值税专用发票试点工作。以上通知公布以来,各省、区、市纷纷出台细则,并公示《网络平台货物运输代开专用发票试点企业名单》。

4. 全国第一批网络货运平台企业名单公示

2020年9月16日,中国物流与采购联合会依据《网络货运平台服务能力评估指标》(T/CFLP 0024-2019)团体标准和中国物流与采购联合会网络货运平台企业评估程序的要求,公示了中国物流与采购联合会物流企业综合评估委员会第一次会议审定通过的第一批A级网络货运平台企业名单。5A级网络货运平台企业10家分别为物泊科技有限公司、上海天地汇供应链有限公司、山西快成物流科技有限公司、德邻陆港(鞍山)有限公司、南京福佑在线电子商务有限公司、中储南京智慧物流有限公司、合肥维天运通信息科技股份有限公司、福建好运联联信息有限公司、中原大易科技有限公司、西安货达网络科技有限公司。

5. 物流新基建——网络货运平台

网络货运平台蓄势发力,加速成长,其以数字化技术能力为支撑,被视为物流产业转型的新基建。2020年中国物流与采购联合会崔忠付副会长在《物流平台:2019年回顾与2020年展望》中针对无车承运人行业的乱象和监管力度问题提出了监管层面的思路,目前无车承运平台同质化竞争严重,平台混战争夺市场,没有从根本上解决物流难题;而且平台经营合规性以及开增值税发票等仍然是关注的焦点。

6. 《互联网货运平台安全运营规范》团体标准

2022年1月,中国交通运输协会发布《互联网货运平台安全运营规范》团体标准。规范指出互联网货运平台是指依托互联网、大数据、人工智能等整合配置运输资源,从事道路货物运输服务的平台,包括网络货运平台和货运交易撮合平台。作为我国首个互联网货运安全团体标准,规范从总体要求、驾驶员与车辆审核、安全运营、网络与信息安全管理等多个方面58项条款明确了互联网货运平台企业的安全运营管理标准。

在安全运营方面,规范要求,平台企业应分别与托运人、驾驶员签订服务协议,并明确平台企业、托运人、驾驶员需履行的安全职责。平台企业宜在驾驶员接单前,通过生物活体识别技术进行人的一致性验证,确保线上确定的驾驶员和线下实际提供服务的驾驶员一致。

在平台安全功能方面,规范明确,互联网货运平台应具备在途跟踪监控、用户隐私号码保护、装卸货安全监控、路径偏航识别和预警、行驶状态异常、疲劳驾驶提醒等方面的功能。

《网络平台道路货物运输经营管理暂行办法》将于2023年12月31日到期,拟进行修订,健全网络货运准入退出机制,完善网络货运监督检查制度,推动淘汰不合规企业,提升行业集中度和规范发展,将为网络货运市场营造良好的政策环境。

第二节 网络货运平台概念

2013—2014年车货匹配兴起,无车承运的政策试点也在陆续推行。"无车承运人"和"网络货运"模式均是建立在数字化技术基础上产物。"无车承运人"是由truck broker(货车经纪人)这一词汇演变而来,也是"网络货运"的前身。指的是不拥有车辆而从事货物运输的个人或单位。无车承运人一般不从事具体的运输业务,只从事运输组织、货物分拨、运输方式和运输线路的选择等工作。所以,无车承运人具有双重身份,对于真正的托运人来说,其是承运人;但是对于实际承运人而言,其又是托运人。

2019年9月,交通运输部、国家税务总局在系统总结无车承运人试点工作的基础上,制定了《网络平台道路货物运输经营管理暂行办法》。无车承运人和网络货运这两种模式存在的基础都是依托数字技术提供物流资源综合解决方案。网络平台作为新兴行业,其商业模式、技术、制度等都具有较大的不确定性,这使得该行业中的企业面临着客观存在的复杂环境的威胁,企业应自动调整其目标、功能、结构和行为,促进系统的价值创造能力,以增强环境适应性能力。

网络货运经营定义,是指经营者依托互联网平台整合配置运输资源,以承运人身份与托运人签订运输合同,委托实际承运人完成道路货物运输,承担承运人责任的道路货物运输经营活动。网络货运经营不包括仅为托运人和实际承运人提供信息中介和交易撮合等服务的行为。实际承运人,是指接受网络货运经营者委托,使用符合条件的载货汽车和驾驶员,实际从事道路货物运输的经营者。

网络货运平台,即无车承运人需要满足三个条件。第一要基于真实场景,第二要有实质运输,第三要满足实时操作。2020年1月1日所有的企业平台都要对接到省监测系统,监测系统将对整个行业的所有网络货运企业的平台数据进行多维度、常规化监测。对资质(车辆资质及司机驾驶员资质)、单据接入、车辆入网、运单、运输轨迹和运单与资金流水匹配多个方面进行检测。

网络货运平台实现上下游产业链整合。比如中物联数据显示,2018年上半年,229家试点企业共整合社会运力64.4万辆,比2017年全年增长了20%;完成运单1 952.8万单,货运量1.27亿吨,月均增幅均在10%以上,80%以上的车辆与试点企业形成了较强的黏性,平台集聚效应逐步显现,运输组织化明显提高。平台提供透明的信息数据交互共享方式,会大幅降低整个供应链的交易成本,提高客户的服务体验,增强平台客户黏性。整个物流生态体系开展生态体系增值业务。

供应链金融赋能网络货运平台。2016年,政府出台新政策,允许现有的无车轻资产企业从事道路货物运输并且有资格开具11%的增值税发票。2017年,国家税务总局发布了第30号和50号公告,扩大了无车承运人可抵扣项目,降低无车承运人的税负成本。而后国税总局开展网络货运平台代开专用增值税发票试点。

网络货运经历了三个发展阶段:车货匹配→无车承运人试点→网络货运平台。早在2014年,"互联网+"的概念就被引入到物流行业当中,数以百计依靠流量为驱动的车货匹配平台开始涌现。到了2016年,"互联网+"物流进入第二阶段,国家引入无车承运人的概念,并展开了为期3年的试点工作;2019年9月,交通运输部、国家税务总局联合印发《网络平台道路货物运输经营管理暂行办法》,规范网络平台道路货物运输经营(简称"网络货运"),无车承运人正式被更名为网络平台道路货物运输经营者(简称"网络货运平台")。2020年是《网络平台道路货物运输经营管理暂行办法》施行的第一年,网络货运平台的意义不仅在于能够为货主提供更多的、响应更快的运力池,进一步降低运力采购成本,并解决部分税务合规的风险;二是帮助传统物流企业优化内部组织,建立更高效的中台型组织结构。

从网络货运平台线上功能来看,新政明确了八个功能模块,分别是信息发布、线上交易、全程监控、金融支付、咨询投诉、在线评价、查询统计、数据调取,如表3-1所示。

表3-1 网络货运功能描述

信息发布	网络货运经营者依托网络平台为托运人、实际承运人提供真实、有效的货源及运力信息,并对货源及车源信息进行管理,包括但不限于信息发布、筛选、修改、推送、撤回等功能
线上交易	网络货运经营者应通过网络平台在线组织运力,进行货源、运力资源的有效整合,实现信息精准配置,生成电子运单,完成线上交易
全程监控	➢ 网络平台应自行或者使用第三方平台对运输地点、轨迹、状态进行动态监控,具备对装货、卸货、结算等进行有效管控的功能和物流信息全流程跟踪、记录、存储、分析能力; ➢ 应记录含有时间和地理位置信息的实时行驶轨迹数据;宜实时展示实际承运驾驶员、车辆运输轨迹,并实现实际承运人相关资格证件到期预警提示、违规行为报警等功能
金融支付	网络平台应具备核销对账、交易明细查询、生成资金流水单等功能,宜具备在线支付功能
咨询投诉	网络平台应具备咨询、举报投诉、结果反馈等功能
在线评价	网络平台应具备对托运、实际承运人进行信用打分及评级的功能

续　表

查询统计	网络平台应具备信息查询功能,包括运单、资金流水、运输轨迹、信用记录、投诉处理等信息分类分户查询以及数据统计分析的功能
数据调取	网络平台应具备交通运输、税务等相关部门依法调取数据的条件

第三节　网络货运平台类型

网络货运平台可以被划分为控货型、开放型、服务型三大类。

一、控货型平台

控货型平台的特点是平台自身就是货主或货源的供给方,掌控着物流订单的分配权,代表企业有安得、一站网、京驿货车(京东物流)、苏宁物流等。比较典型的货主如合同物流、大宗能源、电商平台等。

(一)合同物流企业

服务于合同物流的网络货运平台,大多是合同物流企业自身孵化的子公司。典型代表企业如中外运、安得、一站网、申丝、新杰、大田、大恩、荣庆等,都是早期无车承运人试点企业。这类平台建立的初衷是解决企业自身业务的物流问题。

每一家合同物流企业都拥有自己的运力池,一般是由自有车、挂靠车以及长期合作的运力供应商三类组成,规模相当有限,并且良莠不齐,难以满足企业各种运力需求。搭建平台的意义,就是扩充运力池的边界,通过使用公共运力池(社会运力),不断把更优质、更便宜的运力装进自有运力池,形成稳定长期的运力为自己所用,降低运力成本。

(二)大宗/危化品

多数大宗类企业投资成立的平台都参与了无车承运人试点,代表企业如:煤炭行业的货达物流、世德现代;钢材行业的安达物流、运友物流;电力行业的远迈物流;危化行业的京博物流;港口企业青岛港物流等。大宗和危化品运输与普货运输有较大差别。大宗运输的货源以"黑货"为主,即煤炭、钢铁、矿石、粮食、石油等,而危化品运输则多是易燃易爆、具有强腐蚀性的化学制品,且需要专人专车运输。

大宗运输行业多数比较原始。以陕西榆林的煤炭市场为例,榆林共有10万辆拉煤车负责承运全市60%的煤炭,其中个体司机比例超过80%,每天有近1万车次的煤炭向外输出;而配货主要依靠500多家民间信息部,运力组织十分低效,并且开票困难。搭建网络货运平台,一是能够管理上整合运力,实现对个体司机的监管;二是能够实现数据化,打通货主、贸易商、司机以及货价、运价的信息壁垒;三是解决税务问题,帮助司机开票,同时实现结算本地化。

(三)电商平台

电商平台已成为商流的重要渠道之一,掌握了大量的物流订单。其中如京东、苏宁这一类大货主,其物流成本不仅是触达末端消费者的快递费,还包括前端厂家仓、经销商仓、电商仓、门店等多节点之间的干支线以及仓内等物流成本。从逻辑上来看,运力端整合同样适用于电商平台。例如京东物流旗下京驿网络货运平台(简称"京驿货车")在2020年成立,希望通过平台化手段整合现有运力供应商及其他社会零散运力资源,实现自身运力池的优化。除此之外,京驿货车还将涉足车后产业,围绕卡车司机生活和生产环境打造产品服务。

二、开放型平台

开放型平台既不是货主,也不是运力供应商,而是专注于货主与运力之间的有效匹配,是面向整体市场开放的,接受自然竞争的纯第三方企业。这类企业可分为撮合型、承运型、专业型三种类型。其中,撮合型以临时性整车订单为主,倾向于做信息撮合,平台自身不参与物流环节;价值是降低货主、司机的交易成本。承运型,以计划型整车订单为主,倾向于做承运本身;价值是通过管理降低运输成本。专业型,则是专注于特殊市场,比如能源炼化、港口配送,或者是局部的、区域内的运力整合。

撮合型代表企业为满帮集团。贵阳货车帮科技有限公司、江苏满运软件科技有限公司早前都是无车承运人试点企业,两者合并后的满帮成目前最大的整车平台,总用户数(司机+货主)近1 000万,年成交额近8 000亿元,市场估值近100亿美元。撮合平台的诞生解决了车货信息匹配问题,提升了物流效率,也加速了物流行业信息化、数字化的发展。

承运型代表企业为福佑卡车。承运型平台侧重承运本身,业务上以计划性整车为主,比如快递、快运的干线外包业务,业务周期长,但运输时间、线路都相对固定,对运输质量的要求比较高。2019年,福佑从整体战略上进行了部分调整,运营模式中去除了信息部这一节点,由福佑直接管理车辆。这一举动,将管理的颗粒度细化到了个体司机层级,进一步强化了承运能力。但对福佑而言,管理压力也随之增大。

专业型平台的特点是做差异化竞争,聚焦于一定区域或特殊行业。专业型代表企业包括快成、拉货宝、滴滴集运、恰途、物云通等。服务于能源危化品行业的拉货宝,背靠山东炼化能源集团,主营山东区域大宗危险品运输;服务于集装箱运输业的滴滴集运,主营天津港及周边的港口集装箱物流业务;山西快станов,主要做大宗商品流通,如煤炭、新能源等;恰途、物云通,则是服务于当地的专线及网点,做区域内的运力整合。

三、服务型平台

服务型平台的特点是多业务线并行,盈利模式除车货匹配外,主要来自为客户提供SaaS支持、申办资质、税务合规、金融、油卡、ETC等多种物流服务,例如中交兴路、G7、路歌、物润船联等。服务型平台包括园区型、科技型、综合型三类。

园区型平台的切入点就是有自己的物流园区,代表企业如传化、卡行天下、黑豹、天地汇等。这类平台运用自身的资源优势,直接服务于园区内的专线企业。以传化为例,其具备很好的线下基础,在沈阳、哈尔滨、济南、杭州、长沙、遵义、成都、重庆、福建、贵阳等全国多地都建立了传化公路港。平台成立后,能够快速将园区内的专线公司转化为客户,为其提供运力服务,并解决税务合规的问题。

科技型的典型代表有中交兴路、G7,G7 以车载传感器、GPS、SaaS 支持、大数据、车联网等物流科技产品切入,以技术赋能物流企业,是典型的技术派平台。业务上,他们是各大物流企业的设备供应商,同时还拥有大量底层运力数据,能帮助客户搭建数据接口和系统等;此外,还能利用大数据优势和风控能力,切入物流金融、保险等方面。

综合型平台的代表企业有路歌、共生、物润船联等。这类企业的主营业务不仅是解决大小货主、物流公司、卡车司机的物流需求问题,还能为客户提供税务合规、金融保险、车后服务、协助网络货运平台资质申办等综合类服务。

路歌成立于 2002 年,是国内最早服务于物流领域的互联网平台之一。以优化运力供应链(指将大量的个体车集中起来为货主提供规模化、标准化的运输服务)和信用体系建设为核心。具体来说,对物流企业可以提供整体解决方案,包括优化业务流程、去掉中间环节、直采优质运力和抗风险能力、取得合规运输发票及解决资金周转等。对于实际承运的司机,路歌可以提供货运配载的保障方案,解决后顾之忧,提高运输的效率,让司机专注于运输。经过多年发展,路歌形成了"网络货运—车后服务—供应链金融—区块链应用"等多种新业态为一体的生态结构。

第四节　网络货运平台问题分析与相应对策

经过 10 多年的物流平台发展,3 年的无车承运人试点结束,2020 年首批网络货运平台的推出,国家预期公路运输版块能实现大集约、信息化、合规化、高效有序的发展,改变以前分散低效的作业方式,补缺公路运输数据,更利于推进多式联运的发展。但在实际发展过程中仍存在许多问题。

(1) 行业整体发展优势不显著,难以实现规模效应。2018 年网络货运开放前,虽然政府推行了无车承运试点,陆续颁布了系列政策,但行业内很多物流企业和运输公司对网络货运缺乏了解;与此同时,政府的政策红利吸引了向网络货运方向转化的企业。前期网络货运平台企业业务发展迅速,企业开始规模化发展;但是,随着网络货运企业先发优势逐渐消失,市场竞争加剧。如果企业定位不明,经营类型过于相似,平台规模效应还难以发挥作用,很多网络货运平台企业都面临着业务增长困难和客户流失现象。

(2) 同质化问题严重。网络货运平台企业过于依赖政策红利,未能结合自身优势条件和与外部资源协同。激烈的竞争,使得多数企业都进入了微利时代,严重的甚至亏本。利益的驱动下,部分企业恶意引导低价竞争。网络货运平台的本质是通过数字化协同帮助运输方和托运方进行更好的货运服务,实现降本增效。但在实际运营中,在盈利和竞争的压力下,有些平台通过制定远低于市场价的收费标准、压低运价,来吸引货主企业。货车司机因按照目前的价格根本维持不了正常的运输,以致司机端出现临时加价等一系列问题,同时拖欠运费现象也频繁发生,这都不利于运输市场良性发展。

随着平台经济迅速崛起,滥用市场优势地位的行为日渐增多,出现了限制竞争、价格歧视、损害用户权益等一系列问题。2020年,行业多个企业因涉嫌垄断而被立案调查。2020年4月下旬,针对司机多次反映的"某些平台企业垄断货运信息、恶意压低运价、随意上涨会员费等严重侵害货车司机利益"的问题,交通运输部曾发布核实处理函。也有人称,某些平台在谈合作的时候会明确提出"二选一",把排他性作为合作条件。网络货运平台发展鼓励企业积极打造发挥规模效应和网络协同效应,但绝不意味着可以成为私定运价、恶性竞争、完全不顾他人利益、垄断市场的工具。

(3) 合规性问题。现实中税务机关跨区域征管难度大、卡车司机开票成本高、各地发票异地的认可程度不一。要合法合规获取司机运费发票,最简单便捷的渠道一是通过税务机关代开,二是在互联网物流平台第三方税务代征,解决进项抵扣和成本票的问题。

司机开票主要通过四个方法:① 司机在取得省级批准代开资质的网络货运平台上代开运费发票;② 进行临时税务登记,到税务局窗口代开普票或者获得电子票;③ 进行临时税务登记,配合内部凭证,这种方式首先完成了临时税务登记是对司机群体进行了纳税身份认定,平台履行代扣代缴所得税义务防止偷漏税;④ 不进行临时税务登记,仅仅采用内部凭证列支,这种网络货运平台的税务合规问题存在较大的不确定风险。

实际网络货运平台管理办法明确平台是需要承担承运方责任的,仅仅车货匹配是不符合网络货运平台要求的。另外现金流缺口也是运营比较大的难题。根据《网络平台道路货物运输经营服务指南》的要求,网络货运平台不得随意拖欠运费,个体司机一般是运输任务完成后便立即要求平台支付运费,但上游货主与平台却有一定的账期约定,一般超过30天,这之间的资金缺口就导致了平台需准备额外的资金用于垫款,平台承接的运输规模越大,所需的资金量则越大,而目前市场上并未有合适的金融产品予以支持。

虽然在网络货运平台的申报要求和运营监管上都明确了各类规则,但合规化运营并不意味就有盈利模式,申报门槛及合规验证等都需要一定的动态成本,拿到网络货运平台的资质对于资源不匹配或一门心思要去通过开票业务赚快钱的企业可能是一种负担,或者过于依赖税务洼地的企业一旦断返,更是难以持续经营。

很多物流企业认为,只要申请牌照就可以从事无车承运业务,但网络货运有个很重要的表现特征就是"线上化"。传统物流企业因为不想做过多的投入,往往不具备商流、物流、信息流、资金流等线上运营能力,更不具备在途监管、电子回单、电子合同、在线发票等一系列的线上化场景。无车承运不应只是开运输发票这么简单,而应在承运过程中实现交易管理智能化、运输流程场景化以及税务链条合规化,通过平台集聚效应提高物流行业运行效率、降低成本。而这背后是数字化能力、信息科技水平。

(4) 服务单一问题。车找货、货找车是火热的公路物流平台市场中最常见的服务内容,连接、协同、供应链管理、去中介化、创新工具等却是较多其他类物流平台常见服务内容,除了运力、找货服务之外,物流平台的服务内容上创新少,较多平台仅仅关注于货与运力匹配效率,而忽视了其他痛点。以服务专线为例,缺货的专线只是一部分,缺运力的也只是一部分,专线更多的痛点在于资金、网络、人才、产品设计、品牌服务、战略发展等多个方面。

（5）运营复杂性问题。运营流程方面，网络货运平台实质上是属于货主、承运人外的第三方，核心是跟货主签订合同承接业务，同时跟承运人签订货物运输合同，平台对接单、发货、对账、支付的整个运输流程进行负责；平台监管方面，企业线下管理产生的运单及资金流水、车辆、司机数据要上报到部级监管平台。传统意义上，物流公司的运营只需协调托运人和受让人的资产，而平台企业的货物运输需要协调多个利益相关者，涉及金融、运输、监管审批等多方协调，这大大提升了网络货运平台的运营复杂性。常见的典型错误有：忽略物流集约化中的重货轻货搭配规律，忽略物流价格浮动因子与成本结构，忽略物流专业人才的作用，忽略物流中熟人经济特征，忽略物流中的应收账款特征，忽略代收货款的发展现实规律，忽略物流诚信与担保的客观实际等，盲目举着颠覆大旗，到头来物流平台建设失败的概率就将大增。

（6）线上运营及技术能力不足。数据真实性已经实现交叉检验，大多数的网络平台并没有实际的线上运输业务，还是在进行着传统上的运输业务，通过后期手动录单批量将单据上传到平台，用补录数据冒充真实的数据，这样不仅真实性会出现异常，同时也有虚假开票的嫌疑，造成的工作量也特别大。

如何通过平台集采、控货、智能调度、财务及业务流程融合才是平台运营的意义。技术能力方面，网络货运首先体现在智慧物流上面，智慧物流是需要大数据、云计算等技术支撑的，很多平台都是达不到技术要求的，甚至有的用人工代替，因此运营效率低下，人工成本高。

基于以上问题提出如下解决对策：

（1）技术创新反哺服务。网络货运平台企业拥有足够的研发实力，才能通过智能匹配技术实现高效率调度，保障每笔运单的装货点、行车轨迹、卸货点、运行时间、车辆信息、司机信息等都有迹可循。回归运输服务本身，实现更好的运输服务质量、效率和更低的物流服务成本。

网络货运平台企业可以有效合理优化自己的运力结构，实现运力资源池的高效运营。物流公司可以通过网络货运平台，将自身的物流数据进行整合，梳理公司长期的合同运力、临时运力和自由运力，从而优化运力结构。通过标准化的作业流程来搭建完善的运力体系，从而提升车货匹配的效率。可以拥有自有运力、合同运力以及临时运力等多种运力资源，完成智慧化的总调度。

网络货运平台企业可以利用积累的数据构建数字底盘，包含运单交易、资金流水、驾驶员信息、车辆基本信息、税务数据、路线信息等数据。运用好这些数据将是物流企业未来规划的重要条件。打通企业间的运营业务信息，搭建完整供应链数据库，提升行业协作效率。

以中储智运为例，该公司在2021年进一步加大区块链、大数据、物联网等技术方向上的研发投入，聚合供应链上下游企业贸易物流、商品交易、支付结算等数据元，搭建起第三方可信供应链数据元管理平台。有利于进一步提升产业链供应链的现代化水平，助力形成双循环新格局下长期稳定的产业链供应链。

（2）网络货运平台高质量发展的关键在于合规。现在网络货运平台虽有标准，但标准尚需进一步完善,且在执行上还有加强的空间,在具体的实际操作过程中受种种因素的制约出现了偏差,没有充分展现网络货运平台的社会价值。

例如,网络货运的整个链条涉及多个业务点,税务合规是企业的立足之本。但是,若是网络货运平台的运输主体信息、运输业务不真实,则会陷入虚假开票的现象。目前,仍有不少平台企业在增值税进项抵扣上难以做到合规化经营。转型网络货运,不仅获得当地政策支持或入驻税务洼地得到政策红利,还可以规范化运作,完善结算支付体系和优化税筹,更加精准地做账,合规纳税,这也是企业发展的根本。而且通过政府目前对网络货运平台的大力支持,物流企业可以降低相应成本,从而拥有更多资金来完善自己的产品和服务。

但是不能因为了网络货运平台而放弃原有的业务优势,热衷于轻资产、外包模式,脱了实际业务,平台本身无核心优势也是非常难以运营的,网络货运是以数字化的方法,线上线下整合,实现产业升级和降本增效,这个行业的本质是传统行业被数字化改造升级的过程,但本质还是在做承运服务。

中国物流与采购联合会副会长兼秘书长崔忠付认为,物流业务的数字化、标准化、规范化是网络货运平台最基本的特征。网络货运要通过逐步完善物流行业信用标准体系,依托团体标准扩大行业信用信息共享范围,积极探索信用修复机制,积极营造良好的信用环境。而唯有实现业务流、信息流、资金流、票据流、货物轨迹流的"五流合一",能够最大限度地确保物流业务中各要素的数字化、真实化,是确保业务真实性的有效途径。

(3) 采取线上+线下融合战略。单纯用互联网思维做平台而对于货源没有掌控能力,则可能导致网络货运平台的路走不远,因为互联网技术发展越来越快,所带来的直接影响就是可替换性太强。完美订单是四流合一的产物,单纯改善信息流对用户会有阶段性的提升,但似乎张力不够、黏性不强。

平台经济需要产业的高度聚合,通过规模效应来达到边际效应的最大化从而降低成本,纯技术的组织能否达到这个高度有待商榷。货运平台不是靠一个APP就能够完成全链路服务的,这仅是一个信息流交互的沟通工具,"护城河"在于分拨成本的优化和两端提派成本的可控。通过资源聚合让零散订单获得规模效应,用共享集约的发展方式来降低成员间的内耗,规范化的综合治理才能消除浪费。

(4) 构建数字化驱动模式。首先,未来的物流一定是从数字化到数智化,数智化的世界才刚刚开始,未来的新技术发展,特别是IoT的发展,不仅会带来现有物流要素的数字化,并走向智慧化和智能化,也必将会创造新一代的物流要素。只有实现整个产业链不同企业间的全面联动,数据打通,才能让端到端的整体流转效率变得更高。网络货运发展趋势分析如图3-1所示,一是支撑数字化供应链,实现供应链的全程数智化;二是支撑数字化物流,实现物流全程数智化并进而实现物流数据的业务化。从国家层面将"无车承运人"调整为"网络货运"是站在全局高度提升全社会物流效率和智能化水平的考量,以夯实国家战略能力和基础建设,因此,网络货运本质上是物流的数字化形态。开票与合规问题也反映了网络货运平台运用数字化科技、设计好产品、提升客户体验和为用户创造价值本身。

图 3-1　网络货运平台发展脉络

第五节　网络货运平台案例——中储智运

一、企业介绍

中储发展股份目前是国内规模最大、仓储网络设施最完备的仓储物流运营公司,中储将包括大宗商品物流、高端物流、特色物流、贸易物流、金融物流、供应链整合服务等在内的各项业务板块充分整合,运用智慧平台的核心分析技术,对公司物流业务各环节发生的海量数据进行收集与提炼,打通仓储、运输、交易各环节业务,全面提升公司信息化水平与资源集约能力。

作为中国诚通控股集团有限公司子公司的中储发展股份有限公司投资建立中储智运平台,2014 年 7 月,中储发展股份有限公司成立了中储南京智慧物流科技有限公司,并推出了直营物流电商平台"中储智慧运输物流电子商务平台"(以下简称"中储智运"),作为国家第一批"无车承运人"试点企业,中储智运不仅仅停留在无车承运人模式的应用上,而是创新地将无车承运人模式与运力竞价机制结合,创立了集超过 70 万有效司机运力、全运途可视化监控、全流程规范化财务、全时段专业化客服为一体的物流运力竞价交易共享平台。中储智运平台业务目前已覆盖 30 个省、区、市,辐射全国 328 个城市,涵盖运输线路近 8 000 条,日均运输量达 31 万多吨,平均每 10 秒成功完成一单交易,平均为货主降低成本 10%,司机找货时间减少 28%。不同于一般的物流信息平台,它能够为客户提供在线竞价、撮合交易、在线开票与结算、在途监控、语音呼叫等综合服务,实现与用户信息系统或平台间的互联互通,有效整合货运市场资源。

2015 年,中储智运平台上线后半年销售金额达 2 200 余万元;2016 年销售金额突破 21 亿元,较 2015 年实现了近 100 倍增长;2017 年销售金额达 65 亿元;2018 年单月销售金额已达 10.3 亿元。中储智运 3 年多来销售金额爆发式增长的背后,正是"大数据"的有力驱动。平台运用 ERP、CRM、BI 系统开发的全新智慧物流管理系统,可以充分实现管理流程的可视化及运输过程的可视化。关键支撑技术"物流智慧分析与预测系统"提供物流大数据的智慧分析、预测与决策。平台目标车辆会员 70 万,通过返程车辆的有效利用,最大化实现合理运输,为广大货主提供一个价格透明、快速安全地寻车途径,还可解决与规范现有运输市场的发票、税收管理问题。

平台负责整个运输过程的业务管理与风险把控,减少中间环节各种资源消耗而额外产生的运输成本。平台仅从货主的全程运费中收取2%作为撮合费用,却可以为货主降低至少10%的运输成本。

承运人根据自己的业务情况与线路偏好提前规划发车计划与行程,减少中间环节配送场、站的停留时间与迂回运输,节省司机的燃油消耗与生活住宿等额外成本费用,实现司机收入增加20%。

2017年1月,中储智运平台入选交通运输部无车承运人试点企业名单,对接部、省无车承运人检测平台,2017年2月初,商务部和国家标准委联合发文,中储智运平台被确定为"全国商贸物流标准化专项行动第二批重点推进企业(协会)"。

2020年1月,中储与京东合作打造大宗商品产业数字化协同平台——货兑宝,实现仓储管理、出入库管理、订单管理、货物追踪管理、资金账户管理等一站式服务,旨在帮助客户在疫情期间足不出户、方便快捷地完成业务办理。在线仓储服务中,例如在出入库办理、过户办理以及远程看货时,运用人脸识别和电子签章技术保障各环节的风险,提高客户办理业务的安全性和效率,开展风险防控。以过户业务为例,线下办理一单业务平均需要一小时,使用货兑宝线上办理只需十分钟,大大提高了过户的便捷性和可靠性,同时,业务人员也无须奔波于现场,能够帮助其专注于贸易业务本身。

中储智运平台使用货兑宝在线交易时,基于B2B在线支付功能和仓库实时库存保障,实现"一手交钱,一手交货",解决了付款与交货的时间差问题,保障了上下游企业的交易交割安全。另外,货兑宝建立了可查、可验、可溯、防篡改的电子仓单体系,确保仓单融资场景下货权清晰、仓单真实,避免重复质押。不仅帮助大宗企业减少融资压力,还协助金融机构实现仓储数据透明化、质押货品和货值动态监管,有效减少金融机构的放款风险,提升金融服务效率。

二、案例分析

(一)中储智运平台运营模式

中储智运平台以南京本地区域作为用户开发起点,吸引现有各类优质大型生产制造、贸易商及其他本地中小企业客户,并通过货主客户吸引车主客户;然后通过中储股份全国物流网络复制南京模式,发展系统内会员客户并向所在地扩张,将中储股份全国运输业务平台化、信息化与电子化。在此基础上辐射中储股份70多个网点,实现平台员发展扩张和规模效应,形成全国性的平台网络。

在拓展用户,建立市场渠道方面可充分使用中储股份的优势。首先,中储股份有庞大的仓储客户资源。中储股份经营库房面积200万平方米、货场面积350万平方米,拥有稀缺铁路专用线资源,年货物吞吐量在4500万~6000万吨。其次,中储股份有全国性物流网络。中储股份在北京、天津、上海、辽宁、河南、陕西、湖北、江苏、四川、山东、河北、广东、山西等全国30多个中心城市和港口城市设有70余家物流配送中心和经营实体;最后,中储股份有品牌优势。中储股份作为一家国资委旗下的央企,知名度极高,能够为客户提供信用保证。

中储智运平台的服务提供方面,中储股份极力促成现有仓储、金融物流、贸易业务的相互融合,为顾客带来更好的用户体验。首先是为现有仓储客户提供低价优质运力,降低其成本,承接其仓储和运输综合业务,扩大业务范围;其次是为资信好的货主提供运费先行支付功能,增加在途物资的控制力,延长金融物流服务的时间和地域范围(如质押货物由 A 仓库转移至 B 仓库,货物运输由中储股份负责);最后是为顾客提供贸易和运输配送综合业务,提高市场竞争力,并提升区域间干线运输和区域内配送能力。

中储智运平台保证平台信息的真实性、满足需求的时效性与价格优势,同时确保货物运输安全性。针对信息真实性,平台通过实名认证(证照、资格、人脸识别等)、过程控制(可视化跟踪、节点控制、智运罗盘等)、保证金、运输保险等多项机制确保每笔业务的真实性与安全性。同时,所有运输业务的交易结算通过平台进行,实现业务流、信息流、资金流、票据流的统一;平台首先通过实名认证与严格的会员审核机制确保货主、承运人的身份信息的真实性。会员发布或摘牌信息时,需要冻结一定费用的保证金,使得会员在平台发布和摘牌信息的行为得到约束。

针对时效性问题,平台利用云计算技术,通过智能配对与定向搜索为货主寻找到合适的承运车辆,为承运司机寻找到适配货物。平台通过智能配对,实现货主实现抢单价和车主报价两种招标模式,极大提升了物流效率。承运人通过手机 APP 或 PC 端可及时找到时间、线路最为契合的返程货源,减少司机到配载市场的找货等待时间和支付各类停车、食宿费所用产生的等待成本。

针对价格问题,平台基于"不确定蓄水池"理论,整合运力的同时获得大量返程空车运力,中国的返程空车现象普遍,返程空车的价格比正常运输价格低四成到六成左右,平台车辆会员达到一定基数时,通过利用返程运力可以为货主提供便宜的车辆。中储智运平台通过"竞价"机制突破了市场信息壁垒,将数据共享,把货主的运力需求和市场运费价格进行对接,通过智能配对与精准推送,使返程时间、返程线路最契合的货和车实现交易,既提高返程车辆利用率,又可以通过突破时空界限的互联网平台大大降低返程车辆找货的时间成本和停车等各种支出,提高运输效率,为物流运输提供创新模式和技术保障。中储智运智配系统将与企业的订单系统对接,根据企业生产订单,实时匹配最优运力,实现"产运一体化"的产业升级,真正做到让"智能运算"推动企业创新,让"大数据"服务日常生活。

针对运输安全性问题,系统全程对承运车辆进行定位导航、跟踪呼叫,防范偷逃货物风险;平台与保险公司合作建立货运保险机制,通过预约保险手段确保货物安全、保证货主利益。中储智运开发的"智运棱镜系统"是中国首家企业级应用的智慧物流大数据系统,该系统不仅可对中储智运平台产生海量业务数据进行处理和分析,还可整合中储集团覆盖全经营实体的仓储数据进行分析和预测。系统能够对物流交易、货源结构、流向分布以及车源结构等大数据进行挖掘分析,为客户提供个性化服务。智慧物流系统可以对货主、承运人、线路、库存等积累与产生的会员数据、线路情况、业务数据进行"物流大数据"分析与预测,可通过货主分析、承运人分析、线路分析、仓库方分析、公共库管理、线路智慧预测、仓库预测,来实现以平台数据及外部数据为中心多维视图的平台运营分析、数据预测并可影响平台业务运作的闭环管理过程。

(二)中储智运平台的盈利模式

1. 中储智运平台解决大额运费的结算问题

平台对一些运力需求比较大的货主提供授信支付的服务功能,这部分货主单笔运费的金额比较大,现实中一般采用账期结算等方式与运输公司、货代等合作,该类货主与平台签订货运合同后,与其签订月结费用融资贷款协议的合作银行代货主支付运费,所有费用将自动转为该货主在银行授信额度内的贷款,货主会员到期还本付息即可。平台作为"无车承运人"向货主提供运输增值税专用发票。平台为承运人在税务部门代为开具发票,运费报价含税情况下,发票相应的税款在与承运人结算运费中扣除,平台在收到承运人的运输增值税专用发票后,将发票相应税额汇入承运人智运宝账户。

2. 中储智运平台整合运力资源

平台通过模式创新与技术创新整合中国公路市场运力资源,为上游货主降低找货成本,为下游司机节省找货时间,解决公路运输低效、浪费的同时为上、下游企业和个体带来价值,为公路运输业的平台化建设提供切实可行的解决方案。平台通过整合公路运输业的上游货源资源与下游车辆资源,运力资源的优化配置,提高了资源利用率。平台利用大数据分析技术为货主与承运人合作伙伴提供了个性化服务,帮助平台客户实现信息化与精益化管理。

平台对运力资源的整合将不局限于公路运输,还将向水路运输进一步拓展。开展无车承运业务的同时增加无船承运业务,并最终实现公、水运输的第三方物流专业化多式联运服务。

平台将在为客户提供运力服务的同时,提供金融服务支持,类似于为部分优质货主客户提供运费结算的授信服务、保险服务、融资服务等,与金融机构合作为司机提供货运信用卡等。

3. 平台标准化建设

中储南京智慧物流科技有限公司创始人、执行董事李敬泉接受采访时谈道,中储智运平台力图打造完善支持撮合交易、运费结算、标准化、诚信监督等增值服务功能的大型物流综合信息服务平台,并保持平台功能的不断完善与升级;同时,建立起完善的智慧物流大数据分析及预测系统,利用大数据分析及预测系统对不同线路的运力需求进行预测,实现运力供给的实时匹配,以此推动行业物流大数据的标准化工作的进程;并且努力建立完善物流信息数据的发布与交换标准及标准可视化的物流管理系统,制定推进物流电子信息数据和过程管理可视化要素的标准化进程。

中储智运在供应链的定位既不是上游的制造商,也不是末端的流通环节,而是承担物流运输这样一个承运机构。中储智运通过智能棱镜系统等核心技术,在车货匹配的基础上提供供应链服务、物流大数据及其衍生的数据产品、物流金融等业务，实现多元化盈利。

三、案例总结

从宏观角度看，在供给侧结构性改革的大背景下，网络货运平台的发展必须要跟现代商贸流通体系、产业链供应链稳定发展的要求以及区块链新技术相结合，并进一步通过大数据技术实现更深层次的互联互通，用技术驱动数据来提升物流效率。

网络货运平台建设与个性化货运需求相结合。上游企业的个性化货运需求对网络货运综合解决方案的落地，对行业场景应用的模块化部署，以及对供应链合作伙伴的协同起到关键作用。以中国钢铁行业为例，网络货运平台正在全面打通钢铁行业，以钢厂的个性化货运需求作为切入点，完善网络货运信息系统、物联网设备、运力保障等服务，为传统钢铁企业创造新的增长点。

产业链布局激发网络货运平台的发展动力。优化产业链布局关乎企业创新发展，也是后疫情时代面对国内外不确定性风险日增的应对举措。以 5A 级网络货运平台"中储智运"为例，其研发的"智通"开放平台将供应链全链数据和物流运力交易数据打通，能够实现与各行业的数据共享，为上下游企业提供物流数字化的融合措施。

中储智运平台依托独有的智慧物流技术，建立标准化的物流智运平台，以交易及支付手段内部化的方式解决了货主在使用平台过程中的货物安全问题。自 2015 年上线以来，开展无车承运人业务，承担货物运输安全与服务保障，通过后台注册数据，建立车、货、人"数据库"，精准抓取并分析整个业务链所涉及的车、货数据，将它们与注册司机诚信背景数据进行智能匹配，开发最优运输路线规划、返程空车货源匹配等效能提升算法，最大程度解决空跑、运力闲置、车货不匹配的问题。返程车辆的智能配对可以最大化实现合理运输，形成对流与闭环运输，降低返程车辆空驶率及无效运输带来的能源浪费，减少中间环节实体配载站的土地社会资源消耗，目标平均车辆实载率提高至 70%，每年可减少无效车次 5000 万次，节约燃油消耗 200 万吨，减少碳排放量 500 万吨。

四、案例的问题讨论

问题一：中储智运平台如何构建数字信用体系？
问题二：描述中储智运平台的核心特征并举例说明。

本章小结

本章通过对整个行业发展进程、政策导向、平台类型、发展问题和未来发展方向予以全面分析，概括了国内网络货运平台的发展概况。最后以网络货运平台——中储智运为例进行了案例分析。

数字化物流平台案例与分析

 **思考题**

1. 网络货运平台的概念是什么?
2. 网络货运平台的类型是什么?
3. 网络货运平台存在的问题和相应对策是什么?
4. 请举例介绍中国的网络货运平台企业。

第二篇
案例方法

第四章 案例分析方法

学习目标

- ◆ 了解案例的定义和类型
- ◆ 熟悉案例分析法及其工具
- ◆ 熟悉案例研究法

开篇案例

<h4 style="text-align:center">如何写一篇案例分析</h4>

一、设计案例研究的方案

一个优秀的案例研究设计方案,不仅仅能节省研究的时间,还能达到事半功倍的效果。在设计案例研究的时候,要考虑以下三个要素。

(1) 研究的问题:确立研究问题是个十分棘手的过程,这就需要我们去大量地阅读文献。当然,阅读文献可不是走马观花般地看,需要聚焦到一个或者两个关键话题。确定话题之后,要找出这些文献的结论,看看这些结论解决了哪些问题,是否又提出了新的问题,因而顺藤摸瓜找到研究的问题。

(2) 理论假设:一个案例研究,如果没有假设,很多时候是没有研究方向的。比如说我们要研究疫情对企业的影响,这是一个广泛的问题,这时候我们可以提出一些假设:疫情影响企业的供应链,那么这就会让我们的研究更加具有方向。

(3) 分析的案例:这个案例可以是单独的人,也可以是多人,也可以是一些事件等。确定案例的时候要界定案例以及限定案例的范围,界定的案例要与研究的问题有所联系,限定的案例最好是一个,或者一些小群体,避免过多的案例对象。

二、收集资料的前中后期的工作

做完研究方案,接下来就是资料的收集。但是收集资料这一过程十分复杂,这对我们收集资料提出了一系列的要求。前期的资料的收集需要研究者做到以下三点。

(1) 做一个优秀的倾听者:倾听并不是仅仅用耳朵去听,其还意味着通过更多的方式获取信息。好的倾听者能够通过受访者的遣词造句中掌握其心态与情感,并且推断出采访者传达的意思。

(2) 保持弹性:极少有案例研究能够完全按照事先的计划顺利进行,有时候需要加入新的案例,只要不偏离最初的研究目的,研究者要能够及时、适当地调整、修改研究方案。

(3) 摒弃先入为主之见:先入之见会导致研究者偏向于支持他观点的材料。一个好的方法去检查是否会出现偏见的方法,就是对相反的研究结果的接受程度有多大,可以把初步的研究结果与同僚进行汇报,如果他们的解释引起你的反驳,那么你可能已经持有某种偏见了。

前期准备完成,接下来就是收集资料了,一般来说,我们资料主要来自文件、档案记录、访谈、直接观察、参与性观察与实物证据。那么在运用这六种证据时候,还需要遵守以下三个总体性原则:

(1) 使用多种证据来源:上面的六种证据来源,研究者不应该只选择其中一种最合适的或是自己最熟悉的资料收集来源,好的案例研究应该通过多渠道采集资料。在进行研究中,应该灵活调整、多种渠道来收集证据。

(2) 建立研究数据库:数据库是对案例研究中所有的资料进行单独、有序地汇编。研究者需要利用诸如知网研学、Excel、Wind等软件进行资料的汇编,这样一来,既方便于我们查找资料,也增强了整个案例的可信度。

(3) 谨慎使用电子资料:丰富的电子资料方便了研究者的研究,但这也带来了诸多弊端——资料冗杂却与研究无关、因为他人的评价而误解了作者原意、资料带有偏见等。因此,在使用电子资料时候,第一个注意事项就是设置限制条件,优先浏览事项。第二个注意事项就是要交叉检查所用资料,通过不同的途径,参考不同的来源来了解,避免不完整的观点以及带有偏见的观点。

三、案例分析有哪些策略

常用的案例分析法主要有以下四种。

(1) 模式匹配:对于案例研究而言,最值得提倡的策略就是模式匹配,模式匹配就是遵循模式从而来匹配逻辑。如果我们的研究是要解释某一件事,那么在研究中需要通过对因变量与自变量之间的相关实证研究。如果是描述性的研究,我们可以在收集资料之前确定具体变量的预计形式即可。

(2) 构建性解释:这种方法就是通过构建一种关于案例的解释来分析案例研究

的资料。构建性解释可以很好地对案例进行论证,但是这种方法操作难度较大,一开始我们很难找到合理的解释,需要不断修正观点和命题,从一个新的角度进行资料的处理,这需要具备一定的分析思维与敏锐力。

(3)时序分析:通过同一案例做分段的时间序列相比,比如我们研究限速会大大减少伤亡还是没有变化,我们只需要截取检验限速令前后一样的时间,进行对比分析,这样就可以得出案例的结论。

(4)逻辑模型:这是指在一定时期内各个事件之间复杂而精确的链条。这些事件能展现"原因—结果—原因—结果"的循环,前一阶段的因变量成为下一个阶段的自变量。一个典型的例子就是学校案例:某校采取措施,在放学之后开展1小时的课外活动,从而提高了学生的身体素质,这就会导致家长加深对教育的理解,从而提高了学校的满意度。逻辑模型如今已经被广泛使用。

四、如何撰写研究报告

当我们完成上述的操作之后,就到了最后的研究报告撰写阶段,撰写的案例研究报告需要遵循以下三个原则。

(1)案例研究必须有价值。优秀的案例研究一般能引起公众的兴趣,甚至具有全国性的意义。单一指向的案例研究,或者只针对某个群体的案例分析则会显得意义不大,不太可能成为示范性或者具有说服力的案例研究。

(2)案例研究必须完整。一般来说,完整的案例至少有两种表现方式:第一,案例的被研究的现象与背景之间的区别要详细地说明;第二,数据的收集,一个完整的案例研究应该投入了大量的精力去收集数据。

(3)案例报告必须考虑不同的观点。一份优秀的案例研究就是考虑对立的观点。尽管有时候研究者并没有刻意排斥某些意见,这就要求研究者从互补的文化观点中、不同的理论中、不同的想法中进行对比,从而找到对立的观点。这种对立的观点能让我们的研究更加具有说服力。

第一节 案 例

一、案例的定义

追求真理是所有科学研究和学习的终极目的。如同其他科学领域一样,管理的真理如同其他领域的真理一样,是十分复杂的,是不易理解与获得的。在探索真理的过程中,任何有助于我们发现或接近真理的方法和途径都是可取的。在众多的学习和研究管理知识和真理的方法之中,案例方法无疑是其中一个最重要的方法。

所谓案例,本质上来说就是对一个实际存在情境的描述,是在真实情境中发生的典型事件。案例可以理解成状态、情况、事例等,在医学领域称为"病例",在法学领域称为"判例"或者"案件",在工商管理和企业中称为"个案"或"案例"等,在我国公认的说法多称为"案例"。案例是现实生活中每个事件的真实记录和客观的叙述;案例是具有丰富内涵的典型事件,是真实、完整、有趣的故事,是有特定背景、具体而复杂、带有冲突的事例;案例是经过调查研究或考据查证获得的实例。

一般而言,一个管理案例包括以下五个基本的方面:(1)问题的陈述,说明行动者面临的问题的性质。(2)行动者以及角色。在管理实践中,涉及重大的问题极少有个人作出决定的,事实上,它涉及许多行动者,而且在行为过程中他们会扮演不同的角色。(3)背景与限制。任何具体问题的解决均离不开其环境,案例的这些方面的内容向人们提供了影响问题的条件。(4)决策过程和解决问题的方法。它说明行动者是如何解决问题、如何进行决策的。(5)决策或解决问题之道,即行动者解决问题的方案及其效果。

二、案例的类型

案例的类型是多样的,从纯粹的描述到细致的分析等,这取决于案例作者的偏好。比如有些案例可能是决策导向或问题式的,这类案例提出问题,让读者提出问题解决的方法或建议,在这类案例中,读者是参与者,即要求读者参与问题的认定与问题的解决。有些案例是评估性或描述性的,它要求读者去评价一个已经作出的决策并加以描述,在这种案例里,读者是一个观察者,而不是一个受影响的参与者。因此,一个案例是人们为解决问题而精心设计的一个具体的、应用的和控制的练习。

按照案例的功能来分类,可分为描述评价型、分析决策型和方案设计型三种。

(一)描述评价型案例

该类型案例分析只描述解决某种问题的全过程,包括其实际后果,不论其成功或失败。例如,要求学生对案例中的具体做法进行事后剖析,要求考生提出具体的分析意见和改进的建议,以测试学生对管理现存问题进行判断和剖析的能力。

(二)分析决策型案例

该类型案例分析只介绍某一待解决的问题,例如,由学生去分析并提出对策。这种案例能有效地检测学生对管理原理的认知度以及决策的能力。

(三)方案设计型案例

该类型通过案例所给出的环境、条件和可供使用的资源,例如,要求学生运用自身的才智,提出具体的确实可行的工作计划或者实施方案,以检测学生实际作业的能力和管理水平。

也可根据篇幅、性质、功能、适用范围与使用对象等因素,把案例归为如下四类:高结构型或技术性问题型案例,短篇结构性小品型案例,长篇非结构型或问题、机会确定型案例,疆域开拓型案例。

第二节　案例分析法

一、案例分析法的定义

案例分析法又称个案研究法,是由哈佛大学于1880年开发完成,后被哈佛商学院用于培养高级经理和管理精英的教育实践,逐渐发展成今天的"案例分析法"。哈佛大学的"案例分析法",开始时只是作为一种教育技法用于高级经理人及商业政策的相关教育实践中,后来被许多公司借鉴过来成为用于培养公司企业得力员工的一种重要方法。通过使用这种方法对员工进行培训,能明显地增加员工对公司各项业务的了解,培养员工间良好的人际关系,提高员工解决问题的能力,增加公司的凝聚力。

"案例方法""案例教学""案例运用"这些术语在众多领域中的运用是相近的。一般来说,案例方法就是:(1)力图促进专业知识和行为技能的发展;(2)以焦点或问题为导向;(3)本质上关注解释现实生活的经验。然而,"案例方法"在课堂和专业实践中、在各专业和学科之间以及教师们之中都是不同的。

案例一般包含以下五个基本的组成元素:

(1)背景:案例需要向读者交代故事发生的有关情况,如时间、地点、人物、事情的起因等。背景介绍并不需要面面俱到,重要的是说明故事的发生是否有什么特别的原因或条件。

(2)主题:案例要有一个主题。写案例首先要考虑我这个案例想反映什么问题,比如是想说明怎样转变后进生,还是强调怎样启发思维,或者是介绍如何组织小组讨论等,动笔前都要有一个比较明确的想法。不同的研究课题、研究小组、研究阶段,会面临不同的问题、情境、经历,都有自己的独特性。写作时应该从最有收获、最有启发的角度切入,选择并确立主题。

(3)细节:有了主题,写作时要对原始材料进行筛选,有针对性地向读者交代特定的内容。特别是写清楚关键性的细节。

(4)结果:案例全文不仅要说明案例的思路、描述案例的过程,还要交代案例的结果,读者知道了结果,将有助于加深对整个过程的内涵的了解。

(5)评析:对于案例所反映的主题和内容,包括案例的指导思想、过程、结果,对其利弊得失,作者要有一定的看法和分析。评析是在记叙基础上的议论,可以进一步揭示事件的意义和价值。比如同样一个后进生转化的事例,我们可以从教学、心理学、社会学等不同的理论角度切入,揭示成功的原因和科学的规律。评析不一定是理论阐述,也可以是就事论事、有感而发,引起人的共鸣,给人以启发。案例分析的流程见图4-1。

图4-1　案例分析流程

二、案例转化和选题

(一)商业创新情景与案例转化

UPS 是一家跨国物流企业,其变动成本主要是油费、车辆维修费用及机会成本,例如车辆在使用过程中损坏维修,在工业领域被称为"意外停车",意外停车成本比主动停车高得多。于是,UPS 在卡车上装了很多数据采集系统,采集几条典型运输线路在每个时刻的拥堵情况。根据大量数据,UPS 进行线路优化,提示驾驶员走耗时最短的线路,从而降低油耗成本。同时,UPS 采集了卡车运行数据。卡车是个复杂系统,某些零部件在损坏之前所传递的异常信息能够被系统所捕捉,上传到数据中心,进行计算,再提示驾驶员及时检修,这样就降低了意外停车的概率。UPS 的案例展示了物流企业的具体场景,而大量互联网企业和创新联盟等技术领域的案例也能给物流企业带来启发。

首先,阅读和讨论案例,有助于我们能够在短时间内掌握创新的本质,识别出那些打着创新旗号的形形色色的骗局或者瞎折腾。1912 年,经济学家约瑟夫·阿罗斯·熊彼特在《经济发展理论》一书中首次提出"创新"概念。他认为,"创新"就是建立一种新的生产函数,即把一种生产要素和生产条件的"新组合"引入生产体系。根据熊彼特的观点,"创新"是一个经济范畴而非技术范畴,不仅是指科学发现和技术发明,而更是指把已发现和发明的科学技术应用到企业经营中,形成一种新的生产能力。所以,发明不等于创新,发明家也不一定是创新者。在熊彼特之后,"技术创新"成了创新研究热点之一。技术创新包括熊彼特提到的产品创新和工艺创新。根据曼斯费尔德(M. Mansfield)、厄特巴克(J. M. Utterback)和弗里曼(C. Freeman)等学者的观点,技术创新是指技术的商业化应用,包括一系列阶段,如创意产生、研究开发、中间实验、商业化生产、市场销售和技术扩散等。

其次,阅读和讨论案例,有助于我们在短时间内了解前人关于创新的实践经验,从而有助于我们在前人基础上稳妥地推进创新。比如今天的主题是开放与共创。技术创新为何需要开放?这需要从它的特征说起。如前所述,技术创新包括多个阶段,每个阶段都需要相应的资源与能力。在实践中,往往并不是所有组织都能够仅靠自身力量顺利推进所有这些阶段。创新领域的专家多年前就开始关注这个问题了。比如,蒂斯(D. Teece)专门研究了如何从创新中获利,文章的副标题就是"一体化、合作、许可、公共政策方面的启发"。蒂斯认为,技术商业化需要多种资源,并将这些资源分为了两类:第一类是核心技术知识,但是仅有这个资产是不足以支撑这项技术商业化的,还需要互补资产,比如制造能力、营销能力、互补技术等。这些资源通常分布在不同组织或者个体手中。所以,各方合作就有了必要和可能。合作是共创的必由之路。于是,在技术创新领域,就出现了许多合作创新的案例。这些案例会告诉我们不少关于商业创新的思路。

最后,阅读和讨论案例,有助于我们在推进创新时避免踩坑。许多案例告诉我们,企业推进商业创新,需要审视三个方面的问题。

第一个问题是价值创新的逻辑是否可靠。就是针对目标顾客的需求和困扰,企业借助自身资源禀赋,有时还需要整合外部资源,设计一种有效解决方案,满足客户需求或者解决客户痛点。人们很多时候会为自己想到一个新方案而欣喜万分。然而,很多时候人们所谓的"新点子"往往在其他行业已有类似实践。同时,企业家应该关注自己所提供的产品和服务与目标顾客需求和痛点之间的匹配度,保证自己所提供的价值主张正是目标客户所需要的。某些企业在售卖解决方案时有陷入"自说自话"误区的风险,误以为自己提供的产品一定能满足客户对于"降本增效"的需求。这就需要进一步用更大量的数据来论证新技术带来的收益是否真的可以覆盖新增成本和损失。在收集数据的过程中,还应考虑到不同的利益相关方,例如零售客户是否愿意支付额外的成本购买经过验证的产品。

第二个问题是企业自身支撑体系是否充足。比如,不少商业创新都要求企业具备可信性。相较于 C 端客户而言,获取 B 端客户的信任难度更大。以往案例就会告诉我们,企业可以通过增加交往次数、付出沉没成本和寻求权威背书担保等方式来建立可信性。所以,商业创新需要企业家审视自身所具备的资源与能力是否足够支撑所许诺的价值主张。当然,目前商业实践进入所谓的价值共创时代,许多竞争不再是"你""我"之间的竞争,而是"你们"与"我们"之间的较量。在此背景下,许多企业非常重视自身商业模式的开放性,纷纷设计相应的机制,构建价值网,有效整合企业内外部资源,共同为顾客提供有效解决方案。

第三个问题是价值实现方案是否能够激励相容。既然商业价值往往需要由多个利益相关者一起创造,那么,主导企业应该设计有效价值分配方案,体现"参与约束"和"激励相容"原则,让各利益相关者都能够从所设计的商业模式中得到好处。只有这样,才能众人拾柴火焰高。建立在信息不对称基础上的商业创新是不会长久的。随着博弈次数的增加和新兴技术的普及,不少信息在各利益相关者之间的不对称程度会日益降低。只有那些为顾客、利益相关者和企业自身真切创造价值的商业创新才是可持续的。

尽管这些案例情景来自不同行业和不同视角,归根结底都体现了"管理"的重要性。管理是一个多方协调的过程,管理者通过他人或者与他人一起实现组织的目标。在这个过程中,管理者应该明确组织目标如何设定,过程如何控制,各方如何协调。真实的商业案例体现了管理工作是科学性和艺术性的有机融合。如何体验科学性和艺术性?除了"干中学"(Learning by Doing),管理者还可以通过阅读案例,提升管理水平。商学院会在课堂上讲授不同行业的真实案例,学生可以通过收集案例、提炼规律和理解情景,快速掌握管理知识。

(二)案例选题

好的选题是成功案例的关键一步。优秀的案例选题一般符合以下五个特点:典型性、重要性、时代性、创新性和鲜活性。在案例选题和写作过程中,可思考三个方面的问题:(1)讲述一个什么样的故事(What)?一个发生在半年内的事件,肯定比十年前的事件更吸引人。(2)怎么讲这个故事(How)?(3)为什么要讲这个故事(Why)?第一个问题帮助聚焦主题,避免写作过程中跑题或找不准方向,而第二个问题是在案例写作过程中,运用什么方法或者工具去撰写。第三个问题用于案例写作开头和结尾,属于点睛之笔。

中国的案例库主要包括:中国专业案例库、中国案例共享中心、MPcc 等专硕优秀案例、中国工商管理案例库、中欧商学院案例库。国际案例库主要包括:哈佛案例库、毅伟案例库。

三、案例写作

案例分析的基本视角选择有两个：当事者的视角、总经理的视角。（2）分析案例的基本技巧有：要有个人的见解、文字表达要开门见山、提出的建议要有特色、要重视方案实施的步骤和可操作性、对假设或虚拟的条件要做必要的说明。

案例分析的一般过程是：明确所分析的案例与已学课程的哪些内容相联系，并找出该案例中的关键问题，以确定能应用的基本理论和分析的依据；察觉和判断出在案例中并未明确提出的、也未有任何暗示的关键问题；选择分析该案例应采取的一般方法；认真思考，找出案例的整个系统中的主次关系，并作为逻辑分析的依据；确定所要采取的分析类型和扮演的角色。

其中第一步是找出关键问题，可从四个方面提炼：案例中的关键问题或主要矛盾是什么？这是一个什么类型的案例？该案例与理论知识中哪些内容有关？分析这个案例欲达到什么目的？

除了案例的提示外，该案例是否还有一些隐含的重要问题？是否涉及一个重要的经营管理观念的事件、一个重要的经营管理概念的事件、一个重要的经营管理理论的事件、一个重要的经营管理决策的事件或者一个重要的经营管理新现象、新问题的事件？

（一）第一阶段：写作之前——资料整理与构思

整理已经收集到的所有资料。

（二）第二阶段：写作初稿——沉淀与编辑

1. 场景：时间、地点、原因

故事发生在何时、何地？促使故事中的事件和行动发生的原因是什么？

2. 决策者、主要角色和其他角色

谁是故事中的主角？谁是关键角色？为什么？

3. 争端、问题和兴趣

案例中的角色试图要达到什么目的？其兴趣、动机、目标何在？他们必然遭遇或必须解决的争端、问题或难题是什么？

4. 机会与制约因素

什么限制了角色的行动自由？他们面临的机遇是什么？换句话说，他们必须做什么（或不做什么），可以做什么？

5. 决策/行动

假设案例中必须作出决策（见第十二章），主角必须作出何种决策，采取何种行动？必须做出什么决定？为什么？

6. 信息源

为了使故事达到将来的教学目的，为了保证其逼真性，作为研究和分析基础的基本信息和资料来源是什么？

7. 研究计划

你将如何收集信息和资料？你将采取何种信息搜寻战略？你将与谁面谈，将做出怎样的必要安排？如何安排你的工作时间？即你将用多长时间进行背景材料研究？何时开始书写草稿？暂定何时结束写作？

第一段文字开门见山，明确问题，说明案例讲的是什么，案例要求做什么决策，都有哪些可选择的方案。而最后一段保持案例的中心和前后衔接。情节结构为使案例变得活灵活现，就必须加强戏剧性，设置悬念。案例越是能够加强这一点，越是能激发人们的兴趣或增加思想冲突乃至人的冲突的戏剧性。

使用从文件或采访中得到的直接引语。注明资料来源。尽可能使用事实性资料。按事件的发生顺序进行报道，保持前后一致。不仅列入所发生的事件，而且写进当事人对这些事件的看法。

列举数据图表。案例最好有数据，最好有系列数据。数据尽量表格化，核对数字，案例中列举的所有数字都必须经过核对，保持准确，并注明数据的来源，附表和附录有时是必要的。案例的辅助材料包括视听材料等资料（微电影、录像带、幻灯片、剪报、样品、视频等）。

案例写作可参考如下流程框架（见图4-2）。

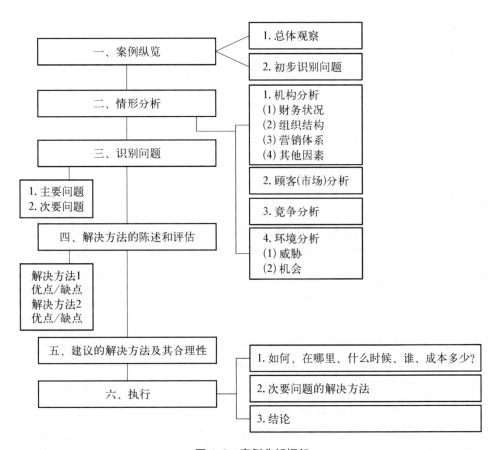

图 4-2 案例分析框架

第三节 案例分析工具

常见的经典战略管理基础理论有安德鲁斯(Kenneth Ardrews)的 SWOT 战略分析模型、安索夫(Igor Ansoff)的产品市场矩阵、战略协同理论、迈克尔·波特(Michael Poter)的一般战略理论、哈默尔(Gary Hamel)的核心竞争力理论、明茨伯格(Henry Mintzberg)的战略 5P 定义、鲁梅尔特(R. P. Rumelt)的多元化与经营绩效理论及其战略评价等,这些基本理论帮助管理学学者和业界理解各种核心战略管理问题,如战略制定与实施、战略计划与决策过程、战略控制与激励、资源分配、多角化与业务组合战略、竞争战略等。

其中案例分析法通过对美国的大企业进行案例解剖,根据案例分析的结论归纳总结出了一套全新的理论。波特继承了哈佛的传统——案例研究方法,哈默尔与普拉哈拉德的名作《公司核心竞争力》的创新来源可以说是来自对日本、美国成功企业的经验与教训的总结,属于案例研究方法的范畴。

一、对比分析法

所谓对比分析法,就是将 A 企业和 B 企业进行对比分析。对比分析法是最常用、最简单的方法,将一个管理混乱、运营机制有问题的企业和一个管理有序、运营良好的企业进行对比,观察它们在组织结构、资源配置上有什么不同,就可以看出明显的差别。再将这些差别和既定的管理理论相对照,便能发掘出这些差异背后所蕴含的管理学实质。企业管理中经常进行案例分析,将 A 企业和 B 企业进行对比,发现一些不同。各种现象的对比是千差万别的,最重要的是透过现象分析背后的管理学实质。所以说,只有表面现象的对比是远远不够的,还需要有理论分析。

二、因素评价模型

外部因素评价模型(EFE)和内部因素评价模型(IFE)分析来源于战略管理中的环境分析。因为任何事物的发展都要受到周边环境的影响,这里的环境是广义的环境,不仅指企业外部环境,还指企业内部的环境。通常我们将企业的内部环境称为企业的禀赋,可以看成企业资源的初始值。公司战略管理的基本控制模式由两大因素决定:外部不可控因素和内部可控因素。其中公司的外部不可控因素主要包括政府、合作伙伴(如银行、投资商、供应商)、顾客(客户)、公众压力集团(如新闻媒体、消费者协会)、竞争者,除此之外,社会文化、政治、法律、经济、技术和自然等因素都将制约着企业的生存和发展。

由此分析,外部不可控因素对企业来说是机会与威胁并存。企业如何趋利避险,在外部因素中发现机会、把握机会、利用机会,洞悉威胁、规避风险,对于企业来说是生死攸关的大事。在瞬息万变的动态市场中,企业是否有快速反应(应变)的能力,是否有迅速适应市场变化的能力,是否有创新变革的能力,决定着企业是否有可持续发展的潜力。企业的内部可控因素主要包括技术、资金、人力资源和拥有的信息,除此之外,企业文化和企业精神又是企业战略制定和战略发展中不可或缺的重要部分。

一个企业制定企业战略必须与其自身的文化背景相连。内部可控因素可以充分彰显企业的优势与劣势,从而扬长避短,发挥自身的竞争优势,确定企业的战略发展方向和目标,使目标、资源和战略三者达到最佳匹配。

企业通过对外部机会、风险及内部优势、劣势的综合加权分析(借助外部因素评价矩阵及内部因素评价矩阵),确立自身长期战略发展目标,制定企业发展战略。再将企业目标、资源与所制定的战略相比较,找出并建立外部与内部重要因素相匹配的有效的备选战略(借助SWOT矩阵、SPACE矩阵、BCG矩阵、IE矩阵及大战略矩阵),通过定量战略计划矩阵(QSPM)对若干备选战略的吸引力总分数的比较,确定企业最有效、最可能成功的战略。然后制定企业可量化的、具体的年度目标,围绕着已确立的目标,合理地进行各项资源的配置(如人、财、物方面的配置和调度),并有效地实施战略,最后是对已实施的战略进行控制、反馈与评价。这是最后一项工作,也是极重要的工作。往往一些战略的挫败很大部分是在实施战略的过程中,缺乏严格的控制机制和绩效考核标准所导致的。充分与及时的反馈是有效战略评价的基石,在快速而剧烈变化的环境中,企业的战略经受着巨大的挑战。通过战略评价决策矩阵,可以清晰地了解企业现行战略与实际的目标实现进程,企业现行战略在变化的环境中的适应性,以及是否需要修正原有的战略策略等问题。

三、SWOT 分析法

SWOT分析法从某种意义上来说隶属于企业内部分析方法,即根据企业自身的既定内在条件进行分析。SWOT分析有其形成的基础。按照企业竞争战略的完整概念,战略应是一个企业"能够做的"(组织的强项和弱项)和"可能做的"(环境的机会和威胁)之间的有机组合。著名的竞争战略专家迈克尔·波特提出的竞争理论从产业结构入手对一个企业"可能做的"方面进行了透彻的分析和说明,而能力学派管理学家则运用价值链解析企业的价值创造过程,注重对企业的资源和能力的分析。SWOT分析法就是在综合了前面两者的基础上,以资源学派学者为代表,将企业的内部分析(20世纪80年代中期管理学界权威人士所关注的研究取向,以能力学派为代表)与产业竞争环境的外部分析(更早期战略研究所关注的中心主题,以安德鲁斯与迈克尔·波特为代表)结合起来,形成了自己结构化的平衡系统分析体系。

SWOT分析法自形成以来,广泛应用于战略研究与竞争分析,成为战略管理和竞争情报的重要分析工具。分析直观、使用简单是它的重要优点。即使没有精确的数据支持和更专业的分析工具,也可以得出有说服力的结论。

正是这种直观和简单,使SWOT分析法不可避免地带有精度不够的缺陷。例如,SWOT分析法采用定性方法,通过罗列S、W、O、T的各种表现,形成一种模糊的企业竞争地位描述。以此为依据作出的判断,不免带有一定程度的主观臆断。所以,在使用SWOT分析法时要注意方法的局限性,在罗列作为判断依据的事实时,要尽量真实、客观、精确,并提供一定的定量数据弥补SWOT分析法定性分析的不足,构造高层定性分析的基础。

四、五力模型分析法

五力模型分析法从一定意义上来说隶属于外部环境分析方法中的微观分析。该模型由迈克尔·波特于20世纪80年代初提出,对企业战略制定产生全球性的深远影响,用于竞争战略的分析,可以有效地分析客户的竞争环境。在经典著作《竞争战略》中,迈克尔·波特提出了行业结构分析模型,即所谓的五力模型,其中认为:行业现有的竞争状况、供应商的议价能力、客户的议价能力、替代产品或服务的威胁、新进入者的威胁这五大竞争驱动力决定了企业的盈利能力,并指出企业战略的核心应在于选择正确的行业,以及行业中最具有吸引力的竞争位置。波特的五力模型分析法是对一个产业盈利能力和吸引力的静态断面扫描,说明的是该产业中的企业平均具有的盈利空间,所以这是一个产业形势的衡量指标,而非企业能力的衡量指标。通常,这种分析法也可用于创业能力分析,以揭示本企业在本产业或行业中具有何种盈利空间。

在对企业进行案例分析时经常用到以上分析方法,合理、恰当地使用它们,能够使我们透过一些表面现象看到问题的本质,但这些方法本身只是一些工具,怎样合理地利用它们才是最关键的。

五、商业模式分析法

商业模式一词最早是在20世纪60年代被学者提出,但当时很少被关注。随着信息技术和互联网的发展,面对不确定的外部环境,企业只有不断地进行商业模式的创新,才能适应未知的商业环境。彼得·德鲁克曾说过:"未来的企业竞争不仅仅是产品和服务的竞争,而是商业模式的竞争。"一家企业需要怎样做才能基业长青?伟大的战略、出色的运营、财务控制、有效的营销、可靠的商业模式或者未雨绸缪的惯例?

一家企业的成功往往需要许多因素的相互作用。不同的人会根据自己的学科背景,将不同的因素归结为企业成功的主要原因。许多学者也对商业模式的核心要素进行了探讨。Hamel等把商业模式描述为包括顾客界面、核心战略、战略资源、价值网络的四元组合;Zott和Amit提出了包括设计元素、设计主题的商业模式二元论;Osterwalder则从客户细分、价值主张、渠道通路、客户关系、收入来源、核心资源、关键业务、重要合作、成本结构九个角度对商业模式进行了探索;Johnson对商业模式的研究涉及顾客价值主张、核心资源、关键流程、利润模式四个方面;魏朱模型认为商业模式是将各利益相关者资源、知识、能力和产品进行整合,以创造额外价值。

商业模式体现的是顾客与企业之间的价值逻辑关系。平台企业不仅为终端顾客提供各种中间服务,而且为平台两边的交易提供各种服务,这些服务成为顾客的价值来源,平台企业从双方买卖中以分成、佣金等形式获得自身利润来源,企业价值也因此得以实现。因此,从价值角度而言,平台模式就是终端顾客、供应商与平台企业之间一种基于价值创造、价值传递、价值分配、价值实现的三位一体的价值逻辑。苹果iPod的成功很好地说明了这一点,尽管苹果无论外形还是内在品质都不算最佳的,但它却借助iTune平台成功再造了MP3用户与数字音乐供应商之间的价值逻辑,使自己成为数字音乐供应商与 MP3 用户之间最强大的通道,牢牢控制着供应商与终端顾客之间的价值传递与价值分配形式,从而成功开创了数字音乐产业的神话。商业模式的研究已成为企业获取核心竞争优势的重要手段,商业模式隐含的企业运营的逻辑和规范成为国内外学者争相热议的话题(Zott & Amit, 2010)。不管是自建平台还是入驻平台,许多企业意识到平台的力量,并开始展开平台商业模式的相关研究。

商业模式也是一个"试水"的过程,逐步进行创新并加以调整,最终相对成熟并稳定。在实践操作中,商业模式究竟是在创业之初就已构思了,还是随着创业活动的展开才逐步形成的,则值得探讨。宏大的商业模式便提供了一种平台,在这种平台上,参与方又可据此构建各自独具特色的商业模式。总体来看,商业模式创新的研究热点正在从商业模式和技术创新,商业模式创新的概念、内涵、机制逐渐演化为可持续商业模式创新、商业模式创新的服务化和数字化趋势。

商业模式与商业战略、业务流程、营销组合的概念也是有区别的。

商业模式和商业战略的概念区别在于:本质上来说,商业战略是关于公司将如何竞争,以及公司将如何创造和保护竞争优势的总体概念。战略本身不能创造价值,而是为盈利能力设定边界和方向。如果你在电池行业工作,假设你所在公司没有竞争优势,那就意味着公司在战略上存在问题,比如公司没有选择合适的利基市场,或者没有创造竞争优势的方法,这就会导致利润难以长期维持。即使已经运营到了中期,公司也有可能会倒闭。这一切都与战略有关。但是,战略只是一种保持竞争优势的计划,战略本身并不能把钱放进公司所有者的口袋里,也不能直接为客户创造好处。

只有有关日常运营的商业模式才能够做到这些,它根植于创造价值和获取利润的日常运作。但是,商业模式也不同于业务流程和技术,因为它不仅有技术方面的内容,更有商业方面的内容。商业模式也绝对不是营销组合。相反,营销组合是商业模式的一部分,是商业模式中"进入市场"这一环当中的一部分。

为凸显这三个概念的联系和区别,没有战略的商业模式,容易跑偏方向,走错道路;没有业务流程设计的商业模式,很难持续运转;没有商业模式的战略,是望梅止渴、纸上谈兵;没有商业模式的业务流程,是为做而做,失去了与价值和利润之间的紧密联系。商业模式扮演着对上落实战略、对下贯通结果的中心角色。

比较知名的是《商业模式新生代》①提到的商业模式画布,以企业为主体视角,梳理出企业的价值传递、价值创造、价值获取等环节(见图 4-3)。

图 4-3　商业模式画布

---

① 亚历山大·奥斯特瓦德,伊夫·皮尼厄. 商业模式新生代[M]. 王帅等译. 北京:机械工业出版社,2011.

（一）顾客细分

顾客细分用来描述想要接触和服务的不同人群或组织，主要回答我们正在为谁创造价值和谁是我们最重要的顾客这两大问题。通常来讲，我们将顾客细分为三种市场类型。第一种是大众市场。价值主张、渠道通路和顾客关系全都聚集于一个大范围的顾客群组，顾客具有大致相同的需求和问题。第二种是利基市场。价值主张、渠道通路和顾客关系都针对某一利基市场的特定需求来定制，通常可以在供应商与采购商的关系中找到。第三种是多元化市场。经营业务多样化，以完全不同的价值主张来迎合完全不同需求的顾客细分群体的多边平台，或多边市场，服务于两个或更多的相互依存的顾客细分群体。

（二）价值主张

价值主张用来描绘为特定顾客细分创造价值的系列产品和服务，主要回答我们该向顾客传递什么样的价值，我们正在帮助我们的顾客解决哪一类难题，我们正在满足哪些顾客需求，以及我们正在提供给顾客细分群体哪些系列的产品和服务等的问题。

价值主张的要素主要包括五个方面：第一是新颖。产品或服务满足顾客从未感受和体验过的全新需求，改善产品和服务性能是传统意义上创造价值的普遍方法。其中，定制化是以满足个别顾客或顾客细分群体的特定需求来创造价值。第二是完善。可通过帮顾客把某些事情做好而简单地创造价值。第三是品牌。顾客可以通过使用特定品牌的产品而发现其高价值，或以更低的价格提供同质化的价值，满足一些价格敏感顾客的成本削减需求，因为帮助顾客削减成本也是创造价值的重要方法。第四是风险抑制。既帮助顾客抑制风险，也可以创造顾客价值可达性，把产品和服务提供给以前接触不到的顾客。第五是便利性。使事情做起来更方便或易于使用而去创造更可观的价值。

（三）渠道通路

渠道通路用来描绘如何沟通接触顾客细分群体而传递价值主张，主要回答通过哪些渠道可以接触我们的顾客细分群体，我们如何接触他们，我们的渠道如何整合，哪些渠道最有效，哪些渠道成本效益最好，如何把我们的渠道与顾客的例行程序进行整合等这些问题。企业可以选择通过自有渠道、合作伙伴渠道或两者混合来接触顾客。其中，自有渠道包括自建销售队伍和在线销售，合作伙伴渠道包括合作伙伴店铺和批发商。

（四）顾客关系

顾客关系用来描绘与特定顾客细分群体建立的关系类型，主要回答每个顾客细分群体希望我们与其建立和保持何种关系，哪些关系我们已经建立了，这些关系成本如何，如何把它们与商业模式的其余部分进行整合等这些问题。一般来说，可以将顾客关系分为三种类型：第一种是助理型顾客关系。基于人与人之间的互动，可以通过呼叫中心、电子邮件或其他销售方式等个人助理手段进行。第二种是自助服务。为顾客提供自助服务所需要的全部条件的专门个人助理，为单一顾客安排专门的顾客代表，通常是向高净值个人顾客提供服务。第三种是社团类顾客关系。提供与顾客电子订单或交易相关的服务社群，利用用户社群与顾客或潜在顾客建立更为深入的联系，甚至于与顾客共同创作、共同创造价值，鼓励顾客参与全新和创新产品的设计和创作。

（五）收入来源

收入来源用来描绘从每个顾客群体中获取的现金收入，但是需要扣除成本，主要回答什么样的价值能让顾客愿意付费，他们现在付费买什么，他们是如何支付费用的，每个收入来源占总收入的比例是多少等这些问题。一般来说，收入来源可分为七种类型：一是资产销售，即销售实体产品的所有权；二是通过特定的服务收费；三是订阅收费，销售重复使用的服务；四是租赁收费；五是使用权的授权收费，或者知识产权的授权使用；六是经济收费，提供中介服务收取佣金；七是广告收费，提供广告宣传服务收取佣金。

（六）核心资源

核心资源即用来描绘让商业模式有效运转所必需的最重要的因素，主要回答我们的价值主张需要什么样的核心资源，我们的渠道通路需要什么样的核心资源，我们的顾客关系需要什么样的核心资源，我们的收入来源需要什么样的核心资源等基本问题。一般来说，核心资源可以分为实体资产、知识资产、人力资源和金融资源。实体资产包括生产设施、不动产、系统、销售网点和分销网络等。知识资产主要包括品牌、专有知识、专利和版权、合作关系和顾客数据库。人力资源主要指相关行业或产业的优秀人才，特别是在知识密集型产业和创意产业中显得尤为重要。金融资产包括金融资源或财务担保，如现金、信贷额度或股票期权等。

（七）关键业务

关键业务即用来描绘为了确保其商业模式可行而必须要做的最重要的事情，主要回答我们的价值主张需要哪些关键业务，我们的渠道通路需要哪些关键业务，我们的顾客关系需要哪些关键业务，我们的收入来源需要哪些关键业务等基本问题。一般来说，关键业务可以分为三种类型：一是制造产品，这与设计、制造及发送产品有关，是企业商业模式的核心；二是平台或者网络，网络服务、交易平台、软件等都可看成平台，与平台管理、服务提供和平台推广相关；三是问题解决，为顾客提供新的解决方案，需要知识管理和持续培训等业务。

（八）重要伙伴

重要伙伴即让商业模式有效运作所需的供应商与合作伙伴的网络，主要回答谁是我们的重要伙伴，谁是我们的重要供应商，我们正在从伙伴那里获取哪些核心资源，以及合作伙伴都执行哪些关键业务等问题。重要伙伴可以分为四种类型：一是非竞争者之间的战略联盟关系；二是竞争者之间的战略合作关系；三是为开发新业务而构建的合资关系；四是为确保可靠供应的购买方与供应商关系。

（九）成本结构

成本结构即商业模式运转所引发的所有成本，主要回答什么是我们商业模式中最重要的固有成本，哪些核心资源花费最多等基本问题。

黄柯和祝建军[①]采用探索性案例研究和比较分析方法研究了多类型的"互联网＋"物流创新平台的商业模式，提出了无车承运平台、生态O2O平台、SaaS平台、公共服务平台四种"互联

---

① 黄柯，祝建军. 多类型"互联网＋"物流创新平台的商业模式比较研究[J]. 中国流通经济，2019(8)：22-33.

网+"物流创新平台类型，以及分析了商业模式的构成要素，包括目标市场、价值主张、关键资源、价值创造、商业价值、创新/突破、流程整合、赢利模式，如表4-1所示。

表4-1 多类型"互联网+"物流创新平台商业模式比较分析

样本平台	目标市场	价值主张	关键资源	价值创造	商业价值	创新/突破	流程整合	赢利模式
C. H. Robinson	以货运经纪为中介进行车货匹配和交易撮合的客户	效率型价值主张	科技、流程、人才	价值网	提供透明实时的智能化解决方案	服务产品创新、技术创新	"四流"合一	运费差价，订单抽佣
货车帮	以司机为核心的汽车后市场客户	锁定型价值主张	基于司机的O2O全场景应用能力	价值生态系统	汽车后市场规模化产品服务体系	业态创新、服务模式创新	信息化与实体无缝结合	O2O增值服务费（会员服务费、撮合交易费、远程调车服务费、广告费、保险费、司机配套商务费）
oTMS	有软件即租即用云需求的货主企业	补充型价值主张	基于核心流程的定制化解决方案	价值星系	基于大数据的商务智能服务	技术创新、服务流程创新	"五流"合一	月度租用费（应用软件许可证费、软件维护费、技术支持费用）
国家物流信息平台	借助信息互联互通开展"平台+"应用的客户	新异型价值主张	基础数据交换网络和标准体系	价值商店	基于数据交换的"互联示范"应用	开放创新、服务管理创新	双向数据交换和管理控制	以公益为主，带动"平台+"联盟服务商赢利

六、SCOR模型

SCOR模型（Supply Chain Operation Reference Model）是第一个标准的供应链流程参考模型，是供应链的诊断工具，它涵盖了几乎所有行业。SCOR使企业间能够准确交流供应链问题，客观评测其性能，确定性能改进的目标，并影响今后供应链管理软件的开发。流程参考模型通常包括一整套流程定义、测量指标和比较基准，以帮助企业开发流程改进的策略。

SCOR的具体涵盖范围包括以下内容：所有与客户之间的相互往来，从订单输入到货款支付所有产品（物料实体和服务）的传送，从供应商的供应商到客户的客户，包括设备、原材料、配件、大批产品、软件等；所有与市场之间的相互影响，从对累计总需求的理解到每项订单的完成。

SCOR模型将供应链界定为计划、采购、生产、配送、退货五大流程，并分别从供应链划分、配置和流程元素三个层次切入，描述了各流程的标准定义、对应各流程绩效的衡量指标，提供了供应链最佳实施和人力资源方案,如图 4-4 所示,SCOR 模型建立在五个不同的管理流程之上,管理流程的业务内容如表 4-2 所示。

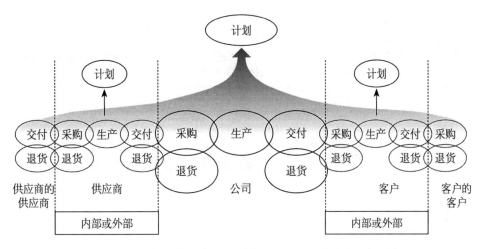

图 4-4　SCOR 模型五大流程

表 4-2　SCOR 模型五大流程的业务内容

序号	流程	业　务　内　容
1	计划	(1) 评估企业整体生产能力、总体需求计划以及针对产品分销渠道进行库存计划、分销计划、生产计划、物料及生产能力的计划 (2) 制造或采购决策的制定,供应链结构设计,长期生产能力与资源规划、企业计划、产品生命周期的决定,生产正常运营的过渡期管理、产品衰退期的管理与产品线的管理等
2	采购	(1) 寻找供应商/物料收取:获得、接收、检验、拒收与发送物料;供应商评估、采购运输管理、采购品质管理、采购合约管理、进货运费条件管理、采购零部件的规格管理 (2) 原材料仓库管理:原材料运送和安装管理,运输管理、付款条件管理以及安装进度管理 (3) 采购支持业务:采购业务规则管理、原材料存货管理
3	生产	(1) 生产运作:申请及领取物料、产品制造和测试、包装出货等;工程变更、生产状况掌握、产品质量管理、现场生产进度制定、短期生产能力计划与现场设备管理、在制品运输 (2) 生产支持业务:制造业务规格管理,在制品库存管理
4	配送	(1) 订单管理:订单输入、报价、客户资料维护、订单分配、产品价格资料维护、应收账款管理、受信、收款与开立发票等 (2) 产品库存管理:存储、拣货、按包装明细将产品装箱、制作客户特殊要求的包装与标签、整理确认订单、运送货物 (3) 产品运输安装管理:运输方式安排、出货运费调校管理、货品安装进度安排,进行安装与产品试运行 (4) 配送支持业务:配送渠道的决策制定、配送存货管理、配送品质的掌握和产品的进出口业务

续 表

序号	流程	业 务 内 容
5	退货	(1) 原料退回。退还原料给供应商,包括与商业伙伴的沟通、准备好文件资料以及物料实体的返还和运送 (2) 产品退回。接受并处理从客户处返回的产品,包括商业伙伴的沟通、准备好文件资料以及物料实体的返还、接受和处理

第四节 案例研究法

一、案例研究的定义

管理科学中的案例研究法源自欧洲,特别是法国在19世纪时在医学、法学领域中运用,20世纪初,美国芝加哥大学将这种方法用于社会科学研究。

案例可以是一个家庭、机构、族群、社团和学校等。简而言之,案例不仅限于一个人。案例研究是指对特别的个人或团体,搜集完整的资料之后,再对其问题的前因后果做深入的剖析。进一步说,案例研究是对一个个例做缜密的研究,广泛搜集个例的资料,彻底了解个例现况及发展历程,予以研究分析,确定问题症结,进而提出矫正的建议。对案例研究的不同定义如表4-3所示。

表4-3 案例研究的定义

定 义	出 处
案例研究的本质在于,它试着阐明一个或一组决策:为什么他们会被采用、如何来执行,以及会有什么样的机会	Schramm, 1971
案例研究是为了决定导致个人、团体、或机构之状态或行为的因素,或诸因素之间的关系,而对此研究对象,作深入研究	Gay, 1992
案例研究是一种实证研究,是在真实的背景下,研究当时的现象,特别是在现象跟背景间的界线不是非常清楚的时候; 案例研究并不是一种收集数据的做法,也不仅只是一种设计特征,而是一种周延而完整的研究策略	Jennifer Platt, 1992
案例研究是一种实证探究,是对个案研究的探究	Robert Yin, 1994

二、案例研究的特点和类型

案例研究具有系统性。研究者总是把研究对象视作一个系统,或是一个系统的组成部分,来努力识别其中存在的因果关系;研究对象往往由许多变量组成,这些变量之间的关系通过具体的事件表现出来,是可观察到的,而研究者对这些变量无法控制(这与实验研究刚好相反)。

案例研究能够帮助人们全面了解复杂的社会现象,使研究者原汁原味地保留现实生活有意义的特征。通过案例研究以确定概念性的理论模型、确定理论假设和研究的变量。案例研究是深度的、重质的、精密的研究。无须借助假设简化问题深度探讨,可以广泛收集资料以分析各种相关的因素。比如研究数字化转型对企业绩效的影响需要大量的准确观察与记录,这是研究具有科学性的基础。

案例研究虽然不具有统计分析的意义,但是它类似于自然科学的实验,可以通过归纳得出具有理论色彩的结论。案例研究是一种实证研究,作为一种研究方法,案例研究的特点是致力于在现实情境中研究时下的现象。案例研究所面对的是充满不确定性的实际情景。

案例研究按目的维度分为三类:探索性、描述性、解释性。探索性案例研究目的在于定义将要研究的问题或假设,或判断预定研究方案的可行性;描述性案例研究提供了对现象及其情景的完整描述;解释性案例研究提供因果关系的信息,解释事情是如何发生的。

案例的数量维度分为两类:单案例和多案例,其中双案例可以视为多案例的特殊情况。跨案例分析是汇总来自各个案例研究的发现,是多案例研究的主要形式。

需要注意单案例的五种适用情形:对一个广为接受的理论进行批驳或检验;对某一极端案例或独一无二的案例进行分析;用于研究有代表性的、典型的案例;用于研究启示性案例;纵向案例研究,即对不同时点的同一个案例进行研究。需要强调不能以案例的数量来评判案例研究方法的品质,如果能对单个案例进行细致的研究同样能够发现新的理论关系,改进旧的理论体系,应当更加聚焦于重点案例的深度研究而非泛泛地对众多案例进行表面研究。

案例的层级维度分为两类:整体性(单层次分析)和嵌入性(多层次分析)。一个案例研究可能包含一个以上的分析单位,当需要对一个或多个层级的分析单位进行研究时,就会出现一个研究中同时并存多个分析单位的现象,对亚单位(次级分析单位)的研究就称为嵌入性案例研究,以揭示案例的整体属性为目的,不进行次级单位分析的案例为整体性案例研究。

三、传化物流案例研究

案例研究是较为常见的质性研究方法,相对于定量研究能较好地回答"为什么"和"怎么样"。围绕"物流平台企业生态系统演化的过程、驱动因素和规律"的研究问题,选择了单案例纵向时序分析的研究方法,即在不同的时间点对研究对象展开研究,并跟踪、解析其变化。

(一)研究对象

选择第四方物流平台集成服务商——传化物流,主要考虑到两点:首先,第四方物流仍属于新兴行业,该行业的实践也还不够充分,而传化物流首创中国公路港物流服务平台模式,在以自身为核心构建的庞大复杂的公路物流生态系统中扮演着类似乐队指挥的角色,同时也是生态系统的守护者,并且显著提升了我国公路物流运营效率,在行业内发展态势良好,具有案例典型性和较高的研究价值;其次,传化物流具有二十年的发展历史,并经历了多个发展阶段,符合纵向案例研究的要求。

(二)数据收集和分析策略

本研究采用了已有文献、档案记录、访问调查等三种途径实现数据的采集。从数据来源上看,从CNKI中国期刊全文数据库、万方信息资源系统、传化物流官方网站、公司年度报告获取大量相关数据。在此基础上,根据研究问题进一步拟定访谈提纲,主要围绕传化物流发展历程和关键事件访谈了信息技术部等部门负责人,了解该公司商业生态系统环境情况、管理者对公司战略的思考、思路及对未来的预期的描述,从中探索和分析以该企业为核心的生态系统演化过程和机理。从数据产生的主体来看,所收集的数据既包括以徐冠巨为代表的传化物流高层管理者的话语,也包括主流媒体及相关研究者或机构的评论;从数据跨越的时间段上看,本研究收集到的数据包含了从2000年传化公路港模式创立到2019年6月期间的相关数据,能够很好地体现传化物流生态系统的发展历程。

(三)传化物流的发展阶段与生态系统演化过程[①]

传化物流定位于物流平台集成服务商,通过搭建高效的物流运营平台、建立物流企业资源聚集区,赋予了公路运输板块高效低耗、集成化、信息化管理的时代特征,解决了公路货运行业散、小、乱、差,空载率和物流费用居高不下、物流效率偏低的行业老大难问题。经过二十年的探索实践,现已初步建设成公路港全国网络以及智能信息系统、物流服务系统和支付金融系统,探索出"物流+互联网+金融"的发展模式,获得中国物流创新奖、最佳物流平台模式创新企业、全国供应链创新与应用试点企业、国家产业创新大数据应用试点企业、2019年中国供应链金融领域杰出服务商十强等荣誉。梳理传化物流二十年发展历程中的关键节点,将传化物流平台生态系统的演化过程归纳分为初创期、发展期、成熟期三个阶段。

1. 平台生态系统的开拓阶段(2000—2005年)

2000年传化物流以公路港为切入口,以"线下+线上"的方式,进军第四方物流领域。2003年运营杭州公路港物流基地,并先后成立了车源中心、信息交易中心、零担快运中心、仓储中心等主要业务部门,以物流信息交易为核心,主打三大信息化产品:货运信息超市、货运班车总站、司机之家,有效对接了车源与货源。同年传化基地的车辆流动量达到20万辆,催生了其第四方物流平台生态系统的形成。

通过基础设施建设和物流交易平台的运作,传化物流将大量零散的社会车辆以及中小型第三方物流企业聚集在了一起,极大地推进了社会物流资源的整合。同时,传化还对物流管理服务资源进行了集聚,通过引入工商、税务、公安等政府职能部门,促进物流企业规范运作;通过引入银行、保险、邮政、通信、网络等中介服务机构和餐饮、住宿、购物、汽修、汽配等基本生活设施服务的提供商,为入驻客户完善了商务配套服务。另外,在和物流客户的合作关系上,采取既合作、又管理,既激励、又淘汰的方式,助力其成长为专业的物流企业。

[①] 王慧颖. 基于传化物流案例的物流信息平台生态系统演化机理研究[J]. 科技促进发展,2020(6):679-688.

该阶段的平台生态系统由上下游客户(中小型第三方物流企业、工商企业和个体货运司机)、政府职能部门和中介服务机构等商务配套型企业组成,主要特征是缺乏较为完善的功能机制,面临较强的竞争压力,系统成员的类型和数量较少,企业间的联系较弱,公路港的规模经济效益尚未出现。

2. 平台生态系统的成长阶段(2005—2015年)

2005年传化物流开启了公路港物流基地连锁经营战略,迈开了全国性网络构建的步伐。一方面,传化在全国进行实体公路港基地的建设,建立全国网络联盟;另一方面展开以四大应用系统、三大基础平台、二个保证体系、一个门户网站为内容的信息化建设,在全国范围内进一步整合资源。

在模式复制的过程中,传化物流还通过联盟等方式联合适当多的外部伙伴,例如和新加坡普洛斯开展战略合作,以降低运营风险并拥有更加充足的资本;在成都、苏州拓展新技术时,和行业协会、当地企业进行一些合作(成都基地被中国物流与采购联合会评为中国物流示范基地),传化物流平台的集聚效应和规模效应得到较充分的发挥,生态系统的边界扩展、功能机制不断完善、系统成员的种类和数量增多,系统的竞争力和风险抵抗力增强。

与开拓阶段相比,该阶段的生态系统多了与公司共担风险收益的20余个公路港物流基地内的广大成员、与公司处于平行地位的合伙人、行业协会等。

3. 企业生态系统的成熟阶段(2016年至今)

基于建设面向中国制造的智能供应链服务平台的愿景,传化物流向数字化、智能化方向转型,2016年推出联通线上线下运营平台信息与支付系统的信息支付平台——传化网,打造"物流+互联网+金融"协同发展模式。具体举措有以下三项。

第一,通过"自投自建+战略并购+合资合作"的形式,横向拓展公路港城市物流中心布局,不断提升生产制造货物聚集与流通的服务能力。

第二,纵深推进智能化建设,提升平台智能运营能力。一方面,建设智慧物流系统、WMS云仓、硕诺、PMS园区通等业务系统,推出陆鲸、易货嘀等互联网产品,有效支撑全网资源连接与业务运营;另一方面,为大型制造企业提供"系统+仓运配"一体化解决方案,为外部传统园区、互联网企业输出信息系统和管理模式。截至2019年6月,其定制化的物流供应链解决方案服务对象已覆盖能源、化工、汽车、家电等40多个行业领域。

第三,发展商业保理、融资租赁、保险经纪、传金所等金融业务,打造互联网供应链金融服务平台,助力实体经济。另外,引入知名汽车厂家、润滑油等车后品牌商,为平台用户提供更完善的车后服务。一个覆盖全国、港与港互联互通的商业生态系统逐步形成,如图4-5所示。

总之,此阶段其商业生态系统的规模和成员种类得到进一步拓展,系统功能机制更加完善,结构趋于稳定,空间结构、物种和种群数量规模较大,内外部资源整合效率越来越高,成员初步建立一种有序的共生关系,系统竞争能力大为提高。

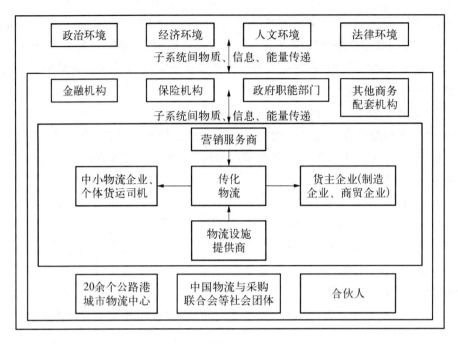

图 4-5 传化物流平台生态系统

本章小结

本章通过对案例、案例分析法和案例研究法的定义和类型进行回顾,进而探讨了案例分析写作问题,概括了多种常见的案例分析工具供学生参考。最后介绍了案例研究方法,并以传化物流案例加以说明。

思考题

1. 案例和案例分析法的定义是什么?
2. 如何进行案例选题?
3. 案例写作需要注意哪些问题?
4. 请举例说明常见的案例分析工具有哪些。

第五章 案例教学方法

学习目标

- ◆ 案例教学的相关概念和内涵
- ◆ 案例教学的设计
- ◆ 物流案例教学的设计

 开篇案例

案例教学法——应对不可知的未来

经过100多年的发展,案例教学法不仅成了哈佛商学院的主要教学方法,还成为全球商学院进行管理教育,培养管理人才的重要方法。哈佛商学院教授每年编写的案例大概为350个,数量占到了全球商学院案例使用量的80%。这些案例横跨不同学科、不同行业和不同国家,而且还在持续扩展和更新中。

一、什么是案例教学法

所谓的案例教学,就是将现实中的问题带到课堂,以案例为中心,围绕一个教学目标,课前进行策划与准备,通过教学双方的共同讨论分析,达到提高学生分析问题和解决问题能力的目标。

1. 课堂之前

学生要以当事人的身份花几个小时的时间独立研究每个案例,参考多方面数据,进行适当的定量。在上课之前,他们在学习小组中讨论各自的发现,验证自己的思路,为扮演首席决策者做好充分准备。

2. 课堂之中

哈佛商学院的课堂以"随机提问"方式展开。教授向学生提出一个有争议的问题引出案例,进而激发学生对这一部分讨论内容的整体思考。以这种开放式提问和反馈开始,学生将会在接下来的时间中分析、辩论、认知,最终形成自己的观点并提出解决方案。

3. 课堂之后

讨论课一般很少以一个确定的解决方案结束。通常的结果是,学生对案例中的复杂因素有深刻的了解,明确如何运用适当的技巧来分析和评估问题,对处理实际商业活动中不确定的问题有了新的认识。

二、应对不确定性的独特优势

在当今时代中,颠覆性技术不断涌现,新兴经济体快速腾飞,再加上全球人口老龄化,这些因素造成了经济发展的不确定性以及商业社会管理的复杂性。在这种环境下,成功的经验,包括相对比较稳定的商业模式都会被颠覆,过去经验的有效性会大大的减弱。哈佛商学院的案例教学法旨在为学生提供学习并加强领导技能的机会,以应对不可预知的挑战。

来到哈佛商学院接受高管教育的学生多为在世界重要组织和500强公司担任领导职务的精英高管。面对当前旧模式不断被颠覆的市场,他们需要快速掌握对解决当前问题有帮助的知识和技能,并迅速将所学应用到现实商业环境中。多数高管都表示,案例教学法为他们提供了最贴合市场变化趋势的案例,给予他们持续的、不断进化的学习体验,帮助他们深刻了解到不确定性背后的动因及其复杂性、持久性和长远性。通过与老师、同学不断地讨论和反思,他们实现了自我的全面蜕变。

哈佛商学院深刻认识到,当前市场变化无常,培养应对不确定性的领导力极其重要。哈佛教授经过研究认为,针对不确定性,培养领导者品德更重要。这些品德包含价值观、自我认知的能力、自我约束管理能力和自我持续学习的能力。

培养领导者品德可以从两方面入手:(1)适应性领导力。在案例教学中,教授专注于帮助高管解决因果关系不清、突如其来、异常复杂的"沼泽问题",而非高管面对的常规挑战。(2)学习敏锐度。哈佛商学院的课堂保证学生群体的多样性,反映来自不同背景、国家和种族的学生的独特个性和行为方式。通过向不同个性和职业背景的同学学习,学生可以跳出自己的思维框架,走出舒服区域去接受新的事物,保持对新知识的敏锐并尝试去改变自我根深蒂固的价值观,做到兼听则明。在讨论案例的过程中,他们与同学之间观点的碰撞强化了思辨能力,学习到更多沟通、谈判、说服他人和团队合作的技巧。

(资料来源:https://mp.weixin.qq.com/s/5ZOiJqiZOagiUykW7wBJig)

第一节　案例教学概述

一、案例教学及相关概念

案例教学由美国哈佛大学法学院前院长克里斯托弗·哥伦布·朗代尔于 1870 年首创。1921 年,在时任院长华莱士·B.多纳姆的推动下,柯普兰博士出版了第一本案例集。多纳姆院长是一位律师,曾受过案例法的训练,他看出了利用案例的重要性,就在全院大力推动案例教学法。

由哈佛大学首创的案例教学,经过百年的发展,经过哈佛人的不断完善和创新,已经成为一种完整的教学体系,并成为哈佛大学的教学特色。哈佛的案例库更是成为世界各国开展案例教学的宝贵学术资源,被世界各国众多大学购买和使用。哈佛大学案例教学注重教学案例编制以及强调互动和主动学习,其评价方式多元化,且注重学生能力的培养。

我国是在 20 世纪 80 年代开始对案例教学进行研究应用。案例教学法是一种与传统的教学方式完全不同的教学方法。尽管案例教学逐步被人们接受,近年来我国部分高校在部分应用性较强的专业学科,例如法律、医学、会计、工商管理、市场营销等,广泛采用了这种新的案例教学模式,并取得良好的教学效果。同时,案例教学也逐步向高校的其他学科、中小学、各类培训机构扩展,将经济、社会生活中生动、鲜活的经济社会活动案例融会于教学之中,无疑是理论与实践相结合的有效途径。

总的来说,案例教学在学生、学校和企业之间编织了一张价值网络。企业探索商业创新之路,教师将企业的商业实践编写成案例,深入研究众多案例背后的共性规律和个性做法,教授给学生,同时将这些研究发现反哺给企业,为企业的下一步创新提供灵感,并进一步推进产学研的深度融合。

案例教学是教学方式、方法,组织形式以小组讨论、合作学习为主,目的是提高学生分析问题和解决问题的能力。案例教学概念界定归纳起来有如下代表性观点,如表 5-1 所示。

表 5-1　案例教学概念多种界定

观点来源	观　　点
哈佛大学	案例教学是哈佛大学首创的应用于企业管理人员授课的教学方法,案例为媒介,知识点导入,培养学生的团队意识、发现问题解决问题的能力
郑金洲《案例教学指南》	从广义上讲,案例教学法指通过描述一个具体的情境,引导学生对这个特殊情境进行分析和讨论的一种教学方法。在一定意义上它是与讲授法相对立的。所以,案例教学就是教师通过案例(具体的,真实发生过的)来引导学生共同讨论、研究的一整套教学方法或教学模式

续 表

观 点 来 源	观 点
教育部 2015 年发布《关于加强专业学位研究生案例教学和联合培养基地建设的意见》(教研〔2015〕1 号)	以学生为中心,以案例为基础,通过呈现案例情境,将理论与实践紧密结合,引导学生发现问题、分析问题、解决问题,从而掌握理论、形成观点、提高能力的一种教学方式

案例教学指教师根据教学内容及教学目标,通过创设案例,以案例作为基本教材,组织学生对课程的典型案例进行文献检索、阅读、思考、分析、方案的讨论和交流、问题的解决与总结等一系列的思维与动手的实践活动,是一种开放式的教学,并不要求指向统一的、标准的答案,而是从案例的分析与讨论中获得启示和意义。案例教学有利于培养和提高学生分析问题和解决问题的能力,有利于提高学生与人合作共事的能力,有利于培养学生的创新意识,有利于提高学生的综合素质。

二、案例的内涵

教学案例是真实典型且含有问题的事件。简单地说,一个教学案例就是一个包含有疑难问题的实际情境的描述,是一个教学实践过程中的故事,描述的是教学过程中"意料之外,情理之中"的事。

如何找到一个优秀的教学案例?这可以从以下三个层次来理解。

(1)事件:教学案例是对教学过程中的一个实际情境的描述。它讲述的是一个故事,叙述的是这个教学故事的产生、发展的历程,它是对教学现象的动态性的把握。要选择有典型性和一定知名度的案例。

(2)含有问题和难题的事件:事件只是案例的基本素材,并不是所有的教学事件都可以成为案例。能够成为案例的事件,必须包含有问题或疑难情境在内,并且也可能包含有解决问题的方法在内。正因为这一点,案例才成为一种独特的研究成果的表现形式。

(3)真实而又典型的事件:案例必须是有典型意义的,它必须能给读者带来一定的启示和体会。它所反映的是真实发生的事件,是教学事件的真实再现。它不能用"摇摆椅子上杜撰的事实来替代",也不能从抽象的、概括化的理论中演绎的事实来替代。

管理学科中案例教学方法的价值不仅在于使学生接受和掌握相关的理论和知识,更重要的是理解理论和知识的应用场景。换言之,建立在管理案例基础上的管理知识="是什么"+"为什么"+"如何用"+"前提条件"。管理知识的学习是一种系统的学习,不仅能学习"是什么",更重要的是还能学习"为什么""如何用"及"在什么情况下有效"。因此,案例教学法可以最大限度地弥补传统教学方法的不足,有助于消除"知识无用"的抱怨,克服或减少尽管满腹经纶但却在管理实践中处处碰壁的现象。案例教学法具有如下八个特征。

(1)真实性:选择的案例必须来自实际的工农业生产、科研、社会生活的应用,来源于日常的教育教学实践,案例应该反映的是一个真实事件,即描述的是真人、真事、真情、真知,是典型事件的真实的回放和再现,是现实问题的缩影。

(2) 完整性:案例是一个相对完整的事件或例子,事例发生的时间、地点、具体情节及过程交代得一般比较清楚,尤其是事例发生的特定的教育教学背景,如课堂教学所处的大的教育改革环境。

(3) 典型性:案例应该具有一定的代表性、广泛性、实际性,也就是要具有典型性,其代表着解决某一类实际学科问题方法的本质属性。越是典型的,越具有指导意义,学生通过案例积累的范例和经验越多,分析和联想的思路就越开阔,理解和认识的能力也就越高。

(4) 启发性:实际的典型案例应该能震撼学生的心灵,能在学生的灵魂深处留下深刻的印象,能引发学生回味和反思。案例本身只能作为分析问题、讨论问题、解决问题的材料而存在,教学中不是要学生记住案例,而是要能够启发学生思考,通过案例的研究和讨论,能够拓宽学生分析问题的思路,培养学生解决问题的能力,并在以后顺利地迁移到真实的问题情景之中,提出一些创新性的方法。

(5) 规范性:部分学科(法治、财经等)案例教学是在国家有关法律、法规、制度的约束下进行的。因此,教学案例的选取与设计就应注意将有关的法律等内容贯穿其中,使案例教学成为对学生进行法制教育、职业道德教育的过程,让学生增强懂法、执法的职业意识,明确职责的严肃性。

(6) 超前性:教育不是要求学生毕业后立即就能胜任实际专业工作,而是要有一种能适应不断发展变化的工作能力,这种能力的最大特点就是创造性。这就要求选择的案例要新,案例具有时代性。

(7) 实用性:案例教学的目的是解决问题,使学生掌握的知识有用武之地,因此,任何案例都不可信手拈来,需经过充分地筛选、比较、论证,选取最精华的东西,使案例教学取得实效。选择的案例都有其自身的应用价值、理论价值及现实意义,如它可提供正面的经验或反面的教训。

(8) 故事性:案例必须是发生在特定的情境之中,具有特定的时间、地点、人物和情节,是具体的、生动的,是对教育教学过程中的一个实际情景的完整的描述,是对事物或现象的动态把握。有时为了某种目的的需要,在案例叙述中允许虚拟一些情节。

一般完整的案例中都有教学注释或教学引导,是方便教师使用这个案例而附加的关于如何进行这一案例教学的指导说明书,主要包括案例概要分析或评论、案例讨论前的活动、教学该案例的注意事项、建议讨论的问题(其中可能包括学科专业方面的问题、学生思维评价的问题、教学法问题、情境与背景问题及一些扩展的问题等),最后还附有参考文献,为备查相关信息提供线索。

第二节 案例教学的设计

案例教学设计主要包括:教学目标(依据课程目标、教材、学情、教学资源),教学内容

(依据教学目标和重难点选择案例、熟悉内容和提出问题、预测学生的反应等),教学过程(方法、策略、模式、构思如何给学生反馈、如何引导讨论等),板书,教学评价等方面的设计。在案例写作过程中,安排好案例中时间、人物、场景、事件,以及事件的经过、冲突、高潮与结果,最重要的是提供支撑学习者兴趣所必需的戏剧性和悬疑。

一、案例教学的目标设计

(一)传统教学方法 VS 案例教学

传统课堂教学注重理论知识的传授和获得,强调知识的系统性和逻辑性,而忽视学生分析问题、解决问题能力的培养。教师在案例教学中仍习惯使用驾轻就熟的以教师为中心的传统教学方法,主导和控制着从案例背景介绍到提出问题、展开分析、得出结论等案例讨论的各个环节,学生只能在极其有限的范围内被动地参与案例讨论。教师沿袭传统教育方式进行案例教学,犹如旧瓶装新酒,这种重灌输轻启发、重智商轻情商、重管制轻激励、重结果轻过程的所谓案例教学,有违案例教学的本质。从普遍意义上说,教学不应是传递有待于储存下来的信息,相反,应是激发学习者早已具有的能力,并确保学习者具备有利于完成目前学习任务以及解决今后更多问题所需的能力。

案例教学强调实际问题的解决,注重培养学生的各种能力,包括分析问题能力、与人协调能力、沟通能力、表达能力等。这并不意味着忽略理论知识的学习,在个人阅读分析案例、小组讨论、班级讨论、撰写案例分析报告等过程中,学生在发展能力的同时获得理论知识。

(二)案例教学的教学目标

案例教学的教学目标是对教学内容(案例)进行科学而巧妙的编排,辅之以恰到好处的课前预习、小组讨论、全班讨论、总结,以达到最佳教学效果。遵循教学规律,以"学"和"教"为案例教学设计出发点进行的设计才是真正意义上的案例教学设计。

案例教学的课堂是师生讨论、小组合作、问题导引、质疑辩难、假定、模拟等形式相互交错运用,不断生成新的结论或者新质疑的学习形式。教学过程是合作的,教学目标是生成的。在阅读案例过程中,首先要对案例中的信息进行筛选、归类和整合,找出对案例分析有价值的信息和关键数据。在掌握案例的关键信息与数据之后,学生从决策者的角度看待问题,找出关键问题所在,并选择相应的分析方法,得出策略性的建议和解决问题的行动方案。这是一个独立探索与获取新知识的过程,在这个过程中,学生观察能力、提取信息能力及分析能力得到锻炼。在小组讨论过程中,学生阐述自己的观点、相互启发、激烈辩论,集中集体的智慧,共同加深对案例的理解。在这个过程中,学生的思维能力、合作能力和沟通能力得到锻炼,还有助于培养团队意识。在课堂讨论中,学生吸收借鉴教师和其他同学的观点和见解,不仅增加对问题理解的深度和广度,而且锻炼分析问题、解决问题能力以及语言表达能力,同时还能培养学生的批判精神、竞争意识以及尊重他人意见的态度。

传统课堂教学强调理论知识的传授,比较注重知识的连贯性、系统性和逻辑性,而案例教学强调实际问题的解决,培养学生的各种能力,包括分析问题能力、与人协调能力、沟通能力、表达能力等。传统课堂教学有利于学生理论知识的系统建构和学生对基本概念的理解,其缺点是容易造成理论脱离实际,即学与用之间存在距离。案例教学正好可以弥补这一不足。

案例教学中的教学案例是现实生活中真实事件的叙述,例如哈佛法学院在案例教学中使用的案例是真实的法律案件,哈佛商学院在案例教学中使用的案例是企业遇到的真实事件。此外,案例教学没有标准答案,案例教学的目的不是让学生去寻找正确答案,而是训练学生分析问题和解决问题的基本思路和方法,以期将来面对纷繁复杂的情形时能正确思考和做决策。

哈佛商学院把管理教育的目标分为三个层次。

第一个层次是传授知识,即理论、概念、分析框架与工具、技术,以及描述性的信息。

第二个层次是帮助学生获取技能。这包括发现机会或问题的能力;想象可替代的解决方案的能力;分析与批判性思考的能力;跨职能整合能力;制定决策、计划行动与执行的能力;倾听、质疑、演讲、说服,以及写作能力。

第三个层次是帮助学生树立正确的态度和世界观:(1)培养行动的勇气、接受不明确的状况、承担责任、追求卓越、树立伦理标准、承认不完美、持续学习、理解他人;(2)发展自我意识,认识人性,理解情境对企业决策的影响,关注企业目标与企业责任,明确领导者的责任。

作为未来的管理者,虽然获取知识是基础,但如果缺乏应用知识的能力,获取知识就没有太大价值。而如果缺乏自我意识和对价值观的思考,在应用知识的过程中就会迷失方向。因此,要在复杂而混乱的状况中做出正确决策,丰富的专业知识、高超的技能、坚定的态度与价值观缺一不可。

学习目标需要从三个层次来考虑,即知识、应用、态度。以哈佛商学院使用的一个关于创业失败的案例为例,课程团队将知识层面的目标设定为明确可能导致创业失败的因素,应用层面的目标为掌握评估新创企业生存能力的框架,态度层面的目标是思考终止一个新创企业的时机和方式,以尽可能减少对利害相关者的不利影响,做到优雅地退出。

(三)案例教学的作用

案例教学把学生看成是完整的生命,不仅注重对学生知识、技能、智力的提升,同时重视培养他们正确的人生观、价值观和审美情感;以学生为主体,一切教学活动与过程都紧紧围绕学生解决问题的自主学习进行,发展他们的交流合作能力,促使其形成相互理解和尊重的品质,这些都是秉承现代教学理念,彰显人性的现代教育理念的充分体现。

案例教学目标是教师对教学活动预期达到的教学效果、标准,是对学习者通过学习以后将能做什么的一种明确的、具体的表述,它对教师的教学活动和学生的学习活动具有指示教学方向、引导教学轨迹、激励作用、调控作用和评价作用。案例教学强调有效的学习只能发生于共同的合作与集体之中,要求教师融入学生群体之中,与学生形成一个学习"共同体"。在案例教学中,特别是案例讨论阶段,教师和学生的关系是教与学的平等互动关系。而所谓师生互动,就是把教学活动看作是师生之间相互影响、相互作用的交往活动,把教学过程看作是由师生共同推动的一个动态发展着的教与学相统一的过程。

案例能满足创新教育的需要。案例是开展案例教学的基础,好的案例能有效激发学生的参与热情并为学生创新素质的培养提供广阔的天地。"以学生为中心"是哈佛案例教学的精神所在,不论是课前、课中、课后,学生皆需积极参与。哈佛大学案例教学中所使用的案例是对真实情境的模拟,学生在此模拟情境中学习做决策,并发展形成决策的逻辑,以及支持此逻辑的证据。在此模拟情境中,可快速积累工作经验,建立理论与实务的桥梁。在模拟过程中,教师不断提出问题激发学生思考,并通过讨论培养学生独立思考、整合、分析与决策的能力。

二、案例教学的内容设计

案例教学的内容主要是案例素材,按照课程教材、教学大纲、教学目标开发、选择合适的教学案例。

首先收集案例素材。优质的教学案例开发是一种原始研究,利用访谈、观察、文件分析法等收集与整理原始资料,为案例写作提供素材。教学案例开发者要保持良好的专业敏感性与洞察力,做一个忠实的倾听者,在相互信赖的心理环境下鼓励教师回顾、讲述、反思他们亲历的教育教学故事,在口述故事的过程中讲述者会重新获得对人物和事件的新感知、新理解、新启示。

对案例选择的要求尽可能紧密地模仿管理实践是哈佛商学院学习模块的四大关键要素之一,体现在案例选择上有两点:一是选择真实的企业案例;二是案例材料包含的信息通常非常丰富,有的长达20多页。虽然阅读量很大,但更接近企业真实的决策场景。值得一提的是,在长期使用经典案例的同时,哈佛商学院对普通教学案例的更新速度还是很快的。在两年的学习中,MBA学生使用的案例有三分之一是新开发的。

其次整理搜集的原始素材,按照事件发生时序对原始资料进行纵向情境分析,通读资料并对关键事件进行提炼编码,以此作为教学案例写作的显性故事情节;再根据教学案例主题对提炼的关键事件进行横向类属分析,提炼与案例主题直接相关的事件其背后所采取的系列化教育教学理念和策略等,以此作为教学案例写作的隐性理论脉络或案例分析思路。

最后将整理的素材撰写成完整的教学案例。教学案例写作过程是对教育教学关键事件进行筛选、整合、适度加工的过程,是对故事内容理论化和价值化的提升过程,是站在"教案例"和"学案例"的角度,对案例体现的教学要素和教学价值提炼的过程,可根据教学需要在故事原型的基础上,对教学案例进行数据增减、情节润色、增加文学品质、对案例内容的清晰度和文字叙述风格等编辑加工,若有可能,通过再次实地考察充实案例素材。

三、案例教学方法设计

根据不同教学内容和目标,辅助以恰当的教学方法,是设计的操作要领。设计教学方法教师才能进一步设计教学,在具体操作环节用方法实现内容理解。常见的案例教学方法有如下四种:

(1) 讨论法。这是为充分调动学生思维、培养学生分析问题能力使用的一种方法。通过讨论可使不同思想产生撞击,有利于训练学生良好的思想品质。对非操作性案例就可采用讨论法,要求学生对案例采用的不同方法进行讨论,通过比较、论证可使学生发现实际中可能存在的问题,同时对这种方法的应用特点有更深入的理解。

(2)质疑法。这是由学生根据案例充分地从不同视角提出问题,整个教学过程分为质疑、答疑、存疑几个部分。其中,可由学生质疑,教师答疑;教师质疑,学生答疑;遇到有争论的问题可以采取存疑的办法。如在案例教学中,学生会提出各种设计方案,经过对各种方案反复质疑、答疑,才能从中筛选出优选方案。

(3)提示法。这种方法即教师对案例的处理方法不直接发表意见,而是通过各种手段对学生进行启发,使学生独立解决案例中的问题。在运用综合案例进行教学时,对于较复杂或容易忽略的环节需应用提示法,引导学生操作。

(4)操作法。指导学生将案例中的某些要求,根据学过的学科理论知识,独立或分组操作处理,培养学生在实践中的动手能力。

其中讨论法和质疑法均是为了引发学生争论、促进观点交锋。案例讨论中一定要有观点交锋才能激起学生的参与兴趣,因此,教学团队会事先设计可能引发争论的问题。如,你认为这家企业的业绩表现是否令人满意?如果采用不同的策略,结果是否会更好?这家企业的做法是否存在伦理上的问题?教师往往会采取一些策略来挑起学生之间的争论,如投票表决、角色扮演、让发表了不同观点的两个学生直接争辩、支持少数派的观点等。当然,教师需要事先判断案例中哪些地方提供的信息不足,否则无法支撑深入的讨论。在课前设计问题和课堂引导讨论时都要避开对这些信息的使用,以免引起困惑。

除了问题本身以外,如何安排问题的提出顺序也是课程团队需要明确的。案例教学就是教师抛出一个个的问题,引导学生讨论的过程。先提什么问题,再提什么问题,其间需要有清晰的逻辑,通过从一个问题过渡到另一个问题来引导学生有条理地思考并得出结论。

四、案例教学需注意的问题

(一)案例教学的重点和难点

案例教学重点是介绍案例分析的理论框架;讨论问题产生的背景和环境;分析与问题有关的相关条件和约束条件;排列利益相关者的观点和方案;提出解决问题的方法、思路和可供选择的方案;对案例作"无结论、开放式"总结。

案例教学难点是部分教师没有受过系统的案例教学训练,对什么是案例教学、案例教学要达到什么目的没有准确的理解。例如教师将案例(case)当成例子(story),将案例教学当成举例教学,认为案例教学就是用事件佐证理论和用理论点评事件,看起来是理论联系实际,讲得也很形象生动,但这并非严格意义上的案例教学。对策是厘清案例与例子、案例教学与教学举例、案例教学与范例教学关系。

(二)案例和例子的区别

案例内蕴丰富,包括多元理解的可能性的事件,在教学中是核心性存在。例子,是一个个小事例,在教学中使用是一种说明性存在。两者在教学中常常使用,有促进教学效果完成的作用。

从使用目的看,案例的课堂教学是为了认知清楚案例,剖析案例蕴含的原理、内容、价值等;课堂教学中例子是为了阐明道理、概念等。从表现形式上看,案例一般是文本案例和视频案例;例子一般是文本案例,多用口头表达呈现于课堂。从容量上看,案例一般篇幅较大、案例文本从五六千字不等;例子一般篇幅较小,例子文本百字左右。从针对教学对象上看,案例是针对课堂开发的,在教学中使用,作为课堂核心教学资源;例子是教学知识点的附庸,在课堂上举用,作为原理的解释性材料。

（三）案例教学和范例教学的区别

案例教学与范例教学的相同之处是都取"例"教学,教学的切入视角相同,而且用例都强调"经典性"。

从原例发生时间上,案例强调时新性,有的专家认为开发的案例需要是五年之内发生的;范例把示范性和经典性当作首要开发原则,不强调原例发生时间的限制。从教学过程看,案例教学强调对起承转合事例发生过程的关注,对其中蕴含的可能性的分析;范例教学注重对原理性知识的把握和结论性知识应用。从教学效果上看,案例教学在于激发学生思维,形成对案例全面分析和批判认知。范例教学也注重学生思维发展,但通过范例认识到既定结论,迅速地转化为实用型能力是范例教学的原初追求。

综上所述,例子、范例、案例是有区别的概念,对其界定和区别是探讨案例教学最基础的认知。教学举例、范例教学、案例教学在主导思想、教学目的、教学过程追求等方面存在一定差别。案例教学注重教学过程,发展学生思维。

（四）案例教学的合作

合作学习不仅可以改善课堂内的班级心理气氛,大面积提高学生的学业成绩,促进学生良好的非认知品质的发展,形成学生对学科的积极态度,发展批判性思维能力,更重要的是培养下一代能够将其所学能应用于合作情境之中,而不仅仅停留在掌握知识和技能水平上,最终转变传统教学片面强调竞争的格局。

案例教学则高度重视学生合作意识与合作技能的养成。主要体现在两个方面:一是根据案例的难易程度和学生水平的差异,将大班分成若干个小组进行,每一个小组重点准备一至两个问题。问题的解决需要每个学生进行合理分工和有效合作,否则,问题将无法解决。显然,每个小组成员为了完成各自的任务和学习共同体的目标,必须强调彼此之间的真诚合作。二是案例分析总报告的撰写需要各个小组之间的合作。因为很多具体资料需要每个小组提供,同时还要相互协调、相互合作,才能共同完成总目标。

（五）开场白设计

如何设计开场白。开场是否顺利在很大程度上决定了整节课的效果,因此,哈佛商学院的课程团队非常重视对开场的设计。一般情况下,他们会对一个案例设计2~3个开场方案,以前文提到的创业失败的案例为例,课程团队设计了三个开场方案。

方案一:直截了当向学生抛出问题,即你会通过寻求过桥贷款解决企业的资金困难还是关闭企业?要求学生迅速做出选择并举手表决。教师在黑板上记录学生的表决结果。

方案二：选择1~2组学生扮演要向董事会做口头报告的创业者，给他们5分钟时间准备，然后用3~4分钟陈述。其他学生扮演董事会成员。角色扮演结束后，大家就方案一的问题进行表决。

方案三：让相邻座位的学生两两分组扮演创业者，就打算提交董事会的报告进行讨论，5分钟后就是否关闭企业进行投票。多个开场方案的设计让教师可以根据学生情况和案例在整个课程板块中的重要性做出灵活的选择，这种在明确指引下的选择权对于提高授课教师的课堂掌控感有积极作用。

第三节 案例教学的实施

一、物流案例资源库的建设

案例库的建设在借鉴经典案例的同时必须要紧跟科学前沿，寻找一些与大数据、人工智能、智慧物流、智慧供应链相关的课程案例，不断更新和充实案例库。案例情景的真实性保证课程案例库中的每个案例都有真实的背景资料描述案例的来因去果，让学生融入案例中，营造出分析现实物流问题的场景，提炼出需要解决的物流问题，让学生切切实实地感觉到是在解决现实的物流问题。例如，物流优化问题涉及多种算法，如采用线性规划问题的单纯形法，通过设计线性规划问题的案例，让学生在案例问题中熟练地理解线性规划模型和灵活地运用单纯形法。

物流案例资源库的建设是收集、加工和整理物流企业案例的过程。根据物流案例与教学环节的联系，可分为课堂引导案例、课堂讨论案例、课外思考案例；根据物流案例与讲授知识的联系可分为描述性案例、问题型案例和混合型案例；根据师生在教学中扮演角色的地位不同，可以分为插入型案例、讨论型案例、模拟型案例。

物流案例的来源主要有三种：（1）现成的物流案例，从公开出版的案例集或教材中撷取；（2）在互联网网站、公众号、行业报告等资料中收集，这一种物流案例多是描述型的，学习性较强；（3）根据相关资源，创设一定的情景，亲自动手进行编辑组合成一个新的物流案例。

物流案例可根据教学目的有针对性地收集，收集过程中注意以下三个方面问题：（1）物流案例的时效性。尤其是物流平台发展过程各异，以云鸟配送这一国内城配平台为例，其创立、发展正值"互联网＋"以及资本疯狂投入物流行业时期。云鸟享受到了政策支持、资本看重的红利，却最终失败。（2）把握好物流案例的难易程度。对于新创立物流平台由于资料较少，往往难以编撰，偏向于从行业发展动态分析其前景。对于成立时间较长的物流平台，可观察多种资料来源，根据感兴趣的关键问题对资料进行编排，时间跨度长往往需要更长时间来编撰。（3）可适当选择视频动画等新型方式来编撰物流案例。

以中国外运杯第七届全国大学生物流设计大赛案例为例，其案例的选择具有以下三个特征：(1) 贴近中国外运在战略、运营、运作等方面的最新实践,设计具有前沿性、时代性、行业引领性的案例；(2) 增加专门的科技赋能篇章,拓展区块链等创新技术在物流领域的深度应用；(3) 案例问题明确,把握好案例的开放性和问题指向性的尺度。其 13 个案例内容见表 5-2。

表 5-2 中国外运杯第七届全国大学生物流设计大赛部分案例内容一览

序号	篇 章	关 键 词	题 目
1	战略规划	国际化	新形势下的国际化发展如何破局？
2		物流枢纽布局	物流枢纽如何落子布局
3		绿色物流	践行绿色发展的企业责任
4	运营管理	合同物流转型	合同物流线上线下一体化发展之路
5		KPI 评价体系	如何对多类型差异化的仓库进行科学评价？
6		拓展城配业务	京津冀一体化下如何提高运力资源效率？
7	运作优化	分拣拆零	分拣拆零能不能不辛苦？
8		排班优化	以人为本的仓库员工排班
9		智能报价	跨境航空货运智能化报价
10		智能装载	航空货运集装器装载问题
11		车辆配载调度	老瓶装新酒——车辆配载调度问题
12	科技赋能	区块链	基于区块链的珠江水系联盟链
13		单证共享中心	打造未来标杆的单证中心

物流案例的编撰主要有五项内容：(1) 基本知识点。选择物流专业课程(如仓储管理、运输管理、物流信息技术等课程)某一章节的内容,掌握基础性知识,将知识与问题相匹配,遵循案例选题的基本原则。(2) 背景介绍。可从宏观政策、中观行业和微观企业三个层次逐级说明。(3) 提出问题。一个案例是关于一个管理问题或管理决策的描述,它通常是从所涉及的决策人的角度来描写的。案例编撰必须提供与问题存在时或需要作出决策时的情景有关的各种事实。(4) 解决方案。(5) 总结或评析结果。

案例编撰需要注意四点问题：(1) "安乐椅型案例",没有问题,没有决策点,平淡无奇,缺乏冲突/争议；(2) 为企业做宣传,案例变成了歌功颂德的表扬稿；(3) 把一家公司去年的资产负债表和盈亏表进行小结,学生只能进行比例分析计算；(4) 各种教材的开篇和结尾案例,把企业成功或失败的经验进行总结。

二、案例的课堂实施步骤

案例教学的问题虽然少有既定的或固定的答案,但这却能使学生逐渐认识领悟教学实践的不确定性和不可预期性,从而有助于他们形成正确的教育教学哲学观,以便读者自如地运用案例教学。通常案例教学步骤为:组建合作小组—座位的编排模式—案例呈现—学生预习—课堂案例讨论交流—课堂教师总结—评价—现代教学媒体的应用。具体实施案例教学,大致可按如下四个主要阶段进行。

(一)组建案例教学合作小组

案例教学主要以"小组"为单位进行的,组建学习小组是第一步,也是最重要的一步。为利于合作与竞争,促进共同进步,实现教学目标,编组时应考虑以下四个因素:组员的性别、组员的背景、组员的能力范围、组员的个性。通常一个4~6人的小组在活动的有效性和参与性方面能够达到最佳效果。案例学习是过程不是目的。在教室里,分组可按前后座位学生为一组,课堂上方便小组讨论和全班讨论交流的转换。

(二)学生课前阅读分析案例

教师提前一周将围绕教学重难点精心选择的案例及思考问题发放给学生,以便让学生能对案例有一个全面的了解,并根据教师提供的案例思考问题进行阅读,分析案例的具体内容,思考案例所提出的供学习者思考的问题。并以学习小组为单位,让每个小组内部成员之间最好有充分的交流,要形成该小组的初步观点,并将小组观点打印成书面材料,做到上课时有备而来。

(三)课堂上案例的呈现方式

1. 常态式呈现

案例呈现方式中最普遍的是常态式呈现,常态式呈现包括文字呈现和口头呈现,文字呈现也就是将案例用描述性的文字形式表现出来,在内容上比较详尽和全面。例如常见的文字型是用简洁的文字,对案例内容进行浓缩转换。图片型把案例内容转换成一张图表,如直方图。表格型把案例内容转换成一张表格,如数据表。还有动画型,如flash能够全面、透彻解读案例内容。

2. 视频式切入

视频式切入案例是案例表述中最为直观的方式之一,用多媒体形式将案例准确表现在课堂之上,使学生对案例有了更为直观理解,形成初步印象,进而激发学生去思考,对于案例教学法而言,视频式切入案例是提高课堂教学效果和增强过程互动性的重要手段。

3. 场景式呈现

场景式呈现,是案例最具特色的呈现形式,将案例场景再现,模拟案例中的人物、事件、情节、道具等将案例表现在教学过程中,使案例更具真实性。

4. 问题式呈现

问题式呈现,是以问题的形式将案例呈现在课堂之上,激发教学对象的好奇心,调动其参与思考问题的热情,使学生进入分析问题,寻求答案的情景中,问题式呈现是一种对案例自身质量要求较高的案例呈现方式,这种方式在案例教学过程中效果明显。

从实践教学看,教师精选的案例情境越丰富、越真实,学生对案例构成诸因素的感受就越充分,学生对案例进行学习研究的兴趣就越强。

教师在课堂上呈现教学案例应尽可能发挥多媒体技术的特殊功能,把案例材料中所包含的各方面的教学信息更全面、更逼真地呈现给学生。小组讨论是资源信息的分享交流阶段,实质就是集思广益的过程。

(四)案例讨论环节

案例的讨论是案例教学法的核心,是案例教学中最重要的过程和环节。案例讨论简单而言就是围绕案例进行探讨、辩论、交换意见和评论,探讨寻巧,议论得失。讨论意在对案例本身的理解和认识,进而对案例意义价值的思考和分析,从而为案例的总结和案例的理论提炼做准备。讨论模式有设置疑问讨论、联系实际式讨论、角色情景讨论、辩论式讨论和自媒体讨论等。

1. 课堂上小组成员当面交流讨论

个人通过课前第一阶段的阅读、研究、分析获得自己关于案例问题及讨论问题的见解后,便可进入小组讨论阶段,这一阶段为每个学生提供了发表自己对案例的看法、认识及对问题的见解的机会。把讨论中出现的不同见解、合理建议记录下来,对于有纷争的问题记录下来以便提交到下一阶段进一步讨论。

2. 全教学班交流讨论

全教学班讨论是在教师指导下进行的全班所有学生积极参与的讨论,是在小组讨论的基础上的继续,是案例教学的关键阶段。它一方面讨论解决小组讨论阶段各小组的讨论结果和遗留的有争议的问题,另一方面讨论为达到教学目标而有意引导的讨论问题。在该阶段,经过不同思想观点的不断碰撞,启迪学生产生更加新颖的思想火花,再进行分析论证,形成更加深刻的认识和成果。

在讨论掌握上,教师要控制好讨论的进程,既要激励学生进行自主思考,调动学生参与讨论的积极性,又要善于抓住时机,启发和引导学生围绕中心议题发言,从而把讨论引到正确的认识轨道上来。

教师通过回顾讨论过程、罗列主要观点、提示思维盲区、发掘问题深度等方法结束案例讨论,得体的总结会促使学生对相关问题保持长期的关注和不断的思考。具体实施步骤如表5-3所示。

表5-3 物流案例课堂实施步骤

序号	阶段	具体的行为步骤	方　法
1	介绍	讨论一下问题或方法	确定目的和主导问题
2	信息	尝试让学生通过已有的知识、推断和意愿在有或没有必备材料的前提下提出答案	考虑和计划解决问题的方法
3	研讨	收集和整理材料	为解决问题有目的地使用材料

续　表

序号	阶段	具体的行为步骤	方　法
4	决定	选择决定并说明其理由	主观地、经过商议地和能说明理由地解决问题
5	辩论	报告和讨论所做的决定	在整个关系中，评估和整理问题答案
6	检查	结合实际比较答案，有可能的话提出新的问题	反思和转换

哈佛商学院将案例教学称为以参与者为中心的学习，要求学生课前做好充分准备。首先是学生个人的课前准备。课前仔细阅读案例材料并思考案例中提出的问题，是对学生的基本要求。对于长案例，会要求学生遵循以下阅读步骤：(1)阅读案例引言和结论部分以确定案例中的主要人物面临的机会和挑战；(2)阅读各级标题并浏览表格；(3)阅读案例的主体内容，确定案例中的主要人物要抓住机会或应对挑战需解决的关键问题；(4)记录有助于分析问题的信息，确定给案例主人公的建议，回答案例后的问题。

其次是课前的小组讨论。小组一般由6～8人组成，教师会指定小组负责人，对讨论过程进行组织。小组讨论的目的是进一步熟悉案例、检测观点，但并不要求达成一致。第三是积极参与课堂讨论。课堂上一般不再分组，教师面对全班学生抛出问题，采用"破冰"或"热身活动"的方式抽点学生发表观点，要求学生缜密分析、仔细聆听他人的发言、愿意分享观点并承担风险、进行友好的争辩、抱着开放的心态并愿意接受各种解决方案，在不断的讨论中提高确定问题和解决问题的能力，提高对他人的说服力。

（五）准确评价与定期反馈

在哈佛商学院MBA的期末成绩构成中，平时课堂参与占50%。因此，对学生在案例讨论中的表现进行评价是授课教师的重要工作。教师需要首先确定评价标准。

评价标准一般有三个：一是发言的频率。发言频率代表了参与程度，反映的是态度。二是发言的质量，即能否给其他同学带来启发、能否推动讨论的进程、能否贡献新的观点。发言质量反映的是学生的能力。第三个评价标准是发展趋势，即从整个学期来看，学生的课堂表现是否越来越好。

管理类的案例教学的实施如图5-1所示。

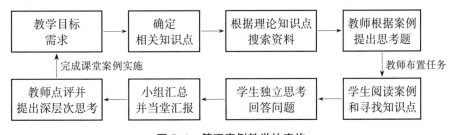

图5-1　管理案例教学的实施

本章小结

本章探讨了案例教学的相关概念和教学案例的内涵,通过对案例教学的设计和问题剖析,进而介绍案例教学需要注意的问题。最后阐述了案例教学的实施,其中物流资源库的建设是案例开发和写作的关键。

思考题

1. 什么是案例教学?
2. 案例教学的设计包括哪些内容?
3. 案例教学课堂实施需要注意哪些问题?
4. 物流案例的编撰需要注意哪些问题?

第三篇
典型数字化物流平台案例

第六章 公路货运平台

学习目标

- 了解公路货运发展现状
- 熟悉数字货运平台企业——满帮集团
- 熟悉公路港平台企业——传化智联
- 熟悉城际物流平台企业——福佑卡车
- 熟悉中小微物流服务平台企业——物流汇

 开篇案例

物流平台助力疫情防控

2020年,G7、福佑卡车、狮桥运力、则一、华能智链、真好运、赤湾东方、壹米滴答、驹马、车满满、卡车宝贝、快狗打车、美菜网、货拉拉、凯东源、万邦迅捷、闪送等17家物流平台展开了联合行动,共同驰援湖北。G7研发团队为此还成立了特别小组,承担了紧急搭建信息发布平台的工作,帮助救援物资和运力资源快速匹配。

一、中交兴路

中交兴路第一时间成立了应急小组,通过全国道路货运车辆公共监管与服务平台(以下简称"货运平台")及车旺大卡APP,全力保障道路货运与物资安全。

货运平台持续为驰援疫区的运输车辆提供安全提醒、防疫通知等安全保障服务的同时,第一时间配合疫区交通运输主管部门管控调度社会营运车辆。此外,货运平台应急小组在车旺大卡APP开设站内防疫互助专区,为卡车司机们提供预防疫情相关信息。

二、物润船联

物润船联"水陆联运网"紧急上线了一款船舶航行动态监测软件,开发了"疫情动态""途经武汉/湖北水域船舶流向分析""30天船舶轨迹""航运防疫动态"等多项服务功能,充分运用大数据手段分析船舶流向,将曾经在湖北停靠过的船舶甄选出来,并用地图标明其运行的方向,将船舶在空间上的位置实时表达出来,为各港采取相应措施提供了第一手的信息资料,帮助全国关心疫情发展的航运人提供船舶数据分析。物润船联实时船舶大数据统计为交通运输领域"一断三不断"疫情防控原则提供助力。

三、中储智运

拥有独立应急物流体系的中储智运,启动"智援"应急物流调度系统。中储智运在全国范围内开通运输救援物资的绿色通道,并建立了驰援疫区的应急物流专区,动员平台会员司机共同努力,提供精准的物流运力保障。

四、本来集团

本来集团旗下社区生鲜店"本来鲜"硬核支援,协同顺丰免费配送24吨食材保障武汉一线医护人员的基本需求。线上B2C生鲜平台本来生活网,作为民生保供重点企业,开启民生生鲜保障配送专项工作,多方联系货源、解决封路运输、严格货源地安全,集中资源保障城市的生活供应。

五、快狗打车

据统计,快狗打车在全国范围招募3 000余名志愿者司机,目前已承接运输需求70余次,其中跨省1次,跨城6次,同城63次,累计运输口罩10万余只、防护服千余套、净化器60台、蔬菜10余吨及其他大批生活物资等。

(案例来源:朱贝特.物流平台:持续助力疫情防控[J].中国物流与采购,2020(4):29-30.)

思考:物流平台在抗击疫情方面做出了哪些贡献?

第一节 公路货运市场发展现状

中小微物流企业中有广泛存在运力分散、业务覆盖区域有限、物流费用高、物流盈利空间小等突出问题,尤其在我国公路货运物流行业存在"小、少、弱、散、慢、乱"的特征,导致车货匹配效率和返程车辆利用率较低,运输车辆空驶率较高,货运中介或黄牛盘剥等结果制约公路货运物流市场健康发展。平台双方(如货主和司机)的信息不对称仍然是通过熟人圈子解决。货主通过熟人牵线司机,司机通过熟人提供货源,公司通过"小黑板"发布货源和运力状况,这样做的效率十分低下,日益导致货运司机争抢货源物。一方面,因为有些司机没有诚信,在途中找到更好的货源就违反了约定;另一方面,由于一些货主没有诚信,找到了更低成本的车辆后也违反了合同。最后是司机没有进行实名制登记,缺乏社会责任。在这种情况下,一旦货主给了更低的价格,司机不会过问货物中有没有违法违禁品,结果导致不法分子钻了空子,引发极大安全隐患。

2018年3月8日,货车帮发布《货物运输报告》(以下简称"报告"),报告数据显示,2016年,货车司机信息化程度仅为26.73%,2017年该数据已经提升到41.5%,但尚不足50%,互联网改造还有待加深。同时,互联网技术加持之下,配货空载率在不断下降,2017年,使用货运APP的货车空载率为14%,低于行业平均水平,平均行驶速度为60千米/小时。货车司机每月通过平台促成的工作量占到13天,这意味着50%的工作量可以通过网上配货完成。互联网带来的效率提升作用明显①。

为了改变"货主找车难,车主找货难"行业难题,公路货运行业出现了大量公路货运平台试图解决货量规模不充足或不稳定、货物及承运车辆信息不透明、多式联运承运方之间沟通不畅通等问题。公路货运平台通过建立专业的物流网站或手机APP,借助它进行资源的共享,从而帮助上下游的客户促进交易的达成,它需要及时发布物流公共讯息、物流供求信息,提供专业信息搜索,撮合会员交易等。安能物流作为一家专线+加盟型物流平台,旨在打造全国物流运输网络平台,以建立区域专线配送及加盟打造区域的运输和配送网络,以建立省外专线为干线运输同时链接区域与区域之间的运输打造全国的运输网络。同时,通过第三方物流、货代加盟、网上交易、电商的导入为平台增加货源需求。

一、公路货运市场的特征

截至2020年,我国公路里程519.8万千米,其中高速公路里程16.1万千米,是世界上最完善的公路网之一。近二十年来,公路货运量占总运量比重的75%左右,是我国最主要的货运运输方式。

根据货物重量划分,公路货运可分为整车、零担、快递三类(见图6-1)。整车一般托运的货物重量超过三吨,托运人通过整车装运方式,通过干线运输,直接将货物从出发地运输到目的地。零担一般托运的货物重量在30千克~3吨,托运人所托运的货物不足以装满一整车,通过多个托运人拼车的方式将货物凑满一整车进行运输。其中,小票零担货物重量在100千克~500千克;大票零担货物重量在500千克~3吨,零担

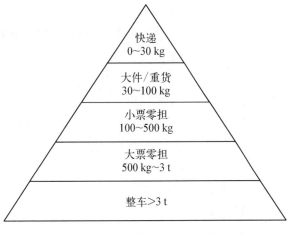

图6-1 基于货物重量的公路货运分类

---

① https://www.sohu.com/a/229484492_757817.

市场近年增速高于整车市场。快递货物重量一般在 30 千克以内。基于货物重量的公路货运分类见图 6-1。

根据中国物流与采购联合会(CFLP)在 2019—2020 年度对制造、商贸、物流企业调查物流业务的需求调查,结果显示第三方物流和供应链服务发展不成熟。第三方物流的运力和社会临时运力补充是解决长途干线运输跨地区的运输量往返运量不匹配的重要解决方案,这种运输服务的供给缺口和信息不对称的现象促使企业寻求转型。

罗戈网公布的《2021 年供应链 & 物流行业投融资分析报告》显示,2021 年,物流行业共融资 172 起,同比增长约 76%;公开部分累计融资金额约 1 816 亿元,比 2020 年增长了近 4.4 倍。其中,物流基础设施领域较 2020 年增长约 29 倍,金额由 11.3 亿元增长至 332.7 亿元;物流智能化领域较 2020 年增长近 6.4 倍,金额由 52.9 亿元增长至 336.4 亿元。从 2021 年的融资金额数据来看,物流货运融资金额 625.3 亿元,占比最高达 34.4%。

二、公路货运物流问题解析

第一,从供需两端的角度,运力供给方端(承运人)和运力需求方端(托运人)在公路货运市场上高度分散。以满帮集团为例,根据满帮集团招股书中引用 CIC 报告数据,2020 年中国约有 810 万家货运公司,每家平均拥有 4 辆卡车;此外,中国约 80% 的承运人是只有一辆卡车的个体司机,运力需求方(托运人端)由大量的中小企业构成。根据工信部的数据,2019 年中国有 3 000 万家中小企业,诸多行业形成高度分散的局面。

第二,运力需求方(货主)找车成本过高。过去,许多没有自营物流的货主一般通过两种方法解决运输难题:第一种是通过运输公司、货运代理、黄牛等中介寻找货车,其中会经过多层中间商,这些经纪人或第三方公司会在供需双方间收取一定的费用,增加了物流成本;第二种是成立物流事业部,由雇员联系物流公司或是去配载站寻找货车。由于这两种方式获得的车辆价格普遍较高,在需求旺季 11 月或 12 月成本更高。另外遇到紧急情况也无法及时寻找到合适的运输车辆。

面临难以匹配到合适的司机、高成本和不透明定价、服务质量低等痛点。托运人寻找到可靠的卡车司机通常需要数天时间,缺乏有效的信息触达方式。目前许多托运人需要通过委托经纪人或者第三方公司间接寻找司机开展货物运输,由于个体司机多,货主难以有效跟踪交货进度和确认卡车司机实际发生的费用,如果没有适当的保险,可能还会导致货物价值受损,最终使得货主与实际承运人之间发生纠纷。

第三,运力供给方(承运人)找货成本高。实际承运人因规模较小,供需信息不对称,导致为争夺货物运输而开展价格竞争的局面。在效率方面,因卡车司机以零散运输订单为主,且个人线路规划能力有限,在信息不对称的影响下卡车利用率较低,导致司机空车返程的概率会大幅增加。由于信息不对称公路货运市场一度出现"车多货少"效率低下的情况,承运人平均配货等待时间高达 2~3 天,等待成本包括餐饮住宿和人力成本也会额外增加运输成本。因此承运人利润更加微薄,甚至不赚钱也要拉回头货。承运司机除了增加的额外支出,还需要前往配送站找货,增加了机会成本。

第四,行业整体信任度水平偏低,发票市场体系较为混乱。货物运输交易在没有记录证明或纠纷解决协议的情况下进行,会导致卡车司机与托运人之间发生纠纷,双方利益都难以得到有效的保护,最终影响行业整体信任关系。目前个体司机承担了中国公路货运业务量80%的业务,而个体司机难以提供增值税专用运输发票。因此许多第三方物流企业向司机索取过路票、过桥票、油票等作为抵扣,反映了我国公路运输市场的发票体系不规范的问题。

第五,信息孤岛问题仍然存在。大量运力资源信息、车辆调度信息、商品车在途信息、商品车交车信息等数据信息无法在货主、承运公司和承运司机之间交互共享,信息资源的不及时发布和传输造成运输效率低下,制约了运输服务质量的提高。大量数据无法及时发掘和使用导致无法为货主及承运人提供物流预测、数据分析等增值物流服务。

除此之外,公路货运行业还面临其他常见问题,如货量不充足或不稳定、货物及承运车辆信息不透明、多式联运承运方之间沟通不畅通等,因此专业的物流平台的建立能实现在线交易功能和电子商务系统的数据接口对接,从而实现多种功能。譬如在物流网站或手机APP下单,及时发布物流公共讯息、物流供求信息,提供专业信息搜索,撮合会员交易等。

物流平台的运营实质就是资源整合。因为用户对于物流平台有着个性化需求,所以公路货运物流平台在建立和运作过程中涉及很多问题,直接威胁到平台的健康稳定发展。满帮集团是物流行业公路货运领域最大的车货匹配平台之一,因此分析满帮集团有利于了解和评判物流公路货运平台现状。

第二节　数字货运平台案例——满帮集团

一、企业介绍

从2010年开始,货车帮团队开始发展货主会员,建立了十多个物流QQ群,货主发货源信息到QQ群里,可以互荐车辆。2011年9月,货车帮已积累6 000多用户,逐渐导入物流QQ群。货车帮获取司机的做法是大型物流园、公路港等物流节点开店获取流量。之后货车帮开发和推广APP。2015年货车帮注册用户突破100万。随着资本涌入,2015年,车货匹配领域呈现盛况,涌现出超过200个车货匹配的APP。

运满满创始人——张晖出身于阿里巴巴集团,曾负责过阿里巴巴B2B项目销售工作,并先后担任上海、广东大区的总经理,有着丰富的互联网行业从业经验。2011年,张晖从阿里巴巴离职。在成都一个物流基地,张晖看到了令人震惊的一幕:来自五湖四海的上万辆卡车整齐停放,大家围着广场上的一块块小黑板,做着记录,黑板上粉笔书写的配货信息是他们养家的"饭碗"。震惊之余,物流行业存在的信息不对称、空驶率高、运力利用率低、信用机制有待完善、行业缺乏服务标准等诸多痛点,让张晖敏锐地嗅到了商机所在。

2016年,货车帮和运满满经过激烈的竞争后在资本的介入下进行和解。2017年11月27日,货车帮和运满满联合宣布战略合并,双方共同成立满帮集团。2018年4月24日,由江苏运满满、贵阳货车帮两家公司合并组成的满帮集团宣布完成合并后的第一轮融资,融资金额为19亿美元。

满帮集团主要业务是连接货车司机及货主,帮助双方完成运输交易。在2018年1月前,平台不向用户收取任何费用,只作为一种免费工具使用;通过平台信息撮合,精准匹配车源与货源,促成成交,积累流量,满帮如今已成为全国最大通用公路货运匹配平台。随着运满满和货车帮的合并,满帮集团一方面向货主或物流商收取会员费,一方面切入车后市场,为货车司机提供ETC(高速电子收费系统)服务、保险、维修汽配等增值服务。

作为中国最大的公路货运物流平台,满帮集团旨在通过大数据与人工智能降低货车司机的空驶率、提高货运效率,试图打造一个连接人、车、货三个维度的超级数据平台,为用户提供精准便捷的信息平台服务。同时,满帮集团也已发展成中国最大的货车车后服务平台,通过涵盖柴油、ETC、新车、金融、保险、园区等的服务领域,为货车司机提供出驾驶之外的一站式增值服务。最终,满帮集团形成了"车货匹配+车后服务"的商业模式,运营收入也主要来自两大块:平台会员费、增值服务费。2018年,满帮成功上线在线运费交易平台,并实现单月交易额数亿元人民币,为货主和司机间的交易提供保障。

中国干线货车700万辆中有2/3是满帮会员,中国物流企业150万家中有一半是满帮会员,中国公路货物日周转量182.8亿吨千米中有135.9亿吨千米是通过满帮平台发布。通过减少空车返程问题,满帮集团于2017年共节省了860亿元人民币的燃油损耗成本,共减少4 600万吨的碳排放。最核心的车货匹配业务,目前共有1.0、2.0、3.0一共三种模式,这三者间不存在更迭关系,而是并驾齐驱,共同推进。1.0是传统意义上没有实现闭环交易只是线上发布信息线下联系的模式;2.0模式讲究平台的能动性,能监测到订单从发出到达成、运输各个阶段以及线上完成交易的完整链条;3.0就是自营车队。自营车队目前已经开始招募司机,包含三种,没有车只是人加入的全职司机;连车带人加入的合伙人;出一部分买车钱,给平台当司机,一定年限后返现或提车走。

二、案例分析

人车匹配与车货匹配有着相似的逻辑,重点解决了由于信息不对称造成的车辆空驶与人(货)等待并存的状态;而就内部机制来看,车、货、服务流程的非标准化,对信任关系的高度依赖以及费用结算惯例的影响,使得物流平台的价值创造逻辑与出行共享平台存在差异。

满帮集团的运营模式主要体现在三个方面:平台引流策略、信任整合机制和服务整合机制。

第一方面,平台引流策略。满帮集团属于典型的O2O物流平台,且具有双边市场形态,物流服务需求方和物流服务提供方构成了平台的两边。而平台两边的用户大多数都会使用其他O2O物流平台查找车源、货源,如罗计物流、运满满、江西万佶、天骄、一点通等。满帮集团在初创期,为了快速将双边用户吸纳到平台上来,平台对双边用户采取免费注册的策略,并不定时补贴双边用户,双边注册用户数量不断增加。但数月后,由于资金链等原因,满帮集团开始向司机收取120元/年的注册费,这种做法显然是不合理的,虽然会缓解资金压力,使平台短期内盈利,但是以缩减平台的用户量为代价的,不利于平台的推广和扩张。这段时间内,满帮集团的双边用户大量涌向其他免费平台。而满帮集团在吸取教训后,从2016年8月开始,平台为吸纳用户,再次实行免收注册费模式,同时开展整车专线相关的延伸服务。截至2016年12月,满帮集团司机端共注册260万用户,货主端共注册43万用户,估值高达10亿美元。满帮集团目前属于成长期,为了增加用户黏性,就应对平台双边用户采取免注册费的模式,同时增加与物流专线相关的延伸服务,而这一过渡期需要经历3～5年。等到满帮集团平台到达成熟期后,为了实现利益最大化,平台应少向用户双方收取服务费。

第二方面,信任整合机制。在用户过滤方面,满帮集团司机端用户在未注册时,可查看相关车源/货源信息,但无法查看详细信息,也无法查看增值服务等详细信息。用户在通过手机号码、手机验证码的方式注册登录后,可浏览详细的货源/车源信息、相关增值服务信息等,若要与物流服务需求方/提供方取得联系时,必须进行实名认证,方可查看对方详细信息并进行洽谈,车主还可在平台上对货主进行验证。而货主端用户在未注册、未登录及未认证时,无法查看任何信息,只有在认证后才可查看相关信息,货主可在该平台上验证司机并对失信司机名单进行查看。在信息过滤方面,满帮集团会首先根据PC端/手机端APP的定位,自动匹配该地点的相关信息并根据信息发布时间的先后顺序进行排序显示,还可实现定制搜索。除平台通过机器算法、人工复查过滤信息外,用户可通过对方注册年限及交易次数来自行判断信息的真实性、有效性。

第三方面,服务整合机制。满帮集团已经给货车司机提供智能的手机APP终端服务,货车司机通过在手机APP上进行注册、审核通过后,可以在平台的货源清单上寻找最合适的货源,根据自己的运输计划来筛选合适的运输路线方案,平台会在相应的时间为货车司机提供信息提醒服务。另外,在货主端是先由满帮集团工作人员上门验证货源信息无误后才能下载安装APP。满帮集团在国内有大约500家运营网点,涵盖了所有二线城市,同时为这些门店安排了足够的地勤人员,目的是在各门店为司机提供除了驾驶之外的其他增值服务。满帮集团分别在武汉和贵阳设立两个物流园区,提供货车的后勤保障服务及利用它覆盖全国的大数据信息网络,更好地整合全国物流园区里分散的优质资源。

此外,满帮集团的手机APP上还有网上商城,借此接入公路物流的供应链。由于无比庞大的汽车后服务市场,满帮集团最核心的目的是给货车司更多、更好的服务。跟打车软件所提供的服务不同的是,这种货运物流APP的标准化服务不同,具体包括到地理位置、货物的属性等其他方面,因此信用问题成为最多的考虑方向。如果货车司机接到通知赶往企业,企业因其自身信用问题毁约,导致货车司机空车而返,结果既浪费了货车司机的可贵时间又增加了货车燃油费用,这样一来会直接影响到货车司机对于平台的满意度。正因为这个原因,现在满帮集团的运营模式是要在验证了货主的货源信息真假后由满帮集团的工作人员上门安装货主端的APP。由此看来,在这种模式下,需要满帮集团解决信用问题和出现违约时的赔付问题。在产品服务方面,满帮集团共推出四款产品,分别是:线上产品、车后服务产品、线下产品和大数据产品,具体内容如表6-1所示。

表 6-1　满帮集团产品的具体内容

产　品		具　体　内　容
线上产品	满帮集团货主端	找货找车、发布货源、在线车库、货运保险、货车定位、增值服务等
	满帮集团司机端	查找货源、订阅货源、司机专属保险、增值服务、网上商城(新车团购、话费充值、车载 GPS)等
车后服务产品	货车 ETC	目前,货车 ETC 累计发卡量快速超过 100 万张,日充值额超过 7 000 万元,满帮集团成为中国货车 ETC 最大发卡及充值渠道
线下产品	满帮集团智慧物流示范园区	客服及大数据分析处理办公区、信息交易大厅、货车及时配载区、货车综合后服务区(轮胎更换、汽配服务、补充机油、停车场、汽修、加油、高速救援等)、货车司机综合生活服务区等
大数据产品	全国公路物流指数	满帮集团联合阿里云大数据团队共同打造,全面反映了我国公路物流货物运输流向、货物分布情况、车辆分布情况

在满帮集团的平台技术管理上,企业还应该在客户端增加信任审核机制和实名登记制度,这样才能减少货车司机的燃油成本,提高用户满意度,增加客户黏性,从而提高企业的利润。

三、案例总结

在满帮集团还没出现之前,困扰司机的行业问题为数不少。例如,跑空单、效率低、运费不透明、拖欠,携款跑路等一系列问题。特别是跑空单,几乎是所有司机最不想面对的困境。尤其是长途货运,如果没有回程货,那司机的利润就会大幅降低。作为国内最大的数字货运平台,满帮集团融合了两家物流独角兽的基因。一方面,满帮集团打通了货主与司机之间的连接通道,使得运输价格更加透明化。按照客户的需求类型,整车可以分为计划性和临时性两种。当货量高峰期企业自身物流难以满足时,就需要临时性调车来填补运力,但临时性整车的价格却不稳定,容易受天气、时间、车型、重量、回程等众多因素影响。正是为了解决这些缺点,整车平台应运而生。另一方面,满帮集团极大地丰富了运力调度的手段,扩充了资源池。满帮集团承载着国内货运市场的大部分长尾货主和零散运力。根据运联研究院的调研和测算,国内公路运输中,临调运力占比大概 20%,即有 6 000 亿元左右。满帮在临调运力的实际占比已经超过 50%。剔除一些区域性的市场外,在跨省临调运力的市占率保守估计有 90%。

满帮集团是撮合型的交易平台,其模式特点是提供货源信息但不参与交易,主要解决车货匹配的三大问题:(1)首先是信息匹配效率的提升,货主不再是从信息部、物流园的小黑板去寻找货运,而是通过平台直接寻找司机;(2)其次是运输效率的提升,司机不必为了等货停留甚至空车回驶;(3)最后是价格的透明,满帮集团通过平台的方式打通了货主与司机之间的连接通道,提供了更多的选择。

满帮集团的业务主要分为货运经纪服务(税筹)、货运订单展示(主要是向货主端收取会员费)、交易佣金收入(从司机端收取一定比例的佣金)信贷解决方案和其他增值服务。满帮集团的核心业务收入是货运订单展示和交易佣金所带来的,2021年,满帮集团的货运订单展示收入为7.52亿元,占总收入比重16%,同比增长39.8%。另外,满帮集团的货运经纪服务收入为24.98亿元,占总收入比重的53.6%;信贷解决方案所获得收入为5.1亿元,占总收入比重11.2%;其他增值服务为1.9亿元,占比4.1%。满帮集团也不局限在车货匹配的业务,而是在逐步构建自己的生态,依托托运人和承运人等群体挖掘其周边的应用场景,为其提供类似于信贷解决方案、保险、燃油等增值服务,构建更多元化的生态。

四、案例的问题讨论

问题一:满帮集团于2021年6月22日在纽交所挂牌上市,被称为"数字货运第一股",你认为满帮集团的商业模式是什么?未来有何潜力?

问题二:请根据2019—2021年满帮集团的营收情况,谈一谈满帮集团的盈利模式。

第三节 公路港平台案例——传化智联

一、企业介绍

传化智联是传化集团下属上市公司之一,初期主要从事化学材料的生产、加工和销售,2015年为推动化学产业供应链建设纳入物流业务,现包括"物流+化学"双主业,主营业务为智慧物流。目前,传化智能物流服务平台已建设形成传化货运网、智能公路港、科技金融三大服务体系,通过线上线下港网融合,以"物流+科技+金融"的平台模式聚焦服务制造业,助力产业升级(见图6-2)。

在2022年4月披露的年报中,传化智联将聚焦打造一体化的传化货运网,纵深推进服务制造的能力建设。同时,以全面建设传化货运网为牵引,推动公路港转型升级,打造一体化的全国公路港城市物流中心网络,实现线上线下港网融合。资本经营方面,稳步推进"一体两翼"顶层设计,围绕传化货运网建设,布局资产管理平台和生态孵化平台,重点推进线下庞大的公路港资产的证券化运营,不断提升公司价值。

(一)传化货运网致力于数字货运体系构建

2021年,传化货运网数字货运体系初步建成,由传化货运网—整车、传化货运网—零担、传化货运网—云仓三大业务组成的大网全面覆盖客户需求。同时,协同智能公路港服务、金融服务,以平台模式深入服务制造企业。2021年,全平台实现GTV(总交易额)987.50亿元,经营性利润4.97亿元,同比增长144.96%。整车服务方面,2021年营收规模持续放

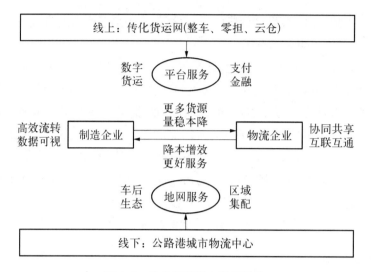

图 6-2　传化智联线上线下融合

大,交易额达 202.50 亿元,平台规模进入行业第一梯队。同时,年度新增运营客户超 4 600 家,累计运营客户近 7 900 家,服务制造企业约 200 家,运营车辆超 75 万辆,成功晋级为"5A 级网络货运企业"。

2021 年 9 月推出传化货运网,零担服务。截至 2021 年底,平台实现运力上线 12 000 条,覆盖城市 1 092 个,签约落地配合作方 55 家,累计发展用户 24 873 家。累计发送订单 27 782 票,货运量 67 815 吨,累计实现交易额 2 414.80 万元。云仓服务运营成果亦稳步提升。

作为传化智联物流业务的线下基底,智能公路港全年实现运营收入 13.45 亿元,同比提升 27.53%;毛利率 65.67%,同比增长 3.24 个百分点。截至 2021 年底,传化智联在全国共拥有公路港 70 个,其中投入运营 58 个,在建 12 个。港内平台营业额实现 720.20 亿元,同比增长 14.1%。

(二) 科技助力传化智联服务制造业

2021 年传化智联公司研发投入为 4.29 亿元,同比增长 28.69%。科技成为传化智联服务能力提升的强劲驱动力。2021 年 12 月,传化智联入选"国家发改委两业深度融合创新发展典型案例"。2021 年,传化智联多个融合技术创新与物流场景的应用被纳入国家人工智能、工业互联网、大数据等重大产业创新项目。其中,"传化智能物流工业互联网平台"升级为国家级试点示范项目,该公司还入选成为国家发改委两业深度融合创新发展典型案例、入选国家商务部首批供应链创新与应用示范企业。

传化智联推出两大数字货运产品。一个是"陆运通",是连接物流企业和司机的网络货运平台,用来管理运力池等;另一个是"融易运",是连接物流企业和货主的网络承运平台,给物流企业线上揽货、货源共享。这样两套系统配合,一个打通前端,另一个服务后端,实现了从上游的生产制造业企业、商贸企业,中间的物流企业、承运商,到货车司机,全部串联,一键发货、高效送达。

二、案例分析

（一）布局全国智能公路港，形成全方位地面物流服务网

传化智联物流业务包括网络货运平台业务、物流供应链业务、车后业务、智能公路港业务、支付保险及其他业务。2019年前化学材料业务收入占比较高，2019年后物流业务收入占比逐年增大，2019—2021年物流业务收入占比分别为68.9%、72.0%、77.5%，是传化智联第二增长曲线。其中公路港经营效率提升。

公路运输是我国主要运输方式之一，根据交通运输部发布的《2021年交通运输行业发展统计公报》显示，2021年公路货运量比上年增长14.2%，高速公路货车流量比上年增长6.0%。在传化智联物流板块中，行业内首创"公路港"模式，已布局公路港70个，其中投入运营58个，在建12个，2021年智能公路港业务营业收入13.5亿元，同比增长27.5%，毛利润8.8亿元，毛利率65.7%。公路港向智能化、生态化延伸。传化智联聚焦公路港业务中的物流供应链、园区业务、车后业务及金融业务，加强精细化建设，提升智能化水平，促进公路港由物业经营向物流运营转型。

作为区域物流发展的重要载体，传化智联公路港为制造业企业、物流企业、卡车司机等提供一站式综合服务，吸引更多企业入驻，已进入成熟盈利期。通过平台化运营，形成各类企业提供集、分、储、运、配等物流供应链服务的"地网"，并补足城市物流基础设施枢纽功能，促进产城融合高质量发展。同时，通过数字园区系统，实现港内人、车、货、场、企等各种资源的数字化管理，以及物业、物流、安防、无感停车、无人巡检等统一管理、统一调度。

（二）打造智能物流货运平台，形成立体式线上物流服务网

传化智联打造形成系统化的网络货运服务，涵盖整车服务、零担服务以及云仓服务，帮助货主解决成本高、效率低，不可视、不可管，融资难痛点，帮助物流企业解决品牌小、资质差、资金紧、系统弱等问题。2021年线上网络货运业务营收172.05亿元，营收占比48.61%，较2020年提升17.13个百分点。其中零担服务运力上线1.2万条，云仓服务2021年营收6.55亿元，同比增长23%，聚焦化工、高科技、消费、车后四个行业，重点打造基地仓、前置仓、共享仓等云仓产品。

通过数字化技术，将单个公路港连接成全国一张网，打造衔接上下游用户的高效信息系统，贯通物流供应链全流程。平台为企业提供运力派单、可视化运输管理、支付结算等全链条物流服务，以及车后增值、金融保险等产品服务，实现企业物流业务在线化、数字化、标准化、智能化。

（三）健全仓配运物流服务，提供端到端供应链物流解决方案

线下以"智能公路港全国网"为基础，建成覆盖33个城市的仓储网络，整合连接了自有车辆、物流公司与社会车辆等400多万运力资源。线上以数字化手段连接各类企业上下游及内外部的信息系统，实现一键发货、自动派单、运力调度、全程跟踪等智能化管理。

公路港将制造企业、商贸企业、物流企业、卡车司机等纳入进来，提供一站式综合性数字化园区服务；公路港接入车后、油品与油卡销售等增值服务，形成区域物流生态集群，以此形成统一流量和经营入口;公路港通过数字孪生技术加速物流资源线上化进程,保障线上线下各业务环节构建统一的组件、标准、接口,以数字化智能技术与平台模式促进制造业生产、物流、零售等多主体间协同。而公路港作为基石业务,传化智联借其突破了创新业务——传化货运网,撬动了零担服务、整车服务、云仓服务三大业务体系,线上线下双向联动。

(四)提供支付金融服务,构筑产业端信用体系

作为物流业综合支付解决方案提供商,传化智联旗下子公司传化支付为物流供应链服务的不同主体、不同场景、不同结算方式提供解决方案,探索金融与物流业务场景协同,开发仓配运供应链、信用付、合同付、网点贷等场景金融产品,2021年交易规模达到2 103.68亿元。

传化智联支付持有支付业务许可证,依托"智能物流服务平台"形成的端到端供应链体系,将消费端互联网支付手段应用到物流场景,实现了物流行业从发货到收货的全程支付在线化。已形成能够承载万亿级交易规模的支付平台,通过全链路的生产交易轨迹产生大量用户画像,分析运算形成产业端的信用评价体系。

三、案例总结

传化集团致力于打造供应链服务平台,服务长尾市场,提升供应链的整体效率。区别于服务消费端短链的电商平台,传化集团是服务于生产端、贯穿整个供应链长链的基础服务平台;以智能信息系统和支付系统为核心,依托公路港城市物流中心,融合互联网物流业务与金融业务;为城市、城市群以及行业提供供应链平台服务;打通供应链各环节,实现供应链端到端一单到底的业务场景,形成供应链闭环生态圈。传化集团拥有一站式协同物流平台、智慧云仓储管理平台、生态园区O2O运营平台,为平台业务提供信息化支持。依托生产及流通丰富的业务场景,传化集团形成了面向物流行业的PaaS构建基础。通过OTWMS和行业调度、物流要素全在线,未来将不断丰富物流供应链智能算法和模型,并面向这些业务场景提供应用,为工业互联网服务平台打造奠定了相应的数据、行业模型等技术基础。

依托不断完善的公路港网络,通过陆鲸、易货嘀,传化集团构筑了一张全国范围仓干配物流服务网络。传化的商贸供应链服务通过对整个商流全链条的流转,利用公路港城市物流中心的共享平台(共享基础设施、共享仓储、共享班车、共享运力等),同时提供集合采购执行、仓储管理、运力整合、分销执行、供应链金融等服务,帮助客户降低成本,提高供应链运行效率。同时,传化面向制造企业提供整体供应链服务方案,协同平台内企业,服务于生产制造、成品分销的采运、仓运管理,并提供供应链金融服务。

传化智联股份有限公司(以下简称"传化智联")通过数字化技术,以智能平台模式将一个个公路港连接成网,同步打造衔接货主企业、物流企业的信息系统,为企业提供从线下到线上定制化的端到端供应链解决方案和服务,助力制造企业降本增效。传化智联以发展传化智能物流服务平台为首要目标,并协同发展化学业务。传化智能物流服务平台以"物流+科技+金融"的平台模式,通过线上传化货运网和线下公路港城市物流中心互相协同的方式,建设形成传化货运网、智能公路港、科技金融服务体系。

四、案例的问题讨论

问题一:传化智联是一家综合型物流供应链服务平台吗?请阐述理由。

问题二:传化智联是如何赋能传统制造业?请举例说明。

第四节 城际物流平台案例——福佑卡车

一、企业介绍

福佑卡车成立于2013年10月,是科技驱动的公路货运平台,聚焦于整车运输领域。作为首个商用AI技术的整车运输履约平台,福佑卡车以大数据和AI技术为核心构建智能物流系统,为上下游提供从询价、发货到签收、结算的全流程自动化服务,帮助货主企业及卡车司机降低信息获取成本、提高车辆运行效率、优化运输服务体验。从无车承运人试点到网络货运,伴随着政策愈加成熟规范,福佑卡车等新兴科技企业也见证并参与着"互联网+物流"的蓬勃发展。

2015年3月,旗下整车城际运输B2B交易平台"福佑卡车"正式上线,分别拥有"福佑卡车货主版"和"福佑经纪人"PC端和APP入口。创立之初,福佑卡车没有介入流行的信息撮合模式,而是独创"经纪人竞价"模式,以此切入交易,形成信息流、物流、资金流的闭环,成为行业内首个全履约交易平台(见图6-3)。

图6-3 全履约交易平台

截至目前,福佑卡车业务覆盖了30个省(区、市),并与顺丰、招商物流、日日顺、嘉里大通、德邦、安能等大型物流企业展开合作,服务的客户超过68 000家,经纪人超过23 000人,每日询价数达到5 500次,日均运单数超过了1 600单。在具体的运营过程中,参与主体(货主、经纪人、社会运力)在平台独创的"经纪人竞价"模式下进行物流运输交易的全流程,其中经纪人是传统物流信息部的升级版。

截至2021年3月31日,根据福佑卡车的招股书,可以看出福佑卡车的经营情况。(1)货运量:福佑卡车累计交付了约320万车货物,服务了11 174名托运人,连接了超过58.08万名完成订单的司机;(2)承运司机数量:大约有905 500名承运司机在平台注册,超过580 800位司机在平台完成订单,其中在平台年均收入超5万元的司机从2018年的

1.1万人增长到2020年的1.52万人;(3)客户数量:平台上的KA客户和SME托运人(指中小企业客户)有11 174家。福佑卡车在2020年时约有230家KA客户和3 770家SME客户,而到2021年3月底,SME客户突破了10 000家,由此可以推断,其主要客户增长集中在中小企业,KA客户的上涨有限;(4)服务网络:福佑卡车的运输网络已经覆盖中国所有城市,并且在37个城市设有分支机构。订单中超过40%是距离超700千米的长途订单,而这个距离在KA客户中需求也更大;(5)营收利润:在财务数据方面,2019年和2020年,福佑卡车的营业收入分别为33.91亿元和35.66亿元,同比增长5.2%。2021年第一季度,福佑卡车的营收为11.83亿元,同比增长76.1%;(6)盈利能力上,2019年、2020年和2021年第一季度,福佑卡车分别净亏损2.339亿元人民币、1.158亿元人民币和5 450万元人民币。

"经纪人竞价"模式通过大量的数据积累,正逐步建立行业的运价标准体系、服务标准体系和信用标准体系,其产品包括用户系统、服务系统、竞价系统、后台管理系统四大类,旨在推进整车运输行业的标准化进程,以期降低交易成本,提高交易效率,为货主企业、经纪人搭建无缝对接平台。首先,有发货需求的货主在线询价,福佑卡车会对订单进行初步审核(货主所填信息是否可靠),平台会给审核后的真实运单推送路线、时间、车型等相符条件的20~30个经纪人,平均每单有6个经纪人进行匿名竞价,无法看到其他经纪人所出价格。这样货主便能在价格透明的基础上挑选运力方,节省成本在8%左右,货主最终选择最合适的价格下单,下单后,平台要求经纪人在约定取货时间前4~8小时选定司机,并提交其身份证、车牌号等信息,以便在其无法取货时留出时间寻找其他经纪人,在其过程中如果任意一方出现违约,平台会垫付赔偿金并且拉黑违约用户。双方达成协议后,货主把运费支付给平台,平台将中标信息推送给经纪人,经纪人先自行垫付资金给相应运载司机,最终,在货物进行运达签收之后,平台再向经纪人支付金额,至此平台完成了整个货物运输的在线闭环。通过以上分析看到,福佑卡车运作的核心逻辑在于,认为城际运输与同城运输相比较,更侧重熟人交易,"中介、经纪人、信息部"的存在不仅可以整合行业的核心资源,又可以在后续的运输过程中提供优质、灵活的服务,更重要的一点是这些经纪人凭借着自身的经验、服务意识、风险承担能力也给平台省去了繁琐的投入和补贴。

基于数据和算法,福佑卡车打造了三大系统:智能定价系统、智能调度系统、智能服务系统。

(1)智能定价系统:基于季节性、流向性、供需关系等三大逻辑进行自动定价,提高运价的透明度,以避免司机和货主线下多次议价的低效行为发生。福佑卡车打造智能报价系统,价格由系统基础定价与动态调价得出。收到货主运单后,系统可以在0.58秒内计算5 349个影响运价的因素,得到与市场价吻合度超过90%的基础运价,再根据当天市场热度进动态调价,将1~2个小时的议价时间缩短到分钟级别。

(2)智能调度系统:基于司机画像、订单预测、范围经济等手段大幅提升司机的运输效率。福佑的智能调度系统有两个阶段:第一阶段是"抢单模式",平台定价之后推送给出发地周围50千米所有司机;第二阶段是"连环单模式",司机抢到一个订单之后,系统紧接着会向其派发回程单,这当中不仅要有订单预测,还要利用预测优化来减少司机的等待时间和空驶距离。

在调度环节,福佑卡车自主研发了全球首款城际整车智能调度系统,将车辆调度交给算法分配,形成了规模化、自动化的运单调度及运力匹配。算法通过分析运单与司机信息,计算实时订单、预测订单、车辆状态等因素分配订单,有效降低车辆空驶率,将车辆运行效率提升约24%,打破人力调车的效率天花板。

(3) 智能服务系统:基于车辆轨迹、车速、客服介入等方式提升履约服务质量。在车辆在途环节,整车货物运输在途时间长、货物价值高、途中异常情况复杂,传统运输方式依靠人工打电话跟踪订单。福佑卡车结合大量运输场景打造智能服务系统,以运力风控、智能预警及智能客服为中心,建立了标准化、规范化的服务体系。

福佑卡车推动整车运输行业的标准化。平台不仅提供货源、车源信息,还提供在线竞价交易,同时还建立了经纪人信用机制与司机黑名单机制。福佑卡车正是凭借着平台上的询价、报价、司机位置、经纪人与司机关系、用户习惯等海量数据的沉淀,制定出了"价格、信用、服务"等三大标准。

在价格标准化方面,福佑卡车实现了闭环交易,系统生成了海量真实的交易数据,并结合算法技术,打造了智能报价系统,这套系统能够根据历史交易数据、天气、市场供需、突发状况、货源品类、车型等多维度因素,精准推算整车运输价格,准确度达到了90%。

在信用方面,福佑卡车建立了严格的运力准入机制,形成了司机黑名单和经纪人黑名单,任何一方出现违约,就会被拉入黑名单,让诚信度高的运力能够脱颖而出,最终实现良币驱逐劣币,建立整车物流信用标准。

在服务方面,客户下单后,福佑卡车能够及时为客户提供车辆信息,在客户要求的发货时间前30分钟,车辆到位;在运输途中,福佑卡车能够提供实时定位服务,每隔30秒,系统能够实时抓取一次车辆位置,一旦运输轨迹发生了变化,平台会进行人工干预,及时启动应急响应机制。福佑卡车与人保财险、大地保险、悟空保等合作,开发有针对性的运输险种,提高平台各方应对风险的能力。运输途中一旦发生异常,福佑卡车工作人员能够在6个小时内到达现场,根据总结的137种异常场景和处理预案,结合异常的轻重缓急程度,匹配最合适的解决方案,将平台各方的损失降到最低程度,提高用户的满意度。

二、案例分析

整车运输市场是目前国内公路运输市场中最大的细分市场,2020年市场规模达到3.8万亿元,年复合增长率为3.8%,预计在2025年增长至4.5万亿元。

2022年6月10日,城际货运平台福佑卡车联合谱尼测试北京检验认证科学研究院,发布《2021年温室气体减排量研究报告》(以下简称"报告")。该报告围绕数字化货运减碳实践,核算了福佑卡车2021年通过智能中台产生的温室气体减排量,以及"十四五"期间的减排预测。

福佑卡车成功之处主要在于如下三点:

(1) 福佑卡车切入具有差异化的物流平台领域——整车城际物流。物流行业里,标准化是规模化的前提。快递领域,标准化的产品和服务促使顺丰成为商务件龙头;快运领域,标准化的产品和服务促使德邦快速成长为"零担之王";整车领域里面痛点复杂,实现标准化的难度非常大。而相比于信息撮合,与市场主流竞争展开差异化,福佑模式对成本管控、高效沟通、全流程履约等进行优化,具备将整车物流运价、服务等标准化的可能。公司向托运人提供 FaaS 服务,整个货运交易的每一步都在公司的标准化和完全数字化的平台上进行,让发整车像发快递一样简单。正如其公司使命所描述的,让公路运输更简单、更智能。

(2) 作为科技驱动的数字化货运平台,福佑卡车自行研发数字化技术,基于 AI 技术与算法,对运单与运力精准预测,实现最优分单和运输调度。基于"福佑大脑"智能中台,平台显著提升了车辆运行效率和交易效率,并大幅降低了运输车辆空驶率、空置率,有效减少货运行业的温室气体排放。福佑卡车依托平台承运过程中积累的全链条大数据,根据历史交易价格、车型、线路、货物品类、淡旺季、市场供需、天气、突发情况等多因素重构算法,构建"福佑大脑"智能中台,实现智能定价、智能调度和智能服务,向运力精准分单,并为货车司机调配距离最近的货源地,提供返程货运订单,显著降低车辆空驶率、空置率和异常发生率。2020 年下半年,福佑卡车与自动驾驶技术平台主线科技组建合资公司,双方将发挥各自在人工智能、自动驾驶等前沿技术的优势,实现智能调度系统与自动驾驶系统深度融合,推动自动驾驶技术在干线运输场景的落地。

(3) 福佑卡车持续投入可持续发展和社会责任发展战略。福佑卡车的可持续的绿色发展战略,将在氢动力等新能源卡车领域布局,逐步提高电力、天然气、氢动力等新能源运力使用率、渗透率。报告指出,福佑卡车在 2021 年共计产生温室气体减排量 90.8 万吨,到 2025 年预计减排 259.34 万吨。"十四五"期间,福佑卡车预计将产生共计 821.12 万吨的温室气体减排量。报告指出,随着福佑卡车新能源运力逐步渗透,以及公路货运数字化提升,其减排量有望在"十四五"后持续增长。另外,福佑卡车持续投入品牌运营和精准把握 B 端客户需求。福佑卡车也响应交通有关部门部署,面向运力侧推出五项举措,包括上线司机通行证办理通道、疫情地图指南、建立司机信息共享机制、涉疫地区运价特调机制,以及开展高速路司机慰问行动等方式,最大化保障区域运力运行,满足各地物资保供保通的运力需要。

三、案例总结

科技货运平台福佑卡车成立于 2015 年,专注于整车运输,以大数据和 AI 技术为核心构建智能中台系统,通过智能定价、智能分单等服务为产业链提供从询价、发货到交付结算的全流程履约服务。凭借大数据、AI 等技术开发智能服务产品,创立货运经纪人竞价模式。福佑卡车打造了一套智能化系统,为上游货主企业和下游卡车司机做决策,帮助上游货主找到效率最高的运力,提供更高的服务品质和更低的运输成本;同时为下游司机提供订单组合方案,帮助司机提高承运收入,安全交付货物。围绕技术赋能降本增效的理念,福佑卡车将在"十四五"期间继续加大技术研发力度,强化智能调度、智能定价和智能服务水平,进一步提升平台运行交易效率和能效水平,推动公路货运向数字化、智能化转型。

福佑卡车平台在2015年上线,上线初期业务模式以车货匹配为主,2018年,福佑卡车完成从深度撮合交易向整车运输履约平台的转变。所谓履约平台,也就是说福佑卡车参与交易过程、承担运输责任,对交付结果负责。

四、案例的问题讨论

问题一:福佑卡车2015年获得A和A+轮融资;2016年获得B轮融资;接着2017年获得C轮融资;2018年,福佑卡车与京东物流达成战略合作,获得C+轮融资;2018年末,获得D轮融资;2021年4月,福佑卡车已签署规模为2亿美元E轮融资协议。从福佑卡车的融资历史可以得出什么结论?

问题二:福佑卡车的核心竞争力是什么?

第五节 中小微物流服务平台案例——物流汇

一、企业介绍

(一)发展历程

上海新跃物流企业管理有限公司(以下简称"新跃公司")于2006年在上海金山成立。2009年,新跃公司成功运营产业互联网平台——物流汇。2014年,不断拓展企业服务领域,以物流汇为核心平台,孵化了立信汇文、用友薪福社等10余家知名产业互联网平台,并走出上海,在国内33个城市落地,累计服务全国5万多家会员企业。

目前,物流汇平台在线提供的服务产品达到70多项,包括工商注册及变更、运管业务、纳税服务、社保服务、货运保险、金融保理、品牌宣传、法律服务等,为物流企业提供全生命周期综合性增值服务。截至目前,平台在上海累计超过12 000家付费会员,覆盖上海35%的中小微物流企业。

2021年2月,新跃公司将旗下的产业数据业务整合成立了数新星互联网(上海)有限公司,为中小企业提供数字化企业服务,从两个方面实现"数字产业化、产业数字化"。一是以混合制经济体形式,在全国布局产业大数据中心,将集团积累的经济园区数字服务能力外输到全国各地,将虚拟注册型经济转化为属地实体经济。目前,已在国内4个城市布局产业大数据中心,为近5万家企业提供数字化企业服务。二是依靠以数据为基础,以算法为核心,以产业大数据、云计算、人工智能、区块链技术为引擎的数字产业化新模式,为政府打造高度智能、便捷、高效的数字化政务服务平台。目前,依靠数新星数字产业化模式建设打造的金山企业服务云平台已完成平台的基本功能架构,并不断完善产业数据。

(二)主营业务

物流汇作为新跃公司的中小微物流企业集成化服务平台,是极具特色的集成化物流服务商与物流资源组织者,平台通过平台技术开发及模式创新将国内外大企业的优质产品与服务转化为中小微物流企业使用便捷的产品与服务。为了满足平台企业日益发展的需求,新跃公司也在不断地拓展,走出上海,服务长三角、服务全国。目前,物流汇已经在全国32个城市落地,为全国5万余家会员企业提供多达70余项服务。

布局产业大数据中心,服务经济园区数字化运营。公司将企业服务工作数字化运营,以积攒多年的数字新基建能力、AI技术能力、运营咨询服务能力、商务资源协同能力整合一体,为企业提供一个便捷、有效的统一服务产品。

以企业服务云平台,助力政府经济内循环。在疫情期间,首批托管在新跃"物流汇"数字物流企业园区近3 000家企业的即时开票、代理记账、税务和社保申报、企业级支付等工作没有受到影响。

二、案例分析

(一)"互联网+"产业服务

新跃公司是一家产业互联网数字生态服务企业,2009年率先开创了物流产业互联网模式,成为全国首家民营企业建设、运营的生产性服务业公共服务平台。平台围绕信息、企业和管理三个核心,建设政策超市、产品超市和服务超市,实现惠企政策定向推送、市场供需高效匹配、企服"管家"专业服务。

(二)"互联网+"党务

平台会员企业党员占比已经达到60%。新跃公司成立了全国第一家物流行业党组织,不但创新了行业党建的新模式,而且突破了党建的物理限制不断升级线下党群活动阵地。新跃党总支把党建引领作为物流的行业文化,在凝聚物流企业和物流从业人员的过程中,积极推行和践行社会主义核心价值观。充分发挥"互联网+"党建工作的优势,通过"互联网+物流汇"模式将党建工作手臂延伸至全国各地的分公司,覆盖平台客户。如利用公司IMS技术配置党务信息管理系统,建立视频组织生活制度,设置党费交纳平台,开展"四史"学习云朗诵,打造党员学习教育"云课堂"等。新跃公司党总支现有党员53名,其中客户党员占60%。2020年,打造了红领LINK党群空间,把党建工作与公司发展、行业治理有机结合,实现"互联网+物流汇"党建工作向深度、广度层面推进。

(三)"互联网+"物流园区

一是走出上海,服务全国。目前,新跃公司已经在江苏无锡、安徽滁州、江西南昌、山东潍坊、新疆喀什等30多个城市以混合所有制形式成立直营园区,为平台会员企业在全国市场拓展提供可靠的支撑。

二是全面深化数字化转型,实现自动化企业服务。2018年开始,新跃公司开始数字化转型,目前已经在构建多段联运式物流协同平台、自动化代理记账、"亲清小二"企业服务APP等业务产品上取得扎实的成绩,正在逐步向平台会员企业开放服务,帮助平台会员企业有效降低生产经营成本。目前,依靠数新星数字产业化模式为上海某区政府打造的企业服务云平台已经正式上线运营。平台已收录拆解政策300多条,可让800多家规上企业畅享政策定向推送的精准服务;产品需求库已上线4 000多条企业主营产品和原材料需求信息;21家第三方服务机构入驻,提供管理咨询、人力资源、科技创新等44项专业服务。

（四）"互联网＋"援疆

2015年开始,在上海市经济和信息化委员会的组织下,新跃公司加入援疆工作中,是2017—2020年度上海市助力脱贫攻坚先进集体。在上海市对口支援新疆工作前方指挥部的关心和支持下,新跃公司建设运营的上海-新疆呼叫产业生产性服务业功能区已成为新疆最大的现代服务业援疆项目,拥有全疆最大的呼叫中心坐席数和呼叫人才规模。新跃公司正在新疆落地布局数新星企业智慧云服务（莎车）基地和喀什智慧物流服务平台。

（五）从物流行业集成化服务平台向物流资源协同平台深化

平台凭借营业厅辐射及自建配送体系,以O2O线上线下双渠道产品和服务。单个会员企业的基础服务不断完善的同时,为会员企业之间的协同合作提供创新生态,2019年推出基础服务＋协同服务,服务界面从电脑到手机,社交化小程序便捷相互的协同合作,路线规划用智能算法更高效。

平台旨在引入"服务＋资源"的物流资源整合模式（见图6-4）,其"创新服务"主要在于纵坐标轴上的金融服务、信息服务、大数据服务等技术方面的物流企业生命周期服务。而它所提供的创业资源,则是列于横坐标轴上的报关公司、海运公司等物流细分行业供应商资源。平台以第四方物流服务为核心,实现物流业态一体化、国内外一体化、线上线下一体化、物流信息流资金流一体化、产品服务一体化等服务方式,打造一个一体化的便捷物流资源协同平台。

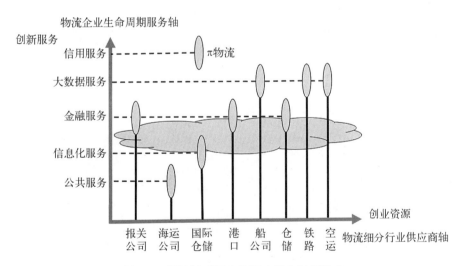

图6-4 "物流汇"平台资源＋服务创新模式

三、案例总结

物流汇平台也从物流行业集成化服务平台向物流资源协同平台深化能级。目前,公司在30多个城市落地,形成跨地区、跨行业的服务资源共享生态圈,并依托平台虹吸集聚效应,面向区域产业链建设生产性服务业生态圈,助力政府创新区域产业发展新模式,培育产业新业态。有别于传统的应用场景切入的产业模式,通过"互联网+产业服务"平台面向中小型生产性服务业企业提供信息化服务、公共服务、供应链服务、大数据服务、金融及资源交易等综合集成服务,助力企业降低经营成本、提升运营能级、扩大市场规模、实现价值再造。

四、案例的问题讨论

问题一:新跃"物流汇"平台的发展历程是怎样的?

问题二:请思考新跃"物流汇"平台构建产业互联网平台的动因和路径。

本章小结

本章介绍了公路货运平台市场发展现状,并分析了数字货运平台案例——满帮集团、公路港平台案例——传化智联、城际物流平台——福佑卡车和中小微物流平台——物流汇。通过对公路货运平台案例的剖析,有助于掌握公路货运平台的发展现状。

思考题

1. 请根据每个案例的问题讨论,认真思考并回答提出的问题。
2. 公路货运市场有哪些新的发展趋势?

第七章 同城配送平台

学习目标

- ◆ 了解同城配送的发展现状
- ◆ 熟悉同城配送平台企业——云鸟配送
- ◆ 熟悉大件物流平台企业——日日顺物流

开篇案例

同城配送的七大模式

同城配送有七种类型（见表7-1），不同类型有各自不同的特点，也适用于不同类型的企业。

表7-1 同城配送类型及代表企业

类 型	代 表 企 业
同城快递	顺丰、通达
落地配	京东、丹鸟
同城多频转运	全兴达、东方万邦
O2O	美团、蜂鸟、达达
直拿直送	闪送、达达、美团
跑腿	邻趣、美团、达达、蜂鸟
柔性串联	大马鹿

一、同城快递——顺丰、通达系

当前,包括顺丰、三通一达等主流快递企业,都有同城快递这一业务(见图7-1)。如上海浦东发往上海静安、北京大兴发往北京朝阳,这些都属于同城配送范畴。目前,这些传统的快递公司同城快件都是按照频次来进行配送的。相对来说,顺丰在这方面做得较好,时效也能保证。该模式特点是:业务量巨大、运输距离远、有固定的运力池、进行的是集中式高密度的投放。

图7-1 快递企业的同城配送业务

二、落地配——京东、丹鸟

落地配由落地分拨、同城和地县转运、入宅服务三大要素组成,它以开箱验视、半收半退、夜间送货、试穿试用、送二选一、代收货款、退货换货等核心的入宅服务为竞争亮点。简单来说,就是货物落地配送,重点在货物到达目的城市后的配送(见图7-2),至于这个货物是怎么到达这个城市的,落地配公司不管。

该模式与通达模式有相似之处,也有不同之处。相似之处在于它们都有提供货物的转运、派送、入宅等相关服务。不同之处在于通达侧重于全流程的服务,从始发地到末端通过全国性的快递网络,进行中转、运输和配送服务,其更需要全国性的网络,特别看重规模效应。而落地配公司则更在乎精细化、个性化服务,比如前面提到的安装、退换货、微笑服务、倒垃圾服务等。可见,该模式特点是:业务量中等、固定的运力、集中式高密度投放、运送距离中等。

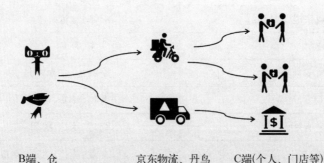

图7-2 落地配——电商同城仓配当日达服务

京东是落地配模式典型的代表之一。在 2007 年京东开始自建物流的时候,采用的就是落地配的操作模式。在各大城市建立自己的电商仓,然后在城市里建立配送服务站,完成城市的"仓配一体化"。配送站的配送员在早期也承担代收货款、上门服务等职责。因为京东整个体系是自建的,所以可根据自身的战略业务需要进行资金投入和补贴,因此有着很好的服务质量和口碑。

落地配模式另一个典型代表就是菜鸟旗下的"丹鸟"。丹鸟是由菜鸟联合多家落地配公司共同推出的服务品牌,专注于提供优质的区域性、本地化配送服务。在业务上,丹鸟采用了类似京东物流的仓配模式,主要服务天猫超市、电视购物等,目标是打造一张全国性的落地配网络。

三、同城多频转运——全兴达、东方万邦

同城多频转运,就是在同一城市内多频次地进行转运,它的转运频次比快递企业要更多,一般为半小时转一频。东方万邦是这一业务类型的最早的典型企业,1993 年 3 月在上海成立。据了解,该业务模式主要是通过助动车、地铁等运输方式,通过设定的转运点和自身固定的运力,实现在城市之间进行高时效的中转和配送(见图 7-3)。因为它的整体运力有限,有些是地铁、有些是自己助动车,所以运输价格一般较贵,以商务文件为主,时效平均在 2~3 小时之间。

该模式特点是:业务量随机、小,运力固定,运输距离较近,多以商务文件为主,呈现的是分散的、低密度投放结构。

图 7-3　同城多频转运配送模式

四、O2O 模式——美团、蜂鸟、达达

O2O,即线上到线下模式,是指将线下的商务机会与互联网结合,让互联网成为线下交易的平台。2019 年 5 月,美团正式推出新品牌"美团配送",并宣布开放配送平台。同月,阿里旗下的饿了么也宣布,旗下即时物流品牌"蜂鸟"独立。12 月,新达达宣布更名为"达达集团",同时,完成更名的还有该集团旗下的本地即时配送平台"达达快送"。

虽然三家企业都做的即时配送,但从服务对象和运力池来说也有所区别。

美团配送和蜂鸟即配相似,服务于餐饮外卖、商超、生鲜果蔬、鲜花蛋糕等业务,双方运力池都有专送和众包两种形式。美团业务模式如图7-4所示。

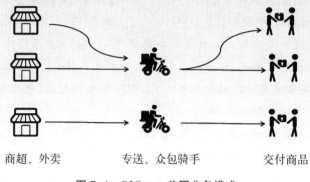

商超、外卖　　　专送、众包骑手　　　交付商品

图7-4　O2O——美团业务模式

达达则围绕零售商的"店中仓"模式,主要服务于大卖场、标超、商超、精品超市(如沃尔玛、永辉、华润万家、屈臣氏、名创优品、海王星辰)等,同时还延伸到仓储、落地配、跑腿等业务,其运力池为专送和京东配送员。在"双11"和"618"等特殊时节,京东的订单有些也由达达骑手来承接。

该配送模式特点为:业务量巨大;运输距离近,一般为3千米范围内;配送物品多为非标商品;运力为区域性的固定运力;呈现的是一种"区域性、发散+集中"的供给结构,即配送员首先集中在某区域,然后散开(无法获知订单从哪里发出,订单的去向也是发往各地),在完成订单后配送员又集中在某一点(或区域)。

五、直拿直送模式——闪送、达达、美团

直拿直送是一种新型的快递模式,为用户提供专人直送,限时送达的同城递送服务。与上面的同城多频转运模式类似。但这种直拿直送效率比同城多频转运效率更高,因为这种模式一般由专人配送(同城多频模式需要转手),一般半小时响应,在完成取件之后,大约1小时完成投递,价格相对来说较高。目前,直拿直送模式最典型的就是由消费者自身发起的闪送。闪送服务就是说无论客户在城市的什么位置,需要递送何种物品,都可以在微信、闪送的APP或官网下单,下单完成后,系统会把订单推送到客户周围的闪送员手机上,闪送员就近进行抢单。从取件到送达,全程只由唯一的闪送员专门完成,平均送达时间在60分钟以内。这也和滴滴打车模式类似。但闪送采取的一对一准时配送、保障用户信息安全的策略,使其走的是"高端"配送路线(见图7-5)。而由C端发起的跑腿模式,由于涉及代买、代排队、代取等,主打的还是"平民化"的路线。

该模式特点是:业务量小;运输距离较近;物品结构多为商务文件或私人物品为

主;运力池为弥漫性发散结构,即配送员无法获知订单的来源,也无法预判订单的去向,是随机分布的。与O2O"发散+集中"也有所区别,直拿直送一般不会在配送完成后聚集在某一点。和滴滴打车类似。

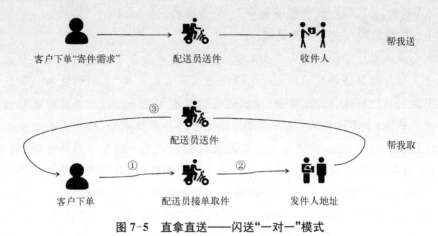

图7-5 直拿直送——闪送"一对一"模式

六、跑腿模式——邻趣、美团、达达、蜂鸟

跑腿模式起源于"懒人经济"。顾名思义,即为顾客代买代购,代办事务提供有偿服务。一般的跑腿业务主要是帮助顾客代买食品,送餐占据总业务的60%～70%。其他的业务则有代缴费,代接送等。

目前,市场上最典型的就是邻趣,它是一家全国领先的C2C跑腿服务平台,目前已覆盖上海、北京、广州和杭州4个城市。邻趣平台最突出的特点在于它的众包服务。其配送员多以兼职为主,有可能是物流公司专业人员,也有可能是你身边的同事、朋友,他们利用空闲时间来接单完成配送。但众包模式也存在它的弊端,比如兼职人员管理问题,服务的标准化问题等。

可见,这种模式优点是各种需求都可满足,机动性很强(见图7-6)。与闪送模式

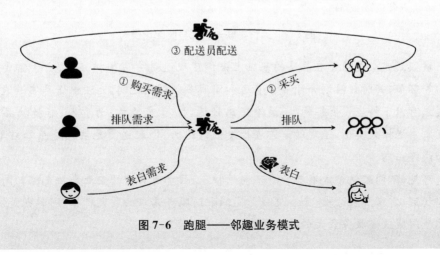

图7-6 跑腿——邻趣业务模式

类似,但亦有所区别。比如,闪送是一对一,不接受拼单服务;邻趣通过拼单模式进行派送。闪送主要业务是商务文件取送;邻趣业务范围更广,由于涉及众多业务,跑腿时效没有闪送快。其特点:业务量小;运输距离较近;多为私人需求或物品为主;运力池与O2O类似,为"区域性、发散+集中"的运力结构。

七、柔性串联模式——大马鹿

大马鹿成立于2016年,由名企高管、学术精英等复合高素质团队发起创立,致力于打造基于智能算法调度的同城极速低价物流。其是利用"互联网技术+智能算法"实现同城当日达极速、低价、安全、精准送达的智能物流平台。货品实时的路径推送、透明化的载运人、灵活的用户路由更改、可追溯的异常拦截等,给用户更加安心、便捷的服务体验。简单来说,就是运用运筹算法的智能调度系统整合车辆资源,利用包括汽车、电动车、摩托车在内的车与车间的协作来完成送达,司机只需要按照平台指令,在特定时间,到达特定地点,取到或送出特定货品即可。可以理解为是一种使用司机间接力方式来送货的模式。其业务模式与同城多频转运类似,但同城多频转运有固定的实体转运点,而大马鹿则用几十个虚拟的交接点(如停车位或电话亭等)来进行交接(见图7-7)。

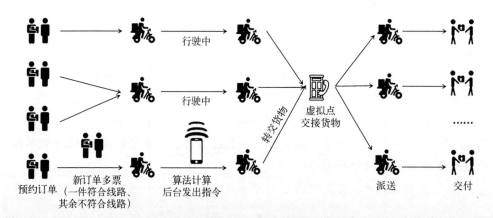

图7-7 柔性串联——大马鹿配送模式

该模式完全是基于在算法的基础上来调度配送员完成衔接任务,由于需要交接、转运等环节,其时效性则介于直拿直送和同城多频转运之间,无法承诺具体送达时间。该模式有以下特点:业务量小;运输距离较近,10千米左右;为私人、非标物品居多;与直拿直送模式类似,呈现的是弥漫性发散的运力,即配送员无法预先获知订单的来源和最终去向。

可见,不同配送模式有其各自不同的特点,且都有典型的企业来做支撑。高时效、服务稳定、需求随机分散、个性化强是同城配送服务需求的最大特征,同时也是快递企业拓展同城快递服务最大的难点所在。

一方面，运营模式与同城高时效配送服务需求不相匹配。传统快递企业的分拨中转运营模式难以保障同城对高时效和高服务品质的需求；另一方面，末端运力的不匹配问题。快递企业现有人力及配送工具难以满足同城业务随机、分散且需高时效的服务需求；再者，盈利问题难以解决。虽然同城配送模式单价较高，但除了同城快递、O2O模式业务量大外，其余模式需求量均较小，且随机分散，同城业务尚未形成足够的规模之前，投入产出极不平衡，短期难以盈利。

(资料来源：https://mp.weixin.qq.com/s/nD9kQREBUhpTh0op4ZcoqA)

第一节 同城配送发展现状

一、同城配送概念

配送，是在一定经济区域范围内的居民、企业、单位等服务对象的需求，提供货物的运输及相关拣选、包装等作业。同城货运属于专业物流配送服务，又被称为"最后一公里物流"，与顺丰、申通、德邦、圆通等全国联网的专业物流公司的业务侧重点不同，同城货运仅提供一个城市内点到点之间的短距离物流配送，通常满足"多种产品、单方收货"或"单一产品、多方收货"两种不同需求，配送货品以大件（数量大、体积大）为主。

从供应链物流结构来看，同城货运从属于运输配送环节；按照地域维度划分，从属于同城配送业务；从货物类型维度划分，从属于货运（相对快递）业务，因此同城配送的范畴即为同城市内大中型货物的运输物流业务。

从广义上来说，同城配送可以分为同城快递、同城货运、即时物流及其他如跑腿、代买等。

同城快递是指以快递分拨中心所负责的各市县为服务范围，在这一区域内快速收寄、分发、运输、投递（派送）单独封装且署有姓名和名址信件和包裹等物品，以及其他不需要储存的包裹和物品，按照承诺时限将包裹和物品递送到收件人或指定地点，并获得签收的寄送服务。

同城货运属于专业的物流配送服务，仅专注于提供一个城市内从 A 到 B 之间的短距离物流配送，通常满足"多种产品、单方收货"或者"单一产品、多方收货"两种不同的需求，配送物品主要以数量大、体积大的货物为主。

即时配送是指配送平台接到用户通过 PC 或者移动端渠道即时提出配送到达时间、数量、产品类型等方面的配送要求，在短时间内响应并进行配送的方式。即时配送主要涵盖的产品通常是外卖、生鲜、鲜花和商超产品等。

二、同城配送平台类型

第一类是外卖配送平台,如美团外卖、饿了么等,在主营外卖配送的同时将跑腿代购也纳入了服务范围,服务门类涵盖了人们日常生活所需的日用品、药品、食品等。

第二类是一些新兴的专注于即时配送细分领域的 B2C 平台,主要代表平台有:以配送药品为主的叮当快药、以配送生鲜食品为主的盒马鲜生与超级物种、以同城紧急配送为主的 UU 跑腿,还包括以搬家货运为主要业务的以货拉拉为代表的新兴配送平台。

第三类是以顺丰、圆通、中通为代表的传统快递公司。传统的快递公司在即时配送业务方面具有先天优势,主要体现在快递业务与即时配送业务的相似性较高,可以直接利用现有资源进行整合。以顺丰公司为例,2017 年顺丰的同城配送业务增长率超过了 600%,为当年顺丰增长最快的一项子业务,同城配送业务收入达到了 3.66 亿元。

第四类是以阿里巴巴、腾讯、京东为代表的互联网科技公司,这三家公司都是以向即时配送平台注资的形式参与同城配送行业的发展。饿了么与阿里、腾讯与美团、京东与达达合作的背后显示出互联网巨头与外卖巨头抱团合作趋于常态化。

三、同城配送特征

同城快递属于劳动密集型行业,相比于异地快递和国际快递,同城快递业务不需要高端的交通工具、信息技术和网络运营管理技术,进入门槛较低,市场参与者众多,包括大型快递企业、中小型民营快递企业、创新型快递企业和自建物流电商企业四类,竞争较为激烈。

大量电商平台纷纷构建自营物流平台,从而提高电商物流服务质量,一些快递企业也通过物流服务资源整合的方式建立 O2O 平台。前者如菜鸟联盟、京东物流,后者如失败了的顺风嘿客和新达达、人人快递等众包物流平台。菜鸟作为中国最大的电商平台淘宝背后的物流平台,拥有众多快递加盟企业,因为淘宝有着庞大的客源,同时菜鸟进军农村的快递网络给用户带来便利,也吸引了更多的人进行网上消费。电商平台的货源支持对该类平台发展产生重大作用,菜鸟的目标是打造能优化深入城镇的快递网络。菜鸟积累的数据计算技术是物流平台运行的强大动力。

当前,同城快递需求以传统业务和电商业务为主,未来驱动因素或来自同城 O2O。与大型快递企业相比,地方中小型快递企业是同城快递市场的主体,它们运营模式上更为灵活,占有较高的市场份额。与此同时,市场出现了一批利用 O2O+众包模式变革同城快递的创新者,同城快递或有望朝直派、众包模式发展。

(一)特征一:时效性更高

同城快递对时效性的要求更高。相比于其他种类的快递服务,由于同城快递配送范围集中在一个城市之内,运送距离相对较短,因此时效性更强,更加强调配送速度和个性化服务。对于 100 千米以内的快递来说,客户可接受的时间为 1 天左右,相比于异地件提出了更高的时效性要求。

(二)特征二：市场参与者众多

当前,同城快递市场参与者众多,需求以传统业务和电商业务为主,未来驱动因素或来自同城 O2O,分类来看,主要可分为全国大型快递企业、地方中小型民营快递企业、创新型快递企业和自建物流电商企业四类。

全国大型快递企业主要包括国有企业 EMS,大型民营快递公司顺丰、"三通一达"等,主要从事行业间的票据、文件交换,企业对 VIP 客户、员工的节假日个性化礼品配送等业务。这类企业通常以综合化运营为主,同城快递业务只占快递企业较小的一部分,比如 EMS 主要依靠固有的机构客户(比如银行)来维持同城快递业务的增长,顺丰在创立前期对该业务采取战略放弃,后期才开始进入该市场。

当前,主营同城快递服务的地方中小型民营企业以跑腿公司居多,绝大部分同质化严重,业务类型较为单一。但与此同时,也有部分企业通过提供差异化服务(例如同城业务当日限时达),获得了当地较高的市场份额,这类企业主要有东方万邦、全成等。

创新型快递企业区别于传统的快递服务企业,它们将一线城市作为业务开展的主要场地,通过众包模式来提供"P2P 直送"的同城快递服务。这种企业通过 APP 这一个平台将社会闲置的人员变成快递人员,将原本由快递人员承担的配送任务,转交给企业外的大众群体来完成。这类服务不仅大大加强了同城快递服务的效率,填补了同城快递的需求缺口,甚至还创造了新的同城业务需求。相比传统的快递服务,这类同城专人直送的快递模式最大的创新之处在于砍掉了所有中转分拣环节,快递由发件人一端直接送达收件人。这类企业主要有人人快递、闪送等。

不同于其他种类的快递公司,自建物流电商企业的同城快递目前仅为自己提供服务,推出的目的主要是满足终端消费者对物流时效性的需求。2010 年之后自建物流电商企业为提升自身物流效率纷纷开始拿仓自建仓储,分区建仓的行为导致原先的异地快递转化为同城快递。在这种情况下,电商企业根据过去的用户购买信息将货物放在相应区域的仓库里,当用户下单之后,电商企业通过信息对接自己的物流配送团队,做到及时出货。这类企业主要有京东、1 号店等。

(三)特征三：O2O 和众包变革传统同城快递市场

以上海区市内快递公司的同城快递公司为例,可以将同城快递运作模式概括为三种类型：直收直派、地面网络中转、地铁网络中转。对于传统大型快递公司来说,运作模式主要采用经营异地快递的集中中转类模式,不少同城快递在次日才能到达。但相比于传统大型快递公司,中小快递公司运营模式更为灵活,往往集直收直派、地面网络中转及地铁网络中转三种模式于一体,竞争优势更为明显。

城配平台的运营体系不同于快递行业,快递网络是具有典型静态路由特征的拓扑结构,城配网络是为极短半径配送服务的,是具有动态路由为底层架构的网状结构。快递的服务对象决定 B2C 比例更高,资源载体一般是电动车或者三轮车,而城配一般是机动车辆,承载货物的品类和重量区间也不同。

（四）特征四：同城配送订单来源场景多元化

同城配送订单来源包括传统外卖平台、B2C 零售端、C 端用户等。供给端则主要由不同的运力平台组成，如平台配套运力，包括美团配送、蜂鸟即配、京东到家等；以达达快送、闪送等为代表的专业即时配送运力；传统物流。随着市场不断扩大，部分传统物流企业也加入同城配送运力市场的供给队伍。

同城配送的需求方主要由传统外卖平台、B2C 和 C 端用户组成，供给方主要由平台配套、传统物流和专业同城配送的运力组成，由于人们的消费习惯受到各种因素改变，对于同城配送的需求愈发明显。

供给方同城配送行业成功将商品与消费者距离拉近，为最快完成物流时效性，通常需要以更高的配送成本为前提，迎合了消费者的时效性需求，提升社会资源使用率，而传统物流快递商品距离消费者远，更长运输距离导致更慢的运输时效，但一点发全国的特征使得备货、仓储、运输的综合成本较低。同城配送通过数据驱动，并融合机器学习、数据挖掘等技术，将配送员实时位置、并单情况与商家位进行匹配，有效提高了配送效率，同时平台整体的平均人效也得到了有效提高。同城配送供需双方画像分析如图 7-8 所示。

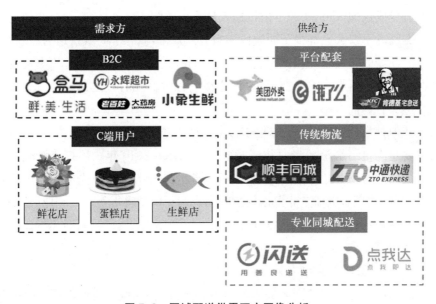

图 7-8　同城配送供需双方画像分析

第二节　同城配送平台案例——云鸟配送

一、企业介绍

北京云鸟科技有限公司（以下简称"云鸟"）成立于 2014 年 11 月，云鸟配送隶属于北京云鸟科技有限公司,是一家致力于同城配送的互联网平台。其主营业务是基于互联网技术与大数据算法为企业级客户提供同城及区域配送服务的供应链配送服务 B2B 平台。在具体的运作模式上可以分为信息匹配和运输过程两个阶段,云鸟也依据阶段的需求特点开发出了技术应用系统"鸟眼"以及支持鸟眼系统的核心算法之一"百灵引擎"。

云鸟配送为 B2B、O2O、连锁商业、分销商、品牌商、制造商、B2C、快递快运、零担网络和供应链管理公司等客户提供区域及同城配送业务。2018 年 6 月,"梧桐共享"为客户提供优质运力,为司机提供就业机会及保证收入服务。云鸟配送商业模式如图 7-9 所示。

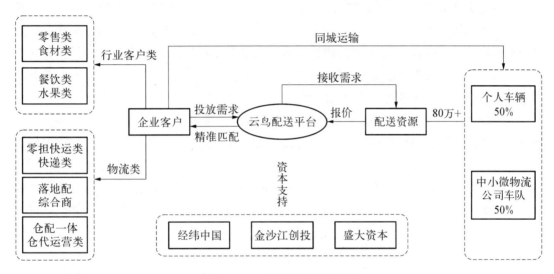

图 7-9　云鸟配送商业模式图

"梧桐共享"项目是云鸟配送众多项目之一,以城市配送为场景,以服务司机为核心,以车联网技术和大数据处理平台为保障,联合主机厂、银行、保险、金融机构、车后维保、培训机构等周边优质的供应链,共同建筑车辆生态圈。业务分配有货源保障(对接各大物流客户、为司机提供一手优质物流项目,保障司机运费收入);运维(招募优质合伙司机,对司机进行专业培训,处理司机出车异常);梧桐共享(为想加入物流行业的司机降低加入门槛)。

在信息匹配阶段,企业级客户与社会运力方通过平台拥有的"百灵引擎"核心算法精准匹配到双方,具体运营逻辑是首先企业级客户将自己的标书公布到云鸟平台上,平台所具有的独特算法(百灵引擎)将客户的标书内容进行拆解,如货物类型、货物重量体积、配送区域、限行情况、配送时效要求等,然后再结合历史配送数据自动计算符合客户要求的司机条件,从而推荐合适的已入驻平台的运力方,同时百灵引擎根据已入驻平台的运力方情况(服务质量、空闲时间)自动推荐合适的任务。平台正是基于核心算法之一的百灵引擎以及自身所累积的海量数据也为城配供应链交付网络中的各个环节和角色提供指导性的物流建议,甚至包括为运力司机推荐有热力仓库分布的住所,以及通过城市路况数据为客户推荐更高效的出仓时间等。

在运输过程中阶段,平台开发出了"鸟眼"系统,该系统主要是帮助货主实现全流程自动化服务,配送信息可以实时传给发货人、收货人、调度、仓管等人员,使配送的整个过程实现透明化和便捷管理化。正是在整个鸟眼系统中运力撮合与标准化智能定价的底层算法百灵引擎和鸟眼系统的强大技术保障下,云鸟配送实现了同城物流全流程协作管理,包括从订单分配、配送区域划分到最佳车型匹配、最佳司机匹配,排线优化实现集约化配送,基于距离和城市路况规划最佳路线,以及在途中监控、时效保障、妥投管理、异常处、电子签收、代收款,甚至是配送过程中的温度控制等,并在服务完成后,双方还可以进行互相评价,真正形成了同城物流交易双方的在线闭环。

云鸟配送并不解决急用车的需求,主要面向企业的计划用车服务。为便于规范和管理司机的操作行为和流程,云鸟配送还专门成立一个叫作增值服务部的部门,一方面提供岗前和岗中培训,另一方面用智能化的手段管控司机在配送过程中的行为,并且定期派抽查人员抽查。云鸟配送通过整合社会上闲散的运力资源,以信息技术为支撑,实现运力与企业配送需求精确、高效匹配,为各类客户提供同城及区域配送服务。

云鸟配送主要为用户提供基础服务和增值服务两大类业务。基础服务包括基础运力、在途监控、赔付救援、司机福利代付及订单排线等服务,增值服务主要包括现控服务、保价服务及晚就赔等服务(如表7-2所示)。在基础服务上,云鸟提供基础运力、在途监控、赔付救援、司机福利代付、订单排线等五大运输保障。在增值服务上,提供现控服务、保价服务和晚就赔等三大增值服务模式。比如现控服务主要是指在标准配送服务基础上,为客户制定个性化解决方案,含流程设计与完善、线路优化、排线、在途监控、现场管理等,并派驻运作主管驻场管理。另外云鸟也为进一步保障中高值客户的权益,为这些客户也提供一些定制化的保护服务。比如以运费为基数计费,进行低费用和保价限额高、保障范围广的保价措施,而且为保障按时货品送达履约能力也推出了晚就赔增值服务,一旦配送超时,云鸟对客户进行高额赔付。

表7-2 云鸟配送的主要服务内容

服 务 类 别	服 务 内 容
基础服务	基础运力、在途监控、赔付救援、司机福利代付和订单排线等
增值服务	现控服务、保价服务和晚就赔

作为一个共享经济平台,云鸟配送有三大主体,需求方是那些有配送需求的货主企业,供给方主要是社会上闲散的个体货车司机或中小型物流企业,云鸟配送则是撮合供需双方达成交易的共享平台(如图7-10所示)。在业务流程上,云鸟配送实行货主企业与司机之间的公开竞价招投标模式,促成供需双方的有效匹配,具体来说,首先,货主企业在云鸟配送平台发布自身配送需求,即"标书",平台上的个体货车司机或车队会在客户端上同步收到标书,并根据标书上的需求进行报价,然后货主企业根据报价、司机以及车辆的相关信息进行综合选择,最后,平台会生成派车单,客户经理跟进完成配送任务。

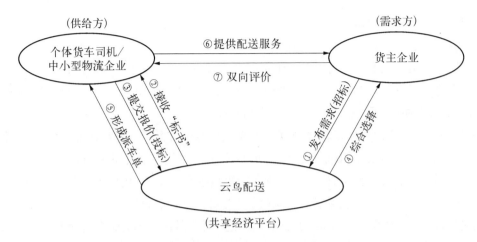

图 7-10 云鸟配送的主体及其业务流程

除此之外,云鸟在收费方式上为交易双方制定了灵活的方式,对于企业客户来说,支持周结、半月结、月结等,对于司机来说,采用的是周结形式,从而创造了运力双方最大化的资金使用与周转率。

二、案例分析

同城配送物流领域已经存在诸多的物流平台,比如货车帮、货拉拉等平台,因此需要建立共享经济平台,来应对一系列运营挑战。基于货主企业与个体货车司机之间的陌生关系,平台可建立一个有效的信任机制,促进货主企业与个体货车司机之间增进信任,同时,平台可建立一个风险控制或安全保障机制,提高货主企业的货物、财产的安全性。无论是对货主企业还是个体货车司机而言,都有较多的可选择性。

云鸟配送平台改变了物流配送行业信息不对称、不透明的落后模式,客户对接的运力数量变得更加广泛,省去了很多不必要的中介环节,从而帮助客户有效降低了物流配送成本,经测算平均可以降低 20%。平台必须不断提高自身的核心竞争力,建立一个有效的、可持续的运作机制,提高货主企业和个体货车司机对平台的忠诚度和黏性。

云鸟配送通过众包的方式,整合社会上闲散的个体货车司机,完成货主企业的配送需求,由于各司机服务水平的差异性,由于部分货车司机服务较差,势必会降低平台的整体服务质量,因此,云鸟配送需要建立一套切实可行的质量保障体系,加强对司机端的管理,确保平台服务质量的提升。货主企业和个体货车司机对云鸟配送平台构成了重要的影响力,平台不仅要做好运营人员的管理,还要加强对货车司机的管理。

为了应对上述挑战,云鸟配送采取了多方位的运行策略。第一,与保险公司合作,建立了风险控制与安全保障制度,云鸟配送拥有 500 万元赔付基金,如果在服务中出现问题,比如司机迟到、违约,以及货物破损、丢失等,云鸟配送将进行及时救援,并向货主企业赔付。第二,向高价值货主企业提供保价服务,建立比较完备的风控体系,除此之外,云鸟配送选拔优质的货车司机,对司机进行严格的资质认证,确保每一位货车司机的真实性,促进货主企业对货车司机的基本信任，消除由于司机身份不透明带来的安全隐患问题。

云鸟配送利用新兴信息技术，专注于自身核心竞争力的提升。主要包括两个方面，一是利用大数据、公开竞价招投标方式实现供需双方的快速、精确匹配，特别是在经验、车型、价位、头像等方面的匹配；二是建立运输管理系统，跟踪并详细记录货车的一切状况，通过 GPS 定位准确收集数据，向用户提供可靠的签收和回单。

云鸟采取对货主服务质量保障制度。主要包括两个方面：一是对认证通过的司机进行远程培训，确保每一位货车司机的专业性，向货主企业提供专业化的服务；二是实行工业级的现场作业管理，通过运作主管驻场，向货车司机提供现控服务，包含个性化流程设计完善、线路优化、排线、在途监控、现场管理等，确保司机端服务质量的改善。

加强对司机端的管理，在货车司机的认证、选拔、培训、评价、奖惩等各个环节进行系统、有效的管理，通过对货车司机的严格认证和选拔保证基本的安全性；通过对货车司机的远程培训和驻场管理，保证司机的基本服务质量以及持续改善；通过双方互评制度，对司机予以有效评价；通过建立优秀司机的奖励机制以及服务较差的司机惩罚机制和黑名单体系，激励司机改善自身服务质量和专业化水平，确保向货主企业提供最优质的司机资源。

三、案例总结

云鸟配送在为同城物流双方解决信息不匹配问题的同时，还建立起了基于互联网应用的评价系统，从而也达到了优化司机管理和企业客户体验提升的效果。

云鸟配送正是基于互联网技术打通了同城物流链路中的信息流、实物流、资金流等，从而帮助货主方、收货方、承运商、承运人、服务监控人等多个角色进行了物流供应链协同的高效运作，将城市配送中的车辆满载、配送时效、交付完整性的三大核心痛点进行了逐一突破，从而真正解决了末端配送的物流问题。

四、案例的问题讨论

云鸟配送是一家"互联网＋物流"的企业，其创立、发展正值"互联网＋"以及资本疯狂投入物流行业时期。云鸟享受到了政策支持、资本看重的红利，却最终破产。你认为云鸟配送失败的原因是什么？

第三节　大件物流平台案例——日日顺物流

一、案例背景

随着 5G、AI、人工智能、大数据等"新基建"落地推进，新科技在赋能仓储等基础物流场景升级变革中的作用愈发明显。日日顺在大件物流领域的发展历程也反映了大件物流在我国物流业发展的痛点。一方面，多数大件货物产品结构复杂，容易造成较高的货损；另一方面,大件物流"最后一公里"不易打通,物流服务标准缺失、售后困难、组装或安装难度较大,种种因素导致了我国大件物流发展缓慢。物联网时代的到来,使得工厂端和消费端的距离正不断变短,如何实现工厂定制与消费者需求之间的匹配,实现产品全生命周期的价值共创,成为各大企业目前必须要思考的问题。大件物流市场势必成为下一个各大企业竞争的战场。

据《中国大件物流(消费类)研究报告》分析,服务大家电的线上渠道的 B2C 物流有自建和社会化第三方物流两种。其中,自建物流以京东物流、日日顺和苏宁物流为代表,占比接近 90%;第三方物流主要有德邦和顺丰。

据海尔电器 2019 年的年报显示,2019 年日日顺的物流业务保持持续增长,增长主要来自家电物流场景、居家物流场景以及跨境物流场景。日日顺物流在 2019 年和 2020 年连续入选胡润全球独角兽榜,成为唯一物联网场景物流生态品牌独角兽。

2020 年 7 月,日日顺物流先后在青岛、北京、沈阳等地落地启用日日顺物流场景服务中心 1 号店,将场景方案"搬到"用户家门口,为越来越多的用户提供全空间、全场景的美好生活体验,创造更多增值服务。

2020 年 11 月 20 日,凭借在场景物流模式方面的领先探索,日日顺物流当选中国物业管理协会社区生活服务委员会副秘书长单位,将参与推动社区生活服务的创新,为社区居民定制生活场景服务方案。

日日顺物流搭建起的无边界场景物流生态平台,吸引了宜家、林氏木业、雅迪、亿健、卡萨帝等 3 000 多家行业 TOP 级生态方涌入,在为用户定制全方位、全链路的场景解决方案的同时,创造更高的增值、分享,最终在生态的价值循环中,实现共赢局面。

2020 年 11 月 26 日,日日顺物流旗下青岛日日顺智慧物联有限公司承担的国家级标准化试点项目"青岛市日日顺家居服务标准化试点"标准化建设成效明显,顺利通过验收。据悉,该试点项目是全国首个国家级家居服务标准化试点项目,将填补家居物流运作流程行业标准的空白。通过对家居物流的管理组织、网络布局、操作规范、信息系统、从业人员要求等创新,该试点项目能有效优化家居大件物流作业流程,提高大件物流的标准化建设和作业效率,进一步推动大件物流时效性与高质量、高标准的发展。让家居大件物流运作有规可依,有章可循,提升家居大件物流的运营水平,为家居物流行业健康有序发展起到指导、规范、引领和保障作用。

在海尔集团积极发展双创产业的转型大背景下,日日顺成功转型为社会物流的开放平台,以创造用户价值为己任,聚焦客户端需求,首创场景物流个性化定制。按照目前的趋势而言,家具大件物流的中家电家具为主要运输货品,合计占比约为 68%。同时日日顺物流也为海尔的家电销售提供了协同效应,使海尔电器在销售端更具有优势。

二、企业介绍

日日顺物流成立于 1999 年,作为海尔集团旗下的大件物流领导品牌,成立之初将原先分散在 28 个产品事业部的采购、原材料配送和成品分拨业务进行整合,创新提出了三个 JIT

(Just In Time)的管理模式。仓库、订单、物流布局覆盖"2 915区县、6 260网点、110 000车辆"的区域网络,核心竞争为四网融合,定位为为客户和用户提供差异化的服务体验的专业化、标准化、智能化大件物流服务平台和资源生态圈平台。日日顺物流可以利用订单实时监控、干线实时数据监控、网点实时监控等对物流业务进行配置优化。

日日顺物流的四张网为覆盖到村仓储网、即需即送配送网、送装一体服务网和即时交互信息网。其中覆盖到村仓储网指的是全国建立的15大发运基地、136个智慧仓、6 000多家微仓,总仓储面积达600万平方米以上;即需即送配送网指的是在全国建立即需即送的配送网,规划3 300多条班车循环专线,10万辆车小微,20万服务兵,为客户和用户提供到村、入户送装服务,并在全国2 915个区县已实现"按约送达,送装同步";送装一体服务网指的是全国建立6 000多家微仓,实现全国范围内送货、安装同步上门服务,为用户提供安全可靠、全程无忧的服务体验;即时交互信息网指的是建立开放智慧物流平台,不仅可以实现对每一台产品,每一笔订单的全程可视,还可以实现人、车、库与用户需求信息即时交互。

随着行业的发展和市场的需求,越来越多的客户需要的是端到端、全流程、定制化的供应链解决方案。从产品与服务角度来说,原来更多注重的是产品,产品交付给客户后就是物流售后服务。而现在越来越多的客户更注重怎么把用户从"一次用户"变成"终身用户",继而形成一个品牌,加强黏性,在这个过程中开发衍生服务价值。日日顺物流顺应行业发展紧随客户需求,经历了企业内部物流—物流企业—物流平台的变迁,在探索过程中完成了企业平台化、方案定制化和服务场景化。

(一)第一阶段:企业物流再造——打造家电供应链一体化服务能力

日日顺物流成立之初将原先分散在28个产品事业部的采购、原材料配送和成品分拨业务进行整合,创新提出了JIT管理模式,赢得了基于速度与规模的竞争优势。同时,提出"一流三网"同步模式,即整合全球供应商资源网、全球配送资源网、计算机网络,三网同步流动,为订单信息流提速,建立起贯穿供应链一体化的服务能力。企业平台化从1992年开始,日日顺物流通过长期投入和深耕细作建立了中国首个大件智慧仓:整合网络(15大发运基地、136个智慧仓、6 000多家微仓,总仓储面积600万平方米以上)、团队、系统、资本等多方资源。现在,已经建成了"仓→干线→配送→最后一公里"覆盖全国的综合性服务网络。

(二)第二阶段:物流企业的转型——为客户提供管理CCC一体化解决方案

凭借多年来打造的供应链一体化服务能力、业务流程再造经验和专业化物流团队等资源,日日顺物流开始从企业物流向社会化物流企业转型。随着全国三级物流网络的快速布局,建立起服务订单/产品的全程透明可视化信息平台,并为客户定制供应链一体化解决方案。

定制化服务也面临新零售的考验,传统模式加上新的电商零售,再加上新的零售模式,前端客户无论从工厂到品牌商的销售模式都在不断变化。服务于制造业,把商品运输到消费端。基于互联网,有了大数据,可以直接触及消费者,服务于仓、服务于人。

日日顺物流提倡的云仓云配定制化解决方案,主要解决三个问题:第一,如何用最少量的仓满足所有订单的需求,降低客户库存成本;第二,如何通过大数据,更精确预测,第一时间把货物铺到离用户最近的仓,从而缩短配送时间,提升用户的体验;第三,日日顺大件物流作为高价值产品,系统不仅可以跟踪到车,还要跟踪到每一件货物,依托信息化提供一些类似区块链综合服务,通过一体化解决方案帮客户降低整个供应链的成本。

(三)第三阶段:平台企业的颠覆——打造大件物流信息互联生态圈

互联网时代物流企业单一服务、简单仓配服务、打价格战已经很难满足客户/用户的需求,因此企业开始向平台企业转型。定位于为居家大件提供供应链一体化解决方案服务平台,以用户的全流程最佳体验为核心,用户付薪机制驱动,日日顺物流建立起开放的互联互通的物流资源生态圈,快速吸引物流地产商、仓储管理合作商、设备商、运输商、区域配送商、加盟车主、保险公司等一流的物流资源自进入,实现平台与物流资源方的共创共赢。

日日顺物流在信息化平台上做了大量的投入,依托云计算搭建了信息化服务平台,依托这个平台,分三个阶段成就了日日顺物流庞大的物流运作体系。第一阶段是透明物流:把整个物流的各个环节和要素各类业务记录下来,做的是业务数字化的工作,通过这个提升了机械化管理和服务品质;第二阶段是精益物流:在透明化的基础上,通过流程优化,网络协同,把要素有机衔接起来,最终的目的是达到数据业务化,通过这个来提高运营效率,反馈给客户的就是更快、更好、成本更优的整体服务;第三阶段是智慧物流:即供应链上下游的协同、社会化资源合理有效利用以及技术支撑。日日顺物流首先构建了360°的物流大数据平台,解决数据的采集、处理、建模,实现数据的一致性、准确性、完整性、实时性。然后通过监控分析进行智能优化,有利于车辆路径的优化、网络布局和厂站网点、干线路由的建设规划。最后把数据作为产品、服务开放和共享给日日顺物流的合作伙伴,实现共享协同。

传统的物流服务方式是希望货物按时按量、完好无损、安全地送到用户手上,完成物流交付,时间是非常短的。如何加强企业跟用户的互动,把用户从一次性的用户变成终身的用户,是值得探索的。日日顺在原来的传统配送服务以外增加了安装、售后维修,还加入了用户口碑和评价体系,通过这些拉长跟用户的互动。此外,日日顺物流把很多的农产品送到社区形成了社群的概念,希望成为需求的流量入口,实现从送装服务向社群交互转型升级。按用户场景、用户需求提供有温度的个性化服务,这就是场景化的概念。

三、案例分析

(一)从"渠道为王"到"消费者为王"

随着新零售的蓬勃发展,越来越多的家电、家居渠道商正在进行着从"渠道为王"向"消费者为王"的角色转变,为了挖掘日日顺物流新的利润增长点,跨界发展是企业的必然选择。现在的企业更需要不断与用户进行交互,并提供用户定制。在电商竞争火热的当下,快捷且精准的配送服务日渐成为各大企业的标配。仅一味地提升速度并不能使得企业在物流能力上有质的飞跃,关键还是要企业自身优化资源、提升效率。日日顺企业与中国物业管理协会的合作,向"家生活"的整体解决方案提供商业转型,加速布局家居智能化产业链,实现企业从价值链低端逐渐延伸到价值链高端,实现产品全生命周期的价值共创。

(二)从大规模制造到大规模个性化定制

在家电线上销售线下配送的模式成为其主流销售模式的当下,客户对大件物流末端配送服务有着极高的需求。在居民收入的增长和消费习惯与观念的转变下,消费升级的趋势愈发显著,这促使消费者倾向于购买高质量且更个性化的大件商品,在服务上也愿意选择更到位的一站式服务,这有望成为未来的主流趋势。

(三)"线下体验+服务兵入户交互+线上导流"服务创新模式

日日顺物流从物业的源头入手,将整个社区视为一个潜在用户整体进行推广,将原本独立的用户个体结合起来。首先,居住生活在同一个社区的用户的住宅结构相似,且由于消费水平相近,他们在家电家具等大件家电的选择上有极大的可能选择类似的款型,这样企业再根据他们的情况进行方案定制时可以大大节省再设计的时间,只要在细节上进行微调便能满足他们的需求。

日日顺需要着重加强其麾下物流服务兵的素质,从而更有效地深入各个社区社群。由于社区的人群密集,极易产生裂变效应。一旦创造了良好的口碑,日日顺有望与更多的社区物业居委达成长期合作协议,通过他们对居民的直接宣传推荐,极易获得用户的青睐。为了提高效率,企业可以考虑使用同一栋楼或是附近单元组团下单的社区团购模式,以进行统一的家电家具安装或是定期清洁。这样不仅增加了送装效率,同时也为企业赢得新的利润增长点,一石二鸟,以场景解决方案代替产品。

例如,基于健身的场景,日日顺物流可以考虑为用户提供并定制包括健身食谱、运动装备在内的详细健身方案,并与社区附近的健身房达成合作协议,鼓励用户组团报名,增加他们结伴组织定期训练的可能,达成双赢。类似的场景也可以应用于家电家具的室内设计服务,以及家电家具的定期维修以及清洁等,实现企业从大规模制造到大规模个性化定制的转变。

四、案例总结

通过多场景的方案满足用户多样化的需求,场景生态物流将成为未来企业的重点发展方向。随着大件物流市场的标准化和物流服务规范化将逐渐成形,目前该市场的主要竞争者有京东服务+、日日顺场景物流、顺丰旗下的丰修以及苏宁小店"生活帮"等。其中,日日顺的全流程解决方案正处于业内领先地位,也为其他企业树立了行业标杆,企业更需要不断精进这一方面的优势以巩固地位。大件物流服务商优势对比分析如表7-3所示。

新时代背景下,日日顺供应链不断创新变革,如今已从居家大件物流领导品牌成长为物联网时代场景物流生态品牌,并在行业内首次提出"场景物流"概念,将传统物流服务终点变为创造用户新消费的起点,率先开启从送产品到送场景解决方案的转型。日日顺以"三新三化"赋能新基建,可以简单概括为新引擎、新模式、新生态,从而引领第六次物流浪潮。其中三化分别是科技化、数字化、场景化,从用户订单到生产,从生产到物流,从物流到用户,实现全场景、全流程、全链接,为行业打造场景物流发展新标杆。

表 7-3　大件物流服务商优势对比分析

	京东服务＋	苏宁生活帮＋	日日顺物流	丰　修
专注领域	手机维修、家电服务、生活服务、家居服务等	家电清洗维修、手机维修、家政、洗衣等生活服务和收寄包裹服务等	从"送货上门"到"送装一体"到"送全场景解决方案"	手机维修、家电清洗、手机回收、丰修商城等为主
优　势	依靠互联网平台和资源整合能力,发挥自营优势,赋能两端	通过庞大末端网络,以增值服务拓宽盈利边界	制造业背景的家居物流行业积累大量经验和服务优势,业务范围覆盖全国	基于物流优势,横向跨入售后

场景营销的时代已经到来,物流绝对不是只一个仓储送货的环节,而应该是作为提供全流程的解决方案的服务。从精耕于细分市场,逐步从大件物流用户体验引领平台到大众创业平台,再到领先一公里到家服务平台,创建全流程的物流服务方案。通过实现用户端的从购买、物流、周边服务割裂到专业的电商物流服务一体化转变,未来,极致的场景生态物流和行业的日趋标准化将为大件物流市场掀起新的浪潮。

五、案例的问题讨论

问题一:作为中国领先的智能化位置服务平台,百度地图与日日顺供应链的合作的目的和过程是怎样实现的?

问题二:日日顺物流作为大件物流领导品牌,已经升级为开放的物流网场景物流生态平台。在这个场景物流生态圈中,吸引了 3 000 多家跨行业、跨领域的生态合作伙伴。日日顺物流是如何变成场景生态平台的?

本章小结

本章介绍了同城配送市场发展现状,并分析了同城配送平台案例——云鸟配送和大件物流平台案例——日日顺物流。通过熟悉同城配送平台的相关案例,可进一步分析更多同城配送平台的发展现状。

思考题

1. 请根据每个案例的问题讨论,认真思考并回答提出的问题。
2. 同城配送市场有哪些新的发展趋势?

第八章 跨境电子商务平台物流

学习目标

- 了解跨境电子商务概念和发展趋势
- 熟悉跨境电子商务出口物流模式
- 熟悉跨境电子商务进口物流模式
- 熟悉跨境电子商务平台企业洋码头、国际物流平台企业运去哪和海外仓平台企业万邑通

开篇案例

跨境数字化集装箱物流平台鸭嘴兽完成3.3亿元C轮融资

2022年7月22日,数字化集装箱公路运输服务商鸭嘴兽宣布完成C轮融资,总融资额3.3亿元人民币,由中金资本旗下中金上汽基金领投,老股东顺为资本、明势资本、复容资本继续跟投。本轮融资将主要用于扩大业务规模,支持其服务网络在连云港、南通港、钦州港和海口港的上线,同时进一步进行集装箱运输数字化的研究和开发,不断提升服务质量。

鸭嘴兽自2017年成立以来,专注深耕外贸集装箱这一公路整车运输细分领域,基于数字化能力推动供给侧的优化升级。得益于团队对行业的深刻理解和超强执行力,鸭嘴兽快速成长,2021年完成运输超过100万集装箱吞吐量,突破行业历史,俨然成为细分领域行业巨头。同时,鸭嘴兽计划在2025年到来之际,将其打造成为一个具有万级运输规模的超级运输企业。

中国是全球最大的制造基地,也是全球最大贸易国家,也因此成为全球最大集装

箱运输市场。由于历史原因,我国出口商品的贸易条款大多为FOB(船上交货价),在该条款下跨境运输由海外买家负责安排。这使得我国出口集装箱海上段运输约80%的份额由海外买家负责订舱,国内货主掌控额度只占约20%,这也是船运和国际货代行业头部企业多集中在欧美的深层原因。而恰恰与海上段运输不同的是,出口商品从工厂到国内码头之间的集装箱公路运输100%由国内运输企业承担,这必然是全球规模最大、地域分布最集中的公路运输细分市场。

虽然近两年受全球疫情影响,我国出口较为旺盛,但随着国内劳动力成本上升,叠加大国博弈和产业转型升级的持续深化,导致我国外贸出口货物的运输需求增长减弱,且这一趋势不可逆转。从中长期来看,通过数字化和移动互联实现行业整合,实现资源的物联化、数据的规范化和标准化,通过规模化经营,降低单位营运成本,同时改善货主运输体验,是国内集装箱公路运输行业的内在需求。

鸭嘴兽是一家互联网货运服务平台,主要服务于进出口贸易的集装箱卡车陆运市场(整车运输为主),基于规模解决运力与需求的匹配问题,并通过输出服务标准和增值服务,提升服务质量和司机黏性。之所以瞄准在集卡公路运输,鸭嘴兽正是看准了运力市场中,个体司机在订单量和收入充满不确定性、中间环节缺乏组织性与标准化的痛点,客户订单多了难以消化,少了又不能实现盈利;运输成本高,利润低;运输企业在全国各个港口所必要办的手续繁琐等。

散货物流运输服务中,货主往往只为运输路段单程付费,而整箱运输的集装箱陆运市场则实行双边定价,即货主支付的费用包含卡车的来回双程费用。空驶的一程成本低,可通过承接散货再次提升运力。集卡市场的货物运输量大,从业人员分散严重,车队调度个体户的方式传统和低效,对车主的管控力度依照订单量和车主意愿,成本居高不下。鸭嘴兽则是通过线上客户调度与订单分配替代线下传统车队,以个人对位百位数车辆实现高效调度与管控。

鸭嘴兽核心团队从事集装箱航运物流软件研发工作10年以上,团队成员均来自中国远洋海运集团、东方海外、长荣海运等航运头部企业。其团队在用数字化系统改造集装箱运输的超长业务链条,形成业务端与贸易、物流、金融、口岸之间的数字化协同方面具备难以复制的独特优势。

(资料来源:https://baijiahao.baidu.com/s?id=17390163418909184328&wfr=spider&for=pc)

第一节　跨境电子商务物流发展现状

一、跨境电子商务物流概述

（一）跨境电子商务和跨境电子商务物流的概念

据国家统计局数据和公开资料显示，2021年中国跨境电子商务市场的整体规模已达14.6万亿元人民币。我国跨境电商市场以出口为主导。2021年国内出口跨境电商和进口跨境电商规模分别为11万亿元和3.2万亿元，占比分别为77.5%和22.5%。

跨境电子商务是指分属不同关境的交易主体（个人或企业），通过电子商务平台达成交易、进行支付结算，并通过跨境物流送达商品、完成交易的一种国际商业活动。跨境电子商务是外贸发展的新模式，是扩大海外营销渠道，实现外贸转型升级的有效途径。跨境电子商务物流是决定跨境电子商务行业发展的关键性因素，在推动跨境电子商务更好发展的道路上存在许多难关，如贸易机制、海关监管、检验检疫、外汇管理、文化差异、运输等，均在一定程度上阻碍着跨境电子商务的发展。而随着跨境电子商务大平台的不断壮大，以及专注做细分市场的中小跨境电子商务的不断成熟，与之相应的跨境电子商务物流也逐步分化，出现了跨境电子商务大平台的自建物流和中小平台的第三方综合服务物流。

跨境物流又可以理解为国际物流，是指把商品从一个国家通过空运、海运、陆运等方式运送至另外一个国家或地区，并通过目的地国当地配送来完成国际商品交易（目的地当地物流）的过程。跨境物流是跨境电商平台取得消费者信任的重要一环。从运营的角度，时效将影响买家的消费体验，继而影响卖家的获客能力及客户留存度；从财务的角度来讲，物流时效将影响卖家的回款效率，继而影响流动资金情况。跨境购物的物流链条较长，跨境电商平台为了给消费者提供与其在本国消费更为接近的消费体验，往往会对跨境物流服务商在时效、包裹纠纷等物流服务质量上较为关注。

根据Ipsos和Paypal联合发布的相关报告显示，接近1/4的全球网购消费者认为配送速度是影响他们选择平台时的关键考量。此外，卖家会出于对跨境物流费用、效率的综合考量，对跨境物流服务商在网络异常情况下的处理、所拥有的线路的稳定度、在旺季的时候协助出仓等增值服务的能力进行全面评估，选择满足自身差异化运输需求的物流商。物流运输成本高，运输及配送周期长，清关问题中以海关查验时间长最为严重，支付的体系受到限制，转运中货物破损或者丢失，退换货物流难以实现等。以上问题都严重影响发件方和收件方的用户体验。在竞争愈来愈激烈的跨境电子商务价格战上，电商平台的便利性和稳定性以及跨境物流服务的质量更能决定一家跨境电子商务企业是否能在众多企业中脱颖而出。

（二）跨境电子商务平台类型

按交易对象属性划分，跨境电商平台可分为B2B、B2C和C2C三类。B2B为外贸主流，约占比七成;同时在品牌化趋势及跨境电商零售平台渗透率持续增长的推动下,其中B2C、C2C都是面向最终消费者,也被称为跨境网络零售,高速增长且占比逐年提升。

商务部统计数据显示,目前各类中国跨境电商平台企业已超过5 000家,通过平台开展跨境电商的外贸企业逾20万家。按照产业终端用户分类,包括以敦煌网、阿里巴巴国际站等为代表的B2B平台,以天猫国际、京东等为代表的B2C平台,以速卖通、eBay等为代表的C2C平台。

按经营主体可分为平台型、自营型与混合型(平台+自营),其中平台型电商的收入来源主要为抽取佣金和广告费的形式,而自营型电商则依靠产品的买卖价差获利。无论采用何种运输方式,都必须确保货物发生空间转移。这三种模式的差异点在于品牌商和物流商的嵌入度不同。

平台型交易模式下,品牌、平台相互分离,平台主要完成交易撮合职能,卖家借助电商平台与消费者建立联系,卖家负责采购或生产,借助平台完成销售,物流由商家或平台自选物流完成,例如3C、食品等。

自营模式下,品牌商拥有独立的平台,对商流的掌控力更强,能够及时响应市场,这种模式尤其适用于高周转的非标品类,例如快时尚。结合对生产供应链和消费供应链两头的强把控,实现C2M,形成产品力,赋能品牌力。

分销模式下,物流商行使采购、分销、仓配职能,嫁接多个类型相同的前后端商流,能够形成规模效应,这种模式尤其适用于高SKU(最小存货单位)的标品,例如日百等白牌。卖家主要完成选品卖货职能,物流商作为后端仓库提升规模成本效率,形成价格优势。服务商涉及软件服务、支付、仓储物流、营销等产业链各环节的服务支持。

跨境电商代表平台如图8-1所示。

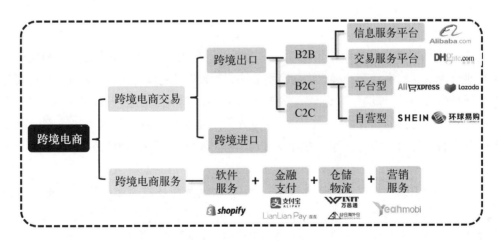

图8-1 跨境电商代表平台

1. 洋码头

洋码头的跨境物流分境外段和境内段,在境外段,洋码头一共有六种物流模式,分别是贝海直邮、认证直邮、直邮、拼邮、贝海保税和卖家保税。而境内段通常由第三方境内物流配送,如圆通、申通等。洋码头是第一个开设扫货直播的平台,国外买手在平台注册,通过资格审查后即可在平台购物直播,实时直播自己的海外购物过程,与粉丝互动,粉丝可在直播过程中下单,增强消费者的购物体验。

2. 天猫国际

作为国内电商巨头阿里巴巴旗下的跨境电子商务平台天猫国际兼具平台模式与自营模式。作为跨境电子商务平台,与淘宝不同的是,天猫国际采用的是 B2C 的运营模式,平台商家均为海外实体公司,通过海外零售资质检验,入驻平台。同时,天猫国际拥有自营业务,与各大品牌商家签订合约,拿到海外各大品牌的代理权,借助自身平台进行交易。天猫国际物流的平台模式,商家可以选择直邮模式,也可以选择保税仓发货。而对于天猫自营业务,为提高物流配送效率,天猫打造了自己的仓储物流系统。菜鸟网络的智慧仓储系统运用物联网、云计算、网络金融等新技术让仓储、物流、运输、配送更加快捷。现在,杭州湾新区的出口加工区已成为国内最大的天猫国际直营基地。

3. 网易考拉

网易考拉海购采取了自营模式,在美国、意大利、德国、澳大利亚、日本、韩国等地创建了专业的海外采购团队,原产地直采,从源头上杜绝了假货,保证产品的高品质。同时,由于平台采购具有规模性,商品进价成本低,相比单纯的平台模式,获得极大的价格优势。网易考拉没有自己的物流系统,而是通过与顺丰等物流公司合作,将海外直采的商品运送到保税仓。网易考拉海购拥有杭州、宁波、重庆、郑州四个保税区。从保税仓直接发货不仅降低了物流配送成本,更极大地缩短了配送时间。网易考拉投入"祥龙"和"瑞麟"两套系统,运用三维测量仪、红外线称重、智能机器人、仓库管理手持终端 PDA 等技术,对整个仓储系统进行物联网技术改造升级,这大大缩短了商品出库时间,促使物流配送效率得到显著提升,网易考拉的次日达、当日达服务可辐射到更多区域。

(三)跨境电子商务和跨境物流融合

2021年中国跨境电商物流市场规模预计为 2.5 万亿元人民币。安永将中国跨境电商物流企业划分为点、线、平台三种模式:仓储型公司呈"点型"分布;货代、快递、邮政、专线公司属于"线型"模式,主要提供点对点全流程交付服务;而跨境电商物流平台型公司,则具有对跨境物流点与线资源的整合能力,从而提供一站式无缝服务方案。中国大多数跨境电商物流企业需要加强与第三方物流等各方合作,以实现端到端的订单交付任务,故资源整合至关重要。

跨境电商的主要物流方式包括邮政小包、国际快递和跨境物流专线服务。邮政小包提供的国际寄递服务占据国内快递企业的总体份额的 80% 左右,在配送时效、寄递物品类型、价格费率稳定性等方面存在一些不足。国际快递方面,主要由 UPS、FedEx 和 DHL 等国际快递进行。外资快递企业在中国国际快递市场的业务量占比接近 70%,收入占比超过 50%,因此外资快递企业在我国国际寄递业务中占据主导地位。跨境专线物流主要通过航空、船舶或者铁路运输,再经由国外合作快递企业完成最终配送。其融合发展趋势主要体现在四个方面。

一是跨境物流信息平台运营技术。包括平台底层网络搭建、平台主体信用评估、跨境支付担保、跨境物流信息跟踪等功能模块,以实现跨境电商平台入驻商家跨境业务便捷开展和消费者满意的购物体验。

二是跨境物流大数据精准分析。鉴于跨境电商物流服务是影响消费体验的关键因素,需要围绕跨境电商服务模式的转变,比如针对跨境电商海外仓的部署,要实现消费大数据分析在跨境电商物品仓储、海外仓货物周转、海外仓选址等方面的引导作用,充分发挥海外仓在提升跨境物流时效、提升货品周转率、降低仓储成本等方面的作用。对比保税模式和直邮模式下的跨境物流业务流程,其关键区别在于用户下单时间节点不同。直邮模式是常规的跨境电商交易流程,而保税模式下,即消费者通过跨境电商平台购买的商品,直接通过保税仓发货,相较于常规业务流程,保税模式下物流全链路时效中的国际采购、订单分拣包装、国际运输环节已经全部压缩。而保税仓物品类型的提前铺货和部署,其依据在于对消费偏好的大数据分析,使得跨境电商平台的购买和物流服务体验,几乎和国内电商平台同样便利。以 Wish Express 为例,2019 年旺季期间(10—12 月),在美国、英国、法国、德国、意大利等重点市场上,相比于普通直发的非海外仓产品,其海外仓产品的物流时间要少 60% 左右。

三是跨境物流操作自动化、智能化和感知技术应用。跨境电商物流由于需要经过国内物流和国际物流两部分服务,通过发挥自动化分拣技术、智能化识别技术等应用,能够有效促进多种运输方式的无缝衔接,实现跨境电商物流人工成本的节约,同时更好地保障物流货品的高分拣效率和零失误率。此外,借助无线射频识别(RFID)技术、定位技术和路径优化等感知技术应用,获取数据和资源采集,进而实现物流资源的最佳整合和优化匹配。

四是拓展物流核心技术应用。在人工智能、大数据、物联网等信息技术迭代升级的基础上,加快与物流业务的紧密结合,在消费需求挖掘、跨境多边支付、供应链管理方案等方面拓展技术应用转化,以最低的资源消耗智能化地满足客户多样化的需求,以信息化、智能化和标准化等实现跨境电商和跨境物流的国际接轨进程。

二、跨境电子商务进口物流模式

我国跨境进口电商从个人代购开始发展。从 2003 年开始规模逐渐壮大,但当时的物流运输还是单一地通过中间商或者邮寄入关。国家从 2013 年开始颁布一系列的政策来完善跨境电商的规范。从那以后,跨境进口物流逐步形成保税备货、海外仓集货、海外直邮拼邮等多种模式,其运输模式也由原来单纯的运输模式逐渐走向了更为多元化。

(一)保税备货模式

保税备货模式是从 2013 年开始,在中国国内的 8 个试点省市开展的海外网络电商平台业务,主要目标是依靠与我国海关总署和邮政公司的协作,建设一个自贸保税区。

保税备货模式的基本流程为:由跨国电子商务公司首先将国外产品批量运抵国内的保税仓库,当客户在电子商务平台下单后,商品将直接由保税区发货。进入保税区的产品并不代表直接进境,在短期内并不用缴纳出口税目,直到客户在下单后再进行通关检查并缴税。过程中只需要交纳行邮税，可以大大减轻企业在进口环节的税收。采用保税备货模式通常是指经由海关审批的商品，并由专门的物流服务商进行相应的配送及通关业务（如图 8-2 所示）。

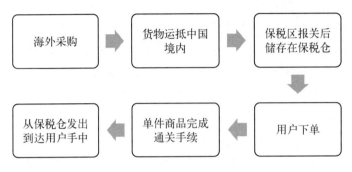

图 8-2　保税备货模式流程

（二）海外直邮拼邮模式

海外直邮和拼邮模式，是跨境电商最开始采用的模式（见图 8-3）。跨境电商平台首先会收到来自不同地区的国内买家订单，平台再根据买家地址以及所购买商品内容进行分类。通过万国邮政或是其他海外物流速递公司，将货品送达中国境内，货物在海关完成了一系列的清关检验，如果需要支付关税将会进入中国境内的海关监管仓进行短暂仓储，待缴纳完关税后放行。最后由国内外快递企业和邮政完成产品的物流运输配送工作。国外拼邮模式的工作流程和国外直邮模式基本相同，其区别是把众多消费者所选择的产品单通过同一个包装方式予以邮寄，当商品包裹到达中国境内通关后，再统一寄至仓库，由境内物流配送企业再完成包装、独立打包，从而完成独立的物流配送任务，而国外直邮则是对每一份商品订单经过独立打包后，寄往中国国内。

图 8-3　海外直邮拼邮模式

（三）海外仓集货模式

2021 年 7 月，国务院发布的《关于加快发展外贸新业态新模式的意见》完善跨境电商支持政策。在全国适用跨境电商 B2B 直接出口、跨境电商出口海外仓监管模式，便利跨境电商进出口退换货管理，扩大跨境电子商务综合试验区试点范围。2021 年 10 月，《"十四五"商务发展规划》支持跨境电商高水平发展。鼓励电商平台企业全球化经营，完善仓储、物流、支付、数据等全球电子商务基础设施布局，深化共建"一带一路"国家电子商务合作，加快重点市场海外仓布局，巩固扩大一批具有国际竞争力的跨境电商龙头企业和产业集群。在跨境电子商务中，海外仓是指从事出口贸易的跨境电子商务企业在国外自建或租用仓库，按照一般贸易方式,将商品通过大宗运输的形式运往目标市场国家的仓库,然后再根据当地的销售订单,第一时间做出响应,及时从当地仓库直接进行分拣、包装和配送。

跨境电子商务的崛起给海外商品交易业态带来了新的增长引擎,加之航空运价暴涨、海运一柜难求,加剧了欧洲跨境物流难题,导致物流路线选择减少、港口拥堵、订单履约不确定性增加,在重重挑战下,大部分跨境电子商务卖家选择提前备货到海外仓,以保障物流时效和提升用户体验。目前,海外仓已成为跨境电子商务物流中备受推崇的方式。根据海关总署数据显示,我国超过200家企业在境外设立了海外仓,数量已经超过1900个,总面积超过了1350万平方米,业务范围辐射全球,其中北美、欧洲、亚洲等地区海外仓数量占比将近90%,且跨境商户构建或扩建海外仓的意愿不断提升。

跨境电子商务的快速增长为海外仓带来了发展机遇,不断推动着海外仓物流服务创新,经历了海外仓1.0时代、海外仓2.0时代,到如今逐步迈向海外仓3.0时代,无论是自建海外仓商户还是第三方公共服务海外仓提供商,都应通过持续的创新实现海外仓物流服务的差异化并获得竞争优势,形成其他物流模式以及竞争者难以模仿的服务能力,以获得更高的客户满意度和市场份额。

随着全球市场进入数字时代,大数据测算、人工智能广泛应用于各个行业,跨境电子商务的配套设施海外仓服务应从传统的人工管理模式转向数字化、自动化的智慧物流模式。借助数智化、信息化技术提升海外仓服务效能,推动商品物流、信息流量优化融合,充分发挥仓储、展销、售后、咨询等叠加服务功能,提升海外仓服务价值链地位。

海外仓分为自营海外仓和第三方公共服务海外仓。自营海外仓是指仅为本企业销售的商品提供仓储、配送等物流服务,适于市场份额较大、实力较强的出口跨境电子商务;第三方公共服务海外仓是指由第三方物流企业建设并运营的海外仓,主要适用于市场份额相对较小、实力相对较弱的出口跨境电子商务企业。

相比直邮模式,海外仓在缩短物流时效、提升物流稳定性、提供便捷的退货逆向服务等方面具有较大优势,同时能够匹配跨境电子商务本地化、品质化运营的需求,拥有更好的交付时效及物流服务体验。货物存储在海外仓,当买家下订单时,卖家可以在第一时间做出快速响应,缩短寄递时间;在国际段运输中通过对货物合理地拼装和拆分,可以节省干线物流费用;在目的国的仓库为退换货提供了可能,"最后一公里"寄送中货损和丢失风险也随之降低。

海外仓发展初期,是为了解决国际物流时效问题、提高货物处理速度和交付效率、让企业更接近终端用户、提升客户体验,帮助卖家在竞争日趋激烈的跨境贸易中占得先机。传统意义上的海外仓(1.0时代)是一种仅限于仓储功能的仓库,用于帮助企业处理稳定控制如国外集货、仓储、发货、物流等基础物流问题,此时的海外仓也开始萌生类似贴标的代工迹象。在海外仓2.0时代,海外仓的功能性质开始发生巨大的转变,随着全球物流基础建设不断优化,以及先进分拣技术机器的规模化运用,2.0时期的海外仓不再限于单一的仓储功能,而成为一个整合仓储、头程尾程物流、退货的集合体,有效帮助卖家处理仓储、物流、发货、退换货逆向物流等其他服务需求。

2020年,由于时效保障和运费原因,直邮小包性价比下降,海外仓模式尤其是FBA仓模式占比上升。递四方、菜鸟、亚马逊鼓励FBA提前入仓,通过供应链预测补货,以满足时效及运力短缺风险。虽然海外仓模式是跨境物流综合方案的一种优化,其优势在于:物流比肩内贸电商,下单后直接尾程配送,但本身也有不足,海外仓模式仅适用销量大的标准SKU,库存风险及资金周转压力大。由于FBA是需要提前备货,而FBA头程绝大部分采取海运,海运头程时效长达15~30天,因此相比直邮模式,采取海外仓模式的跨境电子商务卖家资金周转期要长0.5~1个月,时间线拉长也加大了库存滞销风险,增加了仓储管理费用及操作成本,相比直邮小包,海外仓税务风险相对较高。

海外仓集货模式是指进口零售电商在产品供应商的所在地设立集货配送中心,在收到订单以后把全部商品集中储存于产品所在地的集货仓,到达相应商品数量以后再整体统一送回中国国内集货仓,相当于传统直邮业务模式的提升版。从流程上来说,海外仓集货模式与直邮拼邮模式相类似,但它的运输速度与安全性远远高于传统的直邮拼邮模式。其过程如图8-4所示。

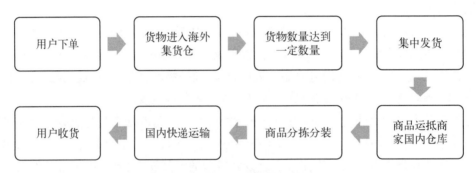

图8-4 海外仓集货模式流程

海外仓集货模式同时具有保税备货模式和直邮模式的优点,有能力的跨国电子商务平台将纷纷在海外建仓,从而完成跨国物流的整体布局,并力求在全球转运业务市场抢得先机。海外仓集货模式的最大好处就是适合于所有品类,虽然成本上比较直邮高,但是其运输速度大大提高了。由于货物需要在海外进行集货,所以必须在海外设立仓储,由此产生的仓储费与海外人工费的成本不可控。

(四)自主物流专线

跨境物流往往流程繁琐,耗时长。于是物流企业为了加快货物流通效率,保证国际客户的服务质量,通过包舱等手段打造一条物流专线,将大批货物集中起来统一运输。自主物流专线在时效和成本上有着极大的优势,大批货物的集中运输形成了规模效应,降低了成本。相比较于海外仓模式,专线物流省去了自建仓储的巨大开销,同时相比较于国际直邮,统一运输节省了海关分批申报的时间,提高了运输效率。但由于物流专线需要累积大量货物后才能运输,对于小批量的货物来说反而会因为集货而造成时效延误。同时专线物流对于定制订单也不能很好地处理,且几乎不能实现退换货。所以目前专线运输只能在部分运输需求量大的地区实行,无法大面积推广。

三、跨境电子商务供应链发展趋势

中国跨境电商物流链可分为七个关键节点，需要强大的整合能力来实现端对端的全流程履约服务，主要由前端揽收、运输和分拣、海关清关、海陆空干线运输、目的地清关、海外仓储和分拣、尾程运输组成。大多数跨境电商物流企业无法完全打通这些环节，需要与第三方物流等多方资源合作以承担各个节点配送任务，因此资源整合能力对跨境电商物流企业至关重要（见图8-5）。

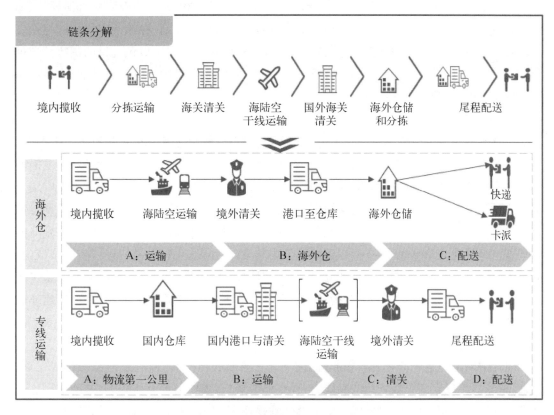

图8-5　跨境物流链路节点拆分

（一）跨境电子商务快速响应的供应链

小批量、高频次的跨境电子商务快速反应供应链能力，成为助力快时尚品牌崛起的关键。以SHEIN为例，SHEIN成立于2008年10月，是一个国际B2C快速时尚电子商务平台，专注于女装，聚焦欧洲、美洲、澳大利亚和中东市场。随着疫情对电商的加速效应，2020年6月，SHEIN已经超越Wish、沃尔玛、eBay等当地公司，成为仅次于亚马逊的购物榜第二名。

跨境B2C迅猛增长，尤其以DTC私域流量为主的独立站/其他流量平台较快增长：疫情下以Shopify为主的独立站与主打东南亚/欧洲战场的速卖通平台取得翻倍增长，其中独立站佣金费率较低，成为独立卖家+建立私域流量较为合理的选择；B2C物流履约目前分为

FBA入Amazon仓自营模式、多元化生态产品方案、Shopify开放式履约等,SFN寻求外包履约方式,通过需求预测、采用智能库存分配等方式,确保订单快速、低成本交付。

石头科技从2019年起逐步从小米公司代工逐步向自有品牌转型,跨境销售收入占比超过50%。米家代工业务是石头科技的起家业务,石头科技负责研发/生产,小米公司负责销售,毛利率较低,2019年后,石头科技公司逐步放弃低毛利代工业务逐步向品牌化业务转型;海外业务从代理商模式逐步向经销渠道+亚马逊渠道转型,逐步减少对代理商的依赖,海外疫情加速扫地机器人消费需求释放,长期来看技术创新让国产品牌具备较强驱动力。

3C、电子与纺织服装是跨境电子商务出口的主要品类。3C电子和服装具有消耗快、溢价高的特点,其配送要求高频次、高时效,对物流费率的容忍度高,且存在一定规模的退换货逆物流需求,仓配模式更加适合两者的物流需求。从2020年中国出口包裹目的国统计数据看,美国和英国仍是最主要的目的国,占比分别达37%和27%。因为这些区域购买力强,市场体量大,且物流和支付体系较为成熟。

(二)跨境电子商务供应链亟待整合

跨境电子商务供应链即将涌现全链条整合型供应商,提供运营、支付、物流等专业服务:在一个上游品牌商分散、下游零售商也分散的市场,产业链中端一定会越来越集中,才能使市场效率不断提高。终局视角看,上游退化到只承担生产职能,而下游退化到只管C端售卖,"造"和"卖"之间所有环节都由跨境供应链公司负责。因此,跨境和品牌商流是长期分散的,但服务(物流、技术、金融等)会走向集中:核心系统整合非核心系统,核心服务整合非核心服务。跨境独立站SaaS服务商以建站服务为基础,将运配、支付等模块进行生态集成,打造一体化服务。物流、仓配等信息化管理服务商则集成资源后接入各大平台实现商家多渠道管理。跨境并购迭起,快递公司/传统货代积极向跨境电子商务物流布局转型,自建或收购补足链条短板。

(三)跨境物流供应流程去中间化

随着国内跨境电子商务公司崛起,国内独立三方货代巨头转型,有望迎来跨越式发展。未来,跨境物流玩家完善数字化产品能力,补足环节短板,集中度会有所提升,并购加剧。疫情推动货代去中间化加速。疫情下,供应链受到强冲击,货主倾向于直接与供应链稳定性较好,并且有舱位资源的优质货代订舱,加速了货代行业去中间化的进程;许多规模较小的二级、三级货代因资金周转紧张、应收款收不回等原因被迫让客户直接与大型一级货代公司对接。

本土货代话语权提升。在FOB方式为主的传统贸易下,本土货代无话语权,仅有国内段业务,对应的服务仅从工厂至船舶,多数利润被海外货代赚走;疫情带动海外跨境电子商务渗透率提升,国内品牌商需要通过邮政小包、商业快递、专线物流、海外仓等模式将服务运送到消费者手上,本土货代业务转向全流程。中国产品的出海使得中国商家话语权提升,会倾向于直接选择中国本土货代,这对中国商家和中国货代企业是一个双赢的局面。传统的物流模式无法满足跨境电子商务客户需求,SKU的多元化将使得更多企业按订单量生产,碎片化的物流需求对物流模式提出了新要求,物流企业毛利水平也有望提升。

第二节　跨境电子商务平台案例——洋码头

一、企业介绍

洋码头最早成立于 2009 年,作为跨境进口电商企业,它的定位是成为一个中国海外购物平台,引领中国消费全球化,使海外购物的模式成为简单和便利的购物模式,传到中国各个地区。洋码头上的商家主要有两大类：一类是商家,另一类是买手,模式为 C2C。海外买手几乎遍布世界上各个国家,建立的物流中心帮助洋码头商品完成跨境配送。

洋码头为国内消费者提供商品的品类繁多,包含母婴用品、美容护理、营养保健、服饰鞋帽、箱包手袋等。根据尼尔森 2015 年的一份跨境网购消费报告,洋码头如今在一、二、三线城市的海外购物品牌认知度占到 24% 左右,是独立的跨境电子商务里面最高的。洋码头是目前中国最大的独立海外购物平台,拥有近 4 000 万用户。洋码头首创海外场景式购物模式,通过买手直播最真实的购物场景,让中国消费者足不出户,轻松、便捷地享受一站式全球购物,实现引领中国消费全球化。洋码头在全球 44 个国家和地区拥有超过 2 万名认证买手,买手入驻洋码头平台需要通过严格的资质认证与审核,如提供海外长期居住、海外身份、海外信用、海外经营资质等多项证明材料。

在过去,一般的海淘步骤是中国消费者在国外购物网站付款之后,国外购物网站在寻找转运公司将商品送到中国消费者的手中。整个过程当中存在着很多的不确定因素。消费者不可以实时跟踪商品的物流信息,而且运费的价格也比较高昂。如果包裹在运输途中遭到损坏,消费者也无法找到正确的渠道进行申诉。洋码头为解决跨境电子商务物流的一系列问题,自建了跨境电子商务物流体系——贝海国际,致力于跨境电子商务全球物流解决方案的设计与执行,它是洋码头旗下独立运营的物流服务公司。贝海国际通过整合产业上游的境外电子商务企业需求,国际航空货运及中国入境口岸的资源;并通过与中国海关总署、中国国家邮政总局、入境快件口岸等相关政府监管部门展开深入的战略合作,通过在线系统制单、海关电子申报、在线关税缴纳、全程状态追踪等服务,为目前境外至中国日益增长的跨境电子商务市场提供高效、正规、合法的国际个人快件包裹入境申报配送服务。

贝海国际目前已经覆盖全球 20 多个国家和地区,物流平均速度及稳定性居行业前列。贝海国际拥有能够与国际四大快递公司比肩的时效,是因为它有着成熟的全球网点以及积累了多年仓储物流的经验,但是,最重要的一点是,贝海的费用远低于行业平均价格。为了使物流体验得到进一步的提升,贝海国际创新性地推出了"急速赔""一慢就赔"等服务,致力于解决赔偿难、物流慢两大社会性难题。贝海国际还承诺,只要有贝海包裹出现丢失、破损的情况,一律会按照订单支付金额进行全额赔付,最快 3 小时就即可到账。

二、案例分析

（一）跨境物流体系——贝海国际

为保证海外商品能安全、快速地运送到中国消费者手上，洋码头自建立以来就打造跨境物流体系——贝海国际。贝海物流提供了跨境物流一站式服务。从海外卖家的在线下单发货开始，寄送到海外货站，货站安排航班发往国内，由国内清关公司提货并安排清关，最后转国内快递配送。该物流服务体系解决了跨境物流的各种难题。贝海运营团队可以通过大数据的分析处理，将包裹的异常的原因、发生、环境等诸多环节一一整理，创造性地建立了异常包裹的预警机制，并在第一时间进行预先干预，让异常件包裹可控、可管理。

贝海国际作为洋码头的自建物流，为洋码头提供的服务包含OMS订单管理系统、直邮服务、海外仓储服务、国内保税仓储服务、国内物流客服服务、国内关务团队指导服务、售后服务等。国际运输和国内运输服务由第三方物流公司来完成。贝海国际的OMS订单管理系统的功能比较齐全，也很容易操作，和洋码头平台系统的对接成功率非常高。

贝海国际多样化的物流模式为洋码头商家提供了多种选择，商家和买手可根据自己所销售的商品品类、款式，选择最适合自己营销战略的物流配送模式，比如时尚类的服饰、箱包、鞋靴适合走直邮模式，而日常生活用品、护肤品和彩妆品适合保税模式等。完善的物流服务体系不仅需要稳定的信息系统和多样化的物流模式，还需要高质量的客户服务。跨境物流的线路长、环节多，某一个环节出错必然导致商品物流信息的停滞，客户想要知道为何自己的商品卡在某个环节。客服是用户和物流平台之间的沟通桥梁，帮助用户解答跨境物流模式下包裹异常状态的原因和处理方法。

贝海国际的战略目标是成为洋码头公司的物流服务集成商，自身作为一个信息平台的建设，有助于将其他物流功能服务提供商的信息进行整合并共享，保证了信息的流通。同时，也能监控其他物流服务提供商的运作情况，并及时提醒他们进行修正和匹配洋码头的需求。

（二）零售商、品牌商和消费者的一体化供应链体系

跨境进口B2C的供应链体系，大幅度降低了海外众多零售商、品牌商的进入门槛，让国内消费者可以收获海外精品。洋码头还自建有国际物流服务平台，海外部署三大分拨物流中心，保证以其低成本的国际订单配送服务，快速、合法地帮助海外零售商和国内消费者完成交易和购物，同时专门设立国内退货服务中心，方便退货，让国内消费者体海外直邮，一站式购物，同步全球品质生活。不仅如此，"聚洋货"频道还拥有海外库存保证。洋码头构建了一个新的产业形态，帮助国外的零售产业跟中国消费者对接。海外零售商可以直销给中国消费者，中国消费者可以直购，中间的物流是直邮。

（三）APP"社区频道"和直播模式等引流

洋码头APP的社区频道会定期推出专题和流行时尚资讯；更有来自全球各地爱秀爱美的用户，实时晒出扫货战利品，分享其购物心情和攻略。在这里，用户可以即时刷新海外商品，找到志同道合的朋友，享受海外购物的乐趣。同时，在社区中也活跃着一批达人，达人们定期分享自己在穿衣搭配、美妆护肤等方面心得，并推荐相关海外商品；如果有更多疑问，用

户还可以通过评论与达人互动。分享与互动,不仅激起大家对海外商品的兴趣,也增进了用户对洋码头的黏着度。

"聚洋货"频道引入经过严格认证的海外零售商直接对接国内消费者,精选全球品牌特卖,品类涵盖服装鞋包、美妆护肤、母婴保健、食品居家等。

洋码头首创的海外卖场扫货场景式购物模式,自2013年12月正式上线至今,"扫货直播"频道已聚集了数万名海外认证买手,他们分布于全球20多个国家和地区,现场直播洋码头跨过所有中间环节,降低了中国市场的进入门槛,让消费者体验真实的海外现场购物。从购买模式看,"扫货直播"频道主要有两大特点:

(1) 买手制:"扫货直播"频道的买手遍布全球,实时直播全球线下卖场、奥特莱斯、百货公司等扫货现场实况。它是一种同步的海外购物C2C模式,买手实时发布商品和直播信息,消费者如有兴趣可直接付定金购买。

(2) 限时特卖:由于"扫货直播"频道做的是海外特卖现场直播,所以特卖时间与海外基本同步。限时模式除了制造稀缺感外,一定程度上也将用户代入了现场体验。

(四) 打造优质跨境电子商务服务

除了闪购和团购模式以外,洋码头每周都组织了不同产品的特卖会,丰富品类。作为平台类电商,因为时差等原因,买家不能及时联系到卖家,因此在消费者遇到问题时,洋码头客户管家先行协助解决,避免因时差、距离带来的买家与卖家沟通不畅。

洋码头消费保障服务在本土服务上做了升级。洋码头带有"本土退货"标志的商品在中国的退货服务,确保商品未经使用和完好的前提下,接受7天无理由退货。

洋码头运用KPI绩效考核优化仓储配货失误率。洋码头作为跨境电子商务,其营销战略目标就是打造优质跨境电子商务服务,物流服务作为其中最重要的环节之一,对于用户的跨境购物体验的提升有着至关重要的作用。跨境电子商务物流线很长,加之货站是在国外,清关在国内,出货一旦操作失误会将配送时间连带之后的清关时效延长几倍。对于国内买家来说,原本跨境的包裹等待时间就已经很久,一旦货站的失误导致的问题将时效延长2~3周左右的时间,更是让用户失去耐心和信心,对于洋码头的口碑将造成很大的影响。

洋码头在渠道上尝试结合线上和线下、结合传统电商和新形态,将流量拓展和流量承接结合发展。其新零售项目的目标是三年内在100个城市开1 000家线下门店,门店的定位更多是营销服务和用户流量入口,并非销售中心。洋码头试图在满足三四线城市客户的消费升级和安全感需求的同时,完成流量闭环和场景闭环。

三、案例总结

在业务上,如何低流量地获取用户,如何进一步提高通关的运营能力,以及如何进一步扩充海外市场,这些都是洋码头面临的问题。针对跨境电子商务本身的痛点,洋码头从一开始就确立了"买手商家制+自建物流基础设施"的轻重搭配模式,其在物流上的发力甚至要早于网站上线。布局线下和完善购物体验的同时,流量的运营和获取依然是洋码头的投入重点,其将结合传统图文和直播以及短视频等新形态,针对不同的品类及不同买手,分层进行不同的运营模式,并进一步通过短视频+网红达人的合作方式进行流量拓展,形成一个完整的商业闭环。

四、案例的问题讨论

问题一:洋码头作为跨境电子商务平台,其跨境物流面临哪些挑战?如何解决?

问题二:洋码头如何获取流量和运营流量?

第三节 国际物流平台案例——运去哪

一、企业介绍

上海汇航捷讯网络科技有限公司旗下的一站式国际物流服务平台——运去哪,于2015年2月正式上线。平台主营业务是为外贸企业提供海运订舱、拖车、报关、仓库内装、货运保险等国际物流综合服务,旨在成为一家帮助外贸企业有效降低物流成本,提升物流管理效率的海运订舱领域的B2B电商平台。

在整个的外贸企业出口海运订舱环节中,运去哪为保证服务质量和提高货运企业的体验度,根据业务性质的不同,选择了"撮合+自营"的服务模式。在海运订舱这个业务上,运去哪现有船公司直营(与全球最大船公司马士基航运合作,推出集运头等舱服务)、平台自营(平台优势的南美、欧洲、印度等航线)、信息撮合(向外贸制造企业推荐实力强、信誉佳的一级优质货代)等多种形式并举。在"拖车、报关、仓库内装、保险"等伴随着订舱的增值业务上,运去哪会选择自营模式,这些增值业务用自营模式能够带来更好的客户体验、更强的客户黏性。平台在上线之初,从货代方入手去主打外贸企业与货代企业的信息撮合,后来经过近三年的发展基本上形成了一站式国际物流综合服务商。

2015年8月,平台开通了互联网在线拖车、报关服务,这项服务成了运去哪向外贸企业提供一站式国际物流服务的第一步,也成了运去哪切入交易的第一步。外贸企业可通过"运去哪"官网或微信端,线上预订拖车、报关服务。以拖车为例,在接到用户的相关委托后,"运去哪"车队调度中心会将客户的委托,通过系统分发至合作的优质车队,并按照与客户约定的时间点完成领取集装箱、上门装货、运输至码头等一系列线下服务。外贸企业可以实时查看拖车业务的进度及车辆位置。报关业务流程与此类似。

运去哪在提供在线拖车、报关等港前服务环节和布局完成之后,又在2015年底上线了订舱业务和海运保险业务,其中海运保险业务是与中国人保财险所进行的战略合作。保险业务的运营逻辑是外贸企业只需在线选择自己货物品名、海运目的地及投保金额等信息,系统将自动算出保费金额,确认无误后,实现一键下单,并在一个工作日内快速出保单。至此,运去哪完成了海运订舱、拖车、报关、仓库内装、海运保险等服务,实现了为外贸制造企业提供单一窗口的一站式国际物流在线服务。

2016年8月,运去哪又上线了滴滴询价功能。外贸企业可通过"运去哪"官网或微信随时随地发布询价,客户输入货物的运输路线、具体信息等要求,平台便会将信息推送给货代企业,有意向接单的货代可以给出报价,"运去哪"客服将帮助客户从中选出性价比最高的货代企业。

2016年12月,运去哪对外宣布获得首批上海市市级无车承运人试点资质。"运去哪"可以更合法合规地开展国内陆路运输服务并夯实了拖车服务。至此,运去哪已具备货运出口企业的装船前的所有服务能力(拖车、报关、仓库内装、运输保险等)。

2017年初,运去哪正式上线供应链金融相关的服务,联合第三方金融公司,利用平台上积累的物流信息,为平台上的外贸企业、货代企业、车队等买卖双方提供金融授信服务。2017年2月,运去哪与马士基航运推出"集运头等舱"服务,运去哪借助马士基航运在海运端的服务优势,进一步夯实了为货运企业提供高品质的一站式国际物流服务。

目前,运去哪平台上注册的外贸公司约3万家,船公司、货代、车队、报关行等物流供应商约2万家,业务覆盖全球近90%的主要航线。平台主要收入包含撮合交易服务费、自营服务利润、供应链金融分润等方式。运去哪会撮合平台上的货主与货代企业进行交易,交易成功后,会根据航线的不同收取每TEU(长度为20英尺的集装箱)10~20美元的服务费用以及来自提供拖车、报关、仓库内装的自营增值服务费用。运去哪形成了一套完整的标准化、规模化服务体系,并且已经运用到了具体的行业解决上,比如箱包、纺织、照明等出口行业。

2015年成立至今,运去哪已累计完成7轮融资,总融资金额超过了3亿美元。运去哪也成为国际物流数字化领域内首个完成D轮融资,且估值达到独角兽级别的中国企业,2021年刷新中国企业在国际物流数字化领域的单笔融资金额纪录。成立至今,运去哪全球服务客户已超3万家,服务范围覆盖全球近90%主要航线,服务领域覆盖海运、空运、铁运,到跨境电子商务物流。

二、案例分析

航运业是支撑国际贸易的基础性产业,借助于互联网的东风,航运业内部正在不断发生裂变、整合、优化,一系列创新业态、商业模式和资源优化利用的方式不断涌现,令航运这一古老的行业焕发出新的生命力。据交通运输部科学研究院等机构发布的《2017年航运互联网产业发展报告》的数据显示,国内各类航运互联网平台已经超过200多家。这些平台可以简单归为三类:一是以海运运输交易服务为主的平台,如运去哪、一达通;二是以提供船期、船舶定位服务为主的信息类平台,如亿海蓝、维运网;三是以提供专业化业务软件为主、基于云端服务的全供应链平台,如奥林科技的大掌柜物流云平台、沃行科技。这三类平台各有各的客户定位、业务功能和商业模式。

运去哪平台主要有三个功能模块,分别是集运头等舱、滴滴询价、物流管家。

集运头等舱是运去哪与马士基航运联合推出的一项在线订舱功能。船公司和货主通过平台建立直接订舱通道,货主选择航线、航次订舱后,船公司在2小时内予以确认,并锁定舱位。集运头等舱解决的痛点问题是船公司与货主间的供需信息不对称。在供需信息不透明的情况下,船公司会进行舱位的超配,当爆舱时,会出现"甩柜",导致货主的货无法按时离港发运。为保证货物的按时发运,货主又会提前抢取舱位,由于缺乏有效的惩罚措施,货主经常临时取消,导致船公司无法获得足够的货源,加剧船公司的超配行为。货主在使用集运头等舱时,只与马士基航运建立联系,无法知道其他船公司的报价。对于习惯于比价的货主而言,仍需要去其他船公司进行询价,再进行价格的比对。因此,集运头等舱并未真正给货主带来价格发现功能。

滴滴询价有货盘发布、货盘搜索两个基本功能。货盘由货主发布,货盘搜索则可以是货代公司或者船公司。货盘发布后,既可以由平台推送给各货代公司,也可以由货代公司通过货盘搜索获得,并进行报价。发布者可以观察到各个货代公司的报价,但货代公司不可以看到别人的报价。对货主而言,采取"我有货,你报价"的方式,可以获取尽可能多的船公司报价,在一定程度上可以节省货主的市场询价时间。缺点是并不能有效地发现市场的最低价格,因为每个船公司无法观察到其他船公司的报价。

物流管家主要向平台的注册用户提供订单查询、账单查询、统计分析、卖家/买家中心、出口文件制作、账号权限管理等。物流管家的功能主要是为注册用户提供平台交易信息的查询和统计。

三、案例总结

运去哪作为专注于解决海运订舱和运价的运输服务平台,在一定程度上解决了行业发展中的部分痛点,也存在一些发展不足。货主考虑的是海运运输的全程价格,海上价格只是其中的一部分,陆上运输费用可能会超过海上运输。运去哪也提供拖车、报关、仓库集拼等延伸服务。运去哪可通过提供全程的服务链条,增强客户的黏性。平台存在的最大意义是能够为平台的用户提供更简单化的操作、更便宜的服务、更透明化的竞争环境。运去哪把船公司、货主集中在一个平台上,在一定程度上帮助用户减少了运输过程中对各个船公司的询价、比价过程。但是,除了马士基的报价可以直接参考外,滴滴询价中,各船公司间的价格只有货主可以查看,其他船公司无法查看,无法通过不间断比价来获得更低的价格。

2021年,运去哪持续通过互联网、数字化技术,打造可视化的供应链物流,帮助客户提高物流管理效率,降低综合成本,其中船期预测、物流追踪、单证自动化等产品备受关注。

四、案例的问题讨论

问题一:运去哪为什么能受到资本的青睐?其主要数字化技术创新和产品服务创新是什么?

问题二:运去哪是如何布局港前综合服务、跨境运输服务和目的港服务的?

第四节 跨境电子商务海外仓平台案例——万邑通

一、企业介绍

商务部在2021年发布的《关于印发首批优秀海外仓实践案例好经验好做法的函》中,万邑通便是优秀海外仓运营商之一。万邑通成立于2012年,定位为中立开放的跨境电子商务产业支持平台,为全球客户提供领先的跨境售后物流服务体系,为跨境电子商务提供端到端的全面、透明稳定、基于客户体验的整体供应链解决方案。万邑通在美国、澳大利亚、英国、德国、比利时等国家设有15个自营海外仓,专为跨境电子商务卖家提供头程国际物流运输、进出口报关清关、海外仓储库存管理、订单履约尾程派送、海外本地退换货等跨境物流供应链服务。

万邑通也一直致力于提供透明稳定、合法合规、成本优化的"门到门"一站式供应链管理解决方案,使跨境电子商务基于供应链优化,通过互联网技术实现"信息流、货物流、资金流"三流合一,以提高库存管理精益性和资金使用效率,增强跨境电子商务的本地化竞争力和客户服务差异化。在跨境物流服务体系上,也在持续为卖家迭代升级全链路数据化工具及服务生态,以"用户思维"而非"产品思维",以"数据驱动模式"而非"业务驱动模式",为出海商家实现全球跨境电子商务服务链路的用户价值创作与价值保护。

万邑通海外仓在新服务概念维度针对客户的个性化需求,提出了最小服务单元"轻定制化"概念,并将其运营成一种流程式、标准式的服务项目;在新顾客界面维度,万邑通利用大数据技术建立统一管理的数据仓库,实现对数据资源的有效整合,为跨境卖家提供更丰富和精准的数据增值服务;在新传递系统维度,万邑通创新"无缝转仓与裸货入仓"模式,提升了物流作业系统的效率,降低了物流成本;在技术支持维度,万邑通联合各大智能机器人厂商,利用自动化智能化设备,建立了超级机器人智能仓。万邑通海外仓服务创新四维度模型如图8-6所示。

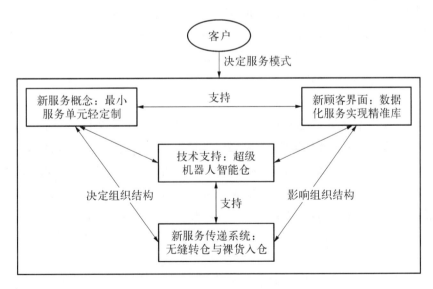

图8-6 万邑通海外仓服务创新四维度模型

二、案例分析

（一）维度一：新服务概念——最小服务单元轻定制化

万邑通的海外仓3.0项目,即针对各类卖家所提出的多样化服务需求,为其提供B2B与

B2C 相结合的多场景订单履约、品牌个性化包装、高货值独立存储区、库存绩效智能管理等,帮助更多卖家优化供应链管理。这意味着在增值服务上,卖家能享受到最小服务单元的定制化服务。

卖家产品的属性各不相同,万邑通能够在产品对应的仓储服务上,实现量身定制。与此同时,万邑通所提供的服务单元也是多元化,每个服务单元之间可以相互组合配对。若将 A 和 B 服务组合给甲卖家,就是针对 A 卖家的轻定制化;但若将 A 和 C 服务组合给乙卖家,又将会是另一种定制化。市面上的海外仓服务提供商并非都有支撑全部客户的定制化需求的能力,万邑通目前的海外仓客户不乏产品型、品牌卖家,万邑通未来的目标是将轻定制化服务运营成一种流程式、标准式的服务项目。

(二)维度二:新顾客界面——数据化服务

由于亚马逊采取新库容措施限制发货,以及全球货运物流的不确定性增强,导致 2021 年海外仓一仓难求,所以很多卖家毫无节奏地打乱自身备货周期、补货品种不严谨、备货周期考虑不周,造成库存积压的风险,仓储物流成本上升,卖家利润被压缩。为避免卖家备货周期混乱导致大面积爆仓情况再次发生,万邑通在海外仓系统运营数据化服务做出相应改进:在 SKU 库位、所需库容问题上与卖家提前达成共识,或及时提供补货策略,避免入库节奏混乱。

在具体操作层面上,首先,在卖家 SKU 注册环节,若 SKU 变多,万邑通便将其判别为卖家加大备货的征兆。在卖家下入库单前,万邑通海外仓系统将会发出弹窗提示,客服也会与卖家核实诸如促销之类的备货计划,并与对应的本土仓进行库容协调,保证足够的弹性空间,尽可能保障运营不受市场资源条件的影响。其次,万邑通海外仓系统内有两大监控指标:一是库龄(指定期内仓内产品周转速度),实时监控每一个 SKU 库存,一旦出现异常,系统会把数据发给客户,并了解库存积压的具体原因;二是补货指标,补货指标利用算法结合卖家销量,及时为卖家提供补货建议,告别积压库存,无货可卖的问题,帮助卖家实现利润最大化。

万邑通在了解不同卖家的运营痛点(货物重量、外形大小、服务细分)前提下,设计定制化的服务解决方案,为卖家评估最优分仓比例,考量出成本与效率之间的最优解。万邑通还提供出入库、运营日报类的数字产品订阅服务,并以通俗易懂的数字产品模式展现,使卖家实时、清晰地了解货物在出库、入库、派送、退换货等环节的具体情况。万邑通在仓储物流节点(内库容管理、分拣、尾程派送、妥投)进行数据跟踪与采集,归类后反馈给卖家,帮助卖家打破物流链条上的信息藩篱,也分担了卖家的少部分工作量,使卖家有更多的精力放在其他环节,实现双赢。

跨境电子商务海外仓应利用大数据技术建立统一管理的数据仓库,实现对数据资源的有效整合,提高信息化程度。通过对采集到的相关数据进行分析,实现海外仓货物的自动整合分类,使海外仓的管理信息系统更加完善和智能。万邑通借助大数据实现海外仓的智能化管理可以使海外仓管理效率进一步提高。

(三)维度三:新传递系统——无缝转仓与裸货入仓

大多数海外仓服务商的海外仓储管理体系,在业务处理流程中,都会提供库内质检、库存管理以及中转补货、贴换标和海外仓增值费用设置等服务,虽然这类增值服务很常见,但由于增值服务标准和规范难以控制,加之自身仓储管理体系难以在数字化技术上实现突破,以至于货物在中转、移仓阶段的手续依然十分繁琐,耽误时间且无法真正助力跨境卖家提升销售效率。

对此,万邑通研发了自己的一套"翻译器"。首先,针对某些商品包装已经有标签,工厂量小却不愿反复贴标,或企业有自己的条码体系等入仓备货难题,万邑通对标签统一进行识别管理——商品条码支持识别 UPC/EAN 等商品条形码;外箱条码支持识别外箱条码,如 WINIT 箱标;单品条码支持识别 IMEI/SN♯ 等单品唯一条码。在这种综合性技术体系支持下,卖家备货时仅需提供原本标签和逻辑,无须提供额外标签便可顺利完成移仓操作,真正做到无缝周转。与此同时,货物也可以整盘货、无割裂的状态灵活应对各类渠道、不同平台的出货要求;而当卖家需要将某仓库货做二次处理加工出售时,不会发生标签与其他仓之间由于无法匹配和识别,需要重新贴标的问题,实现灵活顺畅流转。

随着不同渠道、不同模式卖家在海外仓服务诉求上呈现多元化和个性化趋势,万邑通也在不断迭代更新自身在货物包装上的服务方案。不管大件小件,万邑通都接受客户裸货、完整商品包装入库形式。若是裸货入库,万邑通能满足客户需求需增加组合包装库存。此外,在营销增值服务上,万邑通在出库包装上提供纸箱、快递袋、礼盒、复合打包服务;而在宣传物料上,则提供宣传册、定制化装箱单、产品说明服务,真正做到扩大品牌影响力,提升买家体验。

万邑通无缝转仓与裸货入仓的方式,减少了商品在入库、仓储环节的重复无用操作,大大提高了运行效率,为跨境卖家降低了物流成本。

(四)维度四:技术支持——超级机器人海外仓

在科技智能化的发展推动下,物流行业也正在以一股强大的海外仓智能机器人技术风潮驱动着仓储未来。2021 年第四届海外仓两会上,万邑通联合极智嘉、海柔创新、快仓,打造了国内首个海外仓实景还原场景,向中国卖家完整透明地展示了商品从入库上架到订单拣选的自动化高效作业流程。

2019 年,万邑通对美国仓库内 2 万平方米的存储区域进行智能升级,引入极智嘉智能物流机器人,实现智能拣选作业和智能仓储管理,在 3 个月内,数百台极智嘉 P800R 拣选机器人进驻万邑通美国仓,以全柔性货架及货位的设计,解决了超 25 万 SKU、浅库存的难题,同时,满足大、中、小件不同尺寸货物存储的需求,提升了库容利用率,存储力提升 1 倍。此外,人员需求减少 50%,拣选效率提升 2 倍以上,准确率高达 99.995%,实现仓库运营最优化。在英国仓则选择应用海柔创新研发的 HAIPICK 库宝系统完成仓储自动化升级,针对 SKU 品种多、库存深度浅、件型差异较大、存储密度要求高、时效产能要求高等要求,采用定制箱式仓储机器人解决方案。德国仓,则利用快仓 Quick Pick 智能机器人来解决箱式搬运难题,用较高成本智能料箱机器人进行上下取放,超低成本的搬运机器人进行料箱远距离搬运,实现多种不同类型机器人在同一张地图里协同作业。

通过与各种移动机器人厂商实现强强联手,万邑通不断改进海外仓的作业效率,创新海

外仓物流服务,助力跨境电子商务卖家出海,通过形成可靠、高效的仓储物流能力,帮助中国卖家提升商品物流流动的弹性与稳定性。

三、案例总结

将海外仓从2.0进化至3.0,不仅是功能上的一次强化与升级,同时也意味着卖家能用同一盘货灵活地去支持兼容不同渠道、不同销售模型和不同业态,在达到利润的最大化的同时保证速度和时效,提高消费者的购物体验和满意度。

在全球仓储物流链条环节上,海外仓智慧化的执行是循序渐进的,从开始实施到最终完善是一个长期螺旋式上升的过程。未来的智慧仓储将会逐步向智慧供应链发展,用户的诉求也将不仅仅是设备,而是整体的优化。物流服务业应充分利用大数据、云计算、人工智能等技术,从传统物流转向数智化物流,海外仓物流服务提供商也应增强数据资源的整合能力、加强平台管理的信息化以及提高物流全链条的自动化。

在互联网+智慧物流发展的大背景下,海外仓物流服务提供商要立足于概念创新、界面创新、组织创新以及技术创新等多维度,从客户需求出发进行物流服务创新:加强仓储运营管理,提高操作准确性和履约时效性;提升仓配效率,降低人工成本,增强服务能力和客户满意度;针对不同企业的需求,提供个性化、定制化服务,提升终端消费者体验;以大数据、人工智能等技术对海量数据进行及时、有效的分析,助力企业提升运营效率,提高生产水平。

四、案例的问题讨论

问题一:请谈一谈万邑通海外仓的演化过程。
问题二:万邑通海外仓的核心竞争力是什么?

本章小结

本章介绍了跨境电子商务的相关概念和发展趋势,重点分析了海外仓,并介绍了常见跨境电子商务平台。在此基础上分析了洋码头、运去哪和万邑通三家跨境电子商务平台的物流实践。

思考题

1. 请根据每个案例的问题讨论,认真思考并回答提出的问题。
2. 跨境电子商务有哪些新的发展趋势?
3. 请阐述海外仓的优劣势。

第九章 生鲜冷链物流平台

学习目标

- 了解冷链物流的概念、特征和意义
- 熟悉冷链物流市场发展现状
- 掌握冷链物流模式
- 熟悉生鲜冷链物流平台企业——九曳供应链和盒马鲜生

开篇案例

冷链马甲——中国第一个冷链物流平台

冷链马甲作为一个较成熟的冷链物流平台，作为国内冷链物流平台的领军者，完善的信息技术，广阔的产品用户都是其独特的优势。而针对供应链企业、冷链企业、车队等在运营过程中的成本高、运力供给质量差、不稳定等痛点，冷链马甲以冷链仓储能力、冷链运配能力和冷链设施设备为主要交易标的，融入交易撮合、信息服务、在线支付、物流金融、保险、供应链优化等增值服务，通过供应链运营活动线上化，促进货源、库源、车源和物流服务高效匹配，降低社会物流成本。不仅保证全程冷链食品安全，并使冷链资源交易成本降低10%。

冷链马甲平台还积极拓展农产品进城渠道，有效地破解了农产品进城和生鲜食品配送"最后一公里"的瓶颈，不断从供给端出发解决需求端问题，从而推进了生鲜电商快速发展，提高了冷链设施利用率和冷链物流服务效率，降低了服务成本，实现了企业效益、社会效益和生态效益的同步提升。

冷链马甲平台提供了海量的信息，包括冷链车源、货源、库源等信息，精准推送，公平竞价,阳光交易打造海量、真实的冷链运力资源池,运货更高效便捷。在线支付为了更安全便捷,引入了建设银行、中信银行、中国银联、中金支付等金融机构或第三方支付机构,在线支付运费,保障资金利用安全、灵活。

在冷链仓储方面,冷链马甲仓储服务平台包括DC(仓储配送中心)、TC(快速分拨中心)、EC(电商配送中心)、PC(流通加工中心)四种类型,应用二维码、无线射频识别等物联网技术和大数据,建立了智能化仓储系统、智能电子标签拣货系统(DAS),对存储货物的动态实现了在线管理,与合作伙伴共享数据信息。

而在冷链运输方面,不断探索干线运输、区域分拨、城市配送等多式联运模式,应用GPS、温度传感器等物联网技术,实现了对5 900多辆车定位服务,对车内温度、湿度、车辆运行状态适时监控,确保全程冷链,保障食品安全。

冷链马甲实现了迭代发展,作为鲜易控股智慧生鲜供应链生态圈的一部分,成为新的价值增长极。同时,冷链马甲平台通过供应链活动数据化,有效优化了冷链资源配置,提高了冷链物流流通效率,降低了生鲜食品的损耗率和运营成本,以技术保障全程冷链和食品安全。

冷链马甲在激烈的市场竞争中具有自己独特的优势和资源,它将信息技术和物流技术融合在一起,形成了自己独特的优势,不断创新自己的技术,抓住综合型冷链物流企业和平台运营这两个中心点,面向全国的冷链物流交易平台,为车源、货源、库源提供交易撮合、物流在线支付、供应链金融、保险服务、冷链物流行情指数发布、冷链知识等服务的综合平台。

整合国内冷链物流行业资源,打造厂家和商家面向物流供应商的网络物流集中采购渠道,物流供应商面向厂家和商家的网络营销渠道、物流供应商之间的同行网络共赢合作渠道,提高自己的平台竞争优势。

在货源、车源、物流招投标、专线搜索、商业供求信息发布与查询功能的基础上,不断结合市场需求,为冷链物流企业、生产企业、商贸企业、专业市场、货车司机等量身定做产品和服务,完善优化功能服务,平台通过整合物流各节点资源,优化交易方式,创新商业模式,解决物流行业当前信息不对称和诚信缺失两大瓶颈和难题。

冷链马甲作为全国首批无车承运人的试点平台,解决了中小司机个体创业的资质问题。其供应链金融服务,推出在线投保、仓单质押、保理融资、融资租赁和冷链装备资源交易等增值服务,保障了用户财产安全,更是解决了平台用户资金紧缺的痛点,多样化增值服务不断满足用户需求。

冷链马甲有着一套完整的征信体制,采用实名制征信,采用车、货、库互评信用机制。除此之外,还有强大的技术支持,导航技术、监控技术、温控技术、互联网技术使交易透明化、高效化、快捷化。

第一节　冷链物流概述

一、冷链物流的概念、特征和意义

冷链物流是利用温控、保鲜等技术工艺和冷库、冷藏车、冷藏箱等设施设备,确保冷链产品在初加工、储存、运输、流通加工、销售、配送等全过程始终处于规定温度环境下的专业物流。冷链物流的实施要求注重供应链管理思想的指导,综合考虑生产、运输、仓配、销售、经济与技术性等各要素,协调相互之间的关系,使冷链物品在整个供应链过程中保值增值,是物流体系中不可缺少的组成部分。与一般的物流系统相比,冷链物流的实施对设施设备和运行环境有着特殊的要求,如时间、品质、温度、湿度和卫生等方面。

越来越多的企业对物流系统进行智能化、数字化升级,通过更高效的智能物流来保障食品安全,增加农民收益,满足顾客需求,提高企业效益。区块链技术在食品可追溯中仍处于初级发展阶段,操作层面上,对于生鲜食品内部温度、湿度的实时检测不可避免地会降低食品的完整性,加快食品腐败速度,增加产品之间交叉污染的风险;传感器数量有限、精度不高,冷链各时间阶段(箱内各阶层)温湿度分布不均,因而更为精确的检测技术(如仿生传感器、数字孪生技术、纳米技术等)和预测模型、算法是未来研究和发展的重要方向。

冷链物流的特点是时效性、复杂性和资产专用性。

(1) 时效性。由于冷链物流承载的产品一般为易腐或不易储藏,因此要求冷链物流在规定的温度环境下,以较短的时间完成整个物流过程,以保证产品从生产加工、储存、运输到销售的整个过程保持冷链物品的质量和品质特性。

(2) 复杂性。与常温物流相比,冷链物流涉及制冷技术、保温技术、温湿度检测、信息系统和产品变化机理研究等技术,有的产品甚至涉及法律法规的约束。区别于3C、家电等产品,生鲜产品具有特殊的储存要求。

(3) 资产专用性。冷链物品从生产加工、储存、运输到配送的各个环节都要有特殊的冷藏设施设备,冷库建设和冷藏车的购置需要较大投资,是一般库房和车辆的3～5倍。所以,冷链物流系统投入高且资产专用性强,在冷链需求没有规模性的情况下冷链物流的运营成本较高,这也是冷链物流难以得到快速发展的主要原因。

据中国物流与采购联合会统计,2016—2020年,我国冷链物流需求总量年均增长率超过19.2%。2020年,我国冷链物流总额为4.81万亿元,冷链物流总收入达2886亿元。冷链物流作为保障生鲜农产品和药品质量安全,以及降低生鲜农产品流通损耗的重要手段。冷链物流是我国发挥强大国内市场优势和建设现代流通体系的重要领域,对保障食品和医药产品安全、建设人民满意的供应链具有重要意义。(1) 冷链物流是减少农产品产后损失和食品流通浪费,扩大高品质市场供给,更好满足人民日益增长美好生活需要的重要手段;

（2）冷链物流是支撑农业规模化产业化发展，促进农业转型和农民增收，助力乡村振兴的重要基础；（3）冷链物流是满足城乡居民个性化、品质化、差异化消费需求，推动消费升级和培育新增长点，深入实施扩大内需战略和促进形成强大国内市场的重要途径；（4）冷链物流是健全"从农田到餐桌、从枝头到舌尖"的生鲜农产品质量安全体系，提高食药产品物流全过程品质管控能力，支撑实施食品安全战略和建设健康中国的重要保障。

二、我国冷链物流市场发展现状

（一）冷链物流市场蓬勃发展，呈现出许多新特征

近年来，我国冷链物流市场规模快速增长，国家骨干冷链物流基地、产地销地冷链设施建设稳步推进，冷链装备水平显著提升。从世界范围看，全球冷库总量不断增加，我国冷库总量也在不断上升，2020年，冷链物流市场规模超过3 800亿元，冷库库容近1.8亿立方米，冷藏车保有量约28.7万辆，分别是"十二五"时期末的2.4倍、2倍和2.6倍左右。

在物流供给规模增大和需求多样化的带动下，不同品类、不同来源产品的冷链物流发展细分加快，差异化服务增多；冷链快递、冷链共同配送、"生鲜电商＋冷链宅配""中央厨房＋食材冷链配送"等新业态新模式日益普及，冷链物流跨界融合、集成创新能力显著提升。食品冷链物流形成产地放射、中心城市汇集的形态；随着交通运输网络的完善，冷链物流资源加快向综合交通枢纽城市、国家综合立体交通网主骨架汇集，在空间分布上更加集约。与此同时，市场主体不断扩大。我国冷链物流企业之间整合、并购、重组加快，冷链仓储、运输、配送、装备制造等领域形成一批龙头企业，全国冷链物流"百强企业"规模占市场总规模接近20%，资源整合能力和市场竞争力显著提升。

（二）冷链基础设施薄弱，结构性失衡问题亟待解决

目前我国冷链物流的结构性矛盾还比较突出，分布不均衡。比如，2018年，华东地区的冷库总容量占到全国的36.2%，达到1 898万吨，占据了国内冷库增幅增量的大头。与其相比较，其他地区的冷库新增量和总量明显不足，大城市冷库的集聚会导致道路拥堵、物流成本增加、效率降低。又如，以水产品冷库设施为例，贮藏水产品冷库的数量和容量远高于生产流通加工型冷库。

中转联运换装和两端干支衔接易脱冷断链，城市人均冷库容量偏小，农村前端预冷和港站枢纽冷链设施资源不足，冷链物流设施在区域分布、产销地分布、温区功能等方面存在结构性失衡问题。

目前我国冷库容量的区域差异较大、发展极不平衡。全国人均冷库容量最高的是上海，其2018年的人均冷库容量为3 865 m³/万人，基本已经达到中等发达国家水平。中物联冷链委库容总量的数据表明，2019年冷库容量排在全国前3位的分别为山东、上海和江苏，分别为934.7万吨、639.3万吨、509.9万吨。2020年，我国的冷藏车已经达到28万辆，比2019年的21万辆，同比增长了33.3%。其中，公路冷链运输占到90%，船运冷链运输占到8%，航空和铁路冷链运输分别占到1%。但是，对比国际，我国冷藏车数量仅占货运汽车总量的0.3%左右，而主要发达国家占比高达0.8%～3%。

(三）冷链产业发展整体的规划不足，导致供应链上下游缺乏协同

首先，我国农产品流通环节多，规模化、组织化程度偏低，流通效率低，导致物流成本增加，难以把控供应链质量，货物损耗率居高不下。目前，我国生鲜农产品物流成本占总成本的30%~40%，损耗率达10%~15%。

其次，在我国流通的大部分易腐食品主要是由生产商或经销商配送。同时第三方食品冷链供应商发展的滞后性和信息服务系统不够健全等，这都会对食品冷链物流的途中质量、准确性和及时性产生影响，导致较高的食品冷链成本和流通品损耗。除硬件外，冷链物流标准体系还有待完善，目前冷链物流从生产到流通、消费各环节缺少统一标准，强制性标准少，衔接不紧密，全链条、协同化的冷链物流监管体系尚未建立，信息化监管能力不足，冷链专业人才培养不足，这些都制约了冷链物流业的发展。

同时，我国冷链物流作业仍以人工为主，自动化智能化分拣、搬运、装卸等设施设备应用不足，冷链作业专业化水平不高制约整体效率提高。冷藏车等配套设施数量少且技术水平不高，特别是新能源冷藏车发展滞后。我国冷链物流信息化程度较低，精准控温、智能仓储、无接触配送、大数据补货等新型冷链物流信息化技术仍处在探索推广阶段。

（四）冷链物流创新意识薄弱，应大力推行节能减排和智能化

目前，我国冷链物流各环节普遍存在高能耗的问题，冷库冷冻冷藏消耗的能源约占冷链过程总能耗的70%。因此，应加大冷链物流关键技术和先进装备研发力度，鼓励节能环保技术应用，推进数字化、标准化、绿色化冷链物流设施装备研发和应用，推进新型制冷、节能环保等技术的加速应用。

同时，需要大力研究制定冷库、冷藏车等能效标准，完善绿色冷链物流技术装备认证及标识体系，加强对在用冷库以及冻结间、速冻装备、冷却设备等低温加工装备设施开展节能改造，推广合同能源管理、节能诊断，逐步淘汰老旧高能耗冷库和制冷设施设备、高排放冷藏车等；新建冷库等设施应严格执行国家节能标准要求，鼓励利用自然冷能、太阳能等清洁能源以及冷热源联用设计和管理；适应城市绿色配送发展需要，鼓励新增或更新的冷藏车采用新能源车型。

碳达峰、碳中和对冷链物流低碳化发展也提出了新要求。冷链物流仓储、运输等环节能耗水平较高，在实现"双碳"目标背景下，面临规模扩张和碳排放控制的突出矛盾，迫切需要优化用能结构，加强绿色节能设施设备、技术工艺研发和推广应用，推动包装减量化和循环使用，提高运行组织效率和集约化发展水平，加快减排降耗和低碳转型步伐，推进冷链物流运输结构调整，实现健康可持续发展。要研究加强冷链物流全流程、全生命周期碳排放管理，加强低温加工、冷冻冷藏、冷藏销售等环节绿色冷链装备研究应用，鼓励使用绿色低碳高效制冷剂和保温耗材，提高制冷设备规范安装操作和检修水平，最大限度减少制冷剂泄漏，推动制冷剂、保温耗材等回收和无害化处理。

"无人仓库"里安装有各种能够自动操作的堆垛、包装、运送、提升的工具。从货物进库到贮藏就位，或从仓库存放点到出货，都可在无人的情况下自动完成。上述所有工作都由计算机控制的机器人、无人运输小车和自动化输送带来实现，人不直接参加工作。白天，仓库内只有少数工作人员做一些核查，修改一些指令；夜里，只留1~2名监控员。

无人仓库等技术的进步必将进一步加快整个冷链物流业的"自动化、智能化"进程。这可以能把人完全解放出来,而且能使运行效率大幅提升。无人仓库、无人配送必将是未来一个发展方向。

三、冷链物流模式

我国冷链物流产业集中在生鲜农产品和医药产品,形成各具特色的生鲜冷链物流模式和医药冷链物流模式。我国生鲜冷链物流模式由需求侧拉动,蕴含着生鲜农产品消费模式的变迁过程,向着低成本、便捷的社区团购、前置仓等新型模式演化;我国医药冷链物流模式由供给侧驱动,蕴含着医药产品供给模式的变迁过程,向着安全、便捷地直达患者(DTP)、合同销售组织(CSO)等新型模式演化。

(一)冷链物流配送模式

配送模式、配送中心选址和路径规划是冷链物流配送研究的核心内容。由于我国冷链物流企业规模不同、服务标准各异、冷链产品种类多样,因此产生了自营配送、第三方配送、联合配送和共同配送等多种配送模式。伴随着互联网、电子商务的快速发展,社会进入平台经济、共享经济时代,新业态与新技术的出现延长了产业链供应链,催生出众包、自提、无人配送等新型冷链物流配送模式。

随着新零售等新业态的发展,新场景下生鲜电商、农产品冷链物流运营管理问题成为新的研究焦点,例如"最后一公里"配送问题得到广泛关注。众多学者使用线性规划、粒子群算法、遗传算法、蚁群算法等,考虑配送中心数目、货物种类、车辆类型、车辆载重、时间窗限制、运输状态等不同因素,对配送中心选址、配送路径优化问题进行深入分析与挖掘(范小青等,2021)。针对冷链物流配送方案,研究人员注重冷链物流信息化的发展以及物联网、区块链等新一代信息技术对物流系统、配送路径的提升和改善(魏津瑜等,2019)。

(二)冷链物流平台化商业模式创新

在冷链物流平台化商业模式设计过程中,强调的价值创造收益、价值创造依赖基础设施、基础设施引发成本、品质即收益四个场景是冷链物流价值追求的真实写照,成为冷链物流平台化商业模式创新的基础。冷链物流平台的价值主张在于提高终端消费者的健康价值,充分体现了价值创造收益、品质即收益的核心动力源。冷链物流平台化商业模式创新可以从两个方向展开,一是装备制造业产业链下移创建的依托基础设施的冷链物流平台化商业模式,典型的如"互联网"冷链物流资源共享平台;二是零售服务业产业链下沉创建的靠近客户资源的冷链物流平台化商业模式,典型的如"生鲜电商+"冷链物流共享服务平台。

1. "互联网+"冷链物流资源共享平台

在冷链物流平台化商业模式中,价值创造依赖基础设施、基础设施引发成本两个场景突出了基础设施的重要性,也反映了冷链物流基础设施投资规模大、回报期长的痛点问题。冷链物流涵盖冷冻加工、冷藏贮藏、冷链运输和冷链销售全过程。我国冷库、冷藏车、冷藏集装箱等冷链装备制造能力的快速提升,推动着我国冷链物流行业的市场规模大幅提高,也衍生出一些新型的冷链物流平台化商业模式。"互联网+"冷链物流资源共享平台建设者,主要是拥有信息、资源和能力优势的冷链装备制造商和具备冷链物流科技服务优势的服务提供商。"互联网＋"冷链物流资源共享平台具有如图 9-1 所示的结构。

(1) 制造商主导的共享平台。在制造业服务化转型发展趋势推动下,冷链装备制造商凭借集聚的信息、资源和能力优势自建自营"互联网＋"冷链物流资源共享平台,提供冷链物流"产品＋服务"。一方面集聚产业链供应链资源优势,增强服务对象冷链物流服务能力;另一方面占据价值链高附加值环节,以服务价值提高终端消费者健康价值。制造商从传统的单一的产品生产转向提供"产品＋服务",有效提高了制造商在生产环境和市场环境中的增值性服务能力。制造商主导的共享平台,能够为冷链物流企业提供冷链设备租赁、冷链物流全程追溯、冷链物流解决方案等服务,以全员、全程、全生命周期生态链提升平台价值。

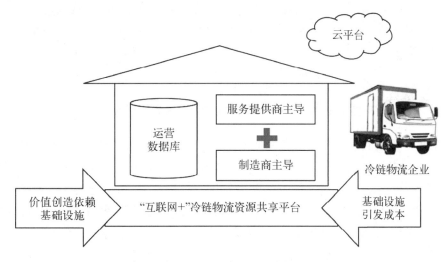

图 9-1 "互联网＋"冷链物流资源共享平台

(2) 服务提供商主导的共享平台。在传统的产业链结构中,为制造商提供售前和售后服务的第三方服务提供商,可以与制造商共建共营"互联网＋"冷链物流资源共享平台,从而使共享平台成为冷链装备制造商与冷链物流企业之间的纽带。第三方服务提供商依托拥有的服务优势将服务价值转化为健康价值,并有效协调共享平台集聚的信息、资源和能力,提升资源利用率和使用效率。

第三方服务提供商在帮助冷链装备制造商提供售前和售后服务过程中积累了丰富的客户资源,增进了对冷链物流基础设施的了解,在制造商服务化转型升级过程中更是成为制造商服务能力的拓展。服务提供商主导的共享平台,冷链物流基础设施来自冷链装备制造商,服务提供商依托共享平台为冷链物流企业提供服务。

2."生鲜电商＋"冷链物流共享服务平台

我国生鲜电商行业规模增长迅速,根据艾瑞咨询的数据,2020 年生鲜电商行业规模达到 4 585 亿元。我国生鲜电商具有模式多样化、经营多元化的特点,前置仓模式和社区团购模式成为两类主要的线上生鲜零售业态,离不开冷链物流强有力的支撑。面对以生鲜零售为代表的零售服务业产业链下沉趋势,以前置仓模式和社区团购模式为例,探讨冷链物流平台化商业模式创新策略,有助于推动我国生鲜电商快速发展,更加低成本、便捷地满足消费者高品质生鲜农产品消费需求。"生鲜电商＋"冷链物流共享服务平台的结构如图9-2所示。

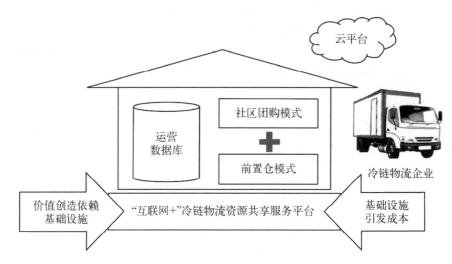

图9-2 "生鲜电商＋"冷链物流共享服务平台的结构

（1）前置仓模式的共享服务平台。面对追求高品质生活的消费群体,前置仓模式呈现产地直采、小仓密铺、覆盖半径短等特点,以产地仓、中心仓和前置仓满足追求高品质和便利性的终端消费者需求。在制造业服务化转型发展趋势推动下,前置仓模式应与冷链装备制造商共建共营产地仓、中心仓和前置仓等冷链物流基础设施,降低投资规模大、经营杠杆高导致的经营风险。前置仓投资策略、经营策略和共享策略的变化,能够充分利用共享服务平台提供的冷链物流资源,以降低产地仓、中心仓和前置仓运营成本,提高平台竞争优势,而且能够帮助冷链装备制造商实现制造业服务化转型升级。

（2）社区团购模式的共享服务平台。面对追求低成本生活的消费群体,催生了"预售＋次日达＋自提"的新型零售模式,以共享仓、中心仓和网格仓三级仓体系低成本、便捷地满足终端消费者需求。社区团购模式以共建共营代替自建自营共享服务平台,并增强共享服务平台对共享仓、中心仓和网格仓的全程可追溯能力。社区团购模式的共享服务平台以共享的冷链物流资源,保障生鲜农产品质量安全和新鲜度,更深入地挖掘成本优势、降低存货风险,提高运营效率。随着共享服务平台服务能力的提升和服务范围的扩展,社区团购模式必将从中低线城市走向乡镇和一二线城市,更好地满足终端消费者的需求。

第二节　生鲜供应链服务平台案例——九曳供应链

一、企业介绍

九曳供应链由张冰创建于2014年11月,是一家领先的生鲜供应链服务平台,通过整合国内外的社会化冷链物流资源,为全球原产地生鲜农产品客户提供一站式的供应链解决方案,实现了业内多个"第一"。九曳供应链成为国内第一家农业、生鲜供应链解决方案运营商,国内第一家专业的 B2C 冷链仓储服务商,国内第一家第四方冷链物流公司。为全国生鲜电商客户提供生鲜电商仓储服务、生鲜冷链零担服务、生鲜宅配服务,提供保鲜及包装的冷链物流一体化解决方案,通过先进的物流技术和高效的运营为客户提供柔性生鲜供应链服务。

2014—2016 年,九曳供应链已经形成了基于 SaaS 技术的供应链管理服务平台,由订单管理系统、仓储管理系统、运输管理系统、配送管理系统、企业资源计划等子系统组成的方阵,有效连接并打通了从生鲜生产者、冷链仓储、冷链干线运输、生鲜电商、门店到冷链同城配送的供应链环节。九曳在国内已开通 23 个云仓,海外已开通 14 个云仓(其他国家及城市陆续开通中),生鲜云仓可支持 8 个温区管控;基于云仓打造的干支线运输线路达 600 多条,生鲜宅配服务已覆盖全国市级以上城市 84%。目前,九曳已服务近千个商家,涵盖了鲜花、红酒、冰激凌、鲜奶、果蔬、海鲜水产、牛羊肉类等领域。

目前,九曳供应链在全国布局了 23 个仓开展端到端的服务;其中,产地仓 4 个,销地仓 19 个,基本上覆盖了全国的核心城市;海外布局了 14 个产地仓,开展跨境进口电商业务。通过构建完善的云仓网络,并以此为物流核心节点,再通过冷链运输网络实现产地仓与销地仓的连接,通过配送网络实现销地仓与商家和消费者的连接,整个冷链物流流程运作是一体化无缝连接的。通过构建全球生鲜云仓、全国冷链运输、全国生鲜宅配等三大网络,九曳为国内外生鲜(农业、食品等)经营企业提供冷链仓储、运输、宅配和信息化综合服务;并在此基础上,引入商流、资金流,最终打造一个领先的生鲜供应链服务平台。

其中,冷链速运考虑生鲜产品需低温储藏、易变质的特殊性,九曳供应链整合社会化冷链物流资源,在生鲜产品仓储、分拣、运输、配送等环节采用冷链物流,并利用 RFID、GPS 定位、温度传感等技术,在温湿度的监控和货品定位问题上,实现温度可视化和物流信息可追溯,保证生鲜产品的品质;冷链仓储应用分布式生鲜仓储和自有开发的 WMS、TMS、DMS 等多系统协同的方式,建立全国 12 个生鲜仓储中心,为全国的生鲜电商客户提供多温区的存储、多品类的分拣、多 SKU 的拣选包装等综合性生鲜物流服务,彻底解决农业生鲜电商的仓储物流痛点。冷链宅配依托覆盖全国的生鲜仓储网络,提供跨区域生鲜宅配,已覆盖全国 268 个大小城市。在"最后一公里"的配送上,九曳供应链不断尝试可循环冷藏包等创新方式,确保全程冷链产品到达消费者手中时的鲜度。

二、案例分析

传统冷链物流企业在操作层面上以 B2B 模式为主,即仓储型、冷链干线运输型、城市配送等;从客户类型上看多为餐饮、超市、便利店、工业品等合同客户,并无真正的 B2C 冷链操作能力。但生鲜电商市场发展严重依赖于冷链物流的发展,行业中主要存在以下四个问题。

(1) 目前市场上无全网型第三方 B2C 冷链物流体系,生鲜电商自建物流成本太高,所以大多商家只能采用传统快递体系完成运输及配送,成本高、损耗高、消费者满意度低、食品安全及质量都没有保障。另外,整个作业过程无温控,无法跟踪,不适合生鲜商品的流通。

(2) 传统冷链物流体系主要以 B2B 业务为主,对 B2C 业务这种碎片化订单没有服务能力,少量的订单无法达到其发车运输的要求。其管理体系、信息系统均无法支撑这种业务的接单、审单、仓储作业、运输作业、逐个配送上门、客服等各种精细的作业需求。国内落后的冷链环境,没有完善的第三方生鲜电商物流服务商提供优质的生鲜物流服务。

(3) 整个社会冷链资源较为分散,集约程度低。生鲜商家需要全国或多个省份区域销售时,往往只能跨区域找不同基础冷链服务提供商,管理协调这些企业又需要专业的管理团队,服务标准、作业协同、时效都很难控制。

(4) "最后一公里"配送难一直是电商行业的痛点,订单量随着各种促销、季节性、节日等波动较大,对配送运力弹性要求较高,同时满足时效与质量遇到了较大挑战。目前市场上存在着大量的落地配公司,其主要业务来源于各电商平台的包裹配送,和传统快递公司共同服务于配送市场。然而这些落地配公司也较为分散,分布在各个城市及区域,大多数业务量并不饱和。

经过对冷链行业痛点的深入思考,解决这些痛点需要搭建一个完整的冷链生态系统。九曳供应链使用互联网及信息技术打造了一张信息系统的网络(九曳供应链云平台),将业务链条中所有参与方都纳入这张大网中,所有参与方在这张大网中扮演着各自的角色,根据角色不同执行自己的业务任务。九曳供应链云平台包括对接客户 ERP 开放的接口平台、九曳 OMS 订单处理及跟踪系统、九曳冷链云仓管理 WMS 系统、九曳智慧运输 TMS 系统、九曳云配送平台、供应链监控系统、供应链结算系统、大数据分析系统等组成。通过使用整套系统实现了供应链的所有参与方信息实时互联,以信息互联为基础实现作业协同,以协同为基础实现供应链作业优化、在优化的基础上发现更多的增值服务和商业模式改造、实现商业驱动。

九曳供应链的信息系统是在现代供应链管理理念下,结合当前互联网技术及移动互联网技术而形成的。利用共享经济理念,整合社会资源,依据信息系统优势实现供应链线上信息网络与线下物流资源网络全面融合,全面实现了互联网+物流。同时大量使用供应链管理理念对业务流程进行规划和设计,如推、拉式供应链选择;商品分类管理;VMI 供应商管理库存、零库存、库存预测;JIT 准时化生产;组织扁平化和流程再造;采购管理与采购提前期管理;供应商选择与培养等。九曳供应链云平台全面实现了当今社会互联网经济下 B2B 与 B2C 业务融合。其体系在多方面实现了大量创新。

(一) 服务的创新性

1. 多样的客户化服务

在运营过程中,九曳人员始终深入一线产地,为商家客户群体提供从包装方案、运营方案、销售方案、信息化解决方案一直到商家系统操作培训、打印机安装、产地现场管理等,甚于包括农业非标品加工成标品。其中包括分析怎样的包装大小及单价更易被消费者接受、根据商品特性及销售特点设计物流方案是一点发全国还是多点备货、就近发货,分析其商品特性与时效性,并建议销售区域及方式等。还有物流包装分析,确定包装材质及包装方案,保障运输及存储过程中合适的商品质量。所以九曳供应链不仅有业务模式创新,在运作过程中更是实现了无数的微服务创新,向用户提供更多的客户化服务。

2. 全程供应链透明,订单全生命周期监控

九曳供应链向商家开放供应链作业过程,真正实现供应链过程透明。商家可实时了解订单的当前作业状态和预计作业完成时间,可全程知道商品的温度及状态,也全程知道库存量与近效期等情况,以此可以主动安排生产计划,如紧急补货等。商家通过掌握第一手信息可以对业务做出快速响应以满足市场需求,使企业利益最大化。供应链的全程透明得益于移动技术及条码技术的使用。九曳供应链所有商品都已条码化,在流通的各个环节都有扫描,系统可以实时采集商品的具体信息,为供应链全程透明提供了支撑,确保了供应链订单全程可跟踪。

3. 一站式供应链管理平台

九曳供应链以信息技术为基础真正实现了一站式供应链解决方案及运营。九曳供应链从现代供应链管理视角全面规划设计整个生鲜供应链链条,涵盖供应链业务版块:采购、销售、物流、人力资源、财务、客服。从技术角度划分涵盖了信息流、物流、商流、资金流。从供应链生态来看,涉及基础设施资源整合、信息系统整合、服务整合以及服务创新与标准化,并直接面向供需双方。从业务形态划分,实现了 B2B 与 B2C 业务融合。整体来看,九曳供应链解决了传统供应链各环节各自治理、沟通及配合效率低下、数据标准不统一、质量控制不易等问题。真正实现了供应链全链条统一联动,协作共赢。

4. 技术应用的创新性

九曳供应链云平台是供应链业务运作的支撑,也是向导,更是驱动。整体信息系统研发大量使用了互联网及移动互联网技术。例如,整个物流作业过程全部移动化;全国云仓可达 8 个温区用以满足不同商品需求,全面实现温度及视频监控;运输部分全部实现温度及位置监控,业务人员可实时掌握运作情况,而消费者也可以实时了解购买包裹的最新位置和温度。

九曳信息系统大量采用了先进技术,整体上采用 SaaS 模式、SOA 架构、分布式,可支持海量订单数据、可随需扩展增减硬件资源、可视业务量合为一套系统或分为多套系统执行,可支持全天候运行。由于九曳供应链体系是一个开放体系,未来会接入更多商家及各方资源供应商,其系统具有非常强的扩展性和稳定性。

(1) WMS 仓储管理系统创新点,以库内包装为例。九曳供应链体系专业服务于生鲜冷链商家,经营的商品均为生鲜冷链商品,涵盖多个温区,对这类商品的包装决定着整个商品流通的质量及销售情况。而在多商品、多 SKU、多规格、多温区、多包装要求混合的条件下如何能准确使用各类包材,如何能有效在生产高峰期管理整个生产线上的包材是巨大的挑战。九曳供应链借鉴汽车生产制造 JIT 准时化生产理念实现了包材 JIT——即在合适的时间根据生产波次实时生成包材调度计划,将所需类型包材送至生产线,满足包装需求。同时通过看板技术,向包装作业人员提供详细的包装要求和提示,配以各种包材图片提示。包装完成后,系统结合条码技术使用称重校验功能,使包裹包装准确率达 99.99%。有效保障了商

品流通的质量。

(2) TMS 运输管理系统创新点,以线路优化与运输签收为例。九曳供应链业务范围内有大量市内 B2B 运输业务,如何解决多订单、多站点、多时间窗口、多类型商品、多车型、多路线选择的问题,其直接决定企业的服务质量与成本。九曳供应链自主研发了运输管理系统,并申请了技术专利,其在装载优化和线路优化方面已经实现了突破,未来九曳供应链还会继续加大 IT 研发投入,使用信息技术与运营管理相结合的方式向社会提供更好的产品运输服务,充分发挥社会现有冷藏车运力、降低运营成本、提升运输服务质量和效率,服务好商家和消费者。在整个运输过程完成后,货物的交接非常重要,九曳供应链大量使用移动技术,针对司机师傅群体提供了短信签收与微信扫一扫签收,可以实时反馈货物签收情况,并配以图片,消除 99% 的由于交接信息滞后而导致的运输纠纷。

(3) OMS 订单管理及调度系统创新点。九曳供应链 OMS 系统是整个运营的核心系统,其强大的业务执行策略决定了每一个商家、每一种产品、每一种业务类型的订单作业流程及作业标准,其会自动分发作业任务给各个作业环节,并监控各个环节作业进度,并且将作业结果实时展现给相关商家及消费者。在出现异常情况时,实时通知管控人员由人工介入解决。

三、案例总结

建立完善的冷链物流配送体系是生鲜电商发展的一个重要方向。尽管生鲜市场容量巨大,但是冷链物流配送这一块短板仍然限制着生鲜电商的发展。生鲜电商的损耗率在 5%～8%,物流成本在 20%。目前,国内还没有完整的生鲜物流配送体系,而冷链高昂的建设成本就在 2 000 万元以上,如此高昂的成本投入让很多电商企业望而却步。虽然建设成本高昂,但冷链物流配送是生鲜电商平台的核心竞争力,谁做得越快,做得越好,谁就将迅速获得市场份额。

九曳供应链致力于为生鲜电商提供标准化和品质化的物流服务体系。从商品采购层面上看,需要从源头就对商品进行严格筛选,加强商品的品质控制,保证商品的新鲜度和时效性,九曳供应链在上游产地建立产地仓储体系,服务源头农业生鲜经营者,实现农产品产地段的标准化(产品标准化如果子的大小拣选、品相拣选;物流包装标准化如包装规格、包装方案;保鲜标准化如统一的保鲜包装方案、运输中的保鲜措施)。在物流运输层面上,一方面要提升整体仓储的能力,保证各类生鲜产品的有效保存;另一层面也要提升生鲜配送的技术,尤其是冷链配送技术,九曳供应链基于全国的分布式仓储网络,实现区域的生鲜宅配,"最后一公里"利用循环冷链包装方案降低商品在运输环节出现的损耗,并实现绿色环保物流。

四、案例的问题讨论

问题一:九曳供应链的平台定位是什么?(建议从创始人张冰的背景挖掘)
问题二:九曳供应链的商业模式是什么?

第三节　生鲜电商型物流平台案例——盒马鲜生

一、企业介绍

新零售以消费者为中心,以技术为驱动,凭借线上线下无缝对接的全渠道优势,对商品的生产、流通、销售与配送过程进行升级改造,重塑业态结构与生态圈。盒马鲜生是阿里巴巴集团对线下超市完全重构的新零售业态,集超市、餐饮店和菜市场于一体,实现了零售模式的创新。至今为止,盒马鲜生已经在上海、北京、广州等地开设了200多家线下实体门店。在选址方面,盒马鲜生利用自身作为阿里全资子企业优势,通过大量分析淘宝、天猫积累的快递地址数据,进行筛选,通常选址为大型社区附近。正是由于盒马鲜生的经营定位于中高端人士,所以其选址并非单纯选在地价低廉、人多之处。

盒马鲜生利用大数据、互联网、物联网、自动化技术等技术,构建了一整套完整的物流体系。从供应链、仓储、分拣再到配送,用户下单后在10分钟内完成打包,3千米内半个小时完成配送,在保证产品新鲜度的同时,又提高了用户体验。这也是盒马鲜生区别于传统物流零售商可提供更便捷的物流配送服务。在物流配送运作技术方面,盒马鲜生的供应链完全是数字化的,从产品到商店、货架、分类、包装和分销的所有过程均使用智能设备完成。这不仅提高了操作的及时性,而且大大减少了操作时间,并降低了错误率。因此,在物流配送服务方面,盒马承诺门店3千米范围内30分钟送货到家。为了提高配送效率,盒马鲜生会将顾客的订单进行分批操作,将订单分为多个子订单,分派给不同的店员。每个店员专门负责一片区域,这样不仅降低了订单配送的错误率,而且能够减少配送时间,保证商品新鲜度。

盒马鲜生形成了线上线下高度一体化的零售模式,如图9-3所示。盒马鲜生是将线下超市与线上APP进行融合重构的一种新零售模式。盒马鲜生不同于往常的O2O模式,它将信息联通,以实现最佳的用户体验;是实体店与网店一体化的双店模式。采用线上下单,门店配送的运作模式,线上APP汇集各类商品,线下门店集超市、餐饮、仓储为一体,为消费者打造一站式购物体验。线下门店中设立各类餐饮区域,满足消费者对于实体商品直观体验的消费需求,在获得消费者对于线下产品的信任度后,发展线上下单自然水到渠成。盒马鲜生利用阿里大数据、云计算等人工智能技术,对消费者的购物习惯有着更加清晰地认识,更能从消费者的角度出发,为消费者创造一个舒适的用户体验。

盒马鲜生通过供应链资源的整合实现用户、产品、场景三者之间的最优匹配。为了满足消费者对生鲜产品质量的需求,盒马鲜生向顶端供应链延伸,寻求质量和成本之间的平衡。在果蔬肉食等产品的选择上,盒马与供应链源头的农场、屠宰场等合作;将次日的销售计划发送给供应商,供应商根据计划进行统一的采摘、包装、冷链运输到门店,进行统一的包装、定价。这种直接由供应商供货的供应模式降低了传统生鲜供应模式的运输成本,并降低了产品损耗。盒马帮助农场制定种植标准,并对土壤、水源等提出要求,在源头制定统一的标

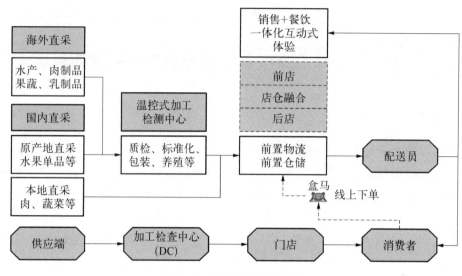

图 9-3 盒马的供应链体系

准,这就解决了消费者对生鲜产品的质量信任问题,实现用户、产品、场景三者之间的最优匹配。

二、案例分析

(一)供应链一体化策略

盒马鲜生打通了从供应端—DC(加工检查中心)—门店—消费者的供应链条。其中供应端坚持直采模式。海外方面,盒马主要采购全球优质水产、肉制品、果蔬、乳制品等商品。国内直采分为原产地直采和本地直采。如赣南橙、阿克苏苹果等国内有成熟基地商品,盒马会直接到基地做品控、采购,整批加工检查中心。蔬菜、肉类等商品基于与本地企业合作,早上采摘,下午送到门店售卖。为了保证商品的新鲜度与质量,盒马鲜生供应链在采购过程中坚持产地直采的方式,用以提供物美价廉的生鲜产品。为此,盒马鲜生有专门的采购团队来开发、引进新产品,从源头直采产品,统一送达加工中心,进行统一包装加工、统一定价等,再统一送往门店。

海鲜产品则是在捕捞后,利用冷链运输至统一基地进行温度控制和品质控制,根据制定的生产销售计划在需要的时候送往分销商。而农产品盒马鲜生则在源头就与农户合作,帮助农户制定种植计划、计算种植规模、制定统一的种植土地、水源标准,在采摘时按照统一的计划进行采摘,在第一个环节就进行商品的包装,避开了中间的分销商,在此过程中,标准化的管理可以降低生鲜农产品的损耗,降低商品成本,同时保证商品的质量。

DC 负责商品的加工或储存。除常温、低温仓库外,盒马的 DC 具备商品质量检验、包装、标准化功能。此外,从国外购置的海鲜活物也会在 DC 中转或暂养。在仓储管理方面,盒马鲜生通过设置"前置仓"的方式实现了店仓一体化管理。盒马鲜生前面设置线下门店,承载着超市、餐饮店的功能,给予客户真实的购物体验感,与客户进行线下互动;后面设置仓库,承载分拣、配送功能。

门店兼具销售和仓储功能。门店,又被称为店仓,既是销售加餐饮的一体化互动式体验门店,也是线上销售的仓储和物流中心,人员和场地都可以重复使用,是盒马高坪效的秘诀之一。门店作为"前置仓",设置了1/3的体验区,用于消费者休闲消费,其门店覆盖的3千米范围内,所有消费者可以采用APP下单的方式进行线上购物,门店保证30分钟内免费配送,满足了消费者多样化需求。

(二) 大数据信息共享策略

大数据,或称巨量资料,指的是所涉及的资料量规模巨大到无法通过主流软件工具在合理时间内达到撷取、管理、处理、整理成为帮助企业经营决策更积极目的的资讯。

消费者可到店购买,线上线下购物均需下载盒马APP。消费者在APP上使用淘宝或支付宝账户注册,可在线上查看商店名称和购买商品。因此,盒马鲜生可对用户消费行为进行大数据挖掘。未来跟踪消费者购买行为,借助大数据做出个性化的推荐。在盒马鲜生打造精准化服务的过程中,整个盒马鲜生的供应链上下信息和数据起到了桥梁性的作用,从供应端到消费端,将线下门店的每日购物数据与线上APP订单数据结合,预测需求,综合打造精准化服务。为满足客户的需求、增加客户黏性,同时收集盒马鲜生忠诚客户消费信息,2018年盒马鲜生首次在上海推出会员制,并推广至全国。付费会员可各类打折促销活动,以增加与会员的互动,并根据会员消费的情况,调整商品结构和提供精准服务。

(三) 供应链协同策略

盒马鲜生利用线上线下的协同销售,通过双渠道的供应链提高了生鲜农产品的流通效率。在采购时,利用盒马鲜生与合作方的信息共享,根据线上、线下订单量进制定统一的采购标准,除去中间环节,减少信息在传递过程中的失真。在仓储过程中,利用物流信息共享,将门店作为仓储,实现去中心化,同时承载商品流通环节的功能,发挥着商品销售、收集信息的功能,当顾客消费时利用其支付信息、购物车信息收集数据,分析顾客对于不同生鲜品的需求量和喜好,并对未来订单需求进行预测,传递给上游供应商。

"一店二仓五个中心"的店仓一体化经营模式,帮助盒马鲜生将其仓库前移到门店区域,让实体店成为一个开放式仓库。与此同时,用户通过线上APP下单的产品也是从门店出发进行配送,成为线上商城的出货仓。线下门店既能做到储存农产品,又能在储存区域进行产品零售,不再需要设置额外的仅供商品储藏的区域,门店货架上的商品即全部库存。

每日清点库存后,盒马的物流系统会将缺货订单反馈到供应商系统,供应商针对缺货进行及时补货。店仓一体化的经营模式帮助盒马减少了额外的商品仓储成本,线上商城的利润几乎成了盒马的直接利润。冷链物流系统对信息的反馈帮助盒马鲜生控制整个供应链的物流信息情况,使其及时对市场作出反应,减少了商品缺货或滞销造成的损失。

(四) 发展冷链技术,打造更具竞争力的生鲜供应链

盒马鲜生未来需要依靠先进的冷链技术。首先需要政府的大力支持,利用公共的冷链设施在供应链中抓住产地预冷、冷链终端配送两个重要环节;利用政府对生鲜农产品的资金、设备、技术等支持发展冷链,减少企业成本;遵守国家的法律法规,设置冷链能耗标准,加

强对食品卫生安全的管控,使盒马鲜生供应链的冷链物流过程符合国家标准,实现绿色、可持续发展。

其次,盒马鲜生供应链间上下游合作企业应当加大对冷链基础设施建设的资金投入,大力打造具有竞争力、覆盖范围更广的冷链体系;在冷链过程中实行标准化管理,实现作业标准化、冷库标准化、冷藏车标准化、托盘标准化等;设置专门的冷链监督机构,对生鲜农产品冷链过程进行合理规范的管理和监控。积极引进先进冷链物流技术人才,鼓励创新,促进企业冷链技术的不断发展完善。

三、案例总结

盒马鲜生的模式回答了如何打通线上线下两个平台、如何打通线上线下会员体系、如何衔接线上线下不同品类、如何共享流量、如何共享仓储物流等关键性问题。线下门店具备超市、餐饮、仓储和分拣配送的综合功能,所以实体店一方面是流量转化中心,让顾客在现场体验超市的关联性陈列和场景化品类;另一方面通过盒马鲜生 APP 绑定了顾客,驱动线上线下一体化。新零售背后的本质是用互联网的思想和技术,全面重构人、货、场,实现从原产地到消费者,端到端的数字化,为消费者提供更好的服务,降低供应链成本,提升效率。

四、案例的问题讨论

问题一:盒马鲜生的产业升级方向是什么?
问题二:将盒马鲜生与其他生鲜电商企业进行对比分析。

第四节 即时物流和生鲜平台案例——达达集团

即时配送,即为依托社会化库存,可满足 45 分钟内送达要求的配送方式,是应 O2O 而生的物流形态。即时配送面对的则是呈社会化分布的仓储,需求更多样化、本地化,是离散的、突发的、社会化库存的城市发展越来越强调速度的当下,即时配送服务还原了快递本质的诉求,从货物流通的属性上将客户所托安全快速送达,避免了传统快递过程中货物中转带来的一系列丢失破损、无法责任到人的问题。即时配送交易规模持续稳定增长,市场潜力仍待发掘。2015 年起餐饮外卖的疯狂扩张带动了即时配送行业的高速发展,随着即时配送、配送平台、配送品类的增加以及 B2C 模式向 C2C 模式延伸,市场交易规模将继续增长。

一、企业介绍

达达集团是中国领先的本地即时物流和生鲜商超 O2O 平台。达达集团的本地即时物流平台"达达"目前已经覆盖全国 350 多个重要城市,拥有 260 多万众包配送员,服务超过 60 多万家商户。达达的生鲜商超 O2O 平台"京东到家",包含超市便利、新鲜果蔬、零食小吃、鲜花烘焙、医药健康等业务,覆盖北京、上海、广州等19个城市,注册用户超过3 000万。同城快送信息服务平台"达达"主要业务针对同城快送,目前已经覆盖全国360多个重要城市,拥有300多万达达骑士,新达达通过自身充沛运力,构建物流开放平台,该平台致力于解决最后三千米的配送问题,同时开放开发者和商户两个角色,开发者角色针对自营品牌商、第三方平台以及软件提供商,旨在为帮助众多面向消费者的线上平台实现O2O的商业闭环,提高配送效率、节约配送成本。达达在2015年年初上线了这个物流开放平台,合作方可以直接在平台上对接达达API。

达达集团产业链扩展到了包裹快送领域——达达快送。配送员因为其自由和广泛性,让很多没有及时收货的包裹,通过顺路、专送而及时到达。业余配送员可以选择很多顺路包裹,给最终收货人送货。而专业配送员可以选择某一区域,当天配送更多的包裹,将快递和餐饮配送相结合。达达集团构成如图9-4所示。

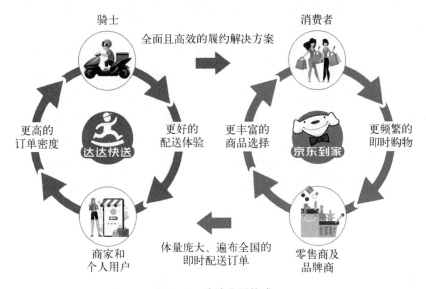

图9-4　达达集团构成

达达快送成立于2014年,最初,达达快送选择采取众包模式,为即时配送中订单的频繁波动合理匹配运力,从而满足日益增长的供需两端的需求。

达达快送的订单大多来自饿了么、美团等外卖餐饮。2016年4月15日,达达快送与京东到家合并,开始进军超市零售外送订单。2019年12月,达达集团明确了集团旗下本地即时配送平台"达达快送"、本地即时零售平台"京东到家"两条业务主线,零售+物流合力,商流、物流形成闭环。

达达快送业务的收入主要来自向物流公司、连锁商家、SME商家及个人提供的"最后一公里"和同城配送服务;而京东到家的收入来源则主要为平台向商家收取的佣金及配送服务、向品牌方提供的在线营销服务等。

京东旗下超市生鲜O2O平台京东到家上线于2015年4月,也推出了众包物流业务,京东的长处在于与商超企业的紧密合作,如京东曾以7亿元入股的永辉超市。2016年4月,京东到家与达达也合并为达达—京东到家,整合原有的达达和京东众包物流体系,继续使用达达品牌,O2O平台继续使用"京东到家"品牌。2019年12月,公司更名为达达集团。2020年5月13日,达达集团赴美上市。

京东到家主要提供本地即时零售服务,可为消费者提供超市便利、生鲜果蔬、医药健康、鲜花蛋糕、烘焙茶点和家居时尚等商品1小时配送到家的服务。2019年,京东到家的GMV为122.05亿元,同比增加66.4%。目前线下租金、人力等成本高昂,有更多的线下零售商家愿意进入京东到家平台,使得京东到家平台规模不断扩大,商家资源不断丰富,平台收入也随之快速提升。京东到家的收入主要来自商家的佣金、推广费和消费者支付的费用,支出则由骑手的运费、给消费者的补贴组成。

京东到家为零售商构建了全渠道履约和运营解决方案,通过技术、流量和履约赋能零售商和品牌商,致力于为品牌商打造全面的数字化营销解决方案。平台收入主要来源于消费者支付的配送费和包装费、零售商向平台支付的佣金以及品牌商支付的在线营销费用,费用主要由用户补贴和配送及包装成本两部分构成。

京东到家拥有丰富且优质的零售商资源,全方位满足用户多元化的消费需求。京东到家不断与众多零售商达成合作,平台商品品类丰富度逐步提升。从数量上看,截至2021年底,全国已有超15万家线下实体门店上线京东到家,合作超200个品牌商。从商品品类上看,除超市生鲜外,京东到家持续拓展更多品类供给,包括手机、数码、美妆、母婴、酒水、家电等品类。供应链是零售市场的核心竞争力,头部零售商的供应链能力和效率相较于中小商家有压倒性优势,因此头部零售商的集中度往往较高。以商超为例,根据CCFA发布的2021年中国超市百强榜单,2020年中国超市百强销售规模达9680亿元,约占全年社会快消品零售总额的5.5%,集中度较高。

二、案例分析

(一)供需条件逐渐成熟,即时零售市场达万亿规模

国家统计局于2022年5月16日发布数据,2022年1—4月,社会消费品零售总额下降0.2%,消费面临一定的宏观压力。但从细分数据来看,下滑主要是由于餐饮业等线下服务消费受制,基本生活类商品和网上零售则保持较好增势。疫情不仅改变了消费者行为,也加速了互联网经济的发展。不论消费者侧还是实体零售商都有强烈的线上化的需求。消费升级与消费习惯变化、线下零售商数字化需求、即时配送网络逐步成熟等因素共同驱动即时零售行业高速发展,且行业正逐步向品类多元化、渠道下沉化方向发展,市场渗透率有望持续提升。

艾瑞咨询、中泰证券等机构均认为,本地零售O2O在本地零售中的渗透率将高速增长。其中,商超是重要品类,2020—2024年,本地零售商超O2O市场规模年复合增长率(CAGR)将达到62%,如图9-5所示。面对激增的线上订单,京东到家联合平台上包括连锁商超、社区生鲜连锁和菜市场等各类型商家,上线"到家新鲜菜场",重点保障蔬菜生鲜等民生商品供给充足、价格稳定、配送即时。

图 9-5 本地零售商超 O2O 市场规模

达达集团的运转也更加具备敏锐度意识。一方面,在助力上海等地的民生物资保障上,达达集团积极协调商超、药店等零售商家,助力保供,并加强物流运力建设;另一方面,达达快送平台推出众包骑士,释放闲置人员力量,缓解志愿者压力,为打通社区通道贡献了重要力量。在整个服务链条中,达达集团对内升级"仓拣配"全链路防疫措施,保证骑手与运力链条安全,对外与朝云集团、立白集团、京东健康等主体合作,既捐赠物资,又开启线上咨询服务,搭建了有效的疫情运转机制。

(二)"零售+物流"协同发展形成"多边网络效应"

达达快送通过 AI 算法和大数据打造的智慧物流系统,已做到即时配送订单平均配送时间 30 分钟,并已搭建落地配、即时配、个人业务三大板块组成的立体化配送服务体系。全面覆盖到企业、商家和个人用户,涵盖众多配送场景,并向行业开放服务能力。达达快送订单主要由落地配、连锁商家、SME&C2C 以及京东到家配送订单四部分构成。其中,连锁商家包含了餐饮连锁的自配送订单及零售商在京东到家以外渠道的订单。同城连锁商家订单量的增加为达达快送业务的主要增长点,2021 年第四季度连锁商家订单收入增速超 100%。

京东到家提供对应的流量分发、即时履约、商品管理、用户运营、门店收银于一体的数字化工具和解决方案。京东到家为商超即时零售市场龙头,其核心竞争力包括:优质的零售商资源提供了丰富的供给;强大的技术与数字化系统为商超赋能;平台与京东零售的深度协同为京东到家带来丰沛的流量;达达快送为平台高效、稳定履约提供了强有力的保障。随着客单价提升、品牌方营销投入加大、消费者黏性提升带来的补贴率下降,京东到家盈利能力不断增强。

达达快送和京东到家是两个既独立运作又密切相关的平台,形成多边网络效应,商流与物流的闭环效应,带来了可预期的收入持续增长。达达快送平台基于核心的众包模式,随着规模增大,各环节推动形成飞轮效应。京东到家的快速发展能提升达达快送的订单规模,而达达快送体验的优化也能够为京东到家反哺,提高用户的黏性和复购率。这种模式也被其他平台所应用,如京东商城+京东物流、美团外卖+美团配送、饿了么+蜂鸟即配,形成业务互补。这种模式即可为自己平台服务,又可对外开放。

（三）平台赋能传统零售商数字化转型

第一,海博系统提升商家全渠道运营能力。达达海博系统是达达集团自主研发的数字化中台SaaS系统,为连锁零售商提供了O2O全渠道数字化解决方案,助力连锁零售商提升线上全渠道经营效率、降低成本、最大化销售额。在商品管理方面,通过海博系统,零售商能一键上架超过50万SKU的高质量商品图片,并实现商品价格、库存、类目的自动同步;在履约优化方面,全渠道APP拣货助手能够数字化管理订单拣货流程,店内仓WMS能够科学管理仓内选品、补货、备货、缺货;在营销活动方面,海博系统实现线下促销活动在线上渠道的自动同步,提升了零售商的营销效率;在数据看板方面,零售商能通过全渠道收入、支出数据可视化,多维度图形化分析经营问题,提升经营效率。截至2022年1月底,海博系统已覆盖约6 000家零售门店,续签率超98%。

第二,CRM工具促进零售商的系统化客户管理,创建全渠道会员计划。借助CRM工具,零售商可以将其现有的线下会员与在线消费者连接,创建全渠道会员计划,数字化客户群。同时,CRM工具能够帮助京东到家平台上的零售商与现有和潜在的消费者进行互动,使零售商能够针对他们的会员和潜在消费者进行精准营销和精细化管理,提升用户黏性和下单频次。截至2022年1月,CRM工具已覆盖超过5万个门店。

第三,达达优拣技术赋能零售商拣货管理数字化,提升门店拣货效率。达达优拣是达达集团旗下中国领先的众包拣货管理数字化解决方案商,在业内首创"众包拣货"模式,由众包拣货员为零售门店提供拣货服务,提供全渠道订单拣货、商品打包、订单交付等工作,帮助商家应对人员短缺,降低拣货成本,并实现拣货流程数字化,从而提升全渠道订单的拣货效率。以沃尔玛为例,2021年沃尔玛"88购物节"期间,应用了达达优拣的沃尔玛门店单均拣货时长仅为3分钟。依托自研的拣货管理系统,达达优拣将门店灵活用工需求与门店线上订单需求进行精准匹配,通过智能算法和系统自动调整拣货策略,实现最优拣货效率,通过技术赋能改善平台模式的即时零售电商存在的拣货难、效率低的问题。截至2021年底,达达优拣服务已覆盖约500个商超门店。

第四,协同京东零售,承接京东流量与小时购业务。京东流量赋能京东到家,多点触达消费者。京东庞大的客户群体为京东到家带来了丰沛的流量,京东2021年的年活跃用户数约达5.7亿,通过APP首页入口球和京东小时购两种方式为京东到家输送流量。与京东协同的不断深化丰富了京东到家平台商品供给,提升平台用户体验,拓展区域覆盖。2021年第四季度京东到家GMV在低线城市同比增速超100%。

（四）众包网络灵活性强,助力平台降本增效

众包模式实现了运力的灵活调度,解决了即时配送平台运力供需不平衡问题。达达快送利用众包模式应对即时配送单量频繁波动的挑战,并以高效的供应来满足交付能力激增的需求。2021年大促期间平台的整体配送履约率仍超99%,凭借众包运力网络的较强弹性,达达快送才能够在大促中承受并快速消化暴增的订单,进而避免大促物流在"最后三千米"中出现阻滞和瘫痪。

众包网络实现达达快送平台降本增效。达达快送是全国唯一一家拥有全国众包网络的即时配送平台,众包网络使达达快送能够在需要时扩大规模或在高峰时段应用额外的资源,而无须在需求较少的时段对闲置资源支付固定成本。例如,当大促结束后,扩充的弹性运力可以被逐渐释放,从而降低平台物流成本。同时,骑手在一定程度上可以共享运力池,平台只需要基于订单维度向骑手支付劳动报酬,因此达达快送在成本效率上有较为明显的优势。随着达达快送配送效率的不断增强,平台覆盖地域逐步拓展。

三、案例总结

达达集团是国内领先的即时零售和配送平台,旗下京东到家和达达快送两大业务高速发展,相互赋能。京东到家作为平台型即时零售龙头,高成长与盈利性兼具;达达快送作为即时配送领军者,在履约环节为京东到家提供物流解决方案,全场景订单驱动平台业务快速增长。2021年集团收入为68.66亿元,其中京东到家营收为40.46亿元,达达快送营收为28.21亿元。

京东到家与达达快送的协同保障了平台履约的稳定、高效,为平台用户带来了优质的即时配送体验。达达快送依托自身的数字化能力和弹性运力网络优势,在仓管补货、拣货打包、商品交接、即时配送等多个环节实现与京东到家的高效协同,为京东到家的众多商家门店提供稳定、专业的即时履约服务,能够为平台上的消费者带来更加优质的即时达体验。

达达快送作为头部即时配送平台,不仅为其他物流平台提供"最后一公里"的落地配送服务,还提供连锁商家和中小商家的全渠道订单配送服务以及各类场景个人用户的同城配送服务。平台订单主要由落地配、KA、中小商家和个人配以及京东到家四种类型的订单构成。2021年达达快送平台的商户和个人寄件人数量达到2017年的7倍以上,订单密度的增加使得平台运营更加高效。

京东到家通过提供线上线下一体化和数字化的服务体系赋能传统零售企业,帮助线下零售企业打通线上线下消费场景,获得新的销量,并提高履约效率和线上促销能力,实现数字化转型升级。用海博、坤策、达达优拣等数字化解决方案,提升实体零售企业稳定、便捷、高效的即时消费和履约服务,提高消费便捷性,帮助实体零售商构建全渠道数字化核心能力,从而激发了实体经济活力。

四、案例的问题讨论

问题一:你认为达达快送和京东到家是如何协同运作的?

问题二:请分析达达快送和京东到家的盈利模式。

问题三:请阅读达达集团年报,分析即时零售配送市场的发展趋势。

本章小结

本章介绍了冷链物流的概念、特征和意义,并讲述了冷链物流市场的发展现状。本章分

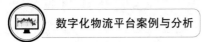

析了"互联网+"冷链物流资源共享平台和"生鲜电商+"冷链物流共享服务平台。面对刚需、高频的生鲜农产品和"碎片化"购物的消费者,生鲜零售服务业产业链下沉构筑的"生鲜电商+"冷链物流共享服务平台,能够支撑前置仓模式和社区团购模式满足不同层次消费群体需求,以优质的产品和服务提高终端消费者的健康价值。在此基础上分析了生鲜供应链服务平台案例——九曳供应链、生鲜电商型平台案例——盒马鲜生和即时配送平台案例——达达集团。

 思考题

1. 冷链物流的概念、特征和意义是什么?
2. 请简要分析我国冷链物流市场发展现状。
3. 冷链物流模式有哪些?
4. 冷链物流平台化商业模式创新主要表现在哪些方面?

第十章 共享物流平台

学习目标

- ◆ 了解众包物流概念和特征
- ◆ 了解即时配送市场
- ◆ 熟悉共享物流模式和共享物流平台案例

开篇案例

物流机器人企业商业模式的探索

越来越多的企业在加快进行物流自动化、智能化升级,物流机器人(主要指各类AGV、Kiva机器人等)以高柔性自动化的突出优势受到青睐,市场需求快速上升。与此同时,在利好的政策环境下,在资本力量的助推下,物流机器人行业成为创业投资、创新发展的热土,涌现出一大批新兴企业。面对产品同质化严重、市场竞争日趋激烈的局面,一些企业为了提高出货量,抢占市场份额,扩大行业影响,积极探索设备代运营、融资租赁、共享机器人平台等新的商业模式。

一、设备代运营

所谓设备代运营,是指物流机器人企业为客户免费提供设备或为其打造以物流机器人为核心的物流系统,再通过仓储运营服务收取费用。这种模式可以让供需双方各取所需:对应用企业来讲,不用购买设备,能够以"轻资产"方式实现物流系统升级带来的效率提升;对供应商来讲,既可以大量推广自己的产品,又为提高产品应用的可靠性提供了测试环境。目前,快仓、极智嘉等企业都在提供设备代运营服务。

二、融资租赁

物流机器人融资租赁的思路源自叉车企业,目前国内叉车企业基本都开展了叉车融资租赁业务,这已经是一种成熟的商业模式。随着人口红利逐渐消失以及人工成本不断上升,中国大量的中小型企业对机器人有需求,采用融资租赁方式,可以降低物流机器人的使用门槛。企业将购买设备需要的一次性大量成本投入变为分期支付,无疑减少了占用资本,增加了现金流,特别是在当前经济预期不好的情况下应该是一个不错的选择。

但据了解,大多数物流机器人企业都不愿意接受这种业务模式,主要原因是,相对于叉车这种标准化的产品,物流机器人要部署到客户现场,离不开软件系统以及专业人员提供技术支持;特别是今后如果客户企业的工艺调整,需要供应商去重新部署机器人;还有可能因为客户提出新的要求,原有机器人需要进行改造。这些对于供需双方的责任和义务划分非常麻烦。

三、打造共享机器人平台

随着共享经济的发展,国内出现了基于共享理念的物流机器人平台,典型代表是"海神智享机器人云平台"。海神智享机器人云平台定位于"机器人产业的垂直整合者"。平台把技术的工具、产业的工具、金融的工具、资本的工具、政策的工具等组合起来,变成一个产业链的资源整合工具,与合作伙伴一起推动物流机器人融资租赁,加快物流机器人的普及应用。通过费舍尔自主建立的中央云平台智能管控机器人,并采用物联网智链芯片赋能链接,为客户融资租赁全球最优质的物流机器人。

费舍尔在2017年底开始建设海神智享机器人云平台,先与宁波余姚政府合作,选出当地对物流机器人有需求的中小型制造企业让其免费试用两周,再决定是买还是租,慢慢培养客户的租赁习惯和信任度。平台有两类客户:大客户主要来自跨境电商、面板厂、半导体行业、矿业等领域,平台和客户现有的系统进行对接,类似于系统集成服务;中小客户主要是制造工厂,平台为其提供机器人融资租赁与标准化解决方案。

费舍尔同提供融资租赁的金融机构有两种合作方式:一种是金融机构直接授信给资质好的大型客户;另一种是金融机构授信给费舍尔,由费舍尔把设备租赁给终端客户,再按月、按季度收取租金。平台卖出去的所有机器人都签订合同买断,包括旷视、极智嘉、快仓、木蚁、康力优蓝、瓦瑞等十几家机器人公司加入了海神智享机器人云平台。平台可以对机器人的位置以及相关运行数据进行采集、分析、可视化展示,对机器人进行云端控制、调度、故障诊断、效率优化、预警等;同时,平台给客户企业一个管理端接口,客户可以直观地看到机器人的运行情况,包括作业效率提升等数据。

(资料来源:江宏.物流机器人企业商业模式的探索[J].物流技术与应用,2019,24(9):96-98.)

第一节 共享物流概述

一、共享物流模式

(一)共享物流模式类型

1. 云仓资源共享模式

云仓资源共享模式指通过建立云仓系统实现仓库设施网络的互联互通,在此基础上面向用户开放云仓资源,实现仓储资源共享的模式。云仓系统是基于实体的仓库设施网络系统打造的在线互联网平台,通过互联网联通全国各地仓库的管理系统,实现仓库数据与云仓平台互联互通,基于云计算和大数据分析,整合、运筹和管理实体仓库系统,实现优化仓库资源配置和实时进行全国仓库系统的网络化运营与共享的管理。

(1)菜鸟云仓:菜鸟把自己定位为物流大数据平台,菜鸟网络将组建全球最大的物流云仓共享平台。菜鸟搭建的数据平台,以大数据为能源,以云计算为引擎,以仓储为节点,编织一张智慧物流仓储设施大网,覆盖全国乃至全球,开放共享给天猫和淘宝平台上各商家。

(2)京东云仓:京东自建的物流系统已经开始对社会开放,京东物流依托自己庞大的物流网络设施系统和京东电商平台,从供应链中部向前后端延伸,为京东平台商家开放云仓共享服务,提升京东平台商家的物流体验。此外,利用京东云仓完善的管理系统,跨界共享给金融机构,推出"互联网+电商物流金融"的服务,利用信息系统全覆盖,实现仓配一体化,能满足电商企业的多维度需求。

(3)顺丰云仓:顺丰利用覆盖全国主要城市的仓储网络,加上具有差异化的产品体系,围绕高质量的直营仓配网,优化供应链服务能力,重点面向手机(3C)、运动鞋服行业、食品冷链和家电客户开放共享仓储系统。

2. 单元器具(托盘、周转箱等)循环共用

从产品出厂开始,使用标准单元器具(托盘、周转箱等)包装产品,在物流公司、批发商、商贸流通企业之间的物流作业中,保持货物与单元器具不分离,上下游企业循环共用单元器具,实现了单元器具的共享,减少了装卸、倒货、搬运,避免了物流作业中货物的磕碰、挤压,大幅度减少了货损,提升了物流作业效率。单元化器具循环共用系统按照系统架构可以分为开放式循环共用和封闭式循环共用,下面以托盘循环共用为例进行分析。

(1)封闭式系统:封闭式的托盘循环共用系统指的是由托盘租赁企业在全国设立租赁运营网点,购买托盘建立托盘池。用户从托盘租赁企业租赁托盘,装载货物后不更换托盘,托盘在不同用户循环共用,分别支付相应的分时租赁费用,一直送达最终客户后,由当地托盘租赁企业的运营网点回收托盘,再出租给其他企业。封闭式的托盘循环共用系统的托盘所有权全部归属于托盘租赁企业,用户中的制造企业、物流公司、流通企业和收货企业都不需要拥有托盘,托盘的质量控制、维护修理都由托盘租赁服务公司负责,免去了使用企业管

理和维修的麻烦。但是，组建托盘租赁公司，建立庞大的租赁网络需要较大的投资，需要有大量的托盘可用于循环共用的周转，运营系统只有达到足够的规模才能产生效益，难以建立广泛覆盖的运营网点。

（2）开放式系统：由众多托盘供给企业（生产企业、运营企业和维修企业）、托盘运营网点和托盘运营管理平台、托盘用户共建托盘池，使用经过认证的开放式循环共用的标准托盘，为众多用户共同服务的开放式组织系统。开放式循环共用托盘标准对托盘规格、结构与质量均做了统一要求，并需经过统一认证。在实际运作中，托盘随货物在带托运输过程中通过交换、转售，也包括租赁来实现托盘的循环共用，托盘的所有权往往不停地发生变化。

3. 企业物流设备资源共享模式

物流设备主要有仓储设备和货运装备，如物料搬运设备、输送分拣设备、货架系统、装卸装备、货运车辆等。企业通过分享物流设备资源与其他其企业共用，实现共享。企业共享物流设备的方式主要有借用、租赁、共用、交换等。

以叉车共享为例，叉车租赁是一种新兴的物料搬运设备使用方案，与传统的叉车购买方式相比，用户只需交纳少量的保证金，即可拥有叉车的使用权，并享有叉车厂家提供的售后服务。

随着共享物流的发展，传统叉车租赁也在围绕共享原则开拓创新。例如，企业在物流作业低谷时把闲置叉车资源信息在共享平台注册分享，提供给正处物流作业高峰的需求企业。又如，建立共享叉车维修保养体系为众多品牌叉车提供标准化维修等。

共享货运装备资源也是目前重要的物流设备共享模式。过去传统商贸流通企业和物流公司，拥有自己的车队进行物流配送，常常出现高峰期车辆不够，低谷时车辆闲置。通过在众多同城共同配送智慧平台注册车辆资源，可以在高峰期从配送平台调用车辆资源，联合完成物流配送任务；低谷时再把闲置的车辆资源共享给同城共同配送平台，经过平台的智慧整合与调度，从事其他配送业务，获取相关受益。

4. 末端网点设施资源的共享模式

随着中国电子商务和新零售的发展，城乡配送"最后一公里"成为难点和社会关注热点。为了提升末端配送效率，提高物流服务满意度，末端物流网点的各类设施资源共享模式逐渐成为创新热点。各快递物流企业以互联网＋、智能共享为共识，正携手建设新的"最后一公里"末端网点共享设施网络，主要有以下三种代表性的模式。

（1）共享收货站点模式：该模式将不同快递企业或电商公司投送的物品集中配送至固定的收货站点，由平台化的站点统一进行物品二次分发，实现了末端站点物流设施资源共享。该模式主要面向社区、高校等团体，由具有一定资质和能力的第三方平台负责代收用户包裹，并提供其他相关服务。典型企业如菜鸟驿站、熊猫快收等平台。

（2）智能快递柜共享模式：智能快递柜被认为是最有效的末端配送替代方案。各个快递企业配送员通过共享智能快递柜派件，可以不必等待用户取件，也无须二次派件，从而节省了时间，有效提高了配送效率。同时，智能快递柜还能全天候作业，用户可以任意时间收发快件,有助于提升消费者物流服务满意度。智能快递柜作为距离消费者最近的基础设施节点,通过资源开放共享及全开放的数据系统,实现末端物流资源共享的同时提升了物流服务水平。典型企业如丰巢科技、速递易等。

(3) 社区信报箱基础设施智慧共享模式:全国各小区建设中基本上都配备了社区信报箱等基础设施系统,随着信函减少和新媒体发展,众多小区的信报箱设施资源普遍利用率不高,据初步估算平均利用率不足10%。这是一个庞大的资源,如果进行智能化改造,全国联网,实现智慧共享,提高利用率50%,就会创造巨大的经济效益。

末端网点物流基础设施共享价值主要表现在:一是减少各快递公司、第三方物流、电商企业末端网点重复建设;二是配送过程中减少二次派送,方便消费者自取货品,提升客户满意度,同时降低物流资源浪费;三是有助于促进整个物流系统的变革。例如,智能快递柜作为社区的接入点能够积累大量的用户数据,有助于商家和快递企业进行大数据分析,提供更有针对性的服务等。

5. 物流众包共享模式

众包物流模式比传统的商家自行配送或者专职配送员配送的效率高出几倍,为商家赢来了更高的客服满意度,提高了客户对商家服务评价。这些都是传统O2O配送模式做不到的。

众包物流是一种开放式的分包配送模式,其存在是基于目前发达的互联网平台和借助于飞速发展的移动网络技术,它改变了传统的商家自配送的配送模式,充分利用了社会闲散人员来充当配送资源,打造出一种全新的、大众化的配送模式。通俗来说,众包物流就是将专职配送员做的事情,以自愿、有偿的方式,通过网络分包给非特定的一些专职、兼职、闲置群体,这些群体只需有一部智能手机和一辆交通工具,在自己的空闲时间就可以有选择地抢单、取货、送货,这份工作的时间自由、门槛低。

与传统物流相比,众包物流模式具有诸多特征,其中较为突出的特征在于:第一,众包物流依赖于互联网技术,由互联网企业成立物流平台并进行订单和人员的管理,而非由物流企业进行相应的管理;第二,众包物流服务呈现短距离、订单完成速度快的特征,其以兼职配送员所在区域为配送范围,在相应的区域内完成短距离的配送服务;第三,众包物流提升了物品短距离流通的效率。

众包作为"共享经济"的拓展,在物流配送方面得到了广泛的应用,众包物流也因此诞生。众包物流作为基于移动互联网和大数据系统对终端配送的尝试和改变,已经使快递业从一个标准的劳动密集型行业,逐渐转变为技术与资本密集型行业。众包物流模式不仅得益于其能整合社会资源、降低物流配送成本,也得益于其能够提高物流配送效率,提升最终消费者的用户体验。

众包物流主要是物流企业利用普通人用自己的车辆完成从商店或仓库到客户目的地的"最后一公里"配送。这种新兴的配送方式也逐渐为以完成众包订单匹配为目的,并从中获取收益的平台的发展提供了基础,即成为众包物流平台。我国大陆市场的第一家众包物流平台是2011年成立于四川的人人快递,其结合了当时最流行的P2P理念(亦可从C2C的角度理解），在同城物流的基础上添加了个人对个人的服务。尽管人人快递开拓了一个全新的行业，但并没有使这个行业进入跨越式的发展，其行业发展的机遇来源于2015年外卖行业的激烈竞争。由于巨头进入外卖平台并对用户和配送员进行补贴，"即时配送"对于生活便利度的提升开始为人所熟知，人们开始认识到两点：第一，即时配送可以用来传递饭菜，更可以用来传递工作相关的资料，提升社会运转效率；第二，配送员是一个新兴的职业。外卖行业为物流行业带来了更多的新进劳动力，也塑造了社会对于即时配送服务的需求，使利用大众的力量完成接力式物流传递成为新颖配送方式。目前以新达达、人人快递、京东众包、闪送、快收、蜂鸟配送等为代表的众包模式受到了较多关注。

6. 共同配送共享模式

共同配送也称共享第三方物流服务，指多个客户联合起来共同由一个第三方物流公司来提供配送服务。共同配送的本质是共享物流配送资源，通过采取多种方式，进行横向联合、集约协调、求同存异以及效益共享，实现物流配送作业的规模化，提高物流资源的利用效率。

共同配送有十多种创新模式，如统仓统配模式、循环取货直配模式、循环取货共配模式、集货＋集仓统一配送模式、分阶段JIT集货共配模式、社区集货＋分区域循环共配模式、多工厂集货共配模式、智慧集货共配模式等。

理论上讲，通过共同配送可以减少90%以上的车辆进城。欧洲Citylog项目运用共同配送的原理，推进城市物流系统改进，经过试点测试减少了末端配送85%的运输车次。商务部前几年大力推进城市共同配送发展，取得了巨大成效，激活了国内共同配送的市场需求，促进了各地区自主开展共同配送试点示范积极性，带动了社会资本积极投资共同配送的平台和企业。目前，随着互联网技术发展，围绕着渠道共配和产品共配，城市共同配送创新向着智慧共配方向发展，通过大数据、互联网和GPS相结合，可以即时集成区域内订单需求，智慧生成最优供配路径，做到实时共配，随机共配，全面共享城市物流配送资源。

7. 物流中心运营服务的共享模式

仓储物流中心共享运营服务模式是物流系统集成商在制造业服务化转型中创新的模式。该模式是物流系统集成商根据市场上众多客户的共同需求，使用自有资金投资，或者通过联合社会投资机构共同投资，建设共享的仓储物流中心，并利用自身技术专长和优势，负责仓储物流中心的管理运营，向电商企业、第三方物流企业、快递企业、批发零售企等众多客户开放共享运营服务，按照物流中心实际作业流量和货物周转作业量收取运营管理费用。这类共享的仓储物流中心一般都实现了自动化仓储和自动分拣，物流技术水平和运营管理水平较高。目前南京音飞储存、山东兰剑物流均在开展相关的共享物流模式创新。

目前，市场上众多电商企业、快递企业和第三方物流企业，随着业务扩展和企业快速发展，对先进的仓储物流中心有很大市场需求，但是自身建设物流中心往往又面临资金短缺、技术不专业、运营管理和维护水平低等很多问题。根据这些企业发展需求，设备集成商利用自身技术优势和资金优势，共同为客户建立共享的仓储物流中心并负责运营，既能满足客户需求，又能够发挥技术优势，同时可获得稳定的运营服务收入。

8. 物流工作项目共享服务模式

随着现代物流技术发展，物流工程项目建设越来越复杂，涉及的环节越来越多，物流工程设备作为特殊装备门类繁多，从硬件到软件至少有几千种不同的产品或系统。物流系统要实现各单元设备的协调与控制，完成货物的接收、入库、储存、拣选、包装、分类、集货和发运等一系列操作，涉及各种软硬件设备和系统的综合应用，个性化、定制化极强，决定了其在设计、建设、安装过程中都需要十分专业化的工程安装等服务。

随着物流系统日趋复杂，自动化、信息化、智能化水平的不断提高，维护物流系统稳定需要具备更加专业的能力。很多物流技术装备用户往往不具备上述能力，只能选择将设备与系统维护工作外包，希望有公司提供共享的物流工程服务。

针对物流工程项目建设涉及单位多，供应商众多，在工程项目设计安装中各个供应商都需要分别委托安装队组织安装调试，责任分散扯皮的现象严重。例如，苏州鼎虎科技公司正在积极推进物流工程项目共享安装服务模式创新。通过组建专业工程安装队，为物流工程项目中的货架安装、设备调试等众多供应商提供共享的安装服务，独立承担安装调试责任，防止工程项目分别安装的互相扯皮等现象。

随着物流技术工程的发展，十年以上的物流工程项目原有承建单位也发生了很大变化，给用户带来很多问题，工程项目急需维修保障时往往难以找到原来的企业。此外，很多企业随着承建的项目增多和客户分散，单独为原用户提供维修保障也牵扯了公司大部分力量，售后服务难以及时满足客户需求。在这种情况下，为客户共同提供物流工程维修保障服务就有了市场需求，也促进了物流工程维护保障及改造升级服务的共享模式创新。

（二）共享物流模式的特点

2012年6月，我国商务部流通司下发了《关于推进现代物流技术应用和共同配送的指导意见》，说明我国对共享物流，包括对城市配送"最后一公里"这些问题的重视。目前，共享物流资源也成了很多大件物流企业的一个发展方向，其对仓储、物流的资源优化配置，能有效帮助企业整合资源。比如以京东、顺丰为标杆的共享仓储物流模式，就是通过建立云仓、云物流系统，对平台的用户开放资源。例如众包物流指的是全民快递服务，即利用个人空闲时间，实现快递配送，通过系统整合，资源共享能有效提高效率与降低成本。与此同时，物流业是一种网络化的服务行业，天生携带"共享"基因。

共享物流具备五个特点。

(1) 共享物流模式具有创新性。共享物流是共享经济在物流行业中的一种创新商业模式。在共享物流中，司机使用自己的车辆作为独立承运商提供物流服务，货主通过技术平台将物流任务外包给大量司机[1]。共享物流的目的是充分利用闲置的物流资源和运力帮助客户创造价值。共享物流起源于"最后一公里"配送领域，目前主要有四种模式：仓储资源共享、同城配送、城际货运、共享货代。

---

[1] Sampaio A, Savelsbergh M, Veelenturf L, et al. Crowd-based City Logistics[M]. Sustainable Transportation and Smart Logistics. Elsevier, 2019: 381-400.

（2）共享物流模式具有资源优化功能。共享物流模式就是指通过共享物流资源实现整个物流体系的资源优化配置，从而提高物流系统效率，降低物流成本，推动物流系统变革的模式。物流资源包括物流信息资源、技术与产品资源、搬运设备资源、仓储设施资源、货物运输资源、终端配送资源、物流人力资源以及跨界的相关资源等。

（3）共享物流模式具有经济性和非经济性。在战略层面，共享物流可以在司机和货主之间建立联系，支持司机从事物流服务。共享物流能够为司机提供最为明显的、直接的经济利益，同时也可以创造其他方面的非经济的效益。共享物流是环境友好型的物流模式，此外，还可以促进货主和司机之间的社会关系的建立。从整体上来讲，共享物流的逻辑是可以将物流资源和能力整合在一个网络中，进而将农产品物流需求和农产品物流资源、能力进行匹配。农产品共享物流能够尽可能地减少资源的浪费。

（4）共享物流模式具有中介性。在组织层面上，共享物流也有一些特殊的特征。共享物流的人流、物流和信息流都是通过共享物流平台而在货主和司机之间实现的。而且车货之间的匹配是通过货主的自主选择，或者平台的科学分配来实现。共享物流平台在司机和货主之间的交易中起到了市场中介的作用。具体说来，作为服务中介，共享物流平台分别提供了对车主与货主的具体的描述，他们的地点，以及货主对于司机的评分。

（5）共享物流模式具有共享基因。在资源的所有权层面，共享物流企业并不拥有农产品物流资源的所有权，只是可以将物流资源匹配给有需求的货主。使用了共享物流服务之后，货主不再需要投入大量的资产来获得物流资源（司机、车辆）的所有权，而是仅仅需要自己购置一小部分资源，其余的大部分利用共享物流平台来租用。

在实际运作层面，共享物流服务是订单式的物流服务。具体说来，平台会根据物流运输的具体要求以及可提供服务的司机的能力与经验，来为货主进行匹配。在形成匹配之后，平台会通过APP告诉司机索要配送的货物、提货的地点和配送的目的地。与此同时，平台也会通知货主提供承运服务的司机的具体信息。在服务完成之后，农产品共享物流企业还提供了评价机制，货主可以通过打分的形式为司机进行打分，并且也可以在APP上留言，添加对于司机的可靠性和专业能力的评论，从而帮助其他的货主识别司机的能力和信誉。

（三）共享物流平台的内涵

共享物流平台能够为货主提供获取广泛物流资源的机会。货主可以通过手机端或网页端等其他方式访问平台[①]。平台被视为支持共享物流价值创造的战略性资源。作为一种创新的物流服务模式，共享物流发展十分迅速。

一方面，共享物流平台能够利用信息技术实现货主与司机的精确匹配，同时为司机提供高效的物流服务方案，使得司机有能力为货主提供更优质的农产品物流服务。共享物流平台支持共享物流发展的能力主要体现在：撮合司机与货主之间的匹配，为司机提供科学合理的配送路线和配送安排，建立合理的评价体系，为司机和货主提供运费支付服务等。在共

---

① Mehmann J, Frehe V, Teuteberg F. Crowd Logistics: A Literature Review and Maturity Model[J]. Innovations and Strategies for Logistics and Supply Chains, 2015(20): 117-145.

享物流平台的支持下,共享物流不仅能够为货主提供优质的服务,实现物流行业的降本增效,而且能够为司机提供丰富的货源信息,为司机匹配适合的物流任务,从而提高司机的收入水平。可见,在共享物流平台的支持下,共享物流能够满足司机寻找货物、提高收入的需求。

另一方面,共享物流平台还会为司机和货主提供农产品物流交易支持,以保证货主和司机之间的交易关系的安全性。共享物流平台提供的物流交易支持包括提供保险合同、价格体系、税收计算体系等。此外,共享物流平台还可以通过审核用户的资料,构建用户的信息资料来构建信用体系。具体说来,大部分农产品共享物流平台都会检查司机的驾驶证,司机是否购买保险,以及车辆的可靠性证据,并且会建议司机将自己在平台上的注册账户与微信、支付宝、微博等账户进行连接,以便掌握司机的具体的社交信息和信用信息。

共享平台将资源的使用者与资源的所有者之间进行精确匹配。换句话说,共享平台作为中介服务商,其核心作用是能够根据市场上供给和需求的变动来实现资源的有效调度,因而能够满足需求方的资源使用需求,并且提高资源交易的效率。例如,日日顺物流作为制造业背景的企业,在满足大件家电末端配送的时效性、专业性以及安全性上,开展了共享物流的活动。2016年4月16日,日日顺物流已与中铁快运签署了全面战略合作协议,借此打造创新开放的服务平台以实现公路网与铁路网的全面对接。在这一基础上,日日顺物流可考虑在车辆租赁业务上,围绕共享物流的思路,开拓海尔旗下10万余车小微的新业务。高峰期车辆不够,低谷时车辆闲置的情形,是各大企业都难以避免的。对此,日日顺可以与一些中小企业达成战略合作,联合完成物流的配送任务。不仅将帮助中小企业优化资源,也为日日顺缓解未来用户激增的运输压力,实现企业的降本增效。

共享平台通过提升资源所有者和资源使用者之间的信息透明程度,降低资源所有者和资源使用者之间的交易成本,在交易双方之间建立信任并降低感知风险。

第二节 仓配一体化平台案例——发网

一、企业介绍

上海发网供应链管理有限公司创立于2006年3月,是国内领先的电商仓储服务商,是专业的全渠道物流配送服务平台。发网以IT系统为中心,坚持"软件及服务"的核心理念,通过自主开发的仓内制造系统,并整合上下游企业数据形成物流云平台。

发网,顾名思义就是"发货的网站"。创始人的初衷是想依托软件优势做一个供中小商家和物流公司交互信息的平台。2008年,电子商务迅猛发展,借着电商发展的东风,发网开始为一些中小B2C网站提供配送服务。2009年,发网将客户拓展至淘宝商城和京东等B2C平台上的传统品牌商家,同时开始运行仓储业务,帮助传统商家建立仓储和全国配送的电商物流体系，并由此实现了盈利。此后，总部设在上海的发网开始在北京、广州、杭州、厦门等城市分设区域仓储运营中心，仓储面积多达数万平方米，为众多品牌客户提供全面的电子商务物流运营管理服务。

凭借遍布全国的仓网体系，公司深度集成了各种类型的物流资源。已累积服务了2 000多个品牌，涵盖近3亿多消费者，物流网络已覆盖国内30余个省份，并建立了包括CDC中心仓、RDC区域中心仓和FDC前置仓的三个层次的仓网管理系统。覆盖了我国包含华北、华东、华南、华中、苏北和西南地区在内的六大片区域，实现区化运营管理，服务更加高效。

发网已通过全国仓网、配网、管理系统及项目，为中小企业提供了B2C＋B2B一体化仓配业务，并涵盖了包括OTT电视、线下、电子商务平台、社交电子商务、社区电子商务等各类服务场景的仓配一体业务，已逐步摸索建立了完整的F2C商业模式：厂家生产制造后，再把货物送到发网仓库中，由发网公司完成仓库运营＋物流管控＋系统服务，从而完成了真正的仓配一体全托管，如图10-1所示。

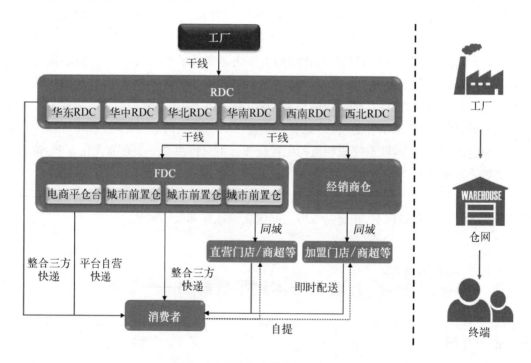

图10-1　发网物流的仓配一体化模式

品牌商对线下渠道的物流要求有两个方面：首先，要面对门店或门店消费者对应的物流服务和需求。过去的物流是到经销商就可以了，所以对物流管理的颗粒度要求并不高，以前可能考虑的是一个托盘、一辆车，但现在考虑的是每一件商品，各个环节要求得更细致。其次，要将消费者和门店联系在一起。在线下的商流体系中，经销商要解决的问题是，"如何把门店及消费者的数据拿到品牌商的大商业数据里"，而不是过去的只有经销商，没有门店、没有消费者。

二、案例分析

（一）F2C模式

发网的供应链简称为"F2C"模式，即品牌商到发网到消费者，发网承接从品牌商到消费者这中间一系列复杂的物流环节，包括订单、仓储和配送。品牌商的货物从工厂下线后，可以就近进入发网在全国的5个仓储中心，消费者在淘宝、京东商城等平台上的商家提交订单后，与商家、平台、物流直接连接的发网系统会同步收到信息，随后直接从发网仓库出货，然后通过全国物流网络送达消费者。发网的配送体系不仅包括全国性的快递公司顺丰、申通、宅急送等，还包括区域性的快递公司，如天津最大的物流企业飞天畅达等。基于快递网络和配送网络来优化全国配送路由，优选配送方式，提供配送质量。

F2C模式即由品牌商把货运至仓库，然后通过多个渠道进行零售，最后通过干线运输或快递企业把货送至消费者手中。其中就涉及两个较为关键的环节，第一个环节就是仓库，货物从工厂出来首先要放到仓库里；第二个环节就是仓库里的库存与多个渠道进行库存数据交换，然后由仓库把货配好送给消费者。从供应链角度而言，就是工厂到仓库再到消费者，这是未来整个零售的抽象模型。而在零售端，各种各样零售渠道都可以变为消费者获取商品信息、购买商品的途径。当一盘货共享在一个仓库内体系的时候，商家的生产效率会得到极大提升；再加上因规模扩大了，多个渠道的订单集中在一个仓库内处理，其处理成本和配送成本就有较大节约，所以通过优化仓库的方式降低成本非常可行。

发网一直采取预售下沉模式，不仅帮助商家有效降低成本投入，更让后端物流压力相对获得缓解。在预售期间，通过运用实时大数据分析以及为品牌客户动态预设销售信号，以提早预测品牌的销量高峰。消费者下定金后，提前在RDC仓内进行物流预包装、订单生成后，由干线送至省仓，并在省仓确认包裹的尾款交付后，再贴面单送至第三方物流网点，最后完成揽收并出库。省仓的作用最大化体现在更快速有效地触达消费者，完成交付。避免了消费者没有支付尾款，而订单已经下沉到前置仓，需要拦截再逆回的额外成本（见图10-2）。

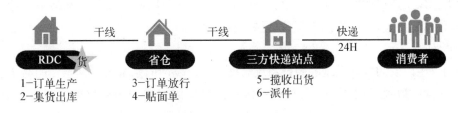

图10-2 预售下沉模式

（二）发网的一个核心和三大体系

发网的三大体系指的是仓网体系、配网体系和供应链体系，发网的软件系统是核心（见图10-3）。

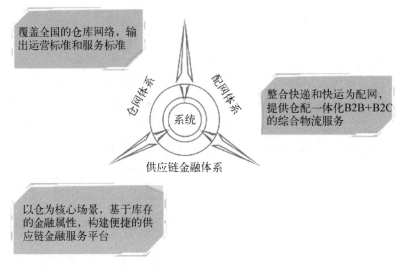

图 10-3　发网的三大体系

1. 仓网体系

发网在 2009 年开始建立仓库,目前在上海、杭州、北京、广州、厦门已有 5 万平方米的仓储中心。发网承担了多次大单量促销的快速发货服务,目前单店的日出单能力为 2 万单以上,针对大型促销活动业务的后续物流服务有专门的流程保障,确保消费者服务体验。仓储的优势不仅意味着将获利作为连接物流合作伙伴的工具,更关键的是在中国很多购买力强的地方设置了大量仓库和分拨中心,既减少了出货时间和运送路程,又会因为货量大而降低了运费成本。发网的电商仓库经营管理系统有着近四年的运营历程与管理团队积淀,已经形成了一整套精细的电商仓库经营管理系统。全国五地分仓,可支持在区域内的服务延伸和物流配送。

2. 配网体系

发网对于快消品的配送管理具有长期的运营经验,对于配送过程的质量预防与控制有专门的流程保障。与区域性快递公司的合作就是一个方式,这种区域性的快递公司,发网称之为"落地配",目前已在华北(京津晋)、华东(江浙沪鲁皖闽)、华南(粤)等 17 个省(区、市)建立。"落地配"能够保证在购物热潮期或者快递爆仓时进行合理的分流,又会减轻由于物流的运力紧缺所造成的配送压力,也可以通过在区域间紧密的物流配送网络中进行更全面的服务,包括试穿等待、一日两送等,以更好地达到顾客的要求。

3. 软件系统

发网自主研发的软件系统和硬件系统高度协同。发网的系统可根据累计的与快递合作数据,如快递时效、服务态度等,自动挑选区域内最优的快递公司来承接发网的配送业务。同时,发网管理系统也能够追踪订单的情况或者追踪异常。所有商家都能利用其管理系统快速、稳定地接入发网的物流配送系统。同时,由于发网与淘宝、京东商城、当当等网络平台联合,所有店铺即使通过发网的管理系统也都能够直接在这些网络平台上售卖,因为所有的销售平台都共用同一条仓库线,而不必在不同的网络平台上去铺货,所以库存周转率也就大大提高。

发网自主研发 OMS、WMS、TMS、CMP,实现供应链全链条、全过程数据集成,提供全面、实时的商业大数据服务,如图 10-4 所示。发网自主研制的 WMS(仓储系统)采取国际领先的分布式结构,在系统性能与稳定性等方面表现优异,并将海量订单信息进行统计分析,以优化拣货决策过程。当 WMS 接收到上游系统的批量订单时,通过智能算法分析,将大批量的订单分配至快速分拣线,同时计算出最优的拣货库位,并平衡每个库位组的拣货分布。此时拣货作业人员只需要负责自身的库位分拣组即可,拣货、拍灯——仅需两个简单动作,即可完成订单拣选。

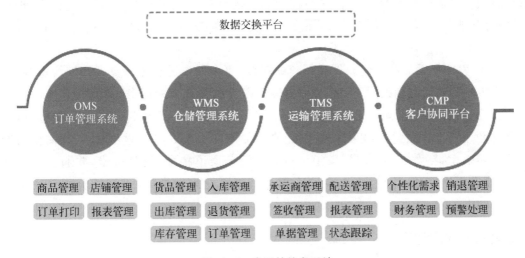

图 10-4 发网的信息系统

发网还自主研发了智能分拣线。发网仓库的智能分拣线由双层输送主线(上层上料,下层回框)、人工辅线、智能倾斜式流利货架、智能电子标签、拆框机、指示灯、读码器和流载机组成。发网通过运用仓储物流行业专门的线性规划(整数规划)智能算法将大批量订单分配至分拣线,由算法确定系统的优化目标,根据一段时间的历史订单数据,计算出最优的拣货库位,再通过 AI 大数据分析计算得出库内热销品,从而平衡各个库位组的拣货分布。其中,储位平衡计算与上架算法,使每一种商品的上架都有据可依。动态计算系统使约 90% 的订单都可在流水线拣选。在过去,将近 70% 的工作时间都耗费在了拣选的途中,而在发网自动生产线,每位员工完成的拣选活动范围都不大于两平方米,极大提高了工作效率。

发网科技技术中台的核心——惊蛰 SaaS 软件系统负责系统赋能,服务对象围绕以电商仓配为主设计的一些具体软件产品的开发,由供应链执行系统 ERP、OMS、WMS、CTMS/TMS、MES、FBS,供应链管理系统和物流企业 ERP 组成。芒种 OS 智能硬件调度系统则由智能标签拣选线、智能翻板分拣线、AGV、自动团购线、技术防呆 DWS、自动快递分拨组成,负责围绕惊蛰 SaaS 软件系统的计划,来落地和执行,从而实现软硬件的高度协同。

三、案例总结

发网的三大体系实现了大数据平台的建立,并能拥有多个职能,包括订单处理、建立库存作业处理系统、建立配送管理系统等。与此同时,发网还拥有专业的客户系统平台,这个平台解决了业务处理过程当中,品牌商、渠道商、消费者之间的业务协同和沟通的问题,即便在单量庞大的"双11",发网依旧能做到运输效率高、服务质量稳定。在该平台上还可以实现全面实时商业数据的集成。首先,可以和品牌商系统做全面地衔接,并与市面主流系统做到全面实时对接。其次,将各个销售平台以及渠道做数据连接。最后,对于进口商品进入中国零售市场,给予跨境电子商务口岸的全面打通。大数据平台的建立,保证了品牌商到物流商再到消费者的衔接自然而又流畅。在整个供应链服务流程中,发网把商家的渠道、仓库、运输和消费者通过系统连接在一起,形成一个完整的分销供应链体系,进行"一盘货管理"及库存的灵活调配,提升了社会化零售的交付速度和客户体验,同时也降低了物流成本。

因此,发网协助品牌商建立更多渠道的连接,更多的渠道意味着更大的销售量,同时发网提供一些商流的辅助服务;发网将为客户提供供应链金融服务,商家在仓库内的商品、物流的数据等在金融市场都能够实现贷款,由此来助力经销商和品牌商能够更快、更好地利用资金。通过分销渠道的连接,帮助品牌商实现更快的库存周转,从而提高资金的周转效率,拓宽更多的融资渠道。过去的资金渠道狭窄,贷款很难,要通过房子抵押等,现在发网实现了通过仓库内的库存和销售数据来做贷款,这样资金周转效率会更快。

四、案例的问题讨论

问题一:发网如何为品牌商提供服务?

问题二:发网作为一家技术驱动的平台企业,其软件系统有何优势?

第三节 标准托盘循环共用平台案例——招商路凯

一、案例背景

标准托盘循环共用与带板运输具有极大的经济价值和社会价值,然而,由于多方面因素制约,中国标准托盘循环共用体系的发展一直较为缓慢。2014年商务部启动《商贸物流标准化专项行动计划》,以托盘标准化为切入点开展试点工作,带动上下游设施设备、产品包装、操作流程、服务等不同环节的标准化。

2018年,商务部会同国家发改委、工业和信息化部、交通运输部等十部门联合发布了《关于推广标准托盘发展单元化物流的意见》(下称《意见》)。《意见》特别关注了托盘沿供应链的动态流转与物流一贯化运作,突出了托盘标准化工作由静态向动态的转变。

强调了供应链各环节标准化衔接问题,突出了配套标准的建设。托盘作为贯穿于整个供应链最基础的集装单元器具,是供应链上下游物流系统优化整合的基础。仅托盘尺寸标准统一并不能解决整个物流系统的问题，必须要推广与托盘配套使用的物流设备的标准化。《意见》中明确鼓励采用 600 mm×400 mm 系列包装模数，推广外廓尺寸为 2 550 mm 的货运车辆，这都是为托盘等标准化物流载具能实现供应链上下游之间的一贯化作业奠定了良好基础。此外，还要求在企业内部以及供应链上下游贸易伙伴间建立一套与托盘化作业相匹配的作业流程，如单元化的订单模式、托盘堆码标准的统一、单元化运输、单元化货物交接等。《意见》还突出强调打破地域限制。托盘循环共用本身应该是全国一盘棋，托盘应该在全国统一流转，而不应该让资产隶属于某个地方。强调信息流整合，进一步推动实物流效率提升。招商路凯总经理戴正楠认为，打通上下游企业商品条码与箱码，箱码与组板后的物流单元代码（SSCC）的关联关系，通过全球数据同步（GDSN）平台实时更新商品基础信息，进而推动电子化预先发货通知（ASN）实现货物快速交接，是真正打通上下游企业间信息流的有效解决方案。

二、企业介绍

路凯公司成立于 1942 年，一直以来都是亚太地区领先的托盘循环共用服务商。招商局集团于 2010 年收购路凯公司，2011 年 6 月正式成立招商路凯大中华团队。自 2011 年正式成立以来，积极拓展中国托盘租赁市场。招商路凯已初步构建了覆盖全国的托盘循环共用公共服务平台，营运中心从成立之初的 3 个增加到 29 个，建立了 200 余个托盘收发站点，业务范围覆盖了全国大部分地区，并与国内外知名零售商、生产商、物流商、电商企业建立长期战略合作伙伴关系，成为这些主流零售企业/生产企业优先选择的托盘循环共用服务商。随着托盘循环共用模式在中国市场导入工作的初步完成，招商路凯已开始着重推动带板运输业务，成功推动快速消品行业领军企业外部和内部带板运输项目超过 70 个，并成为国内首家真正实现零供之间带板运输规模化运作的托盘循环共用服务企业。

以招商路凯为例，招商路凯提供静态租赁和动态租赁两种服务模式，并一直把推动以服务带板运输为核心的动态租赁模式作为核心战略与使命。之所以大力推广带板运输，是因为这可以大幅度缩短装卸时间。中国快消品供应链的库存成本占比太高，因此降低物流成本的关键在于降低库存成本，而能够降低库存成本的快速补货、越库作业、共同配送等优化措施，都必须以规模化带板运输为前提。这些举措要求出入库效率一定得快，不能让装卸环节变成重大瓶颈。通过带板运输，一辆 12.5 米厢车的装卸时间可以缩短 80% 以上，从 3~4 小时缩短到只需 20~30 分钟。此外，由于装卸效率的提高，车辆周转率也随之提高，从而实现了对运输成本的优化，并真正成为供应链库存优化手段的前提和基础。

招商路凯有稳定可靠的供应保障，全国超过 1 000 万的托盘保有量，可随时满足客户的使用需要。即便在旺季也能保证每天全国运营中心内超过 100 万的安全库存可以随时调拨。有良好的品质保证。能严格限制原材料的来源和品种，严格控制每一块板的工差。作为全国唯一一个全自建营运中心的服务商，路凯严格进行产品的后期维护保养，确保客户退回的每一块托盘都能被妥善检查、维修（见图 10-5）。

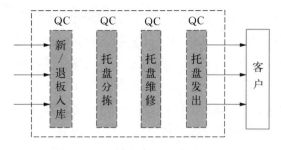

图 10-5　招商路凯托盘质量控制流程

招商路凯有完善的服务网络,招商路凯在大中华区共设有 5 个大区,25 个营运中心,服务网络基本覆盖全国主要经济地区。每个营运服务中心均为路凯自有,具备完整的托盘收发、分拣、维修等全功能,并配备专业质量管理团队。针对客户在地理位置、季节性波动特征、托盘存储与上架方式、带板运输模式、财务与资产管理需求存在诸多不同的个性化要求,招商路凯可提供包括带板运输、异地还板、跨境服务等灵活多样的定制化解决方案,降低客户托盘使用成本和综合物流成本。

招商路凯托盘循环共用平台是在托盘标准化基础上,以租赁的方式,按照规范化的操作流程实现企业之间的托盘循环共用和带板运输。该平台具体内容包括:托盘共用服务企业为物流各环节客户分别设立租赁专用账户,并提供专业化服务及 IT 技术支持;各客户均可向共用服务企业租用或退租托盘,当一个托盘从一个参与者转移到另一个参与者,托盘租金及相应责任同时转移。若部分环节作为独立账户操作较为困难,可与其他主体共享同一账户,而其两者间则采用互换模式进行操作,如图 10-6 所示。

图 10-6　招商路凯的托盘循环共用系统

三、案例分析

招商路凯一方面通过加大投资力度,提高标准化循环共用托盘的供应总量;另一方面通过大力推动零供之间的带板运输,引导上下游企业参与标准化托盘循环共用体系,实现物流总成本降低、供应链综合效率提升。

招商路凯循环共用系统的业务模式主要分为托盘的静态租赁和托盘的动态租赁。

(一) 托盘的静态租赁

静态租赁主要应用场景是工厂及仓库中商品堆码上架储存,托盘仅作为存储载具。静态租赁服务主要解决使用方淡季托盘闲置及内部托盘维修、管理等问题。招商路凯为客户设立托盘租赁专用账户,并提供专业化服务及IT技术支持;客户可按照托盘使用的实际需求,从招商路凯租用相应量托盘,待客户有托盘闲置或不需使用时,客户可随时将托盘再退租给招商路凯;从出租托盘之日起,至回收托盘之日为止,招商路凯将向客户收取以日为单位的托盘使用租金,招商路凯在经济维修范围内免费提供托盘维修服务。

(二) 托盘的动态租赁

托盘的动态租赁是指在带板运输环境下为供应链上下游企业提供托盘的租赁与流转服务,如图10-7所示。托盘动态租赁服务主要通过提供第三方公共服务平台,解决带板运输模式下托盘在供应链上下游交换的品质一致性、使用成本与责任界划的问题,是托盘循环共用系统的关键价值所在。招商路凯为物流各环节客户分别单独设立托盘租赁专用账户,并提供专业化服务及IT技术支持。

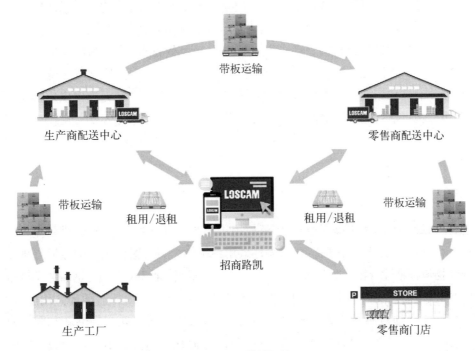

图 10-7 带板运输

推动带板运输,实现托盘循环共用,能为商贸通领域的生产/零售企业带来提高作业效率、加快库存周转、减少货物破损、节约人力资源以及低碳环保等多重收益,成功实现物流总成本的降低和供应链综合效率的提升。

通过带板运输,能实现物流总成本的节约。托盘循环共用对物流成本的节约主要来自带板运输。带板运输最大的优势在于,通过提高出入库效率节约仓库使用面积以及通过机械化作业节约装卸成本。就快消品行业而言,在150千米运距范围内,在订单模式、打板方式、装车方式按带板运输要求进行合理优化的情况下,通过推动带板运输可实现物流总成本节约2%~22%。

通过带板运输,能实现供应链综合效率的提升。带板运输的价值体现绝非仅从字面意思理解的用托盘进行货物的装卸和运输,而是涵盖了从生产线码垛、供应商备货、零售商收验货乃至上架或分拣配送的整个供应链过程。最大限度延伸带托作业的环节,减少散货作业或组板、拆板作业的频度,才能最大限度实现带板运输对供应链效率的提升价值。

以某商贸连锁企业与供应链上游间带板运输项目为例。招商路凯与某国内最大的零售企业合作共同推进端到端供应链优化项目,通过托盘的持续标准化及带板运输模式的应用,大幅度提高供应商和零售商DC端到端的整体作业效率。项目实施后,无论是平均装车效率还是卸货效率、收货效率均较之前有了显著的提升。

通过托盘循环共用,能实现经济价值背后的绿色环保价值。托盘循环共用本质上是循环经济,除了经济效益,它更大的价值还是在于绿色和环保效益。它不仅能够给企业带来直接的成本节约,从更大范围看,是对社会资源的节约,降低碳排放。

通过单元化物流载具循环共用模式,推动生鲜周转筐的应用,优化生鲜供应链。在连锁零售业日益走向生鲜时代,以及生鲜产品的单元化运输成为可能性的背景下,果蔬周转筐的应用基于其对一次性纸质包材的替代以及其一站式接触的特点,将成为解决生鲜供应链中品质安全和操作成本问题的理想方案,也必将成为继托盘之后在快消领域广泛推广和应用的主流单元化载具。招商路凯提出的果蔬周转筐循环共用解决方案为生鲜供应链各环节企业带来多重价值,包括提高果蔬保鲜质量,延长货架保存期;提升门店员工及顾客的使用体验;节省存储、运输空间;促进供应链标准化,使得运输和装卸更有效率;为客户节省物流成本;减少对环境的影响等。

四、案例总结

托盘作为最基本的物流单元器具,广泛应用于生产和流通领域,对于促进物流一体化运作具有"牵一发而动全身"的作用。托盘循环共用系统作为关系国计民生的流通基础设施平台,是推动物流标准化、降本增效,实现"互联网+高效物流"的重要抓手,是商务领域推进供给侧结构性改革的重要内容之一。招商路凯作为中国本土最大的托盘循环共用服务商,具有以下优势:(1)通过单元化物流载具延展行业产业链,从而实现产品创新和服务模式创新。招商路凯积极配合全国商贸物流标准化建设,降低社会物流成本,提高物流效率,并实现节能环保等社会效益。(2)持续完善全国营运服务网络网点。为了保证及时可靠的托盘供应,支持更大范围带板运输所带来的异地退板问题,招商路凯将在全国已有的营运服务中心基础上,持续完善全国营运服务网络网点,为客户提板、退板提供便利。(3)在区域中心节点建立高度专业化、自动化的公共托盘检测与维修中心。支持托盘在高频度流转下的维修保养和检测要求,并通过完善的品控流程与品控队伍建设以确保低品质或破损托盘进入生产和流通体系。(4)通过战略联盟,树立标杆示范效应,带动全社会的托盘循环共用。例如,招商路凯已经与华润集团旗下公司华润万家初步达成战略联盟,双方共同携手推动带板运输。第一,充分发挥带板运输模式装卸效率高车辆周转快的优势实现了一级配送(供应商配送到零售商DC)与二级配送(零售商DC配送到门店)常态化的运力资源整合,不仅降低了车辆空驶率和运输成本还大幅度提升了物流作业效率。第二,通过开放绿色通道,预打印标签,按托盘数量交接诚信收货模式等一系列标准的配套流程的建立从而真正实现了上下游企业间的托盘一贯化作业。

五、案例的问题讨论

问题一:请阐述标准化托盘循环共用体系的构成。
问题二:我国标准托盘循环共用推广工作整体情况如何?主要面临着哪些挑战?
问题三:招商路凯的托盘循环公用平台是如何运营的?

第四节 物流包装循环共用平台案例——箱箱共用

一、案例背景

《零碳社会》作者里夫金曾预言:到2028年,价值约100万亿美元产值的化石燃料资产即将搁置。新的机会正在孕育,其中三大商业场景值得重点关注,传统行业的供给侧2.0、绿色能源的替代经济与循环利用的永续经济。在实现碳中和的过程中,能打通循环永续场景的公司值得重点关注。如面向最广泛商业场景的物流包装行业,其对环境的伤害和超高的温室气体排放是亟待解决的问题,循环利用蕴含比较大的商业价值和社会价值。

仅电商一项,国内碳排放管理平台"碳阻迹"发布的《中国电子商务企业温室气体排放总量研究报告》显示,电商企业2019年碳排放总量为5 326万吨,其中物流和包装占比近47%,达2 515万吨。2025年电商企业碳排放量将达到1.16亿吨,其中物流包装将达5 452万吨,这还不包含工业物流包装领域。

物流包装行业至少面临着近亿万吨的减碳空间。即使只实现50%的可循环物流包装替代,也可减排近5 000万吨的碳排放。作为对比,按照2030年纯电动汽车的渗透率达20%测算,可累计减排约3 040万吨二氧化碳当量。物流包装产业减碳空间远大于新能源汽车行业,这一细分领域正为市场严重忽视。

基于英国标准协会编制的PAS2050碳足迹评价国际标准,2019年箱箱共用通过物流包装节省碳排放量10万吨,截至2020年为25万吨,到2030年,投放市场的智能包装通过对一次性包装的替代,累计减少碳排放800万吨,以当前每辆汽车每年一万公里的碳排放量为2.7吨为参照,这约相当于300万辆汽车每年的碳排放量。

物流包装的市场容量一次性物流包装存在极大资源浪费,随着国家鼓励企业使用循环再利用的物流包装,可循环包装物(Returnable Transit Packaging, RTP)需求显著增长。物流包装,是在商品运输途中,为保护商品质量、品质,按一定技术方法采用容器、材料及辅助物等予以运输商品适当的外层保护。

从货运市场看,不论快递市场的商品需求量还是零担及整车市场的货物运输需求,都保持着高速的增长,而几乎所有的运输过程都涉及商品的包装问题,物流包装的市场容量随着货物的运输需求变大。

物流包装材料上,以纸箱、木桶、铁桶等一次性材料制造商最具代表性,是包装行业中的主要参与者,在不同运输货品和运输形式上,适用性不同,竞争也相对激烈,与下游企业、客户的连接度十分紧密。而一次性物流包装完成运输后的包装浪费问题,早期就引起了国家的重视。随着国家对绿色环保理念的引导,鼓励企业使用循环再利用的物流包装,可循环包装的需求得到了进一步的增长。

在绿色包装的政策号召下,可循环包装物的概念便诞生了。可循环物流包装物相比传统包装,在生产和流通环节为保证箱体最后不造成资源浪费,是符合绿色、环保的社会发展大趋势的绿色包装形式。而可循环物流包装箱具备明显的行业痛点,其中以管理问题和资金问题最具代表性。物流包装涉及的资产数量多、分布广、流动性强,多数区域之间存在供需不平衡,在运输途中的商品丢失问题、在运输完成后包装箱的回收与调拨问题都是显著存在的。商品的丢失率提升和包装箱的环境污染是企业在经营过程中持续遇到的难题。物流包装的箱体生产涉及重资产投入,且具备慢周期回报、很多企业没有资金投入。包装行业存在低毛利率、低净利率的特点,需要迅速实现资金周转,因此,产品设备相对简单,市场分散度高。周期性地进行研发需要高度的信息普及,获取长期回报势必需要资本的介入。

在RTP的基础上,智能化的RTP可对企业实现更高效的商品管理。而真正实现智能化的可循环对企业要求很高,需要技术密集型和资金密集型结合,要有很深很强的产业根基,部分企业也尝试过内部推动包装循环和共用,但由于其分散在供应链各环节,缺乏实时监管的技术手段,空箱资源散落在各地,无法及时统计和寻找,其利用率及周转率都非常低下。缺乏实时而有效的包装物管理技术及方法,传统包装物的年均丢失率为15%~20%。

二、企业介绍

箱箱共用作为智能RTP租赁平台,在可循环包装物上加装物联网模块,实时感知箱体及货物状态,实现数字化循环。箱箱共用,作为鸿研物流旗下的智能可循环包装物租赁平台,通过"数智+"的物联网技术,在租赁服务的基础之上,为客户提供协同循环、一键盘库、箱货共管等服务。区别于传统一次性包装物及可循环包装物,箱箱共用的箱体采取的是在传统的可循环物流包装上加物联网模块,通过各类传感器感知箱体和货物的各种状态(如位置、震动、温度等),结合算法,构建物流包装循环共用的数字化平台。

箱箱共用的主体鸿研物流从2013年成立以来,定位一直是运用物联网技术、推动物流包装实现智能循环和共用。目前鸿研物流的物联网及物流包装解决方案的硬件开发团队约80人,云管理平台开发团队约30人,公司累计公布、授权的发明专利数超过300项。

公司发展经历了三个主要阶段。第一阶段。以研发可循环包装箱产品为主,主要产品包括散装液体包装产品和汽配包装产品,其中散装液体包装产品是其拥有技术壁垒的核心产品,产品主要销往欧美、日本等海外地区。第二阶段。针对不同行业不同客户,提供行业解决方案。已经形成不限于散装液体包装产品、汽配包装产品、生鲜果蔬包装产品在内的产品线,根据客户所处行业的特殊要求,为其定制个性化、专属化的 RTP 产品及解决方案。第三阶段。搭建了基于智能化物流包装物的共享租赁平台——箱箱共用云管理平台。安装了物联网定位芯片的包装产品,联网后则可以有效解决丢失率的问题,并可快速提高包装箱周转率及利用率,向协同循环和箱货共管两个增值服务发展。

箱箱共用进一步挖掘数字化带来的全新价值——在线碳核算:借助其在线循环服务平台,测量企业在生产活动中直接或间接排放二氧化碳的数量。基于循环包装数字化平台的在线减碳审计,对于物流包装行业和 BSI 而言都是一项创新。数字化平台服务商+专业第三方审计机构联名的减碳报告将成为一种趋势。

目前,箱箱共用与国际 PAS 2060 碳中和标准开发者 BSI(英国标准协会)签署了战略合作伙伴协议,双方在温室气体核查、产品碳足迹、碳中和等方面将开展深度合作。箱箱共用将联合 BSI 基于数据提供在线碳核算的成果,给用户提供通向碳中和目标的路径和解决方案。此举实现了"零碳循环伙伴"的标准化及体系化的定义,从行业内部向外彻底释放"包装即服务"概念,推动国内物流包装行业的运作迈上新的台阶。经 BSI 全面的审计,2020 年 6 月—2021 年 7 月,万华化学、博世、保龄宝 3 家绿色先行企业因采用箱箱共用的包装循环服务,累计减排近 7 000 吨,相当于 2 500 辆 1.6t 燃油轿车的全年碳排放量。

2021 年 10 月,箱箱共用正式上线"在线循环服务"的客户端。"PaaS+SaaS"将驱动零碳循环新生态。将 PaaS(包装即服务)与传统 SaaS 结合,一方面,基于 SaaS,用户通过软件管理提升了包装循环效率,从每年 5 次提升到 8 次,丢失率从传统的 15% 降低至 2% 以下;另一方面,用户的包装使用全程都将实现数字化:客户在线下单获取服务,实现循环全程数字化,下单和结算标准化、包装形态和组合标准化、执行全国统一价。以上均加快了循环服务普及,并提升了交易效率和速度,更重要的是能给在线碳核算提供实时的全链路数据依据。伴随"1+2+N"战略启动和在线循环服务平台的上线,箱箱共用也正式完成了从场内包装循环管理 SaaS 到场外循环服务 PaaS 的生态闭环。在全新的在线循环服务 PaaS 模式中,企业只需要承担包装服务的成本,可以根据柔性供应链管理及业务淡旺季需求,灵活选择在线服务下单。服务成本的降低会吸引越来越多的企业使用可循环包装服务,构建低碳供应链。

三、案例分析

(一)持续创新的理念

箱箱共用的发展历经了 3 个阶段:以自主知识产权为核心的实体制造阶段、以运营和服务能力为核心阶段、以数字化为核心能力阶段。从 1.0 到 3.0,箱箱共用历经 8 年时间推动了包装行业从单一容器视角,扩展到了"包装+数据+服务"的全新三维视角,并基于此,确立了"1+2+N"的企业发展战略:"1"是包装循环的全网运营能力,包括了覆盖全国的前、中、后台循环运营管理体系和能力;"2"是包装循环的在线数字化服务能力,具体包括,PaaS和SaaS;"N"是面向各行各业的无界的循环包装的解决方案能力,箱箱共用已经向散装液体、生鲜冷链、化学品、新能源汽车、邮政快递等行业提供包装的循环与共用服务。

（二）技术创新能力

第一,面向全行业的智能包装定制研发能力。散装液体、汽车配件与农产品生鲜等供应链场景差异巨大,每个行业都需要"量身定做"的智能包装,箱箱共用经过20年产业实践,积累了大量全球布局的技术专利储备——全球发明专利总数796项,中国发明授权专利95项。

第二,覆盖全国循环运营网络能力。物流包装产业将会和快递服务网点一样,需要覆盖全国的中心仓、前置仓、上下游服务网点,实现物流包装在供应链上下游网点高效循环与共用。

第三,覆盖全场景实时数据感知能力。箱箱共用自主研发了"数智+"循环管理SaaS平台,帮助用户打通物流包装、运营网络和上下游网点之间的数据孤岛,不仅可以实时为用户提供包装资产盘点、货物轨迹追踪、风险预警、BI驾驶舱、AI辅助决策等数字化服务,同时帮助企业实现实时碳足迹和碳捕捉。

第四,物联网与碳技术的深度结合。基于产业物联网的"百网千驿"是箱箱共用服务用户、服务实体产业实现碳中和的核心手段,在"逆碳战争"里,物联网的用武之地具体体现在以下三重先天技术优势上：第一,在于碳数据监测和感知。搭载各类智能传感器的智能包装,可以实时捕捉供应链运输场景能耗数据,侦测浪费情况的发生,可以从环境中采集大量的数据,辨识和分析其中存在的能效改进机会点,并且给出行动建议。第二,可以预测和减少碳排放。通过人工智能技术,可以根据企业业务场景、减排需求,预测未来的碳排放趋势,帮助企业更加准确地制定和调整目标。第三点则在于打造碳信用账户,实现碳收益。

（三）服务创新能力

1. 标准化

零碳目标和理念加速了企业物流包装从一次性向可循环态势转型。针对不同行业的细分包装需求,箱箱共用组建了专业团队,各产业专家和技术人员一起,就包装结构、模具、材料、工艺等进行了深入研究,为每一个行业定制专属包装循环解决方案,通过在线循环服务平台快速向企业提供标准化在线循环服务方案。

2. 智能化

自建智能物流包装产品研发设计、材料分析测试、包装容器物流测试、IoT智能模块测试以及IoT模块研发实验室,将RFID、NB-IoT等技术深度融入包装产品,实现对智能包装的近距离数据采集,能够感知、监控、定位、记录物联包装信息,广泛应用于防伪、溯源、保鲜等场景,解决了库存和生命周期管理、产品完整性和客户体验,让包装变为智能终端。

3. 数字化

公司自主研发物流包装物联网云管理平台,在全球范围内部署了云服务节点,支持TCP/IP、RESTful HTTP、CoAP、MQTT等全栈协议接入。深度融合云计算、AI等技术,帮助用户打通物流包装、运营网络和上下游网点之间的数据孤岛,实时为用户提供包装资产盘点、货物轨迹追踪、风险预警、碳核算、AI辅助决策等全链路数字化服务,实现智慧物流。

4. 网络化

以中心仓为原点,以上下游服务网点为保障、以第三方专业物流、仓储服务资源整合为依托,打造覆盖全国的网格化运营网络,在中国已部署30个中心仓、200个前置仓、2 000家上下游服务网点,依托智能包装实时数据传输,基于LBS实时位置感知,实时统计运营流程中的循环数据、网点数据、物流数据位置动态等大数据,并通过AI算法实时优化对箱体、车辆位置的追踪与定位及仓配调线路。

箱箱共用以租赁、免押金形式作为平台,为企业周转包装箱、行业产品定制化程度高。用可循环包装物替代一次性包装,减少物流成本,减少社会浪费。以租赁、免押金模式解决企业用户一次性购买可循环包装投资压力,使企业有精力专注主业。通过智能云管理后台,为用户提供就近收发、随租随还、无纸化交割、透明化管理、高周转率、共享共用等数字化服务,解决传统模式下的数据盲区,避免了箱体高丢失率,提升了箱体周转率,从而提高企业物流效率,减少供应链成本。

产品早期研发的挤推器和阀门的核心技术研发用时长,在使用及液体残留率方面降到行业最低,核心技术壁垒高,定制化程度深,同时"箱联网"的数据资产延展性价值大,可在箱体和商品同时周转的过程中获得更多预测性建议。

对租赁客户而言,使用次数越多,资产利用率越高,箱箱共用提供的协同循环正是通过数据分析,找出客户租赁后闲置和低利用率的产品,对高峰期、低谷期提出预测性调节建议。鸿研物流目前有两家年产能约20万箱的工厂,为租赁服务的迅速起量做好了前期铺垫,使产品更具备先发优势,在市场培育起来后,能够逐步将线上平台数据和线下箱货共管的服务结合到一起。

四、案例总结

早在2013年,中国物流市场规模就已经超过美国,成为世界第一。包装作为物流的七大要素之一,2020年市场规模超过万亿。当前企业正面临工业化、数字化、低碳化齐头并进的挑战,包装作为供应链环节除仓储和物流之外最重要的一个角色。一次性包装造成的环境污染让可循环包装成了社会发展新的包装选择。

箱箱共用是面向全球的可循环包装(RTP)物联网及循环服务平台,凭借全行业物流包装、物联网、循环管理SaaS等综合研发能力,以及一箱一码、箱货共管、AI辅助决策等创新技术,箱箱共用开行业先河,创建了PaaS模式,并为各行业用户提供从场外PaaS循环服务到场内SaaS循环管理的全链路数字化循环能力。

五、案例的问题讨论

问题一:"2000—2010年的循环1.0时代是功能性阶段,循环包装并不循环,使用成本昂贵;2010—2020年的2.0时代是中心化时代,数字化并发处理能力欠缺,导致服务商追求单品复用率,包装规格单一,用户缺乏自主选择权。当前,我们正在进入物流循环业态的3.0时代。3.0时代将是数字化、去中心化时代,在碳中和新国策以及供给端和需求端双重碳理念的驱动下,越来越多的企业定制专属包装循环服务,寻求供应链减碳方案,设定净零排放目标,物流包装产业去中心化、数字化趋势已不可逆。"你怎么看这段话?为什么?

问题二:箱箱共用提供的箱体采取的是什么技术?为什么能推动物流包装实现智能循环和共用?

本章小结

本章介绍了共享物流的相关概念和发展趋势,重点分析了即时配送市场和共享物流模式。在此基础上分析了仓配一体化平台案例——发网、标准托盘循环共用平台案例——招商路凯和物流包装循环共用平台案例——箱箱共用。

思考题

1. 请根据每个案例的问题讨论,认真思考并回答提出的问题。
2. 什么是共享物流?
3. 即时配送市场有哪些新的发展趋势?

第四篇
数字化物流平台前沿

第十一章 物流平台相关理论

学习目标

- 了解商业生态系统和物流平台生态系统相关理论
- 了解价值共创理论
- 了解资源整合理论
- 了解赋能理论

开篇案例

我们为何在颠覆性创新的时代强调生态的重要性？

以互联网巨头为代表的一些企业纷纷提出转型,转向共创共享共赢的模式,背后的原因非常简单,因为产业的生命周期到了这个阶段。多数互联网企业都经历了从一个平台市场向多个平台市场,从简单网络效应到复杂网络效应的外延扩张历程。比如阿里巴巴集团,从最早的B2B平台,拓展到C2C、B2C,再到音乐、影视、健康、地图等不同平台市场。原来支撑买卖双方核心交互得以高效进行的支付宝、钉钉、阿里云、菜鸟物流等,均从"工具"演变为平台,拥有强大的子生态,并在彼此之间形成了复杂的网络效应。

当扩展到这一程度,适合于网络平台的交互业务都基本发展完成了,所以又拓展到O2O,但是线上和线下的再结合,难度就大大增加了,并且适合的领域不是那么多,这时候互联网企业就必然要从过去的外延式扩展,转化到内涵式的模式创新,所以大家提出了共享、共创等商业模式的创新。所有的行业都有这样一个历程,互联网也不例外。

为何打造生态会成为一种共同选择？从战略学角度看，20世纪60—90年代正值产品竞争时代，经典的战略理论也是在这一阶段建立的。企业在选择了做什么、不做什么之后，就进入职能层面的竞争，拼价格、拼研发、拼渠道、拼成本、拼质量，我们称之为正面战或正规战，而它的必然结果，就是消耗战，最后大家都不赚钱。这个时候怎么找出路？企业开始探求商业模式创新。但依靠商业模式创新获得的竞争优势常常是阶段性的，原因很简单，商业模式很可能被竞争对手复制。

这个时候学术界、企业界都开始探索，什么样的商业模式很难被复制？目前我们的研究结论是"如果在多维度、多空间、跨场景，企业与客户能够构建起一种高频率的互动关系，进而形成比较强的依赖关系，其实也就有了一道护城河，这种商业模式很难被模仿。"目前全世界大多数产品型公司都在向这个方向转型，这个大趋势已有二十余年的历程，但具体的形式是多种多样的。

在多样的形式之下，应如何理解生态的本质？从市场需求端来说，现在更多情况是，客户需要的不是某个具体的产品，而是要更好地实现与特定场景相联系的功能目标，这就需要把技术、功能上互补的产品与实现特定功能目标所需要的流程、方法、标准和知识融合在一起，变成一个解决方案。

任何一个企业都无法单独提供完整解决方案中所包含的全部产品，需要有能够起到中心协调作用的企业，识别客户需求，然后设计解决方案，客户认可后，再跨产业、跨空间、跨地域整合所需要的资源，然后与合作伙伴共同交付给客户，更有效地满足客户需求。

企业构建生态品牌，需要解决的共性问题是什么？企业需要满足四个条件：第一是具备持久、独特性的资产或能力。资源整合不是空手套白狼，没有不可替代的资源和能力，对其他企业不具备号召力。第二是解决方案设计能力。需要企业对客户需求有非常清楚的理解，能够实现知识、方法、流程、产品、设备的最优匹配与组合。关键是企业要能够在客户个性化的需求与公司标准化的系统之间找到最佳的平衡点。每位客户的需求都是高度个性化的，但如果用个性化的方式满足客户个性化的需要，成本、质量、工期完全无法控制，所以供给端必须要有能标准化满足客户个性化需求的系统或办法。只有标准化，企业的成本、质量、工期才会是可控的。第三是广泛的跨产业的外部视野和网络关系。知道谁拥有互补资源，并能够建立有效的联系。第四是生态系统构建能力。从机制设计，到构建信任关系，再到解决冲突等生态系统的建设能力，与传统的企业管理能力不同，需要企业下大功夫进行培育。

在高频率的、长期的依存关系背后，基本的逻辑是生态各方的利益与投入产出，各方在价值创造过程中所做的贡献与分享到的价值，应该是基本平衡的。只有这样才能够形成比较稳定的长期交互，并且在过程中不断迭代演进。但是，如果生态中的某些具有特殊力量的企业，滥用权力去侵害其他参与方的利益，这样的生态就是伪生态。

比如说在平台企业的生态体系里,平台企业往往拥有太强大的力量,可能会滥用自己的权力,从长期看这对生态系统会产生破坏作用。

如果建立生态品牌的观念和意识,能够得到企业界的重视,对于资源利用效率的提高会起到明显的作用。因为当有一个系统解决方案供应商,按照统一的标准对各个环节应该达到的质量标准和作业流程进行仔细规范和梳理的时候,就会带来各种资源效率的提升和浪费的减少。

(资料来源:https://mp.weixin.qq.com/s/rwYlxl8f_4qI9ub15xeSTg)

第一节 物流平台生态系统概述

一、商业生态系统概念

生态学是研究生物群体与环境交互作用及规律的学科,本质是生命系统、非生命系统与生物圈之间的物质、能量、信息的流动和循环的规律。生态学的理论应用到社会科学领域指导商业生态系统的协调控制机制。用生态学的视角研究商业网络。

商业生态系统所包括的实体已经超出了传统产业价值链的范围。产业价值链上的主体一般与企业的产品生产或服务直接相关,而商业生态系统还包括了更多的其他企业和组织,他们为企业提供更广泛的服务,例如承担售后服务等外包业务,提供财务咨询和技术支持、生产互补产品等。

平台生态系统有两层含义,首先指围绕某个核心模块的产品、服务或技术系统。这个核心模块提供了系统的基本功能,并定义接口规则,从而方便相关方参与、使用与扩展平台。在这个层面上,平台生态系统作为产品(服务)系统涉及产品(服务)架构,平台就是系统的核心模块。其次,平台生态系统是围绕核心企业的一种跨企业组织形式。平台生态系统往往包含了大量企业,跨越了产业的界限。作为核心的平台企业为生态系统中的其他企业提供了公共资源与能力,比如信息技术、金融、营销、物流等。平台企业主导提供了生态系统的治理机制,以有效平衡企业自治与控制,集体与个体以及标准化与多样化之间的矛盾。

数字平台生态系统至少包括平台所有者、产品或服务供应商、各类消费者三类角色。供应商为消费者或其他供应商提供多样化的服务,平台所有者为这些供应商与消费者提供底层服务。平台所有者需要建立一个架构,以明确不同角色的分工,简化角色间的流程。传统的价值链采用了单向线性的分工结构,这种分工结构适应供应方主导的价值创造与获取模式。数字技术一方面通过数字赋能提高了需求方在价值创造中的地位,另一方面重塑了产品或服务的边界,产品或服务的边界不再固定,而更具有流动性。在这种情形下,基于价值链的分工模式已经很难适应数字经济时代的产品与服务。

数字平台生态系统本身是一个复杂的产品与服务生态系统。数字技术本身具有分层特性,可重复编程性导致了硬件与服务的分离,数据的同一性导致了网络与内容的分离。复杂产品要求模块化设计,以降低复杂程度,提高系统的灵活性。因此,数字平台生态系统大都采用了分层模块化的架构设计。分层模块化架构有利于平台生态系统的价值共创,平台主体可以根据需要使用不同层级的异质资源或者组合模块化结构中的组件。资源与组件的复用与重新组合将带来规模经济与范围经济。

二、物流平台生态系统概念和形成模式

物流行业被数字化、智能化系统改造升级的趋势也是迎合消费市场变化快、需求频密变高,单次需求变少的发展方向。多个行业平台重塑物流业态使得其能更加准确、迅速地完成客户要求。

物流平台生态系统是以物流服务为核心,该系统以物流平台集成商为核心企业,为生态系统参与者提供一体化物流服务的服务生态系统。物流平台生态系统能以物流平台为载体,覆盖技术生态、服务生态以及管理生态的大融合。

物流平台生态系统是一个生态系统网络,其生态属性以及与用户和多边市场主体之间存在多样化的链条关系。按照生态系统物种定位的依据,平台生态圈里有领导种群、关键种群和支持种群。例如,京东平台商是整个生态系统领导者,提供平台业务,关键种群指的是进驻京东平台商的供应链主体,包括从供应商、制造商到零售商的各个主体。他们都是平台服务的用户。支持种群则是进行交易所依附的各个组织,比如与京东金融、京东物流、京东旅行、京东到家合作或依附的金融机构、物流公司、旅游公司等多个组织。

物流平台生态生态系统可从服务模式、管理方式、技术应用、系统保障、运营体系、流程支撑六个方面进行变革,倒逼物流企业的互联网转型,提供供应链产业物流服务,形成物流生态系统。

作为核心企业的物流平台企业,其在平台生态系统里的共享特征能够同化或者吸引中小型物流企业主动靠近,甚至融入物流平台生态系统。物流平台企业通过资金优势、技术优势和人才优势真正改变物流行业散、小、脏、乱、差的场景形态,形成独有特色的行业生态系统,最终做到集约化、规模化、标准化的目标。物流平台生态系统的构建就是通过互联网等手段将分散的物流需求方、物流服务提供方和物流资源提供方建立广泛联系,并通过一系列的技术手段、机制和规则,使相互之间形成智能化匹配、透明化交易、标准化接口,以此减少不公平竞争,建立起新型竞合关系,降低交易成本,提高物流资源利用率,加快物流效率,实现降本增效,创造新的盈利空间。

物流平台生态系统形成主要包含四种模式:O2O、平台资本、跨界融合和资源整合模式。

（一）O2O 模式

O2O 指的是线上的信息服务与线下的体验相融合。通过新零售渠道，将产品推至前置仓，以更快时效响应客户需求。饿了吗、美团等企业将团购等形式推展至快速城市配送、预约服务等不同领域，不断细化服务类目，丰富线下场景。采用线上线下融合模式的企业包括新零售企业和社交电商企业。

新零售企业以盒马鲜生为代表，主打生鲜品类的新零售业态，重新定义以用户为中心的生鲜消费模式。线下在门店设置就餐区域，为用户打造选购、支付、就餐的全程体验；线上 APP 下单 30 分钟即时配送到家，有效提升了客户购买场景与复购率。小米是典型的从线上走向线下，从单一品类走向以全品类、打造零售生态的企业。线下门店以体验为主，尤其是高价值科技产品，线上以"米粉"圈为主体强化小米粉丝对于小米品牌认同，保障用户的多渠道无差异购买。

盒马 O2O 模式支持线上会员、线上库存、线上交易和线上支付，支持企业提供更好的客户服务与供应链设计，提升销售转化与门店绩效。小米 O2O 模式有效利用了会员体系，帮助小米更加了解用户，逐步完善用户画像，完善小米生态圈的打造。

传统电商以图文展示和广告获取流量，社交电商可基于大平台（如微信朋友圈的流量），通过熟人圈子，低成本甚至零成本快速获取订单。小红书作为社交电商平台集聚大量红人，积累大量粉丝获取流量，通过带货等形式为用户提供更直接的产品展示。社交电商借此以更高效、低成本的方式，精准定位用户群体带动销售。社交电商企业均以平台的形式，构筑更加高效的场景与服务闭环。不断完善用户画像，促进更好的客户服务能力与转化机制。不论是线上线下相结合的零售业态，还是叠加了社交属性的社交电商，在围绕"人"——目标用户，展开的场景设计与服务提供的背后，企业均存在人—货—场的商业逻辑。人—货—场的商业逻辑既能满足前端场景的需要，也能关注后端供应链的设计与选择，更好地为用户提供服务。

如何了解用户？通过用户的"数字化"，从购买、交易、反馈的线上化闭环，实现用户数据的收集、形成用户画像，并实现对用户感知基础之上的用户分层和用户需求分层。在获得用户画像，了解用户的需求及变化趋势后，设计交付产品与提供差异化场景与服务。门店作为重要的"场"，拥有了综合的用户体验、O2O 订单履约等多种职能。

传统零售商和品牌商一般拥有线下庞杂的分销网络，中间诸多层次阻隔了企业触及终端客户。而平台去中心化的特点使得电商平台直接连接品牌商与零售门店（夫妻店、商超等），为零售门店提供线上订购商品的服务。以抖音和快手为代表的社交电商平台可直接面向末端消费者，完成销售。传统零售商和品牌商在转型过程中采用"产地直采"来管控渠道与控制成本，尤其是果蔬等生鲜类产品。品牌商通过渠道管理库存，提升终端直营门店比例，强化对整个销售渠道的管控。传统分销商探索联盟共建配送中心＋共同配送的形式，降低物流成本，强化企业信息化能力。品牌商保持渠道的多元生态也是迎合渠道数字化的方式（见图 11-1）。

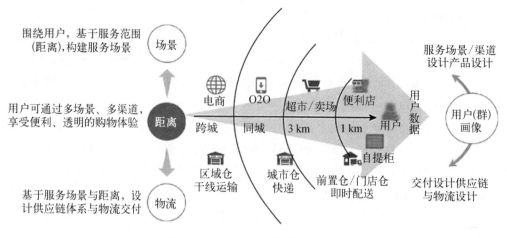

图 11-1 人—货—场的商业逻辑①

（二）平台资本模式

平台经济的概念诞生于市场,交易场所集中化带来交易效率提升,交易成本下降,交易过程中的价值发现速度与范围大大优于地理区隔市场。获得客户数据比起实现盈利更为关键。只有掌握了大量的客户数据,才能够有效支撑未来的价值变现。物流对于商业生态的支撑意义,在数字化时代愈加凸显。在激烈的市场竞争中,商业生态构建/主导者,以投资并购的方式布局物流生态,是快速有效的方式。平台及生态仍在抢滩数字零售,对物流的投资在未来一段时间仍是重点,而商业平台、生态企业将成为物流行业重要的投资方。

物流平台经历了 2013 年孵化,2014—2015 年爆发,2016 年逐渐冷却进入整合阶段。而投融资规模在 2016 年达到 171.5 亿元人民币的顶峰,2017—2018 年投融资次数快速下降,但整体规模仍保持在百亿元以上,且中后期投资占比增加。截至 2018 年 7 月,共有 144 家"物流+互联网"平台型企业,获得 276 笔融资,其中种子/天使轮、A(及+)轮占比近 70%。已知合计融资金额达 558 亿元(人民币),截至 2018 年 7 月融资规模达到新高。据网经社电子商务研究中心发布的《2020 年中国物流科技融资数据榜》与"电数宝"电商大数据库显示,2020 年中国电商物流领域共有 53 家平台获得融资,涉及平台包括货拉拉、小帮快送、满帮集团、智租出行等,融资总额超 253.7 亿元人民币。

"物流+互联网"平台以即时配送的信息匹配与交易兴起,并持续成为投资热点,干线整车、同城(包括即时配送、同城货运、同城配送)是热点领域。截至 2018 年 7 月,共有 17 家企业获得 5 亿元以上融资。获资本加持,即时配送市场领域基本格局已定,并向各数字零售阵营的生态靠拢。干线整车领域,货车帮与运满满合并、福佑卡车 6 轮融资拉开赛道差距;同城货运以 58 速运、货拉拉为主力军在各城市展开竞争。

细分行业整合将吸引大规模投资,并购加速。资本及商业加持,资源向黑马企业倾斜,加速行业迭代进程及整合,接下来生鲜冷链、跨境电子商务物流、同城配送、零担快运等领域

---

① 资料来源:潘永刚,余少雯,张婷.重新定义物流产品、平台、科技和资本驱动的物流变革[M].中国经济出版社,2019.

仍将是资本关注的热点领域。物流的科技化发展已是趋势,资本更加关注科技型物流企业,以及为物流行业提供科技服务的企业(智能硬件、设备等)。

(三) 跨界融合模式

大数据和AI技术推动了人类认知边界。服务的供给侧,实现大数据的全过程采集,实现对全流程全景化的洞察,使跨界服务成为可能。在需求端,客户需求进一步系统化,要求从产品到解决方案,需要服务提供者提供一体化的综合跨界服务。互联网技术对行业的影响,已逐步从最初的轻量应用产品,渗透至企业管理、业务组织及运营方式等各方面。企业的产品和服务迭代速度在加快,服务边界正在消失。基于核心产品,为特定场景提供综合服务的"解决方案服务商"成为越来越多企业的定位。

物流生态构建者,以商业洞察和布局为指引,布局供应链与物流。典型代表有阿里巴巴和京东。阿里巴巴起步于电子商务,涉猎于核心商业、云计算、数字媒体和娱乐以及创新项目等业务,已成为网上及移动商务的全球领导者和引领智能新时代的数字经济综合体。

1. 阿里巴巴商业生态圈

阿里巴巴所构筑的商业生态圈从电商到新零售,围绕核心业务电商、云计算、数字媒体与娱乐、支付与金融,以及逐步完善的本地服务、物流等,不断地对跨界服务不同行业和调整战略方向。自2016年提出新零售的概念,阿里孵化新业态盒马鲜生,提出"三公里生活圈"概念,并投资传统实体零售(银泰、新华都、百联、高鑫)等,家居家装(居然之家)、综合平台(苏宁易购)、电商平台(易果生鲜),以及农村电商村淘等。

阿里巴巴用共享服务体系支撑前端业务。将集团20多个核心业务中公共的、通用的业务以服务的形式沉淀到了共享业务事业部,整个集团的核心业务能力均建立在这样一套共享服务体系之上。共享服务体系从会员、商品、交易、支付四大中心开始建设,支撑1688、淘宝、聚划算、闲鱼及全集团超过2 000个应用。共享服务体系强调的能力包括:服务分布的能力;数据分布的能力;数字化运营的能力;平台稳定的能力;平台开放的能力等。不仅打通新零售产业链以及相应的新物流及供应链服务体系,而且汇集多方资源,构筑多主体协同的服务网络,打造阿里生态商业帝国。

2. 京东商业生态圈

京东作为中国最大的自营电商平台,提出"无界零售"的概念,是对线上线下融合的数字零售的另一种践行。从布局线下永辉、沃尔玛、步步高等实体零售,到线上一号店、唯品会等,以及通过7Fresh、京东之家、达达布局本地生活,以京东新通路布局本地零售业态,以3C类电子产品发展起来的京东,不断完善综合电商以及"无界零售"的服务能力。对海外市场的布局也成为京东发展的重点。另外,京东自2014年开始布局智能硬件领域,包括智能家居、智能机器人、智能运输设备等;在围绕用户的智慧生活以及智慧物流上,不断强化京东的科技属性。在运输服务层面,2016年并购达达以完善本地即时配送网络;2017年关注物流自动化,2018年上半年除了继续投资无人机,也关注物流地产及公路运输。

3. 普洛斯商业生态圈

作为中国最大的现代产业园提供商和服务商,普洛斯是中国最早启动智慧物流及相关产业生态系统的构建者。在中国 38 个城市开发并管理着 267 个园区,总面积达 3 340 万平方米,在全球拥有并管理超过 6 200 万平方米的物流及工业基础设施。为客户提供基于园区网络的整体解决方案,帮助客户改善供应链,提升效率与市场竞争力。基于物流园区开发和运营,结合基金管理与投资平台、物流金融平台、数据科技平台,轻重结合,普洛斯致力于打造领先的产业发展生态体系。

普洛斯自 2015 年起陆续投资物流相关企业布局物流生态。2018 年 2 月,普洛斯与中国人寿发起设立了普洛斯在中国的第一个收益型增值型基金。该基金承诺资本为 100 亿元(人民币),由普洛斯担任资产管理者,被用于在中国收购已完工物流和工业资产。

2018 年 5 月,普洛斯宣布设立隐山现代物流服务基金,中邮资本等领先的长期机构投资者与普洛斯中国联合投资,普洛斯中国的私募股权基金平台隐山资本将担任基金管理者。陆续与海航、平安不动产、中远海运、中集、国开金融等展开战略合作;

2015—2020 年,普洛斯在物流领域参与投资领域涵盖公路运输(整车、零担)、城市配送、物流信息化、合同物流、国际物流、仓储租赁等主要领域。普洛斯作为中国最大的地产服务商,围绕物流地产,投资布局以公路运输为主的物流生态,以供应链金融持续优化生态。

(四) 资源整合模式

通过信息的高效流通,将闲置资源盘活,形成更大的收益。解决传统资源分享中责任与权利的划分问题,共享经济明确平台方作为服务的撮合者,承担服务质量的监管责任,负责对服务提供者进行资质审核以及过程管理。平台生态系统网络里各个节点之间的资源流动分别是:信息流、资金流、物流。

与非平台型物流企业对比,物流平台型企业的供应链涉及各方主体,即货物从源头到末端全程供应链服务商,包括交易、贸易、仓储、物流、金融等多个环节。物流平台企业在整个物流平台供应链的框架下可以是核心企业或者非核心企业,与整个供应链上下游企业跨组织一体化决定了物流平台生态系统构建与否。

以能源、电子行业资源整合构建生态系统为例。

首先,在"人"的方面,智慧化仓库可以实现对于人员行为的跟踪管理、需求预测、人效分析;组织管理方式聚焦生产力的改革,提升人员的生产积极性和创造性。

其次,在"货"的方面,利用大数据建立专业的能源、电力物资仓数字化管理运营能力。通过大数据对仓内所有生产流程进行分析,改进操作流程和系统流程。通过流程深度优化,达到提升仓内效率的目标。基于能源、电力行业仓配网络,利用物流科技提供标准化、专业化的行业品类运营能力,打造专业的工业品 B2B 仓运营能力。

再次,在"场"的方面,利用大数据库对行为习惯的深度分析、优化,实现对仓内生产线路和布局的改造。聚焦无人伴随机器人、可穿戴式拣货设备,通过生产资料的改进,提升效率,物资仓内通过各系统联动,实现安防和报警的集成,打造核心区域无人 24 小时监控。利用大数据带来的生产流程优化,推动仓内拣货线路和布局的改造优化;

最后,在"车"的方面,利用物联网和大数据,建立过程可视化管理,透视全供应链。通过智能调度平台,结合供应链各环节运输需求,人工智能在线预约车辆,司机在线签到,数字化排队叫号。利用物联网技术,对物资运输车辆驾驶室和货仓 24 小时不间断监控,并与电子封签联动,确保货物安全。大数据、区块链等新技术的应用可以保障物流生态系统各环节及时沟通,为企业物流生态发展奠定基础。

第二节 价值共创理论

一、价值共创概念

随着互联网技术的应用普及,以平台为架构核心的平台生态系统成为平台经济最具代表性的主要组织形态,平台企业、供应商、生产商、客户等多主体相互协调实现资源整合(Lusch & Vargo,2014),由此使得平台化发展趋势下组织管理的关注重点从企业内部向组织间协调转移(Gulati et al.,2012),且客户在其中的角色定位从价值消耗者转变为共同创造者,价值共创这一新兴热点主题应运而生。

价值共创理论发展相对较晚却具有重要的研究意义。随着企业数量的不断增多、产品种类不断丰富的情况下,企业之间的竞争不断加剧,竞争优势不断下滑,因此如何凸显产品优势,创造竞争优势,成了企业亟待解决的问题。人类社会作为一个开放性的大系统,任何个体、企业都无法脱离社会而实现自给自足,因此所有的个体和组织需要共同合作,共同参与价值创造的过程。价值共创的发展从"消费者被动创造价值"开始;继而发展为"价值创造";再到如今的"价值共创",体现了消费者在企业价值实现过程中作用的不断提升。

Prahalad C. K. 和 Ramaswamy V.(2000)认为,价值共创作为一个价值实现的过程,在这一过程中,公司需要推动客户进行互动,进行双向间的合作,进而通过共同作用以实现价值创造。价值共创是指消费者与企业共同思考问题,并在此基础上创造性地通过价值共创来设计或进行其他附加行为,进而实现价值创造。

价值共创指企业、客户、供应商以及其他利益相关者互动以创造价值。Iansiti 和 Levien (2004)在《共赢》一书中首次将生物生态系统及演化原理应用于商业生态系统,处于网络中心位置的企业根据"价值创造"和"价值占有"两个维度区分成核心型企业、价值独占企业、支配型企业,与这些企业联结的网络成员被称为缝隙型企业。核心型企业具备协调资源各异能力互补的多节点网络单位的能力,利益各方和企业本身都可获得价值创造和价值占有维度上公平公正的既得利益,属于受欢迎的;中间调和型企业具备某些特殊资源或者能力作为中间商处理企业间利益博弈,价值创造少,却能实现利益共享和事佬;支配型企业具备价值创造的资源和能力,并独占其创造的供应链盈余,其他节点网络单位收益较少,属于利益分配不均的独裁者。

以 Vargo S. L. 和 Lusch R. F.(2014)为代表的服务主导理念认为,具有资源获取和整合能力是企业获得竞争优势的关键。不难看出,价值共创的主要维度为企业与消费者的互动合作以及资源整合。价值共创活动对企业价值共创以及竞争的优势提升具有重要作用。企业通过在经营活动中与消费者进行一系列的互动合作与资源整合,进而推动了价值共创的实现。

与传统企业强调产品主导逻辑不同,平台的特性决定其服务主导逻辑。Vargo 和 Lusch 提出的服务主导逻辑认为,价值创造的主体不仅是企业,还包括消费者。平台商业模式具有多边市场特征,而多边市场的优势在于通过平台的联结而产生的网络效应。这种网络效应通过广泛的人与人、组织与组织,人与组织关系的建立而产生价值。

陈威如认为把供需双方连接,不是中间商获得利益,而是帮助双方得到更多的价值,并且从中双赢创造价值,这才是平台经济的本质。人们开始关注平台的价值创造和价值获取特性。武文珍和陈启杰(2012)提出物流平台的价值创造是平台方与需求者、提供者和其他相关利益方的共同价值创造;武柏宇和彭本红(2018)探讨服务主导逻辑和网络嵌入通过动态能力中介变量对网络平台的价值共创的影响机理。Fu 等(2017)阐述了三种创新模式:产品创新、过程创新和商业模式创新与价值共创及网络效应关系,并指出在平台演化的过程中网络效应可通过平台服务创新与价值共创活动激发。

二、平台生态系统价值共创

在传统市场结构中,单向线性的价值链是价值创造的主要方式。相比价值链,平台生态系统具有不同的组织结构与治理机制。进而,平台生态系统中的企业间关系、企业客户间关系、客户间关系也不同于传统的价值链。平台生态系统中价值共创具有以下五个特点。

第一,平台生态系统赋能用户参与价值创作的能力。数字技术的发展催生了众多平台型企业,平台成为连接焦点企业、供应商、渠道商、互补者等各方利益相关者的载体,平台生态系统逐渐构建起来。数字技术降低了沟通、中介、集成等主体间交互的成本,赋予了用户参与价值创作的强大能力。随着企业的"服务化"转型,以往的顾客创造价值转变为企业和顾客互动共同创造价值。在数字技术能力不断增强、成本不断下降的过程中,用户的能力得到显著提高。在平台生态系统出现之前,用户的作用主要体现在购买与消费产品或服务,而在产品或服务的创意、设计、营销过程中作用有限。数字平台生态系统赋予了用户能力,用户可以全方位参与价值创造的过程。用户能够评论产品,为产品或企业打分,这种电子口碑具有营销作用;用户能够提供产品或服务的创意或设计建议,引导产品的开发;在共享经济模式下,用户甚至能够自己创作内容或为其他用户提供产品。

第二,平台生态系统的架构设计促进了系统内的分工与合作。平台生态系统中众多的利益主体,结成了特殊的企业间组织关系。这种关系既不同于企业内部门间的关系,也不同于市场中不同企业间的关系。这些不同的利益主体既有自身的价值主张,又能够组合在一起具有一致性的价值主张。在价值共创的过程中,平台所有者一方面要鼓励参与者自治,另一方面要控制参与者不合规的行为;一方面要鼓励与支持参与者的多样化,另一方面要要求参与者遵守若干标准以实现组件的兼容与资源的复用。因此,平台所有者必须制定恰当的治理规则，规范各主体的行为。

第三，平台生态系统的治理有效规范了系统内各主体的行为，平衡了系统中各种矛盾。龚丽敏和江诗松（2016）指出平台的本质是基于中介技术的价值网络，其价值创造方式不同于传统价值创造的三角形交易逻辑。张大鹏和孙新波（2018）提出平台型商业生态系统是以平台为媒介，以供应商、互补商以及生产企业等为主体，并且能够为终端提供新的、有价值的服务和产品，以此获得竞争力的商业生态系统。平台所有者可以利用合约、技术、信息等多种工具实施系统治理。在准入环节，平台所有者会审查进入者的资格，将那些低质量的进入者排除在外。在决策环节，平台所有者需要明确哪类主体有权力做出特定类型的决策。决策权的分配需要平衡好权力的集中与分散程度。权力过于集中于平台所有者，不利于平台参与者积极参与价值创造；权力过于分散于平台参与者，平台难以向用户交付一致性的解决方案，难以保证平台长期参与者按照平台所有者设计的轨道演化而实现可持续的价值共创。

第四，平台的动态性表现在生命周期各个阶段需求的变化，平台用户不断更新需求，要求平台能有敏捷的反应速度。Teece（2017）采用四阶段模型——出生、扩展、领导力和自我更新，在平台生命周期的各个阶段对需求进行分析，尤其是对动态能力的感知、把握和转化。当平台从一个阶段更新到另一个阶段时，往往会产生新的商业模式，平台在现有业务的基础上开发业务模型和重点感知未来的可行性并进行改革，以进入下一个阶段。对生命周期变化的认知可以帮助平台管理人员有效管理业务的竞争需求。朱良杰等（2018）提出平台演化路径三个阶段，分别为基于快速迭代能力驱动的产品价值创造阶段、基于平台整合能力驱动的平台体系形成阶段，以及基于生态圈建构能力驱动的平台价值创造阶段。

阿里巴巴平台生态系统价值共创与网络效应作用机理如图11-2所示，在阿里巴巴平台生态系统成长过程中，平台生态系统以外的竞争压力以及内部企业的发展需求对平台生态系统的丰富和多样化发展起了推动作用。平台生态系统中企业与用户基础之间的网络效应相互促进着对方的成长，生态系统中的互补企业以及用户在平台生态系统成长过程中都起到不可替代的作用。此外，平台生态系统互补企业间以及企业与用户间的价值共创所涉及的产品改进和新业务的需求。

阿里巴巴的生态系统成长由最初的B2B商业模式，到淘宝网的创建促进了C2C的蓬勃发展，以B2B与C2C为核心商业模式的战略又建立了B2C业务的发展基础，从B2B到C2C再到B2C的演化，使得大量的个体用户、中小企业用户以及商家企业融入平台生态系统之中。阿里巴巴内部生态系统各个业务的发展，为平台生态系统带来源源不断的生命力。例如，支付宝和蚂蚁金服的业务将银行、基金、保险等金融机构引入生态系统中，支付宝的存在为引入新的业务提供了基础，淘宝网业务创造大量物流订单，为创立菜鸟网络引入各个物流企业创造了基础等。

第五，价值共创与网络效应的作用机制显著提升了平台生态系统的竞争优势，拓展了平台生态的市场空间，进而反馈作用于企业面临的竞争环境压力和新的发展需求，引导平台企业进入新一阶段的平台生态化。

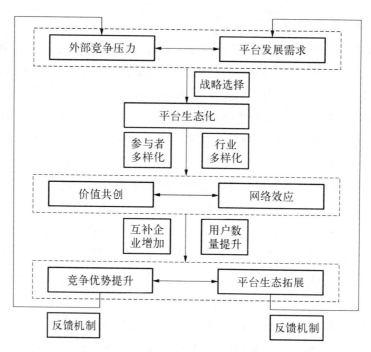

图 11-2 价值共创和网络效应对阿里巴巴平台生态系统影响机制

第三节 资源整合理论

一、资源基础观理论

为了解决人类的需求和资源是稀缺之间的矛盾,人类开始研究如何在现有的资源池中挑选哪些资源并进行生产,生产出来的产品可有效解决稀缺资源的配置问题。资源基础观的主要假设是企业具备不同的有形和无形的资源,这些资源可转变成独特的能力,然而资源在企业间是不可流动的,且难以模仿。因此这种稀缺的资源与能力是企业获得竞争优势的源泉。然而在网络环境下,企业与企业之间相互嵌入产生了网络资源,个人和企业在外部网络中获得更多的异质性资源,从而获得持续的竞争优势。网络资源观将资源基础观与社会网络理论相联系,为研究企业在组织间网络环境下获得竞争优势提供了有效的补充(寿柯炎,魏江,2015)。

对于转型升级背景下的物流平台企业,不仅要考虑组织间网络资源,还需要获取包括企业董事、经理和雇员的个人网络资源(Huggins,2010)。网络资源指的是物流平台企业通过跨组织合作关系获取的,并不被一个公司所拥有或控制,但却能对项目质量和绩效做出贡献的这些资源(Gulati,1999)。网络资源观的研究可用来分析平台型企业间资源协同路径:一是平台系统内部企业间的资源协同;二是企业跨越系统整合外部知识、资源,以此实现系统内的资源协同。所谓资源整合是通过重新组合已有的资源来实现系统优化,即一种资源优化配置的过程。

根据资源基础观,掌握的资源越多、掌握的资源越关键的企业在平台生态圈网络中拥有更高的地位和更多的话语权。为了能够掌握更多的关键资源,平台合作主体会不断地从外部吸收资源、信息或知识进行创新。为了能够更好地维持平台的运行与发展,平台领导者也会经常鼓励平台上的企业协同创新,实现平台产品或服务的异质性。Prajogo 等(2012)从物流整合的视角研究企业的内部整合和外部整合,从信息共享和业务流程两个方面开展整合。但是这些物流整合的研究主要集中在供应链企业在物流方面的纵向合作。张大鹏和孙新波(2018)根据资源基础观及其拓展研究构造了整合型领导力通过系统内部开放式创新和跨系统知识整合两条路径促进企业协同创新绩效。然而跨系统知识整合比系统内企业开放式创新对企业协同创新绩效的影响更大。

二、资源整合的概念

资源整合是指在组织的资源中合并和应用合作伙伴、雇员和客户资源的过程(Edvardsson et al., 2014)。资源本身不具有内在价值,但它们有重要的潜在价值,这与资源相关的公共关系息息相关(Haase & Kleinaltenkamp, 2011),而潜在价值的实现取决于基于特定的意图在特定的情境下进行操作和整合的方式。通过互惠的资源整合和服务提供为自己和他人创造价值。资源整合需要过程和形式的合作,任何资源都必须与其他资源组合才能产生价值,所有创新都是资源重组的结果,因此资源整合是创新的根本途径(Lusch & Nambisan, 2015)。创新是以新的有用知识的重新组合和动态演化为组织及其利益相关者创造价值的过程(Vargo et al., 2015)。

物流资源根据其不同的职能可以形成不同的网络:一是广泛布局的站场节点、配载点以及连接各节点之间干线交错的运营线路所构成的点线结合的物流基础设施网络,是物流基础设施之间的物理连接;二是提供车源、货源、道路、运输站场节点等信息,将网络内各节点之间的各类信息有效衔接的信息网络;三是运输中介组织和货源之间以及与物流企业之间所形成固定的组织关系网络。利用信息网络将物流企业、货源、物流基础设施进行最优化配置。

物流资源整合是物流资源集成商利用信息系统、企业信息平台或公共信息平台来完成物流、资金流、信息流的集聚,依托物流基础设施,如物流园区、配送中心等和运输线路构成的实体网络体系集散货源,以技术先进、结构合理的车辆载运货物,通过科学有效的物流组织管理技术实现货物空间位移的现代化物流组织形式。

物流资源整合是指不同的物流资源整体的集成运作,企业和社会原有的物流资源进行的重新优化配置,实现资源优化配置。其中物流资源是指一切与物流生产活动有关的生产要素,包括客户资源、能力资源(指物流服务能力的资源)和信息资源组成的一个相互配套、相互协调的有机系统(见表11-1)。其中货运量是指在一定时间和一定区域内完成的货运总量;周转量是指在一定时间和一定区域内,运输量和运输距离的乘积之和;货种是货物的种类,是依据能源和工农业产品的类别对货源进行的分类,货种的结构由经济结构和人民的消费结构所决定;货物流向是指具体某一批货物的流动方向,或者是某一区域内主要货物的流动方向。信息的搜集、传递、处理、使用以及反馈等每一个环节都关系到货物能否快速、准确地实现其运输需求。

表 11-1 物流资源和具体内容

资源类型	内　　容
客户资源	服务:包装、配送、装卸、搬运等一系列的物流活动
客户资源	客户:根据客户的价值和标准为其提供差别化的产品和服务
客户资源	货源:被运输的或有运输需求的各种物资,三个基本要素为货运量和周转量、货种以及货物流向
能力资源	有形实体资源:运输设备、仓储设备、信息网络
能力资源	无形技能资源:网络设计、组织形式、运输方式、存货控制
能力资源	知识资源:物流信息、物流行情
能力资源	管理资源:拥有丰富物流管理技能的各类管理人员和高效率的物流管理团队
信息资源	运力信息、货源信息、运输线路状况、仓储配送、包装、搬运装卸等与运输有关的信息

研究物流资源整合的文献可以分为三类:第一类是着重政府角度,来对物流资源进行整合,以期实现物流资源的有效配置;第二类是站在有物流业务需求的企业的角度,来进行物流资源的整合,通过有效配置和整合已有的物流资源,进行流程重组再造,并以外包和对外承接的形式来优化物流资源的配置。第三类是着眼于物流企业(即第三方物流或第四方物流企业),来研究物流资源的整合,通过对社会物流资源的有效配置,为物流需求方提供优化的物流解决方案,来解决物流需求企业的物流问题或整个供应链问题。

三、集成物流服务供应商

整合供应链资源的物流企业,即集成物流服务供应商,可服务于传统的功能型物流企业——第三方物流企业和个体(如运输车队、仓储公司、配送公司等)。我国物流业普遍存在数量较多、规模较小、业务较分散、资金支持较差、发展层次水平较低的情况。物流业多、小、散、弱的发展现状不能满足需求方对物流的要求,出现了物流企业找不到客户导致物流资源大量闲置、浪费的现象。车辆空载率超过 60%,修建的大量仓储等设施,其面积能够满足仓储需求,但是仓储设施却不能满足企业需求,导致仓储总面积有余,可利用面积不足的现状。

最初是小型货代为物流需求方和供给方交易提供中介服务,逐步发展到第三方物流企业,再发展到物流平台,中间层的出现改革了物流市场的供给和需求的交易手段,从直接交易变成间接交易,使物流生产和交易进一步分工。欧洲运输咨询机构和协会组织于2003年提交的《货运集成商研究报告》把运输市场上的运输提供商划分为"尚未向货运集成转变的企业""刚刚开始向货运集成转变的企业""已经向货运集成转变的企业"和"已经成熟的货运集成企业"。物流集成商包括货物运输代理人、货运经纪人、托运人协会、托运人代理、拼装公司、快递与专递公司、多式联运公司、第三方物流公司以及提供运输信息服务的企业等。

物流平台组织是物流资源系统以信息平台为基础和核心,按平台化生产经营方式组织起来的企业联盟体。平台组织中一部分企业提供信息平台服务构成了平台系统,目前构成平台系统的企业主要有货代、物流企业、货运场站、物流信息服务企业、生产企业、销售企业等,平台系统成为联盟体的基础和核心。当信息平台系统建成后,就可通过各种招商方式吸引企业加盟,货物运输企业、货源等通过支付一定的费用加盟平台,成为平台系统的合作体。一旦部分相关企业按平台组织的条件和程序要求加盟平台系统后,这些企业就与平台系统一起形成一个公路货运平台组织。在平台组织中,平台系统和加盟企业分工合作。

第四节 赋能理论

一、赋能概述

"赋能"概念起源于"赋权"(empowerment),尽管可译为"赋权"和"赋能",但后者更强调行动能力的赋予。关于赋能尚无统一的定义,在不同情境下或者说不同研究层面上赋能含义是不一样的。《韦氏大词典》中针对赋能(empower)一词的解释,可以从三个层次来理解。首先可以理解赋能是给予官方权威或者合法权利,其次赋能可以理解为使(个体、组织……)能够(enable),最后一层意思则是促进(个体)自我实现(self-actualization)或者影响。

国外学者 Rappaport(1984)将赋能定义为个人、组织或者社区掌握自己生活的过程及途径。Conger(1988)将赋能看作是下属对自身"努力-绩效"期望的上升,也可以说是下属对"自我效能"提高的一个过程。

Gibson(1991)指出赋能应该是一个社会性的过程,是认识、提升和促进人们满足自身需求并解决自身问题的一项能力,通过管理自身所能影响的资源,使人们自觉自主地控制生活。

Perkins 和 Zimmerman(1995)将赋能定义为个体或组织以提升对客观环境与条件的控制能力来取代无力感的过程;陈海贝、卓翔芝(2019)认为赋能是以某些特定的方式赋予那些特定的人群以特别的能力,包括生存、生活和发展能力等,以使他们能从容应对自身问题。潘善琳和崔丽丽(2016)认为赋能是赋予信息系统或信息技术工具一定能力弥补个人或组织原先缺乏的能力，实现过去难以实现的目标。周文辉等(2018)将数据赋能看作赋能范畴下资源赋能的核心，通过提升主体间连接能力、数据分析能力和信息运用能力促进平台企业价值共创。汪传雷等(2019)提出赋能是通过各种技术、技能、工具和方法赋予个体或组织一定能力，加速解决使用主体过去所不能解决的问题。

国家工业信息安全发展研究中心①发布《社会化数字供应链全景图》研究报告。报告首次提出了"社会化数字供应链"(Socialized Digital Supply Chain，SDSC)的概念，SDSC是由多元主体参与的，通过供应链全流程数据共享和价值挖掘赋能行业和企业，在此过程中所形成的一种"线上+线下""物理+数字"的新型基础设施和生产流通组织形态。SDSC概念的提出有利于打造数字化流通新基建，赋能中小微企业。社会化数字供应链定义为利用新一代信息技术对供应链组织、业务、方法、工具、资源等进行数字化改造。依托数字平台汇集产业链上中下游多方主体，形成可视可控、无缝衔接、高效协同、弹性智能的社会化供应网络，以供应链全流程数据共享和价值赋能行业和企业。报告分别从技术和业务视角总结了社会化数字供应链的六大要素，即数字技术、平台中枢、智能算法以及多元主体、弹性网络和云化业务。与传统供应链相比，社会化数字供应链呈现出数字化、可视化、社会化、弹性化、全场景及普惠化等六大特征。同时，报告详细展示了社会化数字供应链的八类具体场景和用例。一是透明化集约采购有效降低企业成本，二是基于柔性生产的C2M模式让按需定制成为可能，三是全渠道数字化营销创造广阔市场空间，四是智慧物流全面提升供应链效率，五是供应链金融破解中小微企业融资难融资贵困局，六是跨境电子商务赋能企业提升企业供应链全球化运营能力，七是打造特色产业集群强化产业链协作能力，八是构建农产品上行通路带动县域经济发展。

汪传雷等(2019)构建供应链控制塔模型，模型包括塔基、塔身、塔顶。模型由数据采集层、存储层、处理层、传递层和应用层五部分组成，主要逻辑是将现实世界映射到数据世界，在数据层面分析现实世界问题，对现实世界进行解释、洞见、决策与预测(见图11-3)。

平台赋能的含义是平台凭借在所处生态系统中的枢纽地位、独特的信息数字技术及强大的资源整合能力，通过交易匹配及提供一系列价值链上的增值服务，优化平台上经营企业的运营模式，有助于企业获取基于过程重组、应对环境变动的高阶能力，促进企业在平台生态系统中实现能力的增进(朱勤等，2019)。

那些行业领军企业会在"赋能"上下游及生态圈合作伙伴的过程中，不断学习和总结不同伙伴的需求和每次的服务提供，将一些共性的需求沉淀为标准的服务模块，同时开发更多按需配置的定制化服务模块，最终形成包括大量标准和定制模块在内的"资源池"，实现"赋能"服务的规模效应，通过各类模块的组合来快速满足各类新需求。这种服务能力会吸引越来越多的用户与合作伙伴，最终帮助企业成长为供应链+生态圈的领导者。提升构建生态圈的能力，生态圈的领导者在捕捉更多机会的同时，也面临着更多风险，因此，为了平衡风险和机会，就要有动态重构市场范围、资产边界和组织结构的能力。

---

① http://www.cics-cert.org.cn/web_root/webpage/main_index.html。

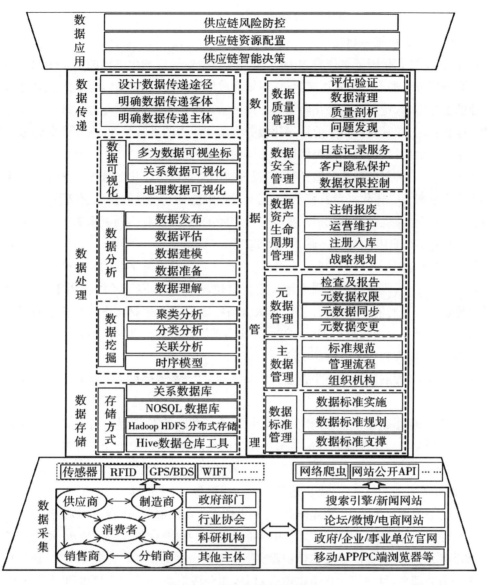

图 11-3　供应链控制塔模型

二、平台赋能中小企业

近年来,我国各级政府均出台了多项扶持中小企业的政策,同时许多地方政府初步搭建起数字化服务平台。但是,这些平台大多仅实现了简单的数字信息传递功能,而未能发挥有效的综合数字服务功能,无法满足中小企业的实际需求(王欣等,2022)。

将数字化服务嵌入中小企业公共服务平台、服务内容、服务网络等服务体系的各个方面,从增强服务主体协同性、提高服务资源配置效率、优化服务内容和方式等多条路径,全方面打造基于数字优势的中小企业服务体系,提升中小企业服务效能。

第一,发挥政府与平台企业的协同效应,建立全国中小企业服务一体化平台,实现资源高效配置。提高资源整合程度和配置效率,发挥不同类型主体的互补优势,解决服务主体单一、资源分散、方式传统等问题。

首先,推动多元化服务主体有效协同,发挥平台企业等市场化主体的重要作用。当前我国中小企业服务供需不平衡矛盾突出,仅仅依靠政府主导投入的模式,远远无法满足众多中小企业的实际需求,特别是数字化转型等方面的新需求。为此,必须充分发挥市场化服务主体的功能和作用,尤其是具备企业数字化服务资源和能力的平台企业,促使商业化平台与公共服务平台高效对接,实现不同类型服务主体的互补与协同。

其次,转变公共服务理念和服务模式,发挥线上综合性一体化服务平台优势。加快建设全国中小企业服务一体化平台及移动端,集聚政策解读、创业辅导、投融资、管理咨询等各类服务资源,依据企业生命周期和需求事项等分类展示信息,针对不同需求的中小企业主动推送定制化服务,实现中小企业"一站式"便利服务。

最后,提升全国服务资源的配置效率,发挥省一级公共服务平台的枢纽作用。向上对接好全国一体化平台,既可以最大限度地减少重复建设,提高有限资源的利用效率,又能够缓解跨区域服务资源和能力不平衡问题,确保全国各地的中小企业获得公平竞争的机会。向下整合好市县级分散的供给与需求,发挥好"集散地"和"分诊台"的作用,促进供给与需求之间的高效匹配,实现省内服务资源的高效利用。

第二,为不同发展阶段的中小企业提供差异化服务,采取多种方式降低企业数字化转型成本。

首先,区分中小企业在生命周期不同阶段的个性化服务需求,为中小企业提供覆盖全生命周期的差异化和持续性服务。从美国等发达国家的经验看,中小企业在其生命周期的不同阶段,对于公共服务的需求存在明显差异。概括而言,在初创期最需要创业辅导、市场调研、行政法规等方面的信息,在成长期重点关注投融资、技术创新、管理咨询等方面的支持,在成熟期更加侧重成果转化、管理提升、专利申请等方面的服务,在衰退期则需要法律援助、资产评估等方面的帮助。因此,应区分中小企业所处的行业背景和发展阶段,动态调整服务内容和服务方式,为其提供更加贴合企业实际需求的个性化服务。在此基础上,应尽快转变中小企业服务理念,科学筛选并锁定重点对象,如专精特新"小巨人"和单项冠军企业,从一次性的短期资助为主,逐渐变为持续性跟踪帮扶,在有限的财政预算约束下,切实改善政策执行效果。同时,建立和完善后评估机制,及时反馈资助对象成长情况,并据此动态调整资助计划。

其次,采用政府发放补贴、政府采购服务、产业园区集中采购等多种方式,切实减轻中小企业通过市场化途径获得数字化服务的负担。要积极支持中小企业应用数字化服务平台,通过数字化网络化智能化改造实现创新发展(韩晶,2022),培育形成一批推动产业链现代化的"隐形冠军"(董静媚,2021)。一是通过政府发放补贴的方式,支持中小企业采购数字化服务。政府可以通过发放中小企业服务补贴券等方式,对采购数字化服务促进企业转型升级的支出部分给予补贴,在一定程度上降低企业成本和负担。二是通过政府购买服务的方式,降低中小企业数字化转型的成本。对于一些通用性的数字化服务,可以采用政府购买服务的方式,使得更多中小企业能够免费享受到基础服务,降低企业自主采购成本。三是通过产业园区集中采购的方式,发挥数字化平台和服务的资源整合优势。发挥产业园区在聚集产业资源、助力中小企业发展中的重要作用,梳理产业园区内中小企业对数字化服务的共性需求,将原本单个中小企业分散采购形式,转变为产业园区集中采购模式,大幅降低中小企业获得专业服务的信息搜寻成本和采购成本。

第三,推动中小企业赋能从通用能力向核心能力转变,政企协同构建数字化能力培训体系。深入推进数字化赋能中小企业专项行动,赋能侧重点从通用能力转向核心能力,政企协同建立中小企业数字化能力培训体系。

首先,发挥平台企业重要作用,提升中小企业核心能力。位于产业生态创新系统核心地位的平台企业,凭借其强大的数据信息枢纽和资源整合能力等比较优势,能够对平台上的其他相关企业进行"赋能",并且驱动创新发展和共同创造价值(朱勤等,2019;陈威如、王节祥,2021)。在我国,以华为、海尔、阿里等为代表的平台企业,已经集聚了一批企业数字化服务商和配套企业,通过链接需求侧的中小企业和供给侧的数字化服务商,能够在小企业数字化转型过程中发挥重要的牵引作用。平台企业对中小企业核心能力的提升作用,突出体现在以下方面:一是平台企业构建起一个完整的生态系统,贯穿产业链上下游各个环节,能够帮助中小企业获取供应商和客户资源,尤其是加速新技术和新产品应用的初期市场资源,为其解决"接单难"问题;二是平台企业向中小企业提供强有力的技术和工具支持,能够显著提升中小企业的资源配置效率和运营管理效率,为其解决"管理难"问题。

其次,探索政企协同的合作机制,建立数字化能力培训体系。在企业实施数字化转型的不同阶段,需要与数据要素、业务模式和流程创新相匹配的动态能力给予支撑(焦豪等,2021)。一是政企合作开展中小企业数字化能力培训活动,组建专业培训人才队伍。借助现有的国家和地方层面的中小企业培训平台,补充有关企业数字化能力提升的相关培训内容。平台企业可以提供培训师资和课程内容等核心资源,对于为中小企业提供培训资源的平台企业,政府可以提供适当的支持和奖励,并帮助其进行推广。采用开放、灵活的合作机制,培育一支专业化的数字化能力培训人才队伍,并探索构建分类管理和评价体系,实现培训师与中小企业需求的精准对接。二是政企合作编制中小企业数字化能力培训手册,推广成功经验和典型案例。总结提炼平台企业在促进中小企业数字化转型中的定位和功能,及其发挥作用的模式和机制,挖掘平台企业牵引中小企业数字化能力提升和带动产业链现代化水平提升的经验和案例,推动平台企业在更大范围内发挥积极作用。

本章小结

本章介绍了商业生态系统的概念和发展脉络,在此基础上阐述了物流平台生态系统的概念和形成过程,并简要描述了物流平台生态系统形成路径:线上线下融合、资本+生态布局、跨界融合和人—货—场—车融合。接着介绍了平台价值共创理论,最后阐述了平台赋能理论。

思考题

1. 物流平台生态系统的概念是什么？
2. 物流平台生态系统的形成路径是什么？
3. 价值共创的概念是什么？请举例说明平台生态系统价值共创实践。

第十二章 数字技术赋能物流企业

学习目标

- 了解大数据技术及其赋能物流企业的实践
- 了解区块链技术及其赋能物流企业的实践
- 了解云计算技术及其赋能物流企业的实践
- 了解人工智能技术及其赋能物流企业的实践

开篇案例

G7 和 E6 的合并,剑指何方?

2022年6月7日,G7物联("G7")与易流科技("E6")宣布,已于2022年第1季度完成合并,并已完成首阶段业务整合,至此"北G7、南易流"的圈内行话将成为"历史"。两家合并能否实现6+7≥13的协同效果,双方要经历三个融合发展阶段。

一、从物流生态角度看本次合并

物流作为战略性、基础性和先导性产业,产业的发展离不开行业内的龙头企业和"隐形冠军"企业,物流企业不但包括运输企业、仓储企业,还要有支撑物流服务的软件企业和硬件企业,在万物互联的大数据时代,后两者的作用愈发凸显。

G7是公路货运行业IoT SaaS服务的领导者,广泛服务大中小型货运经营者,向客户提供基于物联网的软件订阅服务和交易服务。E6是公路货运行业IoT SaaS服务的开创者,长期深耕大型货主与大型物流企业,是快速消费品、零售、食品、冷链等细分市场的隐形冠军。两家在物流生态里边都是生命力顽强的"物种",同时通过自身的调节作用,维持与客户、外部环境的互动,完成生长、发育、相对成熟的发展阶段。通过本次合并、聚合，在一定的空间区域内，形成新的供给组合，产生新的商业模式，在更广的资源范围内提供解决方案，拓展市场新空间。本次合并是物流科技领域的标志性事件，是一次物流科技企业的响亮发声，势必在物流生态圈内激起阵阵回声。"未来的物流企业必将是基于物联网、互联网的科技型、平台型的数据孪生企业"这一共识将得到更广泛的认同。这次合并，是培育具有国际竞争力现代物流企业过程中两股智慧物流力量的融合，是物流科技企业在供给侧主动整合、合力拓荒新领域的一次有益的尝试。

二、合并后的路在何方？

陈春花在《协同共生论》里提到，为了适应新环境，"寻求竞争优势"的概念已经被"协同共生"的思想所替代。从"单独提供产品和服务"向"多边协同提供整体方案"转变是企业发展的关键。双方经过首阶段业务整合后，至少还要三个融合发展阶段。

一是 $1+1>2$ 阶段。G7 与 E6 坚持在物联网、数据、算法、软件等方面进行技术投入，持续加强各自的技术优势和竞争壁垒，成为行业中少有的具备 IoT SaaS 能力的企业。"两变"一是在中后台领域，二是数据和算法的团队；除了双方既有 IoT 基础优势，G7 的交易服务和运力池、E6 货主的视角和透明供应链，优势叠加，内部对标补强，对外集成提供"软硬一体、全链贯通"的解决方案，助力客户实现数字化运营、精益化管理。用数据为企业赋值，为行业赋能，降本增效。

二是 $1+1=1+$ 阶段。双方合并后成为行业中唯一具备完整 IoT SaaS 能力的技术公司。这个"+"是在协同后的一种有效融合，就是要打破原有组织形式，催生出新的产品和组织形态。物流科技，来源于物流，服务于物流。面对千亿级的庞大市场，新的公司一方面要研发出类似"改变世界集装箱"的硬件拳头产品，另一方面基于数据提供端到端的智慧物流解决方案，助力于行业降本增效，推动商品增值、组织变革和生态发展，形成以数字化物流为基础设施和关键要素的跨界融合新模式。

三是 $6×7>42$ 阶段。"×"的力量来源于数字化供应链、商业模式的创新和资本的力量。发力于供应链，聚焦产业链，助力实体经济，满足人民高品质生活的需求。收集更多的可用数据，发挥数据的放大、倍增作用，改变生产关系，用数据创造利润，重塑团队，推进产业数字化，数字产业化，把握新一轮科技革命和产业变革的新机遇。创新商业模式，服务于更广大的用户群体，连接货主、物流公司、司机、保险公司，培育数字化物流新生态，吸引不同的物种、种群聚集形成群落。

第一节 大数据

一、大数据技术概述

"大数据"作为一种概念和思潮由计算领域发端,之后逐渐延伸到科学和商业领域。大数据的两个定义:(1) 高德纳提出大数据是需要新处理模式才能具有更强的决策力、洞察发现能力和流程优化能力来适应海量、高增长率和多样化的信息资产。(2) 麦肯锡全球研究所指出大数据是一种规模大到在获取、储存、管理以及分析方面都大大超出传统数据库软件工具能力范围的数据集合。

大数据通常指大量数据的集合,其数据量大到目前主流的分析方法以及数据分析软件在合理时间内无法有效获取、管理以及处理。这些数据通过整理能够成为帮助个人、企业或政府部门进行决策的有效信息。

2007年,数据库领域的先驱人物吉姆·格雷指出大数据将成为人类触摸、理解和逼近现实复杂系统的有效途径,并认为在实验观测、理论推导和计算仿真等三种科学研究范式后,将迎来第四范式——"数据探索",后来同行学者将其总结为"数据密集型科学发现",开启了从科研视角审视大数据的热潮。

2012年,牛津大学教授维克托·舍恩伯格在其畅销作《大数据时代》中指出,数据分析将从随机采样、精确求解和强调因果的传统模式演变为大数据时代的全体数据、近似求解和只看关联不问因果的新模式,从而引发商业应用领域对大数据方法的广泛思考与探讨。

大数据作为国家战略性资源,赋能人民美好生活的实现。在经济发展与转型背景下,大数据已成了企业创新发展的新途径,有助于企业平台模式的搭建与经营绩效的提升。大数据通过改变物流企业原有的生产运营方式,整合并高效利用社会资源,提升经济运行效率,实现经济又好又快发展(许宪春等,2019)。而物流平台企业的发展正是植根于互联网与大数据的发展基础之上,为交易双方提供及时有效的讯息,改变原有的物流交易方式,为物流企业与消费者创造更高的价值。不难发现,大数据的应用对于物流平台企业的构建具有不可或缺的作用。

(一)大数据技术赋能智慧物流信息化变革

在"互联网+"发展时代背景下,各行各业都在加速信息化变革。作为传统劳动密集型的物流产业,由于缺乏相应技术,相比于其他技术型产业而言,其信息化转型进程较慢。随着大数据技术的成熟与广泛应用,使得传统物流产业信息化速度加快。大数据技术涵盖了物流产业链的各环节,包括生产制造、库存分析、销售分析及消费者行为分析等。大数据技术的应用为智慧物流发展提供了基础技术保障,通过对物流商品信息化、信息处理电子化、数据存储数据库化及物流信息传输标准化,使得智慧物流产业更加互联、先进以及智能。

大数据技术加速了智慧物流产业链的互联互通。在技术赋能下,智慧物流供应链上所有的参与企业都可实现信息连接,并将静态、单一的货物运输过程转变为动态数据,供应链不同节点可以有效互动,加深彼此的业务联系,打破了传统物流产业链各节点单一活动的问题。同时,大数据技术加深了智慧物流终端消费者与智慧物流产业链上游企业联系,基于大数据的挖掘与处理技术,可依据消费者需求进行前端产品开发,在节约整个产业链服务时间的前提下,提升服务质量,进而形成消费者、供应商及物流企业等多主体存在的互联生态。

更为先进的大数据技术,改变了传统物流的运作方式,由数字化、电子化及自动化的物流信息处理取代了传统物流的人工劳作,依靠 GPS、传感器及 RFID 标签等技术实现了多场景应用,其效率更高。

大数据技术具有数据挖掘、分析与自我学习过程,可基于不同场景数据模拟不同服务结果。还可以通过海量数据分析深挖消费者潜在需求,拓展智慧物流产业链利润空间。同时,大数据的自我学习和修正功能有助于物流企业更好地应对突发事件,加速其响应速率,可以避免或消除更多风险。

(二)大数据技术是智慧物流发展的内在驱动经济要素

随着中国电子商务产业的快速发展,市场对物流服务需求不断增多。虽然物流市场规模不断提升,但由于受到市场竞争及劳动力成本等因素的影响,中国物流企业的利润空间被极度压缩,行业利润两极分化明显,产业头部效应显现。在此影响下,物流产业朝资源整合和产业优化及协同方向发展的趋势明显,传统物流企业进行智慧化转型势在必行。同时,电子商务产业规模的持续增长,使得消费者对物流产业服务的碎片化及配送过程中的去中心化需求日益增强,而传统物流服务模式较为单一,若要满足消费者的个性化及柔性化物流服务需求,则经济成本较高。从社会经济发展角度来看,中国产业结构调整也为智慧物流发展提供了良好环境。

一方面,高质量经济发展和产业结构调整战略,使得中国社会经济结构转向信息化发展。与之相关的物流企业需要信息化转型实现更为精准的库存控制,以满足大众对小批量和多批次物流服务需求。另一方面,随着中国"互联网+"战略的深入实时以及近年来对基础设施建设的持续投资,与智慧物流发展相匹配的基础设施不断增多,与智慧物流发展需求不谋而合。由此,物流产业进行智慧化转型符合企业的经济利益和市场发展需求。

(三)大数据技术赋能是智慧物流产业升级内在驱动力

当前,大数据技术已经成为智慧物流发展的基础与根基,在整个智慧物流产业链体系内起到关键性支撑作用。在大数据技术赋能下,智慧物流产业链各环节均得以实现质的提升,为物流产业提供了一条新的提质增效路径。例如,在智慧物流终端配送环节。大数据技术使得物流配送管理环节更具有系统性、集成性与规范性,技术赋能使得物流配送各环节无缝连接,不仅能提升物流配送效率,同时也能减少物流配送过程中存在的包裹及货物损坏问题。在分拣过程中,大数据技术可同时处理多组数据,同时对货物进行多元化分拣,通过电子标签识别等技术,进行自动分拣。在仓储过程中,智慧物流通过识别货物上的 RFID 标签,可以精准管理每个仓库内的货物,并制定科学合理的仓储方案。在配货与配送过程中,智慧物流可以自动识别货物信息,并将其上传到物流配送系统,系统自动完成收货的同时更新相关数据,具有及时性优势。

平台企业的出现与发展,加速了物流企业与消费者之间的信息流通,降低了物流信息交换的门槛,更多的物流信息在交易双方间流通,使得人们信息获取的方式更为便捷,物流企业与消费者之间的互动机会更多。此外,物流平台出台的一系列规则将有利于企业与消费者双方交易的达成,保障消费者与用户间的权益,促进物流交易的良性循环。

基于互联网与大数据的发展背景,物流平台企业得以出现,物流平台企业可通过信息数字技术的使用,为用户提供更好的服务。一方面,大数据强化了物流平台企业的信息沟通能力,为交易双方提供了互动的机会,加快物流信息流通,减少了物流信息交换成本,为新型物流商业模式的出现创造了条件;另一方面,通过对物流平台企业数据技术的管理,有利于保护消费者与其他用户的权益,促进消费群体的壮大。

二、大数据技术赋能物流平台案例——易流

(一)企业介绍

深圳市易流科技股份有限公司以运输全链条信息透明为切入点,致力于打造中国最大的公路运输产业链互联网平台,致力于提升中国公路运输产业的运行效率。传统物流行业中大量物流的企业还在用人的经验做配载、线路规划,易流云平台通过智能配载、路线优化帮助用户迅速形成到配送中心的配载方案、配送方案,以及调度方案,可以满足比如连锁经营企业在全国各个门店的每一天的补货需求。

易流作为物流透明理论的提出者和践行者,物流透明服务专家,倡导"透明连接物流"理念,以"安全、时效、成本、体验"为核心价值,以"透明、连接、协同、优化、智能"为实现路径,以软、硬一体的物流透明SaaS服务为切入,易流提供物流透明服务致力于成为中国最大的运输产业链平台型企业。为生产企业、商贸企业、物流企业等提供运输过程透明管理服务,具体服务内容有终端硬件、软件、管理系统及系统功能定制开发等,提升企业在运输管理上的信息化水平。为托运人、物流公司、司机、收货人等提供运单流转过程管理的SaaS服务,以PC端、移动APP端等多种方式,为物流环节的各个主体提供运单流转信息的透明服务,以便于各个主体对运单流转的管控,压缩运单流转周期,提高运输业务的整体效率。

易流从2006年成立以来已经服务了1 000多家货主企业,3万多家物流企业,其中服务世界500强企业16家;服务中国物流百强企业36家;服务中国冷链百强企业64家。易流现在拥有3万多家用户,其中城市物流客户约1.4万家,约占全部客户的39%。在城市物流里,线上线下一体化,多门店的实时补货,及时配送的需求旺盛。

易流的运营模式是运营商的运营模式,即通过终端信息采集,对数据进行加工,以平台的方式向物流企业、货主企业、个体车主提供运输管理平台的运营服务和信息服务。

易流的服务对象包括物流企业、货主企业和个体车主。服务方式是提供平台管理、平台服务和增值服务推送。平台管理,主要是向企业型客户提供相应的企业运输管理平台;平台服务,主要是以易流云平台为基础,向企业提供诸如驾驶行为分析、最优线路推荐、运力资源匹配等服务;增值服务,主要是围绕车辆的保险代理、加油卡代理等服务。

（二）易流云平台运营模式

易流是提供运输过程透明管理和物流信息服务的运营商，主要的盈利模式是运营服务收益。该系统以卫星定位、移动通信、位置服务、地理信息系统、物联网、云计算、射频识别等先进现代信息技术为基础，依托互联网、移动互联网等技术手段，实现物流过程信息的移动互联和动态感知该系统提供对车辆行驶过程中的状态分析、异常情况监控、驾驶行为习惯分析及提醒等服务；使物流企业和货主实时了解车辆位置、运行状况、安全状态、驾驶习惯等信息；实时向司机推送目的地信息、道路信息、车辆状态、加油站推荐等信息，优化货运路线，提高车辆导航的精准性、安全性及高效

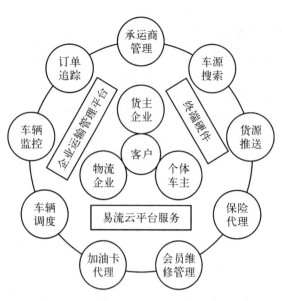

图12-1 易流云平台运营模式

性；提供对货车的历史轨迹分析，运营行驶分析，异常行驶分析，推动物流行业信息化应用水平朝智慧物流发展（见图12-1）。

易流云平台是通过运营服务和终端硬件销售来盈利的。从本质上讲，运营服务是盈利的主要方式，硬件只是支撑运营服务所必备的信息采集工具。此外，随着易流云平台客户用户数的增加，和物流相关的增值服务具有巨大的盈利空间。

易流云平台是软硬一体物流透明SaaS协同平台，是易流科技物流透明管理实践推出的创新产品和服务平台，通过软硬一体化的管理方式，帮助企业连接物流全要素，协同业务上下游，不仅实现对物流运输的全程把控，同时实现订单物流全程透明管理。平台立足物流透明3.0理论，运用互联网前沿技术对物流场景中的人、车、货、仓等实现透明管控，助力物流智慧协同，帮助企业打造透明供应链物流。业务数据化是通过一系列的物联网设施、设备，把它的信息能够透明起来；数据业务化是通过上下游的协同、联动利用数据产生更大的业务价值。

随着行业发展和客户需求的变化，物流透明3.0阶段体系延伸到了整个供应链全局透明：实现供应链组织过程的信息透明和需求链形成过程的信息透明，即从原材料的采购，到生产再到分销，甚至逆向物流，还要结合上下游，包括横向、纵向两个维度。

物流和科技的深度融合促进物流行业智能化、智慧化发展，易流云平台的"业务数据化、数据业务化"的运营策略是通过透明、连接、协同、优化和智能，最后实现物流智能化和智慧物流的实践，物流透明服务的提供也是实现智慧物流的重要组成部分。

易流对数据的应用是基于12年的历史的数据、基于行业数据以及基于客户的销售预测数据，在物流大数据应用探索表现在三方面：一是基于算法与数学建模，如路径优化、智能调度、智能配载等；二是基于数理统计与数据挖掘，如用户画像、数据征信、供应链需求预测

等。比如通过智能配载和路径的优化,以及智能调度方面帮助一位客户实现里程数减少25%、油耗减少23%、车辆从12辆减少到10辆、空载率降低10%,大大提高了企业的效率。

物流数据的业务化应用在物流金融领域,就为数据征信和金融服务提供了基础。中小物流群体确实存在融资难题,抗风险能力和利润率比较低,易流为用户提供物流透明服务的过程中,积累了许多用户场景和数据,包括行为数据、车辆行驶数据、业务数据等。根据这些数据还原场景,并做用户画像,比如有稳定行驶路线的车辆有理由被相信有稳定的业务来源。这些数据就可以成为企业获得授信的基础,根据数据将场景还原,给中小企业贴标签。易流对接金融机构,保障资金的正确使用,采用定向支付的策略,把资金给予授信企业的下游收款方,这样确实就能够解决中小企业融资难、融资贵的问题。在借贷期限上,易流具备批次多、周期短、金额小等重要特点。

(三)易流冷链智控数字服务

冷链智控数字服务是易流科技应用数字技术(识别技术、定位技术、通信技术、计算机技术、传感技术、电子技术)为冷链行业研发的一款数字化综合解决方案。该方案把数字技术与冷链产业相结合,通过数字化手段,实现冷链全流程的透明可视和全流程可追溯,这无论是对消费者还是对货主企业以及对政府监管机构都意义重大。

冷链智控数字服务包括三方面内容:冷链流通环节(包括商品储藏、运输、分销和零售等)的数字化服务;冷链全链条(包括流通环节,生产,消费)溯源的数字化服务;冷链监管平台数字化公共服务。

1. 仓储环节

易流通过在冷库里安装温湿度采集智能硬件组合:"魔方"+"冷签",用以采集冷库的温度和湿度数据(影响冷库品质的最重要参数)。"冷签"把采集的数据通过Lora无线通信技术同步到智能硬件"魔方",魔方负责把数据通过移动通信技术上传到易流云服务平台。1 000方的仓库只需要5~8个魔方,每个魔方配合5~10个冷签就可以完成对整个仓库温湿度的全时段监控。

2. 冷链运输环节

通过在冷藏冷冻车辆上安装各种数据采集终端,不断采集运输途中的货舱内环境数据(主要是温湿度数据),并上传到易流云后台,实时温度远程掌控,确保冷链物流全程温度受控。

3. 末端销售环节

商超、门店、卖场冷柜的温度管理是冷链物流管理的难点。易流针对末端(商超、门店、卖场冷柜)冷链物流的管理实际,研发了一款便携式的温度检测设备——Wi-Fi温签。只要末端卖场有Wi-Fi网络就可以通过网络把冷柜的温度数据采集并传输到易流云服务平台,如图12-2所示。

易流云平台把以上采集到温度数据结合平台多级预警、报警功能,对异常温度进行科学分级管理。例如,对于发生温度异常,就立即提醒柜员及时干预处置。报警数据同步推送给店长,如报警未能及时处理,系统会按照企业设置的规则逐级通知联系人进行干预。

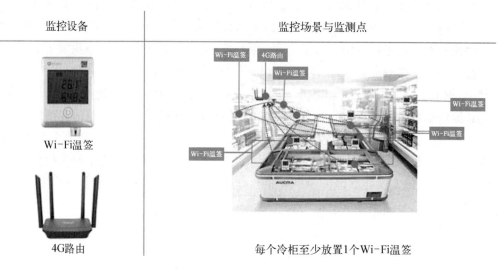

图 12-2　末端卖场冷柜安装/放置 Wi-Fi 温签和 4G 路由设备

第二节　区　块　链

一、区块链技术概述

(一)区块链的概念和特征

区块链是一个由多方参与共同维护的可持续增长的分布式数据库,其组成通过网络、密码学及分布式共识机制等技术建立了一种去中心化的方案,在保障用户信息安全的同时达到自动化的数据交换目的的技术。和传统上采用 ACID 原则的数据库不同,区块链使用的是最终一致性原则,在确保所有数据节点在经过一段时间消除信息延迟所带来的负面影响后,最终同步后结果能够达到一致的状态。区块链更适用于需要建立公开、透明、诚信且参与主体众多的环境。因为只要间隔相同的时间就会生成新区块的数据,所以区块链中的每一个部分都完全记录了从创建起所有时间内生成的所有数据,如图 12-3 所示。

区块链主要具有去中心化、安全透明、智能化和可验证性等特征。

如图 12-4 所示,C 则是完全分布式,而 A 是完全集中式。区块链系统中节点和节点间的信任的构建是通过数字信息手段而不是建立一个第三方来集中处理节点和节点间的保障。前者相比于后者由于数据在各节点都有完整备份,任何一个节点的数据丢失都不会有任何影响,而后者不能失去重要节点。但在信息变换较激烈频繁时,前者由于要同步的数据较多,容易产生较长时间的延迟,在某些情况下是非常不利的,相比之下集中处理的抗变换性更强。目前大部分的区块链都属于图 12-4 中 B 的情况,一方面是由于上述原因,更重要的是碍于科技水平限制,完全分布式需要的智能合约要足够智能,目前难以实现。

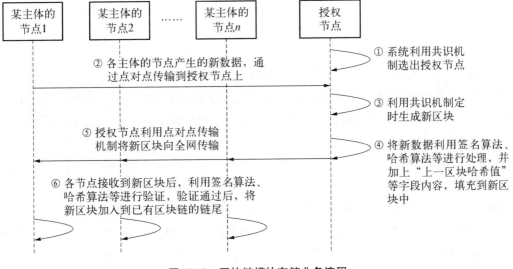

图 12-3 区块链模块存储业务流程

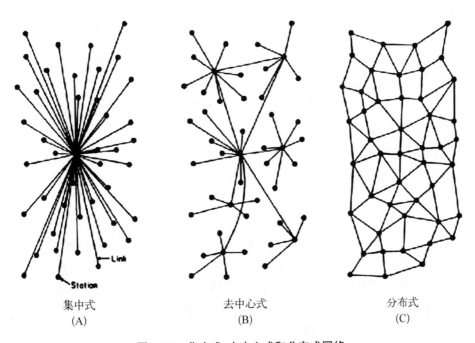

图 12-4 集中式、去中心式和分布式网络

区块链网络中的数据加密原理属于非对称密码学,在加密解密的过程中同时使用公钥和私钥。非对称密码学的应用确保了在区块链网络中每一个节点的关键信息被隐藏,信息安全的同时还能通过公钥确保交易过程足够透明。而理论上这个过程依然由智能和约实现所以绝对公平。区块链使用了分布式的技术,通过设定智能合约可以冻结出现数据异常的一个或者几个区块或者账户,从而保证了异常数据不扩散到全部数据库。

影响区块链技术应用的潜在的关键。本质是为了让完全分布式网络得以实现,因此执行过程中应无人操作。区块链系统可以看成一种自动运行的程序,因此其算法必须保证足够的容错率去防止欺诈和攻击,这里也体现出完全分布式的理想化。算法中常用的共识机制主要有 PoW、PoS、DPoS、Paxos、PBFT 等。

1. 共识与分布式共识的概念

所谓"共识",指的是不同群体所追求的共同认知、价值或者想法,以求在某一方面达成一致意见。"共识机制"则是为了达成某种共识与维护共识的具体方式。在区块链中,共识机制本质上可以理解为控制参与方数据的一致性。区块链系统的核心是区块链账本数据的维护。

由于区块链采用的是分布式的 P2P 网络,因此在各节点分别记账时难免会出现内容不一致、时间不一致等问题。甚至在一些情况下,一些节点的用户会人为造假/篡改信息。此时,就需要一个共识机制来对各节点进行验证,以保证对外提供一份统一的账本。

共识算法一般存在三个理想的特征。(1) 自足性:共识机制不需要第三方的外部组织并可实现系统自身的共识机制。(2) 资源有效性:不用迫使网络节点为了实现共识机制而进行无效运算导致资源的无谓损失。(3) 去中心性:实施共识机制的系统内部不需要一个中心机构来维系这个系统的运行。

2. 可验证性

区块链系统采用时间戳技术为数据信息扩展时间维度,保证其数据信息存储及交换的可验证,并且其智能合约确保数据结果不可逆。区块链系统还利用了哈希算法的单向性和抗冲突性,确保了每一条数据都不可篡改,一旦有篡改还可以迅速定位,提高了供应链系统数据的可靠性和可信度。

(二) 区块链+物联网提升企业供应链绩效

在疫情背景下,企业供应链需满足多个目标,比如提升客户体验、盈利目标和对多变环境的韧性。为了确保可持续的供应链,企业需要确保其生产和运输系统是安全和环保的,原材料来自可持续的采购方,工厂工人得到合理的薪资。区块链、物联网和分析技术为企业的供应链管理带来效率的提升。不仅能提高客户满意度和更快实现盈利目标,并使供应链在环境和利益相关者方面更具弹性和可持续性。

物联网和区块链技术和融合的分析能力能帮助企业供应链实现多个目标,即通过构建新的许可区块链(参与的区块链仅限于已知的供应链合作伙伴)、数据标准、治理规则和功能开发四个方面的举措来提高企业供应链绩效。

1. 增加物联网和跟踪功能

企业为其供应链配备物联网功能,从而具备跟踪单个部件和成品库存的能力。简单来说,物联网指的是机器使用传感器自动收集数据,如温度、压力、GPS 位置和条形码扫描,并自动上传这些数据的能力。物联网使组织能够从其供应链的不同阶段收集新类型的数据。例如,这种设备可以跟踪包装食品的生产,从原料的来源到生产、运输和零售,包括库存状况和生产和物流设施的工作条件。

2. 记录交易数据

企业应该在区块链上记录来自物联网设备的交易数据。通过捕获非常详细的分散数据,并验证交易记录的真实性,企业可以利用这些数据来确保可持续采购,改善供应链合同的执行,并获得更好的融资。由于基于区块链的系统可以以分散的方式实现,它不需要在信息技术系统上进行大量投资,也不需要昂贵的第三方认证。

3. 对来自不同来源的数据进行标准化和对齐

这对于在供应链中使用从物联网设备收集的数据是必要的。假设一家公司在履行中心使用温度传感器记录每小时存储温度,库存扫描仪跟踪库存进出配送中心的库存周转率。公司需要将这些数据表排列在一起,以了解什么单位的库存在什么温度下储存了多长时间。例如,当一家消费品公司使用区块链从可持续的无森林采伐农业中获取棕榈油时,整个供应链的数据收集单位将发生变化,从棕榈果到棕榈油,再到衍生产品,再到成品消费品。每一阶段的数据与物料清单相结合,完全跟踪每一批成品的输入。这样做需要数据存储、缺失值插值和描述性分析的能力。

4. 开发预测性和说明性分析

配送中心的温度数据可以用来预测食品多久会成熟或变质。这个预测模型可以用来指导库存规划和设计即将变质的食品的促销活动。这样做将提高盈利能力,减少食物浪费。农业科技组织利用物联网技术追踪番茄生产的可追溯数据,将成熟番茄的味道与生长条件联系起来。

预测分析使得该公司能够根据不同客户群体的需求种植不同类型的番茄。另一家名为 Dibiz 的企业是一个区块链平台,用于可持续采购棕榈油。在该平台上,小农的数据可以通过其平台向其供应链的所有成员显示,从而使经销商和加工厂能够根据实时水果收获情况优化取货路线,从而降低了物流成本,使农民和磨坊受益。此外,它提高了水果的质量,从而提高了(从数量上来说)采油率,减少了森林砍伐的风险,为农民带来了更高的回报。

(三)区块链的在产品溯源中的应用

区块链在物流中应用集中在产品的溯源、供应链金融和重要数据共享这三个部分上,也可用于药品、艺术品、收藏品、奢侈品等的溯源防伪。

区块链数据库的更新维护主要由分布式账本机制决定,也就是去中心化的实现,并非由传统的单一中枢进行进程。但事实上,不论是去中心化还是集中式的信息系统模式区别都不是很大。最终的信息交换是点对点的方式,完成的单向的信息传递是从某一起点到其他所有节点,和物流信息的传递概念相通,可以说区块链对于物流上的信息传递而言非常便利。

当区块链应用于物流时,作为一种特殊账本所记录的数据都具有不可逆的特点。因而记录的不论是信息流还是资金流抑或是最传统的物流,使用区块链都能获得一个完整的记录。物流交易中如果一场交易中参与的公司只有两三个,使用传统的系统和加入区块链的系统几乎没有很大感觉。但如果参与交易的公司较多,这使得交易者在同一次交易中容易产生获得的信息不对称,从而发生信任危机。区块链则不同,分布式账本使每个交易参与者都能及时发出有效反馈。

区块链理论上可以算得上是一种特殊的数据库模块,因此和智慧物流理论一起看我们不难发现区块链可以作为物联网和大数据分析间的润滑油。结构上,物联网收集到的一手信息可以临时储存在一条区块链中,而不同的区块链链条则化身为大数据,可以直接用来建立库分析。从这个角度上看,区块链和智慧物流的运行机制是能够完全契合的。

区块链在农产品物流中应用主要表现在可追溯性。目前农产品的溯源防伪问题就可以通过区块链的时间戳功能与分布式账本的溯源应用有效解决。例如,将区块链技术应用于猪肉制品的追踪。在这个案例中,国际零售商沃尔玛与 IBM 公司和清华大学合作共同开发了一个在完整供应链周期中用来追踪猪肉制品的流动信息的私有的数据库。使用区块链技术的系统研发主要使用了 Linux 的系统代码。通过将猪来源的农场和猪肉加工的工厂进行标识、猪肉流通的时间节点和猪肉加工的工艺进行记录,就能够保证系统在猪肉溯源防伪行为上的有效,对不同地区的生产加工流通环节进行信息整合、甄别甚至达到最终的评估效果。

二、区块链技术赋能物流企业

区块链的分布式加密存储、多中心、不可篡改等技术特性如何在降低企业间数据共享的门槛和建立信任的成本上充分发挥作用,提高企业间物流信息及其数据的共享性,提升整个物流产业的运行效率及服务能力,实现科技的产业协同和价值赋能,助力物流发展。

区块链技术实质是一种共享的分布式账本,其去中心化、公开透明、不可篡改性以及非对称加密等特征有助于解决信息数据传输的问题,降低物流企业之间的交易成本,提高数据安全性。而且区块链技术也有助于集合物流资源,通过信息共享紧密联系智慧物流产业中的供应链上下游。

(一)去中心化有助于维护公平有效的物流市场环境

区块链技术的去中心化特征意味着在智慧物流产业中,各个参与者的身份平等,信息全程公开透明,有助于维护公平的市场环境,同时降低信息交换成本。在智慧物流平台化的过程中,供应商、物流企业与用户形成智慧物流交易体系,彼此之间的信息交互遵循严格的规则,容易造成信息壁垒。而在区块链技术下的智慧物流体系中,供应商、客户、物流供应链以及政府等第三方监督机构基于区块链信息平台,构建为一个完整的物流生态体系,各方获取信息的渠道以及信息内容完全一致,并且遵循共识机制,交易机制透明,减少人为干预,更易于实现公平交易,改进物流市场不规范、松散的局面,并有利于减少物流过程中的矛盾,建立良好的市场环境。

(二)分布式账本技术促进物流信息共享

区块链系统本质属于一种分布式账本,并且具有开放透明的特征,允许多个主体在同一共识机制下加入,共同维护系统安全,并且共享数据信息。在区块链信息平台中,各个主体如用户、生产企业、物流企业以及政府监管部门等第三方机构可以实现数据共享。分布式仓储以区块链技术为底层技术,通过设置节点管理、存储管理、用户管理以及业务管理等功能,不仅能够存储巨大的数据信息量,也能够对仓储信息进行实时化更新和挖掘,提高物流环节管理效率。各方遵守智能合约,将数据传输上去,共同维护系统运行,同时共享信息资源,实现多对多的信息交互,有利于信息交流成本的降低。

(三)非对称性加密有助于保障信息交互安全

区块链使用的是公钥与私钥相结合的密码学技术,各方获取数据需要通过特定的公钥或私钥,具体的交易信息只有持有私钥的用户才能看到,而拥有公钥者在区块链信息平台可以看到相关信息,一方面有助于保护消费者隐私,另一方面也保证了数据的安全性。在智慧物流模式中应用非对称性加密,将数据存储于分布式仓储平台,如果数据发生变更也可以看到记录,便于数据追查和责任认定。此外,现代信息的存储多是中心化存储,存储于中心服务器,一旦服务器出现崩溃,或者停止运营很可能会导致数据的丢失。而区块链技术下的分布式仓储,数据存储于各个节点,就算出现泄露或攻击事件,也只能获取碎片数据,无法获取完整信息,进一步保证了安全性。

(四)可追溯和不可修改有助于降低信用成本

可追溯特征是指已上传的数据可以被永久记录,方便信息核查以及新老数据的调用和对比,而该技术的不可修改是指已经上传的数据是无法被修改的,这就保证了数据的真实性。如果上传的数据出现问题或者后期有新的变动,需要在新的节点进行重新记录,便于事后核查。这种信息保护机制有助于保障区块链上各方获取的信息的真实性,从而降低企业之间沟通合作的信用成本。可以说,区块链技术构建了一个新型的信任机制。例如,融资困难的中小物流企业可以依赖链上信誉较高的核心企业的信用,通过区块链信息平台确认其融资需求,促使银行同意提供贷款。

三、区块链技术赋能快递企业:顺丰科技

(一)顺丰的区块链产品架构

2018年正值区块链泡沫破灭的低谷期,很多前期投入的创业公司和大型互联网科技企业都深陷行业发展的寒冬。也就是在那个时候,顺丰看到了这项新技术可能在物流和供应链领域落地并与业务发展结合解决现实问题的机会,从而组建了区块链。顺丰科技区块核心技术研究员迅速发展到近百人,逐步搭建起自主可控的区块链产品架构体系(见图12-5)。

顺丰在技术侧将区块链技术与其他新兴信息技术持续融合优化,在应用侧,区块链技术应用不仅要脱虚向实,更要走向田间地头。区块链技术运用到物流和快递业务,保障了各种物流信息的完善性和精确性,促使物流信息具备可追溯性和透明性的特征,对维护物流快递行业的健康和可持续性发展具有重要的意义。

顺丰科技对区块链技术的应用探索,不仅在于让企业内部提高物流效率与智能化水平,更重要的是围绕物流和供应链建立区块链产品矩阵和解决方案,以共建生态的理念实现对行业的赋能作用(见图12-6)。

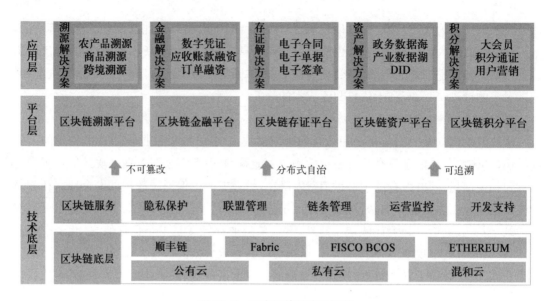

图 12-5 顺丰区块链产品架构

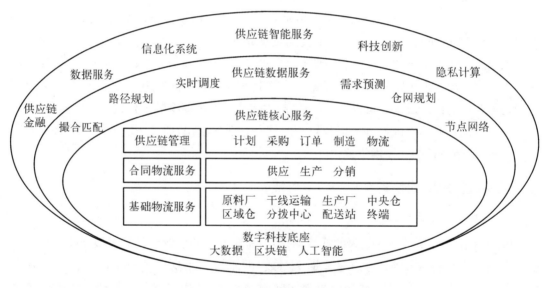

图 12-6 顺丰智能化供应链蓝图

(二)顺丰推出"防疫控"使快件消杀全程溯源

顺丰充分发挥区块链技术的强大作用,推出了"防疫控"服务,在 2022 年 4 月 4 日发布上线,具有记录并向公众展示快件途径场地、车辆的消毒信息的功能,保证用户能及时查询了解相关防疫信息。全网在途的快件小程序端会依据实际消毒情况展示"防疫控"图标,收寄双方均可通过选择运单查看。

"防疫控"的记录均来自场地和车辆消毒任务上报结果,其中末端驿站和便利店由驿加易自有管理体系保障,消毒任务上报会采集图片,营运环节会对上报的图片进行及时抽查检查,确保执行落实到位。运用区块链技术固化电子数据,确保信息不可篡改,消费者通过扫码可以看到消毒和上链信息。

（三）疫苗冷链运输的区块链存证

在疫苗的冷链运输中，区块链的存证应用得到了极致的发挥。医药冷链对运输全程的温湿度要求较为严格，温度记录多为自动采集、人工记录、最后上传到中心数据库的方式，过程中若出现失温和超温的漏报、瞒报情况，会对医药用户和企业造成巨大影响。防止人工统计偏差、防止数据篡改、及时报警与处理等需求，使得区块链在医药冷链领域的应用势在必行。

2020年以来，顺丰医药承运了国内多家新冠疫苗生产厂商的业务，提供精温整车（疫苗寄）供应链解决方案。据了解，该方案包含GSP车辆运输、疫苗安全质量标准标准、操作SOP、整合串联订单及温度路由可视的软件、防盗抢及IoT监控系统组成的硬件，并达成了100%自有体系、100%GSP规范标准验证、100%无再委托和100%全程监控（见图12-7）。

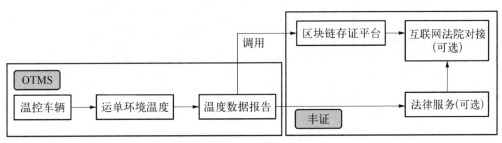

图12-7　顺丰科技区块链医药存证流程

第三节　云计算

一、云计算概述

云计算是继个人计算机、互联网之后的第四次信息化改革，是在计算机处理器、虚拟技术、通信和存储技术的高速发展，软件向服务的转变，遍及互联网全球化趋势下必然出现的一种技术。云计算的社会化、集约化和专业化，使数据共享、信息加速走向服务共享，使计算服务共享、存储服务共享、公共交互服务共享等普及大众、惠及全民。

云计算提供了一种软件服务化、资源虚拟化、系统透明化的全新商业服务模式。云计算服务是云计算中心的外在实现，它不需要前期的投入、按照用户的需求租用服务、使用安全可靠以及快速便捷的获取方式。云计算的服务是按层次进行划分的，可分为以下三层服务。

（1）基础设施即服务（IaaS），是以虚拟计算、存储、网络和数据库等虚拟硬件资源作为服务提供给用户的单行基础设施。如亚马逊云计算AWS的简单存储服务S3和弹性计算云服务EC2、TT&T Synaptic、世纪互联和IBM蓝云等。

（2）平台即服务（PaaS），它把软件开发、测试、部署和运行环境提供给客户，客户根据不同的需要通过开发语言和工具（Java、Python）来部署工作。如 Google 的 APP Engine，为用户提供了 IDE、Account、Mail 等服务的开发平台，Amazon 提供了 HadoopSimpleDB、SQS 等服务的分布式开发平台。

（3）软件即服务（SaaS），它通过互联网把服务应用程序软件传给客户，来提供按需租赁的软件服务应用模式，具有使用方便、部署周期短、风险低和多重租赁性和自定制性特点。如 Google Docs、Salesforce 和八百客的 800AP CRM 等。

云计算体系结构如图 12-8 所示。云计算由应用层、平台层、资源层、用户访问层和管理层五个主要部分构成，用户可通过系统访问界面，并根据自身需求选择各种虚拟化产品及服务。

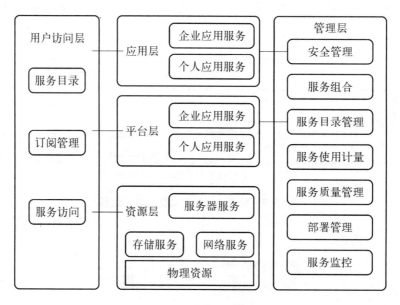

图 12-8　云计算的体系结构

据中国云计算市场研究报告显示，在 2011 年中国用户在为建设云计算基础结构的投入到达 2.86 亿元，并保持高速发展。2008 年 IBM 在北京和无锡成立了 IBM 大中华区云计算中心。同年广东电子工业研究院投资 2 亿元建立云计算平台。2009 年成都云计算中心成立，标志着国内首个规模化、实用化、商业化的超级云计算中心成功建立。2010 年国内主要城市也相继成立了云计算中心，比如北京的"祥云工程"、上海的"云海计划"、山东省云计算公共平台、重庆"云计算"试验区和广州的"天云计划"等。面对前景广阔的云计算市场，国内三大电信运营商、华为、中兴、腾讯、百度等企业积极参与投资建设自己的云计算中心。

云计算本身不是一种全新的网络技术，它的核心在于实现资源的规模化配置，用户可以对计算、存储、网络等底层物理资源按需、弹性配置，按使用量付费。比如，传统模式下，一家企业需要自行购买服务器、数据库、存储器等底层资源，这些资源在早期更多是硬件配置，部署成本高且要付出不菲的运维费用。而且，企业在部署 IT 资源时，很难对需求进行预测，为了满足需求很容易出现"买多不买少"的情况，导致资源冗余。

按照需求层级不同，云服务分为 IaaS、PaaS、SaaS，分别对应底层基础设施的租用、软件开发平台的租用、应用软件的租用。三者的区别在于，IaaS 层与 PaaS 层入局门槛高、市场集中度高，SaaS 相对较弱，互联网巨头往往拥有海量的 IT 基础设施，形成较高的资本壁垒。与此同时，IaaS 层更具备规模效应，也更容易趋同化。

按照服务方式不同，云计算分为公有云和私有云，以及后来延伸出的混合云、专属云。两者的核心区别在于数据中心的主导权。公有云的数据中心一般由云服务供应商提供，而私有云服务方式下，数据中心一般为企业自建或私有云厂商承建并运营，混合云则是企业的不同 IT 系统分别使用私有云和公有云架构。公有云的优势在于价格优惠，更适合中小企业以及创新企业，私有云的优势主要体现在安全性高、自主可控，更适合对数据安全更敏感的大中型企业。

IaaS 层偏基础设施、PaaS 层重平台生态、SaaS 层则指向应用，更偏向 C 端用户场景。在这三者之中，PaaS 平台将会成为云计算生态博弈的焦点，这主要是由于 SaaS 应用更多依附于 PaaS 平台。以微软、腾讯云、百度云、华为云、浪潮云等为代表的，则更多是一条从 SaaS 层自上而下的路径。微软是最典型的代表，它从 Office 等终端具体服务切入，利用产品的生态性与集成性，转向存储、计算和网络的基础设施，进而实现 SaaS 服务与 IaaS、PaaS 相互导流。

公有云＋私有云的混合云模式，将是未来主流的服务方式。以亚马逊 AWS、阿里云为代表的是一条从 IaaS 层向 SaaS 层自下而上的路径，他们都选择完全自研云计算操作系统，典型便是阿里的"飞天"，两者的核心区别在于，云计算生态是否完全自主可控。

云计算市场逐渐由为客户提供资源的服务商转向为生态圈参与者提供资源的服务商。从服务方式来看，选择"公—私"还是"私—公"，取决于云服务厂商的定位及角色。市场发展初期，云计算市场较依赖客户资源。在这一基础上，华为云代表传统的 ICT 企业，优势在于庞大的企业资源；电信天翼云代表第三方 IDC 企业，优势在于政务资源；阿里云代表互联网巨头企业，优势在于生态圈内的企业资源。

二、物流云服务

物流 SaaS 系统以互联网平台＋移动互联网平台为载体，将货主、三方物流公司、承运商、车队、司机和收货人连接在一起，通过从订单的导入，到调度、追踪、异常管理、对账，以实现物流管理效率提升与物流产业的信息化水平，最终完成对物流行业的改造升级。盈利模式包括常见的按照单收费、按照账号收费、按照用户收费、基础免费＋功能收费、增值服务收入（保险团购、油卡、代收货款服务费、信息服务费等），还可能延伸至委托管理收费、增值金融收费等。

（一）物流 SaaS 服务的优势

第一，提升效率。从货主到承运商的订单协调、端到端的可视化、运输过程中异常预警和管理，到回单的电子化甚至无纸化管理，再到在线对账结算，真实有效的实时 KPI 管理考核,都可以通过信息化手段来提高单个企业的日常运输管理水平,实现透明化管理,从而达到效率的提升。专线联盟是加强集约能力和服务范围,是集约化结果。

第二,降低成本。互联网给行业带来的很多是去中间化,但在运输行业不一定适合,因为把中间层去掉后,管理成本、风险成本、资金成本都可能会上升,客户的满意度可能会下降,这是由于中间层在提供价值服务。如果要去中间层,就需要把中间层带来的价值补上,例如,物流公司中间的垫资成本、货主与各个物流运输公司的管理成本等。物流 SaaS 服务正好可以弥补一些中间层价值,这是从货主、三方物流公司、车队、黄牛、司机到收货方的纵向协同。另外一点是横向协同,特别是货主与货主的横向协同,带来集约化,为货主降低成本。货主与货主之间可以从线路互补、时间互补、货物类型互补三个方面协同。通过横向的协同会带来集约化,降低运输成本。

第三,基于高可信度的真实数据和信用体系,为在线网络平台中的企业创造更多的商业机会。物流 SaaS 服务化是物流信息服务发展必然趋势,特别是通过云端化、系统化以及网络的布局之后,SaaS 更是诸多平台型物流企业的标配,是其连接上下游,增强竞争力的重要手段与必备武器。物流平台可以通过扩大服务范围与服务内容吸引用户,例如"TMS+物流云""TMS+车货匹配""TMS+招标""TMS+WMS"等,实现跨界融合。

(二)物流 SaaS 服务商

1. 社区型运输管理平台——oTMS

oTMS 是社区型运输管理平台,即从传统的线性串行数据传输转换成网状并行的数据广播,这样在物流运输社区里的货主、物流公司、分包商(专线公司)、司机及收货人等社区成员可以单点更新数据,并实时共享给社区里的所有成员,实现数据和信息的透明化和实时化,而为了达到这个目的首先要进行数据的标准化。通过数据的标准化、透明化、实时更新及实时共享,oTMS 打通了物流运输链条里的各个环节。

oTMS 开创性地采用了"SaaS 平台+移动 APP"的模式连接运输,将货运环节中的货主、第三方物流公司、运输公司、司机和收货方集成在一个平台上,打造一个基于核心流程的、透明且开放的生态系统,而是一个社区型的复杂网络。

2. 唯智物流链云平台

唯智是国内物流信息化服务商中,产品线算是比较全的一家,产品包括 OMS(订单管理系统)、WMS(仓储管理系统)、TMS(运输管理系统)、LFCS(物流财务控制系统)、ROS(配送路径优化系统)以及 56Linked(物流链云平台)。

旗下的物流链云平台是提供给中小企业的 SaaS TMS 系统,它可以做订单管理、承运商管理、调度配车、车辆管理、回单签收、KPI 考核、在途跟踪、费用结算。还有"快速找车"的功能,即可以快速搜索出附近等待任务的车辆,可以向选定的司机发出订单需求,然后司机通过 APP 报价,物流根据报价选择司机。另外,56Linked 手机 APP 可实现定位跟踪、接收消息、竞价投标、到库确认、提货扫描、运抵确认、定位签收、回单上传等各节点执行填报。

3. 易流 e-TMS

易流以运输全链条信息透明为切入点,通过易流云、e-TMS 等业务模式,提供运输过程透明管理、供应链物流服务 SaaS 平台服务。

易流"SaaS1.0"侧重于人、车、货、仓等物流要素的时空、状态等物理信息的透明。以数据采集终端设备为基础，实时采集车辆位置、车况、货物状态和运输节点信息等关键信息，分析处理后，以契合物流管理的方式进行可视化展示。

易流"SaaS 服务 2.0"更侧重于物流单据流转、流程节点、业务网络节点等业务逻辑信息的透明，尤其是业务运营信息的透明。将货主订单在运输过程中的流转全程可视化，结合移动互联 APP 应用、GPS 等高精度设备的数据传输，完成全程运输可控。然后，易流基于易流云平台和 e-TMS 平台积累的大数据，可以进一步开展物流信用评估、物流金融服务等延伸数据增值服务。

物流 SaaS 服务商解决企业存在的两个潜在问题：

（1）每个企业在整合外部资源时，力求自身数据及服务的完整性，缺乏分享数据的意愿，导致企业间信息孤岛问题较为明显，各个信息系统无法顺畅打通，难以实现业务的高效协同。最后导致客户服务体验低下，成本却居高不下，不利于行业的稳定发展。

（2）基于服务的、基于租用模式的公有云的系统越来越多，然后企业信息化水平良莠不齐，亟待规范的行业整顿市场。随着互联网、云计算等技术的不断发展，以互联网为通道，通过将软件部署在云上，根据用户的实际需求为其提供定制应用软件及服务，并按服务量、服务时间或者其他方式收费的 SaaS 服务得到越来越多的应用。在物流领域，随着数据成为新的生产要素，随着物联网成为智慧物流的基石，针对供应链效率提升及成本节省的云服务产品越来越受到市场青睐。

对于云服务提供商，基于云端的 TMS 产品是提供给客户解决方案的主要形式企业在本地化部署应用系统上的投资越来越少。越来越多物流企业在信息化过程中将本地部署的 TMS 解决方案转向云端产品，有的通过换供应商，有的通过切换到同一供应商的云产品。多租户的 SaaS 产品因为其低成本、更短的实施周期及更快的产品更新受到青睐。TMS 采用云服务较为合适。因为 TMS 应用相对标准化，解决企业货物从工厂（仓库）到终端用户移动过程的计划和执行管理，行业差异性不明显；其次整个配送过程和信息化应用涉及多个组织，即系统是开放给企业内部用户、终端客户、物流商、供应商所共同使用，具备明显的平台协同效应特征；另外，承载的地址类数据敏感性不高。在美国针对企业用户 TMS 应用调查时，63％的企业首选 TMS SaaS 服务方式建立其运输管理平台。

三、云计算案例——唯智物流链云平台

物流链云平台(56linked.com)是唯智信息旗下基于 SaaS 模式为企业提供运输管理、仓储管理等服务的物流信息化平台。旗下的产品有云 TMS、云 WMS、云 ROS、云盒、e-Hub 等。物流链云平台结合唯智信息 18 年的物流软件开发经验和大客户服务经验，以订单为核心，高效协同货主、承运商、专线公司、司机、仓储服务商以及收货人，同时通过 e-Hub 有效链接企业上下游作业，提供物流仓配一体信息化管理解决方案，实现物流运输的在途可视化管理。

物流链云平台推出"物流混合云"战略，就是要把公有云和私有云进行互联互通作为一个行业的解决方案推出市场，为行业的所有客户做信息化。结合了唯智信息对中国客户物流管理深度需求和先进的互联网技术，旨在实现架构的混合、流程的混合、服务的混合、API 的混合和数据的混合。

架构的混合即公有云和私有云的混合。公有云是标准化的 SaaS 平台，优势是企业不需购买数据库和服务器，公有云是一套给多家公司共享使用、以租赁的模式运行的标准化系统，缺点是没有为企业提供具体的定制化服务。与此相反的私有云是专门为企业定制的软件或者解决方案，仅仅为一个企业所使用的系统。优点是能够灵活地提供定制化服务，精确定位企业内部管理需求；缺点是较为封闭，难以和外界产生互联互通或者协同企业的上下游供应链。架构的混合对于数据和管理需求是不变的，可在私有云上实现，但是架构中还含有公有云的部分，对中小企业的运作进行数据的采集。比如唯智的沃尔玛的项目，就是在架构上帮客户有效实现了企业公司内部和上下游供应商物流链条的混合。

流程的混合指的是通过混合云帮助企业整合外部流程。以前企业信息化的重点就是流程管理，强调企业管理好内部流程，然而整个供应链是由多个角色合作伙伴以及交易伙伴来组成的，单个企业内部流程的改善只是改变了供应链上某个环节的运作效率，其他企业的协同运作无法保证。物流混合云打通供应链条上企业间流程，优化流程，使得每个合作伙伴能够提升效率。比如一家汽车行业的企业进行工业 4.0 的柔性生产，这种批量的定制化生产对零部件的生产商要求较高，零部件生产商的流程、供货等管理都需与主机厂流程集成才能完成任务。

服务的混合指的是当企业提供供应链服务的需求，物流链云平台以最佳服务配置帮助企业解决问题。最佳的服务配置表现在多个方面，比如运输方面干线或专线运输采用多式联运或者铁路直运，末端配送采用众包物流或者自营车辆运力，或者无车承运平台都属于服务的混合。

API 的混合指的是物流链云平台帮助客户把所需物流服务相关 API 整合起来，为客户提供一致的用户体验。由于目前各种互联网物流平台、金融平台、保险平台、支付平台、监控平台等都提供各自的服务 API，对客户而言不同 API 难以整合，因此唯智新产品 e-Hub 就是基于公有云上的 API 对多家系统之间对接的技术平台。

数据的混合指的是各种模式的、格式的数据混合，以及行业数据、公共数据和企业内部数据的混合，利用数据对企业的运营和优化做决策和提供指导性建议。

第四节　人工智能

一、人工智能在物流业的应用现状

人工智能是一种研究、开发用于模拟、延伸和扩展人的智能的理论、方法、技术及应用系统的一门新的技术科学,简言之,人工智能是指通过普通计算机程序来呈现人类智能的技术。人工智能技术的发展,将彻底改变人类的生产和生活,对于重复性的工作、简单的脑力工作(如数据整理、校对、录入、车辆自动驾驶、设备无人控制等),将会很快被人工智能技术完全替代,这将对各个行业带来巨大的变革。它甚至被认为是继蒸汽机革命、电力革命、信息革命之后的第四次科技革命。

由于中国物流业在互联网经济的催动下发展较快,在成本不断攀升、效率提升缓慢的背景下,物流业最迫切的需求是降本增效。人工智能技术及相关软硬件产品的加入能够在运输、仓储、配送、客服等环节有效降低物流企业的人力成本,提高人员及设备的工作效率,"十四五"规划中提出推进智能供应链发展创新是解决我国供给侧结构性改革的重要抓手。

如图12-9所示,2019年人工智能+物流领域的市场规模为15.9亿元,随着技术能力的提升和行业理解的加深,预计到2025年市场规模将接近百亿水平。人工智能在物流各环节的应用分布方面,智能仓储与智能运输占比较大,两者占据了八成以上的份额;智能配送的落地环境尚不成熟,现阶段规模较小,但未来想象空间极大;智能客服的应用场景较为单一,在各环节中占比最小。

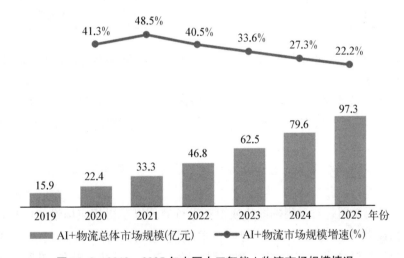

图12-9 2019—2025年中国人工智能+物流市场规模情况

作为物流行业转型升级的新动能,人工智能进入物流领域的时间尽管相对较短,但发展环境非常有利。近年来,物流行业发展基础和整体环境发生显著变化,新兴技术广泛应用、包裹数量爆发式增长、用户体验持续升级等因素对物流企业的运作思路、商业模式、作业方式提出新需求、新挑战。

政策层面,国务院等政府相关部门纷纷出台物流相关政策及规划,鼓励企业利用人工智能技术及产品降低物流成本、提升物流效率。经济层面,一方面全国物流业总收入始终处于稳定增长状态,另一方面物流总费用依然居高不下,企业亟须进一步控制物流成本,"人工智能+物流"的空间极为广阔。社会层面,"人工智能+物流"既能满足城市居民对提升即时物流服务效率的需求，又可拓展快递快运的服务边界以惠及农村居民（见表12-1）。

表12-1　人工智能＋物流的PEST分析

政策层面	经济层面
➢ 国务院发布的《新一代人工智能发展规划》提出大力发展智能物流，推动人工智能与物流行业融合创新，提升仓储运营管理水平和效率 ➢ 国家发改委发布的《关于推动物流高质量发展促进形成强大国内市场的意见》提出实施物流智能化改造行动，加强信息化管理系统和云计算、人工智能等信息技术应用，提高物流软件智慧化水平	➢ 物流总收入与物流总费用持续增长，企业既有资金也有意愿通过大数据、物联网、人工智能等新技术降低物流成本、提升物流效率 ➢ 新零售、C2M等新的商业模式及业态释放的物流新需求推动人工智能落地物流行业
社会层面	技术层面
➢ 城市居民对于即时物流服务效率的需求不断提高催生基于大数据与机器学习技术的智能调度系统快速发展 ➢ 利用无人机配送，拓展快递快运边界，改善边远地区、农村地区的物流服务水平	➢ 2011年以来，随着大数据与物联网的融入，物流企业开始着手建立无人仓、智能物流中心，各类新理念、新业态不断涌现 ➢ 人工智能＋中国物流行业能实现智能化，进化至具备状态感知、实时分析、自主决策、精准执行等多项能力的"智慧物流"极为关键的一步

目前，在物流行业实现应用的人工智能技术主要以深度学习、计算机视觉、自动驾驶及自然语言理解为主。

（1）深度学习技术通过分层结构之间的传递数据学习特征，对物流活动中产生的数据具有良好的适用性。深度学习既是实现路径规划、智能调度等功能的核心技术，也是推动计算机视觉、自动驾驶、自然语言理解等其他技术发展进化的训练方式。物流领域中，深度学习在运输路径规划、运力资源优化、配送智能调度等场景中发挥至关重要的作用。

（2）计算机视觉通过对采集的图片或视频进行处理以获得相应场景的信息。计算机视觉是现阶段物流领域应用最广的人工智能技术，智能仓储机器人、无人配送车、无人配送机等智能设备都以视觉技术为基础，以实现识别、导航、避障等功能。此外，计算机视觉还能实现运单识别、体积测量、装载率测定、分拣行为检测等多项功能。

（3）自动驾驶技术主要是通过高精度传感器＋深度学习实现车辆对于周围环境中障碍物的探测，加以识别判断并进行动作决策。与城市道路相比，自动驾驶在港口、园区、高速公路等相对封闭的物流运输环境应用难度较小。自动驾驶技术是运输环节智能化的核心技术，尽管尚未正式投入使用，但头部企业的无人卡车已经开始在特定路段进行实地路测和试运行。

（4）自然语言理解主要研究用电子计算机模拟人的语言交际过程，使计算机能理解和运用人类社会的自然语言，实现人机之间的自然语言通信。基于该项技术的智能客服系统，能够大幅降低快递快运企业客服坐席的人工成本。自然语言理解主要用于物流企业,尤其是快递快运企业的智能客服系统,该技术能有效降低企业在客服环节的人工成本。

不同的典型物流行业场景有不同的特点,所需要的技术也不尽相同,应当根据实际的需求确定技术的应用。下面针对一些典型的物流场景,阐述可能应用的相关人工智能技术(见图12-11)。

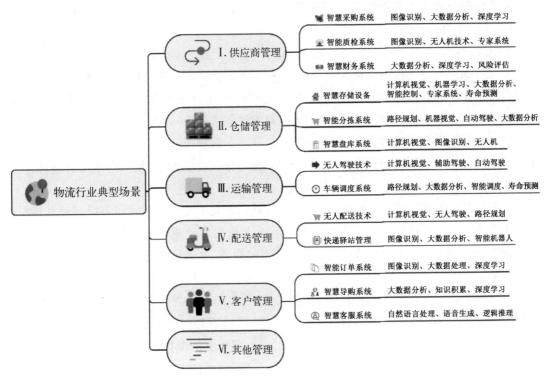

图 12-11　典型物流场景下的人工智能技术的应用①

二、人工智能技术赋能物流

"人工智能+物流"指的是基于人工智能技术(机器学习、深度学习、计算机视觉、自动驾驶等)的软硬件产品及服务(无人卡车、无人机/无人车、智能调度系统等)在物流活动各环节(运输、仓储、配送、客服等)中的实际落地应用。

人工智能在物流中的应用方向可以大致分为两种:一是以AI技术赋能的如无人卡车、AMR、无人配送车、无人机、客服机器人等智能设备代替部分人工;二是通过计算机视觉、机器学习、运筹优化等技术或算法驱动的如车队管理系统、仓储现场管理、设备调度系统、订单分配系统等软件系统提高人工效率。

(一)智能配送/无人配送

2022年3月以后,受国际形势动荡和疫情多发影响,我国物流业复苏态势受到严峻挑战。

---

① 罗磊,赵宁. 人工智能在物流行业的应用综述与发展趋势[J]. 物流技术与应用,2021,26(7):116-121.

无人车、无人机等配送方式或许能成为解决传统物流行业"最后一公里"难题的关键。餐饮业火热的送餐机器人、末端配送的无人物流小车等无人化的智能应用正在更多场景落地。

根据《无人配送"车"的身份与上路安全》报告指出,以存量市场综合来看,无人配送市场空间可达到 7 500 亿元。随着外卖、新零售以及快递末端市场的进一步扩大,预计 2030 年无人配送市场可达到万亿级。2022 年 3 月以来,京东、美团等互联网巨头以及毫末智行、白犀牛等无人驾驶公司安排各自的无人配送车相继奔赴上海,以解决疫情之下的"最后一公里"和"最后 100 米"的痛点。

1. 无人机

无人机通过高空飞行可以最大范围地让辖区群众听到防疫宣传内容,又可以避免在防疫特殊时期面对面宣传造成的感染风险,同时还可以在飞行过程中对看到的一些现场情况实时喊话提醒。随着物资运输压力剧增、无接触配送需求爆发,以无人机为代表的无人配送已经成为物流配送的大趋势,低空经济发展蓄势待发。数据显示,截至 2021 年底,在无人机新兴业态领域,各类无人机日均飞行 4.57 万小时,持续在物流配送、城市空中交通、航拍、巡查领域发力。

无人机起源于军事领域,早期的发展驱动力是为了减少飞行员伤亡以及应对极端情况,近年来消费级无人机市场也异常火爆。最早将无人机引入物流领域的是亚马逊于 2013 年提出的 Prime Air 业务,国内以顺丰、京东为代表的快递、电商巨头也纷纷跟进,推出物流无人机战略。

人工智能技术在配送无人机领域的应用原理与自动驾驶并无本质上的差异,主要区别有两点:一是无人机搭载的传感器种类更为繁杂,环境感知算法对数据融合技术的要求更高;二是无人机配送中可选择的路径明显多于车辆,路径上的海拔、地貌、气候等客观约束条件都会对无人机的配送行为产生影响,此外,出于安全考虑,路径规划还需要尽量避开人群聚集区与关键设施,因此配送无人机的路径规划算法更加复杂。

2015 年至今,快递、电商巨头以及无人机产品技术供应商们通过大量的试验与测试不断打磨提升物流无人机的技术稳定度、探索科学的运营模式。基于国内的人口密度、居住条件、政策限制等现实条件,配送无人机目前较为可行的应用场景在于偏远山区配送、医药资源紧急配送、应急保障物资配送等。

2. 无人驾驶

据新战略低速无人驾驶产业研究所不完全统计,2022 年 3 月,国内外无人驾驶领域有 19 起重要投融资事件,披露的融资总额超 180 亿元。从技术角度出发,无人卡车上的自动驾驶技术与无人驾驶乘用车的技术相同,其系统架构同样是由感知层、决策层与执行层组成,感知载体也都以摄像头、激光雷达、毫米波雷达、超声雷达等传感器为主。但对于目前尚处在实验阶段的无人驾驶车辆而言,城市路况的复杂程度和不确定因素给无人驾驶乘用车的商业化道路带来极大的障碍。反观物流领域,港口、物流园区、高速公路等道路运输主要场景的封闭性较高,运输路线相对较为固定,测试数据的获取与积累也更容易。

目前国内布局无人配送运营的企业大致可以分为三类:(1)京东、美团等自带物流配送业务(即场景)的互联网巨头公司,采用软件自研+硬件采购+自运营的方式推进;(2)从自动驾驶技术切入特定场景的初创公司,如白犀牛。这类企业多从无人驾驶技术研发和特定场景应用出发,期望在低速载物场景实现自动驾驶技术的商业化;(3)有主机厂及Tier1(车厂一级供应商)背景的企业,如毫末智行、东风,这类企业有传统汽车制造业基础,首先从底盘、车辆供应角度切入市场。

目前,国内人工智能赋能物流运输的主要形式是基于计算机视觉技术与AIoT技术,在车队管理系统中实现车辆行驶状况、司机驾驶行为、货物装载情况的实时感知功能,使系统在车辆出现行程延误、线路异常和司机危险行为(瞌睡、看手机、超速、车道偏离等)时进行风险报警、干预和取证判责,并最终达到提升车队管理效率、减少运输安全事故的目的。无人卡车在物流运输中的初步尝试,目前仍然存在技术稳定性有待验证、可测试路段较少、国内甩挂运输份额较小等诸多问题还未解决,无人卡车距离大规模商业化应用尚需时日。

3. **无人配送车**

无人配送车是应用在快递快运配送与即时物流配送中低速自动驾驶无人车,其核心技术架构与汽车自动驾驶系统基本一致,都是由环境感知、车辆定位、路径规划决策、车辆控制、车辆执行等模块组成。由于无人配送车的运行环境里有着大量的非机动车与行人,路面复杂程度要高于机动车道,因此对于超声波雷达、广角摄像头等近距离传感器的依赖度更高,环境感知算法的侧重点与汽车、卡车等机动车自动驾驶系统也有所不同。但在人口、车辆密集的城市环境中,无人配送车无疑是比无人驾驶乘用车更加适合自动驾驶技术落地的载体,首要原因是无人配送车的体积小、车速低,出现事故的风险与造成人身伤害甚至死亡的概率较低。

(二)智能客服机器人

物流领域的智能客服特指以智能语音和NLP技术为代表的客服机器人。从服务类型上可以分为以语音导航、业务识别、智能派单、坐席辅助为主的语音智能客服和以文字查询、业务识别为主的文字智能客服,两者分别服务于电话呼入和客户端、小程序等终端入口。2019年物流领域智能客服业务规模约为1.1亿元,其中语音与文字智能客服份额比约为6∶4,按供给侧发展规律预计,2025年整体业务规模约为7.7亿元,年复合增长率为39.1%。因云呼叫中心逐渐替代传统呼叫中心业务,市场中供智能客服发展的基础环境逐渐完善,智能客服市场发展平稳向上,服务内容从面向消费者的前台形式向面向管理的中后台形式拓展,未来市场有望基于语音人机交互形式的拓展而打开新的想象空间。

智能客服机器人涉及机器学习、大数据、自然语言处理、语义分析和理解等多项人工智能技术。智能客服机器人拥有丰富的业务场景,回答内容更智能。具备机器学习能力,越用变得越聪明,不断提升回复的质量。辅助人工客服快速搜索答案,提升客服效率。通过AI语义检索引擎搜索匹配答案,准确解答用户问题。通过消息过滤筛选出意向用户,并快速转接人工客服,分秒把握商机。机器人根据语义判断,对无法解答的问题可随时快捷触发人工服务,提升机器人至人工的流转效率,升级客户体验。

人工智能产品——AI语音机器人是由科大讯飞旗下科迅嘉联与物流信息国家工程实

验室成立联合开发的。这款应用深入挖掘快递物流客服需求点,可以自主应对查件、催件、下单、派送、收件、投诉等各个业务场景。拥有两个最主要的能力。第一个是地址库能力。快递物流对地址的依赖程度非常高,当客户有下单诉求时,智能客服可以根据客户的语义进行相应的纠错、匹配以及校准。第二个是快递行业的知识图谱。智能客服除了下单还要处理查件、催件、投诉等其他的服务场景。智能客服系统会建立智能化知识图谱体系,通过意图识别、上下文情景关联、敏感词过滤及纠错等,不断优化提升 AI 机器人的处理能力。

阿里的智慧客服系统(见图 12-11)集合了包括语音识别、自然语言理解、自然语言生成、文本转换语音等多种人工智能技术,能够提供多场景的智能咨询服务,为客户提供不间断的高质量服务,减少客服的人工成本。

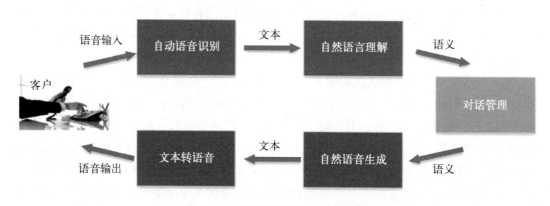

图 12-11 智慧客服系统技术路线图

智能客服的价值体现在四个方面:一是降低成本,尤其是人力资源成本;二是情绪可控,服务标准相对统一;三是可以 7×24 小时全年无休工作,提升效率;四是自主学习,基于大数据和数据学习能力,可以纠错和提升整体服务。

(三)智能仓储

智能仓储即通过物联网、大数据、人工智能、自动化设备及各类软件系统的综合应用,让传统静态仓储也朝着动静结合的方向进行转变。智能仓储属于高度集成化的综合系统,一般包含立体货架、有轨巷道堆垛机、出入库输送系统、信息识别系统、自动控制系统、计算机监控系统、计算机管理系统以及其他辅助设备组成的智能化系统等。因此在智能仓储中,商品的入库、存取、拣选、分拣、包装、出库等一系列流程中都有各种类型物流设备的参与,同时需要物联网、云计算、大数据、人工智能、RFID 等技术的支撑。从目前来看,人工智能在智能仓储系统中的应用还不够成熟,仍以货物体积测算、电子面单识别、物流设备调度、视觉引导、视觉监控等多种类型的点状应用散布于整个系统的各个环节当中。

人工智能在智能仓储中的应用领域之一是在仓储现场管理场景中,其实现途径是以高清摄像头为硬件载体,通过计算机视觉技术监测并识别仓储现场中人员、货物、车辆的行为与状态。根据作业环境,我们可以将人工智能技术在仓储现场管理中的具体应用分为仓内现场管理与场院现场管理。计算机视觉技术在仓内现场管理的应用场景:一是针对仓内工作人员的行为进行实时监测,识别并记录暴力分拣、违规搬运等容易对货物、包裹造成破坏及损伤的行为，采集行为实施人员的相关信息；二是监测仓内流转的货物、包裹的外观情况，识别并判断包裹的破损情况，对存在明显破损的包裹进行预警上报。在仓内现场管理中引入计算机视觉技术，能够起到监督与规范员工行为、降低货物破损与丢失概率、减少理赔成本等作用。

智能机器人在仓储作业中目前已经应用非常普遍，自动化立体仓库、无人叉车、自主移动机器人（AMR）等设备的应用，显著提高了仓库分拣、搬运的效率。亚马逊在2012年耗资7.75亿美元收购Kiva systems公司后，在其仓库中大规模应用Kiva机器人，将货架从仓库搬运至员工处理区，实现货到人的拣选，Kiva机器人的应用使得拣选效率增加了三倍，准确率更是达到了99.99%。

随着AS/RS、AGV、AMR、穿梭车、激光叉车、堆垛/分拣机器人等不同类别的自动化及智能化设备越来越多地进入到仓储环境中，设备的调度与协同成为影响设备工作效能的关键因素之一。如果把仓储环境中的各类设备比作一支足球队，那么设备调度系统就相当于球队的教练，负责制定球队战术、选择出场球员以及指挥球员跑位等工作。早期仓储设备的调度与控制主要是以WCS（仓库控制系统）为载体，接收WMS/ERP等上层系统的指令后，控制着设备按照既定设计的运行方式进行工作。

在人工智能技术，尤其是深度学习与运筹优化算法的驱动下，设备调度系统在准确性、灵活性、自主性方面取得显著提升。以AGVS为例，基于大规模聚类、约束优化、时间序列预测等底层算法，AGV智能调度系统能够灵活指挥数百乃至上千台AGV完成任务最优匹配、协同路径规划、调整货架布局、补货计划生成等多项业务，并随数据积累与学习不断自主优化算法。可以说，AI算法加持的设备调度系统能够在一定程度上将系统自身的智能赋予设备本体，使设备群体的智能化程度得以提升。

杉数科技有限公司是一家致力于决策优化技术的人工智能公司，在杉数优化求解器（COPT）的驱动下，解决生产、仓储、配送、销售等一系列场景中的优化问题，实现数据驱动的人工智能决策。其合作方包括顺丰、京东、德邦、中外运、滴滴、中国商飞、百威、宝洁等在内的诸多标杆企业。该公司推出的Stock Go智能配补货系统比较先进，该系统主要功能包括人工智能驱动的精准预测、全品类自动补货，以及模拟真实场景的库存仿真。

（1）人工智能驱动的精准预测：通过基于人工智能的需求预测技术，结合企业内外部数据，实现多维度精准补货需求。

（2）全品类自动补货：可以自动生成推荐补货单，实现自动补货，支持BOM、库存预警、补货策略管理等功能，使补货流程可监控、可调配。

（3）模拟真实场景的库存仿真：通过已经发生的真实订单，仿真对比不同补货规则策略的优势，模拟当前库存状态，测试新的库存策略或关键业务规则。

图12-12是杉树科技设计的多级仓储体系，一个工厂可以有多个大区域仓，各个大区域仓下分配多个小区域仓，并且两个大区域仓还能共用一个小区域仓，小区域仓再分配到多个门店和电商平台，消费者可从门店或者电商平台购买到自己所需的产品。通过多级仓储体系下的补货、调拨、退货的一体化策略，帮助企业建立更加柔性敏捷的库存网络。在提高现

图 12-12　多级仓配补货解决方案

货率的同时,降低周转天数和库存成本。

(四) 智能分析

大数据应用是贯穿电商行业的关键技术,更高效、更有价值地利用数据,就能更多地节省成本、更大地提升效益。亚马逊依靠其强大的技术能力,将大数据分析推向电商行业的各个环节。亚马逊有一套基于大数据分析的技术来帮助精准分析客户的需求,提升客户购物体验;大数据驱动的仓储订单运营非常高效,在中国亚马逊运营中心最快可以在 30 分钟之内完成整个订单处理;数据驱动的亚马逊客户服务在中国提供的是 7×24 小时不间断的客户服务,首次创建了技术系统识别和预测客户需求,根据用户的浏览记录、订单信息、来电问题,定制化地向用户推送不同的自助服务工具,大数据可以保证客户可以随时随地电话联系对应的客户服务团队。亚马逊利用大数据分析技术对整个物流链条进行了全面提升,实现了更高效的仓库入库、商品测量、货物拣选、智能分仓和调拨、可视化订单作业、包裹追踪等功能。在国内,各大科技企业在大数据应用相关的技术研发和应用方面也日渐成熟。腾讯优图实验室使用深度学习技术研发的文字识别(OCR)系统,通过计算机视觉识别表单内容,能够快速便捷地完成纸质报表单据的电子化,可以有效地代替人工录入信息。

"正阳门图像审核系统"是京东 2016 年推出的电商生态监管体系"天河计划"中的重要系统之一,它是利用人工智能和大数据技术保障用户权益的关键举措。该系统主要针对打击网络虚假宣传,加强京东自身的系统监控能力而构建,通过 OCR 图像识别、敏感词过滤等技术,抓取京东主站上的商品详情页进行审核,对无问题商品进行自动审核,对于有问题和疑似有问题的商品则自动向审核师推送识别结果,再转由人工进行处理。经审核师审核之后,如果确定商品详情图片有问题,则对商品进行直接下架处理,并由系统通知商品对应的采销和运营,告知其处理结果和下架原因,实现了对商品信息的自动审核。

在每年的"618"大促中,正阳门图像审核系统也加强了对商品页面信息的审核,保障消费者在这一盛大的电商节日里收获高品质的商品。京东将 OCR 图像识别技术运用于具体的业务场景之中,以技术驱动了电商运营效率的提升。同时,将虚假宣传的风险扼杀在摇篮之中,不仅优化了整个京东的生态环境,提升了用户体验,保证消费者利益,也帮助商家更有效地规范经营,避免经济和名誉损失。

本章小结

新一代能源和信息技术越来越深度影响社会变革和发展,物联网、大数据、人工智能、云计算、5G 等技术在物流行业的应用进入黄金阶段,推动着制造业供应链朝着数字化、智能化、网络化、透明化、柔性化的方向发展。本章分别阐述了常见的数字科技——大数据、区块链、云计算、人工智能的概念和应用,在此基础上阐述了数字技术赋能物流企业或者平台的具体实例,有利于了解数字技术与平台的融合发展。

思考题

1. 请阐述大数据技术及其赋能物流平台的具体应用。
2. 区块链技术的特征是什么?区块链技术为什么可以赋能物流平台?
3. 以一家物流云平台企业为例,分析云计算及物流云服务的相关实践。
4. 你认为人工智能技术能改变物流行业吗?为什么?

主要参考文献

1. 陈海贝,卓翔芝.基于结构方程模型的智库能力研究[J].情报理论与实践,2020,43(4):130-136+158.
2. 陈威如,王节祥.依附式升级:平台生态系统中参与者的数字化转型战略[J].管理世界,2021,37(10):195-214.
3. 陈威如,余卓轩.平台战略——正在席卷全球的商业模式革命.北京:中信出版社,2013.
4. 丁俊发.供应链理论前沿[M].北京:中国铁道出版社,2018.
5. 董静媚.新发展格局构建下的隐形冠军培育路径[J].中国发展观察,2021(Z3):49-53.
6. 范小青,王宜怀,刘强,张艺琳.面向NB-IoT的医药冷链物流系统框架研究[J].现代电子技术,2021,44(8):29-34.
7. 龚丽敏,江诗松.平台型商业生态系统战略管理研究前沿:视角和对象[J].外国经济与管理.2016,38(6):38-50+62.
8. 韩晶,何碧显,张召翠,张朝.高效能治理背景下政务公开标准化建设研究[J].中国质量与标准导报,2022(1):66-70+74.
9. 胡岗岚.平台型电子商务生态系统及其自组织机理研究[D].复旦大学,2010.
10. 李成钢,马琳,邵争艳等.创新创业基础[M].北京:中国纺织出版社,2019.
11. 廖建文,崔之瑜.优化生态圈,迎接"HER"时代[J].哈佛商业评论,2015(11):8-12.
12. 马尔科·扬西蒂,罗伊·莱维恩.共赢——商业生态系统对企业战略、创新和可持续性的影响[M].王凤彬,王保伦等译,北京:商务印书馆,2006.
13. 潘善琳,崔丽丽.SPS案例研究方法:流程、建模与范例[M].北京:北京大学出版社,2016.
14. 寿柯炎,魏江.网络资源观:组织间关系网络研究的新视角[J].情报杂志,2015,34(9):163-169+178.
15. 托马斯·艾森曼,杰弗里·帕克,马歇尔·范·阿尔斯丁.双边市场中的企业战略[J].哈佛商业评论(中文版),2008(5):15-30.
16. 汪传雷,胡春辉,章瑜,吴海辉,陈欣.供应链控制塔赋能企业数字化转型[J].情报理论与实践,2019,42(9):28-34.
17. 王欣,贺俊.打造基于数字优势的中小企业服务体系[J].中国发展观察,2022(5):29-32+36.
18. 魏津瑜,陈子星,刘倩文.基于质量缺陷和学习效应的易腐品库存与筛选决策问题研究[J].工业工程与管理,2019,24(5):22-31.
19. 武柏宇,彭本红.服务主导逻辑、网络嵌入与网络平台的价值共创——动态能力的中介作用

[J].研究与发展管理,2018,30(1):138-150.

20. 武文珍,陈启杰.价值共创理论形成路径探析与未来研究展望[J].外国经济与管理,2012(6):66-73+封三.

21. 忻榕,陈威如,侯正宇.平台化管理:数字时代企业转型升维之道[M].北京:机械工业出版社,2019.

22. 徐晋,张祥建.平台经济学初探[J].中国工业经济,2006(5):40-47.

23. 徐晋.平台经济学(修订版)[M].上海:上海交通大学出版社,2013.

24. 许宪春,任雪,常子豪.大数据与绿色发展[J].中国工业经济,2019(4):5-22.

25. 袁纯清.共生理论——兼论小型经济[M].北京:经济科学出版社,1998.

26. 赵先德,简兆权,付文慧.基于平台的商业模式创新与服务设计[M].北京:科学出版社,2016.

27. 周文辉,邓伟,陈凌子.基于滴滴出行的平台企业数据赋能促进价值共创过程研究[J].管理学报,2018,15(8):1110-1119.

28. 朱良杰,何佳讯,黄海洋.品牌拟人化促进消费者价值共创意愿的机制研究[J].管理学报,2018,15(8):1196-1204.

29. 朱勤,孙元,周立勇.平台赋能、价值共创与企业绩效的关系研究[J].科学学研究,2019,37(11):2026-2033+2043.

30. Armstrong M. Competition in Two-Sides Markets[J]. Rand Journal of Economics,2006,37(3):668-691.

31. Astyne M. W. V., Parker G. G., Choudary S. P. Pipelines, Platforms, and the New Rules of Strategy[J]. Harvard Business Review,2016,94(4):56-62.

32. Buyya R., Yeo S., Venugopal S. et al. Cloud Computing and Emerging IT Platforms:Vision,Hype,and Reality for Delivering Computing as the 5th Utility[J]. Future Generation Computer Systems,2009,25(6):599-616.

33. Carliss Y. Baldwin and C. Jason Woodard. The Architecture of Platform:A Unified View[Z]. Working Paper, Harvard University, 2008.

34. Donald W. Global Logistics and Distribution Planning[M]. Baca Raton, Florida:CRC Press. 1999:103-109.

35. Eisenmann T. R., Parker G., Van Alstyne M. W. Strategies for Two Sided Markets[J]. Social Science Electronic Publishing,2006,84(10):92-101.

36. Furr, N., & Shipilov, A. A Digital Doesn't Have to Be Disruptive[J]. Harvard Business Review,2019,94(4):94-103.

37. Gawer A., Cusumano M. A. How Companies Become Platform Leaders[J]. MIT Sloan Management Review,2008.49(2):28-35.

38. Gawer A., Cusumano M. A. Industry Platforms and Ecosystem Innovation[J]. Journal of Product Innovation Management,2014,31(3):417-433.

39. Gulati R., Puranm P., Tushman M. Meta-Organization Design:Rethinking Design in Interorganizational and Community Contexts[J]. Strategic Management Journal,2012,33(6):571-586.

40. Han, H., Trimi, S. A Fuzzy TOPSIS Method for Performance Evaluation of Reverse

Logistics in Social Commerce Platforms[J]. Expert Systems with Applications, 2018, 103(1): 131-145.

41. Iansiti, M., Levien, R. Strategy as Ecology[J]. Harvard Business Review, 2004, 82(3): 68-78.

42. Lusch, R. F., Vargo, S. L. Service-Dominant Logic: Premises, Perspectives, Possibilities [M]. 2014, Cambridge, UK: Cambridge University Press.

43. Lusch R. F., Nambisan S. Service Innovation: A Service-Dominant Logic Perspective[J]. Management Information Systems Quarterly, 2015, 39(1): 155-171.

44. Menon, K., Kärkkäinen, H., Wuest, T. Industrial Internet Platform Provider and End-User Perceptions of Platform Openness Impacts. Industry and Innovation[J], 2019(27): 1-27.

45. Moore J. F. Predators and Prey: A New Ecology of Competition[J]. Harvard Business Review, 1993(3): 73-86.

46. Nambisan, S., Wright, M., Feldman, M. The Digital Transformation of Innovation and Entrepreneurship: Progress, Challenges and Key•hemes[J]. Research Policy, 2019(48): 103773.

47. Prahalad C. K., Ramaswamy V. Co-opting Customer Competence[J]. Harvard Business Review, 2000, 78(1): 79-90.

48. Prajogo D., Olhager J. Supply Chain Integration and Performance: The Effects of Long-Term Relationships, Information Technology and Sharing, and Logistics Integration [J]. International Journal of Production Economics, 2012, 135(1): 514-522.

49. Robert K. Yin. Case Study Research Design and Methods (5th ed.)[M]. Thousand Oaks, CA: Sage. 2014.

50. Rochet, J. C., Tirole, J. Platform Competition in Two-Sided Markets[J]. Journal of the European Economic Association, 2003, 1(4): 990-1029.

51. Teece, D. J. Profiting from Innovation in the Digital Economy: Enabling Technologies, Standards, and Licensing Models in the Wireless World[J]. Research Policy, 2018, 47(8): 1367-1387.

52. Thomas, L., Autio, E., Gann, D. Architectural Leverage: Putting Platforms in Context [J]. Academy of Management Executive, 2014(28): 198-219.

53. Vargo S. L., Lush R. F. Evolving to A New Dominant Logic for Marketing[J]. Journal of Marketing, 2004, 68(1): 1-17.

54. Wenhui Fu, Qiang Wang, Xiande Zhao. The Influence of Platform Service Innovation on Value Co-creation Activities and the Network Effect[J]. Journal of Service Management, 2017, 28(2): 348-388.

55. Zott C., Amit R. Business Model Design: An Activity System Perspective[J]. Long Range Planning, 2010(43): 216-226.

图书在版编目(CIP)数据

数字化物流平台案例与分析/李清编著. —上海：复旦大学出版社，2023.1(2025.2 重印)
新零售系列教材
ISBN 978-7-309-16443-5

Ⅰ.①数… Ⅱ.①李… Ⅲ.①物流管理-数字技术-应用-教材 Ⅳ.①F252.1-39

中国版本图书馆 CIP 数据核字(2022)第 187486 号

数字化物流平台案例与分析
SHUZIHUA WULIU PINGTAI ANLI YU FENXI
李　清　编著
责任编辑/于　佳

复旦大学出版社有限公司出版发行
上海市国权路 579 号　邮编：200433
网址：fupnet@fudanpress.com　　http://www.fudanpress.com
门市零售：86-21-65102580　　　团体订购：86-21-65104505
出版部电话：86-21-65642845
杭州日报报业集团盛元印务有限公司

开本 787 毫米×1092 毫米　1/16　印张 19.25　字数 432 千字
2025 年 2 月第 1 版第 3 次印刷

ISBN 978-7-309-16443-5/F·2923
定价：48.00 元

如有印装质量问题,请向复旦大学出版社有限公司出版部调换。
版权所有　　侵权必究